HELEN FIELDING

BRIDGET JONES

Am Rande des Wahnsinns

Buch

Bridget Jones hat es geschafft: Die Beziehung mit ihrem Traummann Mark Darcy hält bereits 4 Wochen und 5 Tage. Und ihre Mutter plant einen langen Urlaub im Ausland, weshalb sie Bridget für einige Zeit weder mit Rat noch Tat zur Seite stehen wird. Die Zukunft leuchtet. Leider währt das Glück nur kurz, denn erstens ist der Pass ihrer Mutter abgelaufen, und zweitens wird Mark von einer langbeinigen Schönheit namens Rebecca umgarnt, die mit allen Tricks arbeitet. Dafür scheint es zumindest beruflich für Bridget bergauf zu gehen: Ein bahnbrechendes Interview mit dem Schauspieler Colin Firth soll den Grundstein für ihre Karriere als freie Journalistin bilden. Doch dann schlägt erneut das Schicksal zu. Ein Handwerker verwandelt Bridgets Wohnung in ein Notstandsgebiet, ihre Mutter sorgt für Aufruhr im Familienleben, und ein Thailand-Urlaub gerät zur perfekten Katastrophe. Kurz: Bridget ist mehr denn je auf die Unterstützung ihres Krisenstabs Jude und Shazzer angewiesen sowie auf die heilkräftige Wirkung von Chardonnay und Zigaretten. Doch unterkriegen lässt sich Bridget nie, egal wie sehr sie vom Leben durchgeschüttelt wird.

Autorin

Helen Fielding wurde in Yorkshire geboren und lebt heute in London. 1997 erschien ihr Roman »Schokolade zum Frühstück«, in dem die Heldin Bridget Jones in originellen und urkomischen Tagebucheintragungen ihr chaotisches Single-Dasein schildert. Das Buch eroberte erst England im Sturm, bevor es sich zu einem weltweiten Bestseller und in der Verfilmung mit Renée Zellweger, Colin Firth und Hugh Grant auch zum Kultfilm entwickelte. Nie zuvor hatte jemand mit so viel Witz und Selbstironie die alltäglichen Nöte und Sorgen eines Single beschrieben. Mit »Bridget Jones: Am Rande des Wahnsinns« liegt die Fortsetzung des Kulterfolgs vor.

Von Helen Fielding bereits erschienen:
Schokolade zum Frühstück. Roman (44392)
Hummer zum Dinner. Roman (44687)

Helen Fielding

Bridget Jones

Am Rande des Wahnsinns

Roman

Aus dem Englischen von
Isabel Ingendaay

GOLDMANN

Die Originalausgabe erschien 1999 unter dem Titel
»Bridget Jones. The Edge of Reason«
by Picador,
an imprint of Macmillan Publishers, London

Umwelthinweis:
Alle bedruckten Materialien dieses Taschenbuches
sind chlorfrei und umweltschonend.

Taschenbuchausgabe Mai 2002
Copyright © der Originalausgabe 1999
by Helen Fielding
Copyright © der deutschsprachigen Ausgabe 2000
by Wilhelm Goldmann Verlag, München,
in der Verlagsgruppe Random House GmbH
Umschlaggestaltung: Design Team München
Umschlagfoto: TIB / M. Cigognetti
Satz: Uhl + Massopust, Aalen
Druck: Elsnerdruck, Berlin
Titelnummer: 45264
AB · Herstellung: Heidrun Nawrot
Made in Germany
ISBN 3-442-45264-3
www.goldmann-verlag.de

1 3 5 7 9 10 8 6 4 2

Dieses Buch ist all den anderen
Bridgets gewidmet

INHALT

KAPITEL 1

Und wenn sie nicht gestorben sind

Montag, 27. Januar

58,5 kg (schlittere mitten auf der Fettspur); Lover: 1 (hurra!); Sex: 3-mal (hurra!); Kalorien: 2.100; davon durch Sex wieder verbrannt: 600; macht unterm Strich magere 1.500 Kalorien (hervorragend).

7.15 Uhr. Hurra! Die öden Jahre in der Wildnis sind vorbei. Habe seit genau vier Wochen und fünf Tagen eine funktionierende Beziehung mit einem erwachsenen männlichen Wesen, wodurch ein für allemal bewiesen ist, dass ich doch nicht zu den Ausgestoßenen der Liebe gehöre. Fühle mich auch hervorragend. Besser gesagt, fühle mich wie Jemima Goldsmith oder eines von diesen frisch verheirateten Multikulti-Promi-Schätzchen, die mit Kopftuch und Allahs Hilfe eine neue Krebsklinik eröffnen, wo man doch eigentlich davon ausgehen würde, sie lägen gerade mit ihrem Kricket-Crack Imran Khan im Bett. Nanu? Da war doch was? Mark Darcy hat sich bewegt. Vielleicht wacht er gleich auf und flüstert mir ein paar Schweinereien ins Ohr.

7.30 Uhr. Mark Darcy leider noch nicht aufgewacht. Aber egal. Werde ihm leckeres englisches Frühstück zaubern, mit Rührei und Würstchen und Pilzen und allem Pipapo. Vielleicht sogar Florentiner Eier oder Eier Benedict.

7.31 Uhr. Weiß bloß nicht so recht, was Florentiner Eier oder Eier Benedict eigentlich sind.

7.32 Uhr. Hab auch weder Würstchen noch Pilze im Haus.

7.33 Uhr. Ganz zu schweigen von Eiern.

7.34 Uhr. Nicht einmal Milch, um ehrlich zu sein.

7.35 Uhr. Er schläft immer noch. Also leise. Darf keinen Krach machen. Könnte ihn aber vielleicht mit der Kraft meiner Gedanken wecken, romantisch-telepathisch sozusagen.

7.40 Uhr. Vielleicht sollte ich ihn sogar ein bisschen… GAAAAAH!

7.50 Uhr. Mark sitzt plötzlich senkrecht im Bett und schreit mich an. »Bridget, verdammt, würdest du bitte aufhören, mich anzustarren, wenn ich schlafe? Hast du um diese Zeit eigentlich nichts Vernünftiges zu tun?«

8.45 Uhr. In Coins Café, mit Cappuccino, Schoko-Croissant und Zigarette. Zigarette tut gut. Welche Wohltat, einfach nur man selbst zu sein. Ein Mann im Haus ist doch ganz schön anstrengend, vor allem die Badbenutzung entpuppt sich als gewaltiges organisatorisches Problem. Brauche morgens eben meine Zeit, um in Ruhe alles unter Wasser zu setzen und mich in eine verführerische Duftwolke zu hüllen. Geht aber nicht richtig, wenn im Schlafzimmer jemand sitzt, der ganz dringend aufs Klo oder zur Arbeit muss etc. Habe Mark außerdem dabei beobachtet, wie er abends seine Unterhosen ordentlich gefaltet über den Stuhl legt. Sehr peinlich, wenn man selbst alles einfach nur auf einen Haufen auf den Boden wirft. Außerdem kommt Mark heute Abend wieder vorbei, was bedeutet: muss entweder vor oder nach der Arbeit noch in den Supermarkt. Na ja, will es ja auch. Obwohl Rückfall ins Weibchen-Schema (vermutlich genetisch bedingt)

12

schon zu denken gibt und niemals Sharon gegenüber erwähnt werden darf.

8.50 Uhr. Mmm. Stelle mir vor, wie Mark Darcy wohl so als Vater ist. Meine natürlich als Vater unserer Kinder, nicht als mein Vater. (Allein die Vorstellung schon ziemlich krank, von wegen Ödipus etc.)

8.55 Uhr. Egal. Schluss mit der Rumspinnerei!

9.00 Uhr. Frage ich mich trotzdem, ob Una und Geoffrey Alconbury demnächst so nett wären, uns für Hochzeitsfeier Garten und Festzelt zur Verfügung … Gaaah!

War meine Mutter! Kam einfach reinspaziert mit ihrem Faltenrock von *Country Casuals* und dem knatschgrünen Blazer mit Goldknöpfen – Gott, die hat Nerven! In einem Laden wie Coins Café ist sie etwa so unauffällig wie ein Space-Monster im englischen Unterhaus, das mit Schleim um sich wirft und dann noch in der ersten Reihe Platz nimmt.

»Hallo, Liebes«, trällerte sie, »ich war gerade auf dem Weg zu Debenhams. Und da ich ja weiß, wo du morgens frühstückst, dachte ich, ich schau mal vorbei. Vor allem wegen des Termins für die Typberatung. Also ich denke, ich bestelle erst mal einen Kaffee. Glaubst du, sie können die Milch warm machen?«

»Ach, Mum, ich habe dir doch gesagt, ich will keine Typberatung«, murmelte ich errötend, weil uns plötzlich alle anstarrten. Sogar die schlecht gelaunte Kellnerin schreckte prompt hoch und kam auf uns zugesteuert.

»Ach, Kind, sei doch nicht immer so langweilig. Geh aus dir raus, sei modebewusst, mach etwas aus dir! Immer nur diese tristen Sachen, wie trostlos! Hab Mut zur Farbe, dann sieht das Leben gleich ganz anders aus. Oh, hallo, junge Frau …«

Mum schaltete erst mal einen Gang runter, um sich auf ihre gönnerhafte Art als gute Freundin des Personals und obendrein wichtigster Gast des Cafés zu präsentieren – auch wenn nicht erkennbar war, warum sie das sein sollte.

»Nun. Dann. Wollen. Wir. Mal. Sehen. Ich glaube, ich hätte gerne einen Kaffee. Sie müssen wissen, ich habe heute Morgen mit meinem Mann Colin in Grafton Underwood schon so viel Tee getrunken, dass mir richtiggehend übel davon ist. Eine Bitte hätte ich allerdings: Könnten Sie die Milch wohl warm machen? Kalte Milch im Kaffee vertrage ich nämlich überhaupt nicht, müssen Sie wissen. Die Kombination schlägt mir sofort auf den Magen. Und für meine Tochter Bridget bitte einen…«

Grrr. Warum tun Eltern das? Warum? Ist das der Hilfeschrei der älteren Generation nach ein bisschen Aufmerksamkeit? Oder ist unsere Großstadt-Yuppie-Gesellschaft schon derart verroht und misstrauisch, dass selbst kleine Freundlichkeiten peinlich wirken? Ich kann mich noch an meine erste Zeit in London erinnern, da hatte ich auch noch für jeden ein Lächeln übrig. Bis zu dem Tag in der U-Bahn, wo sich ein Typ hinter mir auf der Rolltreppe einen runtergeholt hat – alles auf meinen Mantel.

»Espresso? Filterkaffee? Latte Macchiato? Cappuccino? Milch normal oder fettarm? Den Kaffee koffeinfrei?«, ratterte die Kellnerin ihre Liste herunter, wobei sie gleichzeitig den Nebentisch abräumte und mich so verbittert ansah, als wäre ich für meine Mutter verantwortlich.

»Einen Cappuccino fettarm und einen Milchkaffee«, hauchte ich kleinlaut.

»Na so was. Die ist wohl mit dem Schnellzug durch die Kinderstube gefahren. Und seit wann spricht man bei uns kein Englisch mehr?«, zischte meine Mutter der Kellnerin hinterher. »Das ist aber auch eine komische Gegend. Die Leute wissen offenbar nicht einmal, was sie morgens anziehen sollen.«

Ich folgte ihrem Blick zu den zwei Frauen am Nebentisch, die im Grunde keinen ungewöhnlichen Anblick boten, typische Notting-Hill-Schickeria. Die eine trug Timberlands, einen Petticoat und eine gehäkelte Rasta-Mütze zu ihrer Vliesjacke und tippte irgendwas in ihren Laptop. Die andere, angetan mit Prada-Pumps, Wandersocken, Surfhose, einem knöchellangen Mantel aus Lamafell, dazu einer Kopfbedeckung aus dem Hochland des Himalaja (mit Ohrenschützern), brüllte in ihr Handy: »Und dann sagt er doch glatt, wenn er mich noch einmal mit Gras erwischt, nimmt er mir die Wohnung weg! Also ich frage dich: Wozu hat man denn eigentlich einen Vater, verdammt noch mal?« Während das Kind neben ihr traurig in einem Teller Pommes stocherte.

»Sag mal, redet die mit sich selber? Und diese Sprache!«, empörte sich meine Mutter. »Meinst du wirklich, das ist hier das Richtige für dich? Würdest du nicht lieber unter normalen Leuten leben?«

»Mum, das *sind* normale Leute«, sagte ich wütend und wies mit dem Kopf hinaus auf die Straße, wo dummerweise gerade eine Nonne im braunen Ordenshabit vorbeikam, die einen Kinderwagen mit zwei Babys vor sich herschob.

»Siehst du, was habe ich gesagt? Hier wirst du noch ganz verrückt.«

»Mum, ich werde nicht verrückt.«

»Wirst du doch«, sagte sie. »Na, wie auch immer. Wie läuft's mit Mark?«

»Prima«, sagte ich verträumt, worauf sie mich scharf ansah.

»Aber du lässt ihn hoffentlich noch nicht, na, du weißt schon… oder doch? Pass um Gottes willen auf, sonst heiratet er dich nie.«

Grr. Grrrr. Kaum bin ich mit dem Mann zusammen, an den mich meine eigene Mutter seit geschlagenen anderthalb Jahren verkuppeln will (ich höre sie noch: »Denk doch, der Sohn von Malcolm und Elaine, Liebes, frisch geschieden, furchtbar allein – und reich!«), da fühle ich mich schon wie auf einem Hindernisparcours der Army, mit jeder Menge Barrikaden

15

und Kletternetzen, die allesamt zu überwinden sind, bevor ich ihr den riesigen schleifchenverzierten Silberpokal nach Hause bringen kann.

»Später heißt es dann, du wärst nur was fürs Bett gewesen. Die Mutter von Merle Robertshaw hatte schon Recht, als sie sagte: ›Kind, achte darauf: Das Einzige, was er mit seinem Ding machen darf, ist Pipi.‹«

»Aber Mum…«, protestierte ich. Ich meine, ist doch wahr. Sie selber wollte vor einem halben Jahr noch mit einem portugiesischen Reiseführer durchbrennen. Ein Typ mit einem Herrenhandtäschchen, so einer.

»Übrigens, hab ich dir schon erzählt«, unterbrach sie mich und wechselte zugleich elegant das Thema, »Una und ich fliegen nach Kenia.«

»Was?«, rief ich entgeistert.

»Ja, stell dir vor, nach Kenia! Der Schwarze Kontinent.«

In meinem Kopf rotierte es wie in einem Glücksspielautomaten, der mir nacheinander verschiedene Bilder präsentierte. Meine Mutter als Missionarin. Meine Mutter, wie sie sich in der Videothek zum hundertsten Mal *Jenseits von Afrika* ausleiht. Meine Mutter, die das mit *Daktari* irgendwie missverstanden hat, und sich einen kleinen Privatzoo im Garten anlegt.

»Erst gehen wir auf Safari und besuchen die Krieger der Massai, danach erholen wir uns in einem schicken Strandhotel.«

Der Glücksspielautomat kam ratternd zum Stillstand, entsetzliche Szenen spielten sich vor meinem inneren Auge ab. Zum Beispiel von allein reisenden Damen aus Deutschland beim Sex mit den knackigen schwarzen Einheimischen. Ich blickte meiner Mutter streng in die Augen.

»Sag mal, du fängst doch wohl nicht wieder mit deinen Geschichten an?«, sagte ich. »Dad ist gerade erst über die Sache mit diesem Julio hinweg.«

»Aber wo denkst du hin, Liebes? Ich weiß gar nicht, was ihr alle habt. Julio war nur ein Freund, ein Brieffreund, nichts weiter. Wir alle brauchen doch Freunde, Liebes, sogar in der besten Ehe braucht man andere Kontakte, und zwar unabhängig von Alter, Rasse, Religion und dergleichen. Ich finde, man sollte keine Gelegenheit auslassen, sein Bewusstsein …«

»Und wann fährst du?«

»Weiß ich noch nicht, Liebes. Es ist bisher nur so eine Idee. Wie auch immer, ich muss los. Bis dann, tschü-hüüs.«

Mist. Schon Viertel nach neun. Zur Morgenkonferenz bin ich garantiert wieder zu spät.

11.00 Uhr. Im Sender von *Hallo, England*. Zum Glück doch nur zwei Minuten zu spät gekommen, konnte daher ein paar Schritte vor dem Besprechungszimmer Mantel noch unauffällig zusammenknüllen. Macht guten Eindruck, weil scheinbar schon seit Stunden da und lediglich durch hausinterne Aktivitäten aufgehalten. Ging also ganz locker durch grässliches Großraumbüro, wo überall verräterische Requisiten unseres Schmuddel-TV herumstanden wie beispielsweise aufblasbares Schaf mit einem Loch am Hinterteil, lebensgroße Claudia-Schiffer-Figur mit Kopf von Madeleine Albright, nicht zu vergessen das Schild mit der Aufschrift »Lesben raus! Raus! Raus!« Lief dann leider ausgerechnet Richard Finch in die Arme. Richard Finch mit seinen Koteletten, der riesigen Jarvis-Cocker-Brille, dem Safari-Anzug im Siebziger-Jahre-Stil, in den er seinen Wanst gezwängt hatte. Er war übrigens gerade dabei, das zwanzigköpfige Redaktionsteam zur Schnecke zu machen.

»Ms. Bridget Schnarchzapfen-Jones! Auch Ihnen einen guten Morgen! Das ist aber schön, dass Sie uns auch mal wieder besuchen.« Er hatte alles gemerkt. »Darf ich dich darauf aufmerksam machen, dass du nicht dafür bezahlt wirst, hier mit dem Mantel unterm Arm anzukommen und mich für blöd zu verkaufen? Du wirst dafür bezahlt, dass du pünktlich antrittst und Ideen lieferst, kapiert? Hast du das *kapiert*?«

Offen gesagt, die tagtäglichen Demütigungen in diesem Hause übersteigen jedes erträgliche Maß.

»Also, Bridget, dann lass mal hören!«, donnerte er. »Ich denke an die Neue Mitte, ich denke New Labour, ich denke Power-frauen in der Politik. Ich denke an überwundene Rollenkli-schees, ich denke modernes Image. Kurz und gut, ich will, dass du mir Barbara Follett ins Studio holst. Die soll mal diese Schnepfe von Margaret Beckett etwas aufhübschen. Ich sehe Klasse, ich sehe Style. Ich sehe ein kleines Schwarzes und end-los lange Nylons. Ich sehe Margaret Beckett als wandelndes Sexidol. Alles klar?«

Der Schwachsinn, den Richard Finch von mir verlangt, kennt zuweilen keine Grenzen. Irgendwann, das ahne ich, darf ich mich zusammen mit unserer Sozialministerin Harriet Har-man und Gesundheitsministerin Tessa Jowell in einen Super-markt stellen und die Leute fragen, ob sie die beiden auseinan-der halten können. Oder ich muss den Leiter einer Treibjagd dazu bringen, sich von einer Meute blutgieriger Füchse nackt durch die Landschaft scheuchen zu lassen. Muss dringend einen sinnvolleren Job suchen, als aufopferungsvolle Kranken-schwester oder dergleichen.

11.03 Uhr. Am Schreibtisch. Okay. Sollte wohl als Erstes die Pressestelle der Labour Party anrufen. Mmmmm. Aber dau-ernd kommt mir die Erinnerung an letzte Nacht dazwischen. Hoffe, Mark ist nicht sauer wegen heute Morgen. Könnte ihn anrufen, obwohl… ist wahrscheinlich noch zu früh.

11.05 Uhr. Dann eben nicht. Außerdem, wie heißt es so schön in *Mars sucht Venus, Venus sucht Mars – Wie Sie Ihren Seelenge-fährten erkennen* (oder war's in *Wenn Männer nichts sagen und was sie damit meinen*)? Na, egal. Habe jedenfalls gelesen, Verbindung von Mann und Frau wäre schon deshalb eine komplizierte Sache, weil der Mann von Haus aus ein Jäger ist. Also besser abwarten, bis er *mich* anruft. Könnte in der Zwischenzeit die Zeitungen nach New Labour durchgehen, damit ich später etwas zu fragen habe, falls wir Margaret Beckett tatsächlich in die Sendung… Gaaah!

11.15 Uhr. War Richard Finch: *Motz! Mecker! Tob!* Hat mir die Labour-Frauen abgenommen und mich stattdessen auf Treibjagd-Story angesetzt, mit Live-Schaltung aus Leicestershire. Okay, keine Panik. Bin emanzipierte, weltoffene, flexible, kommunikationsfreudige Frau, die ihr Handwerk beherrscht. Kein Grund, nervös zu sein. Selbstwertgefühl hängt nicht von äußerer Anerkennung ab, sondern schöpft Kraft aus innerer Quelle. Ruhe in mir selbst. Bin selbstbewusste, flexible… Gott, ist das am Schütten. Will nicht hinaus in eine Welt, die halb Kühlschrank, halb Swimmingpool.

11.17 Uhr. Sache mit der Reportage vielleicht gar nicht so schlecht. Immerhin eine große Verantwortung, relativ gesehen. Schön, ist nicht gerade Entscheidung über den Einsatz von Cruise Missiles gegen den Irak, muss auch nicht bei einem Patienten im OP die Hauptschlagader abklemmen wie in *ER*. Kann aber vor laufender Kamera einen bekennenden Tierquäler in die Enge treiben, also durchaus vergleichbar mit Interview von BBC-Starjournalist Jeremy Paxman mit dem iranischen Botschafter – oder war's der irakische?

11.20 Uhr. Story möglicherweise mein Sprungbrett in die BBC-*Newsnight*. BBC könnte um einen Probebeitrag bitten.

11.21 Uhr. Oder gleich um eine ganze Serie von kleinen Specials. Genau, das ist es! Klasse! Okay, jetzt erst mal die Zeitungsausschnitte… Moment, das Telefon.

11.30 Uhr. Wollte es erst läuten lassen, dachte aber, vielleicht ist es ja auch Interviewpartner, der Ehrenwerte Sir Hugo Boynton-Blutsäufer, um mir den Weg zu erklären: vorbei an den Silos, am Schweinestall links usw. Nahm also ab. War nur Magda.

»Hallo, Bridget! Ich wollte dir nur sagen – mach es ins Töpfchen! Ins Töpfchen, um Himmels willen! Nein, nicht auf den… Ist das denn so schwer zu…«

Im Hintergrund auf einmal ein Krachen, gefolgt vom Geräusch plätschernden Wassers und einem ohrenbetäubenden Plärren, welches das Schlimmste befürchten ließ. Dazu wie auf einem Endlosband Magdas Stimme: »Ich hab dir doch schon tausendmal gesagt… sonst gibt es Haue auf den Popo, Haue auf den Popo, Haue auf den Popo.«

»Magda«, rief ich in den Hörer, »sprich mit mir!«

»Entschuldigung«, sagte sie nach einer Weile, »ich rufe nur an wegen des… das darf doch nicht wahr sein… tu deinen Pipimann in das Töpfchen, verdammt. Wenn du ihn raushängen lässt, läuft alles auf den Boden!«

»Du, hör mal, ich bin gerade furchtbar im Stress«, gab ich zu bedenken, »ich muss gleich noch nach Leicestershire…«

»Klar, versteh ich, vielen Dank, reib es nur rein! All ihr Superfrauen mit euren Traumjobs! Und ich als Heimchen am Herd hänge hier zu Hause mit zwei Kindern rum, die noch nicht mal richtig sprechen können. Ach, was soll's. Ich wollte auch nur sagen, dass ich den Handwerker für deine Regale angerufen habe. Er kommt morgen. Tut mir leid, dass ich dir mit diesem langweiligen Kram die Zeit gestohlen habe. Er heißt übrigens Gary, Gary Wilshaw. Bis dann.«

Telefon klingelte schon wieder, bevor ich Magda zurückrufen konnte. War Jude, und zwar am Heulen. Klang, als hätte ich Schaf in der Leitung.

»Erst mal langsam, Jude, was ist denn überhaupt passiert?«, sagte ich, klemmte mir den Hörer unters Kinn und versuchte gleichzeitig, die Zeitungsausschnitte in meine Handtasche zu schaufeln.

»Es ist nur... Richard der Gemeine... hängggggggg!«

Auch das noch. Dabei hatten Shaz und ich nach Weihnachten tagelang auf Jude eingeredet und versucht, ihr klar zu machen, dass das nächste aussichtslose Beziehungsgespräch mit Richard dem Gemeinen sie in die Klapsmühle bringen würde. Und dass weder romantische Kurzurlaube für sie drin wären noch ihre geliebte Paartherapie, geschweige denn irgendeine Art von gemeinsamer Zukunft. Jedenfalls nicht, bevor sie in die offene Therapie entlassen würde.

Und siehe da, in einem Anfall von Selbsterhaltungstrieb trennte sie sich tatsächlich von Richard dem Gemeinen. Ließ sich die Haare kurz schneiden und ging in coolen Lederklamotten und knallengen Jeans zur Arbeit, obwohl man in ihrer Firma äußersten Wert auf ein seriöses Äußeres legte, wie es so schön heißt. Und bei all ihren properen männlichen Kollegen, die sich früher höchstens flüchtig gefragt hatten, wie Jude wohl unter ihrem Kostüm aussah, brach auf einmal der akute sexuelle Notstand aus. Jeden Abend hat sie einen anderen Bürohengst mit gestreiftem Hemd am Apparat, der mit ihr ausgehen will. Aber Richard der Gemeine ist offensichtlich immer noch nicht abgehakt.

»Ich wollte bloß ein bisschen aufräumen und endlich die Sachen, die er dagelassen hat, in den Müll werfen, da finde ich diesen Ratgeber... also dieses Buch mit dem Titel... mit dem Titel...«

»Schon okay, schon okay, nur die Ruhe. Sag mir einfach wie es hieß, so schlimm kann es ja wohl nicht sein.«

»Also das Buch hieß *Keine Angst vor kessen Teens: Der ultimative Baggerführer für Männer in den besten Jahren.*«

Gute Güte.

»Und jetzt fühle ich mich beschissen, echt beschissen...«, sagte sie. »Ich will nicht wieder da raus und mich auf die Suche nach jemandem machen müssen, das ist doch der reinste Höllentrip. Wie und warum heutzutage irgendetwas läuft und warum andererseits auch wieder nicht, weiß doch kein Schwein. Ich werde für den Rest meines Lebens allein bleiben...«

War hin und her gerissen zwischen meiner Funktion als Freundin und dem Termin in Leicestershire, der schon kaum mehr zu schaffen war. Konnte daher im Rahmen emotionaler Erstversorgung nur an ihr Selbstwertgefühl appellieren. Mehr als ein lahmer Trost à la »Unsinn, auch du wirst wieder jemanden finden, wahrscheinlich hat der Mistkerl das Buch überhaupt mit Absicht liegen lassen« etc. war in diesem Moment einfach nicht drin.

»Oh, vielen Dank, Bridget«, sagte Jude, die sich tatsächlich etwas beruhigt zu haben schien. »Kann ich heute Abend bei dir vorbeikommen?«

»Tja, ich weiß nicht, Mark hat sich angesagt und…«

Stille.

»Okay«, sagte sie kühl, »alles klar. War auch nur so eine Idee. Dann wünsche ich dir jedenfalls viel Spaß… mit deinem Mark.«

Prompt meldete sich mein schlechtes Gewissen. Jetzt, wo ich Mark habe, verhalte ich mich besten Freundinnen gegenüber wie hinterhältiger Überläufer-Verräter und verachtenswerter Deserteur. Hab es dann noch knapp hinbiegen können und versprochen, sie heute Abend noch anzurufen. Morgen wollen wir uns dann richtig treffen, Shaz, Jude und ich. Kompromiss wurde gerade noch akzeptiert. Jetzt aber schnell Magda anrufen und klarstellen, dass sie keine langweilige Hausfrau ist und der Job bei *Hallo, England* kein Traumjob.

»Lieb von dir, Bridget«, sagte Magda, nachdem wir ein Weilchen über alles geredet hatten. »Weißt du, seit dem Baby geht es mir nicht so besonders. Und Jeremy muss morgen Abend wieder arbeiten. Hast du nicht Lust, auf einen Sprung vorbeizukommen?«

»Na ja, eigentlich wollte ich mit Jude ins *192.*«

Es folgte eine bedeutungsschwangere Pause.

»Und ihr meint, als langweilige, verheiratete Hausfrau wäre ich da irgendwie fehl am Platz?«

»Aber überhaupt nicht, im Gegenteil! Komm doch mit, das wäre toll!« War zwar ein bisschen zu dick aufgetragen, sah außerdem schon Judes gekränkte Miene vor mir, wenn sich nicht der ganze Abend um die Verbrechen von Richard dem Gemeinen drehte. Aber egal, würde alles noch rechtzeitig klären. Größtes Problem war jetzt erst mal Leicestershire, Verspätung nämlich nicht mehr aufzuholen und außerdem keine Zeit mehr, mich über den Stand der Treibjagd-Debatte zu informieren. Könnte Artikel allerdings an roten Ampeln lesen. Sollte vielleicht noch schnell Mark anrufen, um ihm zu sagen, wo ich hinfahre.

Hmmmm. Nein, lieber nicht. Wäre schlechter Schachzug. Aber was, wenn ich nicht rechtzeitig wieder zurück bin? Also doch besser anrufen.

11.35 Uhr. *Grummel.* Gespräch lief folgendermaßen ab:

Mark: Darcy, ja bitte?

Ich: Ich bin's, Bridget.

Mark: (Pause) Bridget, richtig, ja also … ähm, ist … ist alles in Ordnung?

Ich: Ja. Ich wollte nur sagen, ich fand es richtig schön gestern Abend … ich meine, du weißt schon, wie wir uns …

Mark: Ich weiß, ja. Ganz ausgezeichnet. (Pause) Aber ich bin gerade in einer Besprechung mit dem indonesischen Botschafter, dem Vorsitzenden von Amnesty International und dem Unterstaatssekretär aus dem Wirtschaftsministerium, kann ich dich später …

Ich: Oh, tut mir leid. Es ist bloß, ich fahre jetzt nach Leicestershire und wollte nur vorher Bescheid sagen, falls mir etwas … falls etwas passiert …

Mark: Was sollte denn passieren?

Ich: Ich meine, falls ich nicht... nicht pünktlich zu Hause bin, wollte ich sagen. (Okay, das klang jetzt ziemlich bescheuert.)

Mark: Gut. Aber warum gibst du mir nicht deine voraussichtliche Ankunftszeit durch, wenn du fertig bist? Machen wir es doch so. Bis dann.

Hmmm. Hätte das nicht tun sollen. In diesem Buch *Frauen lieben immer, Männer haben zwischendurch zu tun* heißt es ganz klar: Anrufe im Büro nur in dringenden Fällen. Männer werden ungern gestört.

19.00 Uhr. Rest des Tages der reine Alptraum. Straßen verstopft, in einem fort am Schütten und dann auch noch Dauerregen über Leicestershire. Fand mich nach Horrorfahrt schließlich in einem von Pferdeboxen eingefassten Hof wieder und klopfte an die Tür des Gutshauses. Nur noch dreißig Minuten bis zur Sendung. Die Tür ging auf, und ein Riese in Cordhose und sexy Schlabberpullover stand vor mir.

»Jau«, sagte er und musterte mich von oben bis unten. »Na, dann komme se mal rein, Ihre Kollegen sind bereits hinten. Wo haben Sie denn die ganze Zeit gesteckt, verdammt noch mal?«

»Es haben sich da einige kurzfristige Änderungen ergeben. Ich war eigentlich schon mit einem aktuellen *politischen* Thema befasst«, sagte ich so herablassend wie möglich, während er mich in die große Küche führte, wo Hunde und jede Menge Sattelzeug herumlagen. Plötzlich drehte er sich um, stierte mir wütend ins Gesicht und schlug mit der Faust auf den Tisch.

»Das ist ein freies Land, dass Sie's nur wissen. Wo kommen wir denn da hin, wenn man uns sonntags schon die Jagd verbieten will? Pah!«

»Nun, dasselbe könnten Sie über Sklavenhaltung sagen, aber sogar die wurde irgendwann verboten«, murmelte ich. »Oder die Sitte, Katzen die Ohren abzuschneiden. Kommt mir im

Übrigen nicht gerade sportlich vor, wenn ein Haufen Leute mit einer Meute Hunde nur so zum Spaß ein verängstigtes kleines Tier zu Tode hetzt.«

»Haben Sie jemals gesehen, was so ein Fuchs mit einem Huhn anstellt?«, bellte Sir Hugo zurück und wurde ganz rot im Gesicht. »Wenn wir den Fuchs nicht bejagen, können Sie sich irgendwann vor Füchsen nicht mehr retten, das ist Ihnen doch klar, oder?«

»Dann schießen Sie sie eben ab«, sagte ich und starrte ihn mordlüstern an. »Aber human. Und bei der Treibjagd könnte man es so machen wie beim Hunderennen: Sie befestigen ein kleines, fluffiges Plüschtier an einem Draht und …«

»Schießen? Wie wollen Sie denn so einen verdammten Fuchs schießen? Sie erwischen den doch gar nicht. Und wenn doch, dann richten Sie ein Blutbad an, dass sich Ihnen der Magen umdreht. Sie möchte ich sehen, wenn dann dieses kleine verängstigte Tier vor ihren Augen verreckt! Fluffiges Plüschtier! Mumpitz!«

Auf einmal schnappte er sich das Telefon und wählte. »Finch, du komplettes Riesenarschloch! Was hast du mir denn da für eine linke Öko-Schlunze ins Haus geschickt? Wenn du glaubst, du könntest am Sonntag nach Quorn kommen, als wäre nichts gewesen, und …« In diesem Moment steckte der Kameramann den Kopf durch die Tür und meinte: »Das wurde aber auch Zeit.« Er schaute auf seine Uhr. »Hör mal, du Herzchen, wenn du uns das nächste Mal hängen lässt, dann sag vorher wenigstens Bescheid.«

»Finch möchte auch mit Ihnen sprechen«, sagte Sir Hugo.

Zwanzig Minuten später dann – Finch hätte mich um ein Haar gefeuert – saß ich auf einem Pferd. Auf diesem, so die Idee, sollte ich locker ins Bild traben und den ebenfalls berittenen Ehrenwerten Sir Großkotz interviewen.

»Okay, Bridget, wir kommen in fünfzehn Sekunden zu dir … und: ab! *Go! Go! Go!*«, brüllte mir Finch in den Ohrhörer. »Verdammte Scheiße, mach endlich, du hast doch gesagt, du könntest verdammt noch mal reiten!«

»Ich hab bloß gesagt, ich hätte eine natürliche Begabung«, zischte ich zurück und presste verzweifelt mit den Schenkeln.

»Leicester, fahrt näher auf Sir Hugo, bis diese Bekloppte das geregelt kriegt. Fünf, vier, drei, zwei … ab!«

Im selben Moment ließ der Ehrenwerte Sir Sackgesicht Hugo auch schon sein Pro-Treibjagd-Statement ab. Immer heftiger rammte ich dem Pferd die Hacken in die Flanke. Bis sich das neurotisierte Tier zu guter Letzt aufbäumte und seitlich ins Bild galoppierte, wobei ich nicht viel mehr tun konnte, als mich an seinem Hals festzuklammern.

»Ach du Scheiße, das darf doch wohl nicht wahr sein. Bridget, komm zum Ende, komm zum Ende!«, brüllte Finch.

»Uns läuft jetzt leider etwas die Zeit davon. Bis hierher erst mal vielen Dank und zurück ins Studio.« Noch während ich das sagte, drehte sich das Pferd um die eigene Achse und schob sich rückwärts auf den Kameramann zu.

Später, als sich das feixende Team verabschiedet hatte, wollte ich (geschlagen, vernichtet) nur kurz ins Haus, um meine Sachen zu holen, stieß dort jedoch mit dem Ehrenwerten Sir Saubeutel Hugo zusammen.

»Tja, so kann's kommen«, knurrte er. »Aber vielleicht haben Sie heute ja was gelernt. Doch nicht so leicht, wie Sie dachten, der Umgang mit einem Hengst, was? Eine Bloody Mary gefällig?«

Verspürte übermächtigen Drang, mir ordentlichen Schluck Wodka einzuverleiben, riss mich jedoch zusammen und richtete mich zu voller Kampfhöhe auf: »Soll das heißen, Sie haben die Reportage absichtlich sabotiert?«

»Vielleicht.« Er grinste dreckig.

»Dass Sie sich nicht schämen!«, sagte ich. »Von einem Mitglied des Adelshauses hätte ich anderes erwartet.«

»Holla, die Kleine kann ja richtig böse werden. Ich mag

Frauen mit Temperament«, sagte er mit kratziger Stimme und grabschte nach mir.

»Hände weg«, sagte ich und ließ ihn ins Leere laufen. Ehrlich, was bildete sich der Kerl ein? Bin souveräne Fernsehprofifrau und niemand, den man einfach so anmachen könnte. Vermutlich war aber genau das der Reiz: Weibliches Desinteresse weckt männlichen Jagdinstinkt. Sollte ich mir für entsprechende Gelegenheiten merken.

Bin gerade nach Hause gekommen, allerdings erst nach größerer Einkaufstour. Acht volle Plastiktüten eigenhändig die Treppe hochgeschleppt, jetzt völlig erschlagen. Frage mich, wie es kommt, dass immer nur *ich* in den Supermarkt gehe? Sind immer die Frauen, die Haushalt und Karriere unter einen Hut bringen müssen und das seit Jahrhunderten. Wenn das nicht eine himmelschreiende... Hoppla, Lämpchen am Anrufbeantworter blinkt ja.

»Bridget, Finch hier: Ich möchte, dass du morgen früh um neun Uhr in meinem Büro bist. Also *vor* der Konferenz. Und um keine Missverständnisse aufkommen zu lassen: Ich meine neun Uhr *morgens*, nicht abends. Morgens ist, wenn es draußen hell ist, okay? Bitte sieh es mir nach, wenn ich meinen Wunsch so direkt zum Ausdruck bringe, aber beweg deinen Arsch verdammt noch mal pünktlich hierher.«

Das alles klang vom Ton her gar nicht gut. Hoffe bloß, mein ganzheitliches Glück (nette Wohnung plus netter Job plus netter Freund) zerschellt nicht an Finchs Launen. Wie auch immer: stehe zu meinen journalistischen Prinzipien, auch und gerade Finch gegenüber. Damit wäre das geklärt. Und jetzt an die Arbeit. Himmel, bin ich müde.

20.30 Uhr. Neue Energie getankt mit Chardonnay. Habe etwas aufgeräumt, den Gaskamin angemacht, Kerzen angezündet, dann Bad genommen, Haare gewaschen, Make-up aufgelegt. Anschließend die sexy schwarzen Jeans angezogen plus das Top mit den Spaghettiträgern. Leider nicht gerade bequem. Um ehrlich zu sein: Jeans kneift im Schritt, Spaghettiträger schneiden ins Fleisch, aber was muss, das muss. Auf das Aussehen kommt es an. Wie Jerry Hall schon sagte: Eine Frau sollte immer zweierlei sein, gute Köchin in der Küche, Hure im Bett. Bett allerdings nicht einzig denkbarer Ort. Wären auch Alternativen möglich.

20.35 Uhr. Hurra! Wird wunderschöner, gemütlicher, sinnlicher Abend mit leckerer Pasta – leicht und doch nahrhaft – im Schein von Kaminfeuer. Bin perfekte Multifunktions-Karrierefrau-Freundin.

20.40 Uhr. Wo, zum Teufel, bleibt der Kerl?

20.45 Uhr. *Grummel.* Wozu reiß ich mir andauernd alle vier Beine aus, wenn der Herr kommt, wann es ihm beliebt?

20.50 Uhr. Mistkerl, ich bin wirklich sauer ... halt, da hat's geklingelt. Hurra!

Und er sah auch wirklich klasse aus in seinem dunklen Business-Anzug mit der leicht gelockerten Krawatte. Kaum war er durch die Tür, ließ er seinen Aktenkoffer fallen, nahm mich in den Arm und drehte sich mit mir im Kreis (sehr erotisch). »Endlich«, flüsterte er in mein Haar, »ich hatte solche Sehnsucht nach dir. Vor allem, als ich deine Reportage gesehen habe. Auf dem Rücken der Pferde liegt das ganze Glück der Erde, meine Gratulation.«

»Ach, hör auf«, sagte ich und machte mich von ihm los. »Das war ein einziger Reinfall.«

»Unsinn, es war Spitze«, sagte er. »Seit Jahrhunderten haben sich Mensch und Pferd immer nur vorwärts bewegt, und du zeigst jetzt mit einem einzigen Mini-Beitrag, dass es auch andersrum geht. Ich würde sogar behaupten, du hast die Reitkunst dieses Landes vom Kopf auf die Füße gestellt – oder vielmehr auf den Arsch, um genau zu sein. Absolut zukunftsweisend, ein Quantensprung in der Geschichte der Reiterei.« Müde ließ er sich aufs Sofa fallen. »Gott, bin ich kaputt. Diese verdammten Indonesier. Die halten es schon für einen Riesenfortschritt in Sachen Menschenrechte, wenn sie den üblichen Verdächtigen noch kurz einen Haftbefehl unter die Nase halten, bevor sie ihnen den Kopf abhacken.«

Ich schenkte ihm ein Glas Chardonnay ein und brachte es ihm wie eines von diesen Bond-Girls, wobei ich ganz beiläufig erwähnte: »Abendessen ist auch gleich fertig.«

»Ach du liebe Güte«, entfuhr es ihm, aber so erschrocken, als läge in der Mikrowelle eine ostasiatische Todesschwadron auf der Lauer. »Du hast doch nicht etwa gekocht?«

»Du hast's erfasst«, entgegnete ich beleidigt, denn man dürfte ja annehmen, dass er sich darüber freut. Auch hatte er mein Callgirl-Outfit bislang mit keinem Wort gewürdigt.

»Komm mal her«, sagte er und tätschelte den Platz neben sich auf dem Sofa. »He, das war doch nur ein Witz. Ich wollte immer schon mal mit Martha Stewart ausgehen.« Ich wusste nicht, ob ich mich jetzt über diesen Vergleich mit der unverwüstlichen Koch- und Lifestyle-Koryphäe freuen sollte.

Knuddeln war trotzdem schön. Leider hatte ich seit acht Minuten die Nudeln im Wasser, und das *al-dente*-Stadium dürften sie bald hinter sich haben.

»Ich schaue nur schnell nach den Nudeln«, sagte ich und pellte mich aus seiner Umarmung. In diesem Moment klingelte das Telefon, und aus reiner Gewohnheit (könnte ja Mark sein) hechtete ich an den Apparat.

»Hallo, hier ist Sharon. Wie läuft's mit Mark?«

»Psst, er ist gerade hier«, presste ich durch die Zähne, damit er nicht von meinen Lippen lesen konnte.

»Was?«

»Er ist *hie-hier*«, wiederholte ich zähneknirschend.

»Schon gut, Schatz«, sagte Mark und nickte mir aufmunternd zu, »ich weiß ja, dass ich hier bin. Und ich finde es für unsere Beziehung auch total wichtig, dass wir in dieser Hinsicht keine Geheimnisse voreinander haben.«

»Okay, jetzt hör dir mal an, was hier steht«, sagte sie aufgeregt. »Da steht: ›Das soll nicht heißen, dass alle Männer fremdgehen, aber ihr Denken kreist doch ständig darum. Sie verzehren sich immer nach dem Neuen. Wir versuchen zwar, unsere sexuellen Impulse halbwegs in geordneten Bahnen zu halten, Männer jedoch müssen….‹«

»Shaz, ich will dich nicht unterbrechen, aber ich habe einen Topf Nudeln auf dem Herd…«

»Ooooh, sie hat einen Topf Nudeln auf dem Herd. Klingt ja toll. Pass bloß auf, dass du nicht eine von diesen unerträglich selbstzufriedenen Vollzeitfreundinnen wirst. Hör dir lieber an, was die hier schreiben. Danach kippst du dem Typ die Nudeln glatt über den Kopf, wetten?«

»Kleinen Moment mal«, sagte ich und schaute nervös zu Mark hinüber. Dann nahm ich die Pasta vom Herd und ging zurück ans Telefon.

»Okay, hör zu«, sagte Shaz. »Nicht selten sind die Instinkte stärker als jede rationale Überlegung. So wird etwa ein Mann, der gerade mit einem großbusigen Vollweib liiert ist, bevorzugt den eher knabenhaften Frauen hinterherstarren und womöglich versuchen, sie ins Bett zu kriegen. Öfter mal was Neues – dieser Spruch mag vielleicht für *Sie* nicht gelten, für Männer gilt er allemal, also auch für Ihren.‹«

Mark trommelte mit den Fingern auf dem Sofa.

»Shaz…«

»Moment, ich bin noch nicht fertig. Das ist aus dem Buch *Die total geheimen Wünsche der Männer*. Und da heißt es dann weiter: ›Sollten Sie eine hübsche Schwester oder Freundin haben, können Sie davon ausgehen, dass Ihr Freund bereits darüber nachgedacht hat, WIE SIE WOHL IM BETT IST.‹«

Erwartungsvolle Pause. Vom Sofa aus markierte Mark mit unmissverständlichen Gesten einen abgeschnittenen Hals und den Zug an der Klospülung.

»Ich meine, ist das nicht schlichtweg widerlich? Wie können Männer bloß so …«

»Shaz, kann ich dich später zurückrufen?«

Daraufhin hielt sie mir vor, ich sei ja vollkommen besessen von den Kerlen und hätte wohl alles vergessen, wofür die Frauenbewegung seit dreißig Jahren usw. usw. Woraufhin ich fragte, warum sie bei ihrem angeblichen Desinteresse an dem ganzen Thema überhaupt Bücher wie *Die total geheimen Wünsche der Männer* las. Und schon waren wir mitten in der schönsten unfeministischen Streiterei. Bis wir uns darauf einigten, die Debatte wäre komplett lächerlich, und uns lieber für den nächsten Abend verabredeten.

»So, das hätten wir!«, sagte ich strahlend und setzte mich neben Mark aufs Sofa. Musste aber gleich wieder aufstehen, weil ich auf einem leeren Joghurtbecher Platz genommen hatte.

»O schööön«, sagte er und rieb den Joghurt von meinem Jeanshintern. Obwohl, so viel Joghurt, wie er angeblich herunterrubbelte, kann da gar nicht dran gewesen sein. Mmmm. Betrachte es mal als Kompliment.

»Sollen wir essen?«, fragte ich schnell, um nicht an etwas anderes denken zu müssen.

Also schnell die Nudeln in die Schüssel, Sahnesauce drüber, und schon klingelte wieder das Telefon. Wollte es erst ignorieren, da sprang der Anrufbeantworter an und es erklang die schafsmäßig aufgelöste Jude mit der Nachricht: »Bridget, bist du da? Dann geh bitte dran. Bitte, Bridget, bii-tte!«

Mark schlug sich zwar mit der flachen Hand gegen die Stirn, aber was sollte ich machen? War schon lange vor Mark mit Shaz und Jude befreundet gewesen, und sie hatten in Zeiten der Not immer zu mir gehalten. Jude jetzt einfach mit der Bandansage abzuspeisen, wäre ziemlich unfair gewesen.

»Hi, Jude, was gibt's?«

Wie sich herausstellte, kam Jude gerade aus dem Fitness-Studio, wo sie irgendeinen blöden Zeitschriftenartikel gelesen hatte, der Single-Frauen über Dreißig als »Zurückgetriebene« bezeichnete.

Der Schreiber des Artikels berichtete offensichtlich aus eigener Erfahrung. Frauen, bei denen er früher nicht landen konnte, kamen, sobald sie über dreißig waren, plötzlich wieder auf ihn zu, obwohl er umgekehrt inzwischen jedes Interesse verloren hatte. »Das sind dann die notorisch Zurückgetriebenen, die nur bequem ihr Leben auf die Reihe und jede Menge Babys kriegen wollen.« Aber leider hatte der Autor für diesen Fall den eisernen Grundsatz aufgestellt: »Keine über fünfundzwanzig«.

»Ach komm«, lachte ich tapfer gegen das flaue Gefühl an, das sich schlagartig in meinem Magen breit machte, »das ist doch kompletter Blödsinn. So weit bist du noch lange nicht. Denk doch mal an all die Investment-Banker, die dich dauernd anrufen. Was ist eigentlich aus Stacey und Johnny geworden?«

»Wer?«, entgegnete Jude, obwohl sie sich schon etwas getröstet anhörte. »Ach so, Johnny. Ich bin gestern Abend mit ihm und seinen Freunden von Crédit Suisse ausgegangen. Irgendwann erzählte dann einer von ihnen den Witz von dem Mann, der sich in einem indischen Restaurant voll laufen lässt und infolgedessen ins – jetzt kommt's – ins *Karma* fällt. Okay, war vielleicht nicht besonders witzig. Aber der gute Johnny hat noch nicht mal diese schlichte Pointe begriffen und meint doch glatt, er hätte mal jemanden gekannt, der hätte von zu viel indischem Essen ein Magengeschwür bekommen!«

Sie lachte, die Krisis war vorüber. Im Grunde geht es ihr nämlich gar nicht so schlecht, bis auf ein paar Panikattacken ab und an. Wir haben dann noch ein Weilchen geredet, und erst als ich sicher war, dass ihr Selbstwertgefühl für heute wieder im grünen Bereich war, setzte ich mich zurück zu Mark an den

Tisch. Dort allerdings gleich das nächste Problem: die Nudeln. Unerfreulich matschig schwammen sie in einem weißlichen Schlabber.

»Also mir schmeckt's«, sagte Mark selbstlos. »Ich liebe Essen, das einem auf der Zunge zergeht. Und die kalte Sahnesauce erst – mmmh – lecker!«

»Vielleicht rufen wir besser den Pizza-Service«, sagte ich, womit meine Unfähigkeit amtlich war. Bridget, du Niete, du Zurückgetriebene!

Wir bestellten uns also zwei Pizzen und verputzten sie vor dem Kamin. Mark informierte mich umfassend über die Menschenrechtssituation in Indonesien. Ich hörte aufmerksam zu, und es kam zu einem nützlichen Meinungsaustausch. Auf meine Meinung, sagte er, lege er großen Wert, weil sie nämlich so interessant und, Zitat, »erfrischend unkonventionell« sei. Woraufhin ich ihm auch von meiner persönlichen Menschenrechtssituation erzählte, speziell dass ich bei Finch auf der Abschussliste stand, das entscheidende Gespräch sei gleich morgen früh. Worauf sich wiederum nicht nur ein nützlicher Meinungsaustausch ergab, sondern auch der gute Rat kam, erstens nie ohne klares Verhandlungsziel in eine solche Auseinandersetzung zu gehen, und zweitens meinem Verhandlungspartner (Finch) nach Möglichkeit mehrere Lösungsmöglichkeiten aufzuzeigen – außer der einen natürlich, mich zu feuern. Ich erklärte Mark gerade, das alles sei mir mehr oder weniger bekannt, nämlich aus dem Buch *Gewinnen von innen*, wo die so genannte *Win-Win*-Einstellung – als abermals das Telefon klingelte.

»Ach, lass doch«, sagte Mark.

»Bridget, ich bin's noch mal, bitte heb ab. Ich glaube, ich habe einen schrecklichen Fehler gemacht. Ich hab gerade Stacey auf den Anrufbeantworter gesprochen, aber er hat sich nicht wieder gemeldet.«

Ich hob ab. »Na ja, vielleicht ist er ja wirklich nicht zu Hause.«

»Oder *sie* ist wirklich nicht bei Trost«, ergänzte Mark.

»Sei doch mal still«, zischte ich, während Jude mir das ganze Ausmaß der Katastrophe schilderte. »Hey, Jude, wenn er heute nicht mehr anruft, dann morgen, garantiert. Und wenn nicht morgen, dann musst du eben noch mal ganz von vorn anfangen, du weißt schon, die Mars-und-Venus-Methode. Als Marsmensch geht er so lange auf Abstand, bis er das emotionale Gummiband zwischen euch spürt und zurückschnalzt. Du brauchst also nur abzuwarten.«

Als ich vom Telefon zurückkam, hatte Mark den Fernseher eingeschaltet und sah sich Fußball an.

»Emotionales Gummiband und Marsmenschen mit *Win-Win*-Einstellung, tsass«, spottete er und verzog abfällig den Mund. »Du tust so, als wäre dein Telefon ein Befehlsstand und ein Date eine Schlacht, die generalstabsmäßig geplant werden muss. Merkt ihr eigentlich nicht, wie verrückt das alles ist?«

»Und du, sprichst du mit deinen Freunden nie über emotionale Dinge?«

»Nie«, sagte er und zappte sich in eine andere Fußball-Übertragung. Ich starrte ihn ungläubig an.

»Würdest du eigentlich gern mit Shazzer schlafen?«

»Pardon?«

»Würdest du gern mit Shazzer oder Jude ins Bett gehen?«

»Aber nur zu gerne! Meinst du mit jeder einzeln oder mit beiden zusammen?«

Sehr komisch. Trotzdem hakte ich weiter nach. »Zum Beispiel, als wir uns nach Weihnachten mit Shazzer getroffen haben, wolltest du da mit ihr schlafen?«

»Na ja, die Frage kann man so nicht stellen. Ich war ja mit dir zusammen.«

»Das heißt, du hast noch nie, wirklich nie daran gedacht?«

»Natürlich habe ich mal daran gedacht, aber nur kurz.«

»Was?«

»Ja, wie denn auch nicht? Sie ist eine attraktive Frau, und es wäre schon seltsam, wenn man nicht irgendwie auch auf *diese* Idee käme, rein theoretisch, versteht sich.«

»Und wie war das mit Jude?« Jetzt wollte ich es aber genau wissen. »Hast du dabei – rein theoretisch natürlich – auch an Jude gedacht?«

»Sicher, ab und zu. Aber das hat nichts zu bedeuten, das ist nur natürlich, der Mensch ist eben so.«

»›Natürlich‹ nennst du das? Also, mir würde nicht mal im Traum einfallen, mit Giles oder Nigel aus deinem Büro ins Bett zu gehen.«

»Selbstverständlich nicht«, murmelte er. »Das fällt niemandem ein – außer vielleicht José aus der Poststelle.«

Gerade, als wir die Teller weggeräumt hatten und auf dem Kaminvorleger etwas kuschelten, läutete schon wieder das Telefon.

»Lass es diesmal bittebittebitte klingeln«, sagte Mark. »Im Namen des einen Gottes und all seiner Cherubim und Seraphim, im Namen seiner Heiligen und Engel und sämtlicher Wolkengleichstellungsbeauftragten und Bartscherer, geh bitte ein einziges Mal nicht dran.«

Aber der Anrufbeantworter lief bereits. Verzweifelt schlug Mark mit der Stirn auf den Boden, als aus dem Apparat eine Männerstimme ertönte.

»Ähm, hallo, hier ist Giles Benwick. Ich bin ein Freund von Mark und wollte nur fragen … also, ich dachte, vielleicht erreiche ich ihn ja unter dieser Nummer. Es ist nämlich so, dass …« An dieser Stelle verließ ihn seine Stimme. »… dass meine Frau … meine Frau sich von mir trennen will … und ich, also ich …«

»Du lieber Himmel«, sagte Mark und packte den Hörer, Panik im Gesicht. »Giles, um Himmels willen, was ist denn … Ja, aber … beruhige dich doch erst mal … Wie bitte? Ja, und was …? Und da hat sie …? Verstehe … verstehe … ähm … versteh ich sehr, sehr gut, wenn du, aber ähm… ich gebe dir besser mal Bridget, die kann das möglicherweise… kann das eher… ähm…«

Tja, gelernt ist eben gelernt. Selbst unbekannterweise und ins Blaue hinein glaube ich, dass Giles mein fachlicher Rat geholfen hat, immerhin war er am Ende schon viel gefasster. Konnte ihm außerdem ein paar wertvolle Buchtipps geben. Danach super Sex mit Mark. Danach Kuscheln. Mit meinem Kopf auf seiner Brust fühlte mich so warm und geborgen, dass dagegen all die beunruhigenden Theorien über Beziehungskisten etc. ziemlich unwichtig schienen. »Du, Mark, meinst du, ich bin eine von den Zurückgetriebenen?«, fragte ich schläfrig, als er sich über mich beugte, um die Kerze auszublasen.

»Zurückgebliebenen? Nein, bestimmt nicht, Schatz«, sagte er und tätschelte tröstend meinen Hintern. »Du bist vielleicht manchmal etwas seltsam, aber zurückgeblieben bist du nicht.«

KAPITEL 2

Angriff der Feuerqualle

Dienstag, 28. Januar

58 kg, Anzahl der in Gegenwart von Mark gerauchten Zigaretten: 0 (s. g.); heimlich geraucht: 7; Anzahl der nicht gerauchten Zigaretten: 47* (s. g.).

* Woher ich das so genau weiß? Weil ich nämlich jede einzelne davon beinahe geraucht hätte, mich aber dann an meinen Vorsatz erinnerte, die Qualmerei endgültig sein zu lassen. Mich würde interessieren, welcher astronomische Wert dabei herauskäme, wenn man einmal die Zahl der nicht gerauchten Zigaretten weltweit zusammenzählen würde.

8.00 Uhr. Wohnung. Mark ist schon weg, weil er sich noch zu Hause umziehen muss. Habe deshalb Zeit für eine Zigarette und kann mir in aller Ruhe überlegen, wie ich mein mentales Potenzial beziehungsweise meine *Win-Win*-Einstellung argumentativ am besten einsetze, wenn es heute in Finchs Büro zum Duell kommt. Vor allem innere Ruhe scheint mir wichtig, Besonnenheit und … Gaaah! Die Türklingel!

8.30 Uhr. War Magdas Handwerker, dieser Gary. Verfluchter, verdammter, mistiger Mist. Habe ganz vergessen, dass er heute Morgen kommt.

»Ah ja, richtig! Super! Hallo! Könnten Sie vielleicht in zehn Minuten noch mal wiederkommen, ich bin nämlich gerade mitten beim …«, trällerte ich, im Nachthemd, durch die geschlossene Tür, ehe mir klar wurde, was ich da gesagt hatte. Ja, wobei war ich denn gerade? Beim Sex? Bei der Zubereitung eines Soufflés? In meiner Töpferwerkstatt, die ich im Augenblick aber nicht verlassen konnte, da sonst ein Meisterwerk zu Klump trocknen könnte?

Öffnete nach erneutem Klingeln die Tür, halbwegs angezogen, aber immer noch mit nassen Haaren. Sein Grinsen über die Gewohnheiten der lang schlafenden Klasse weckte mein bürgerliches schlechtes Gewissen. War nach proletarischer Zeitrechnung wahrscheinlich schon Mittag.

»Kann ich Ihnen einen Tee oder einen Kaffee anbieten?«, fragte ich, die Liebenswürdigkeit selbst.

»Klar. Tee. Vier Stück Zucker, aber nicht umrühren.«

Ich sah ihn scharf an, wusste nicht, wie ernst der Wunsch gemeint war. Vier Stück Zucker ohne Umrühren, das klang so ähnlich wie die Marihuana-Erfahrungen von Bill Clinton: geraucht, ja, inhaliert, nein. »Okay«, sagte ich, »kein Problem.« Und während ich den Wasserkocher anschaltete, saß er bereits am Küchentisch und zündete sich eine Zigarette an. Dass ich weder Milch noch Zucker im Haus hatte, bemerkte ich leider erst, als ich den Tee einschenkte.

Er schaute mich fassungslos an, und sein Blick glitt über die vielen leeren Weinflaschen. »Wie, Sie haben keine Milch und keinen Zucker da?«

»Ähm, die Milch ist gerade aus, leider … und ich kenne eigentlich auch niemanden, der, äh, Zucker zum Tee nimmt … obwohl, natürlich … ist wahrscheinlich gar nicht mal schlecht … ich meine Zucker im … Zucker zum Tee.« Meine Güte, ich redete nur Stuss. »Dann gehe ich mal schnell welchen einkaufen, bin gleich zurück.«

Als ich wieder da war, saß er immer noch in der Küche. Hatte zumindest erwartet, dass er inzwischen seinen Werkzeugkasten aus dem Wagen geholt hätte, aber nichts. Stattdessen erzählte er mir lang und breit vom Karpfenfischen in der Talsperre bei Hendon. Situation erinnerte mich irgendwie an eines dieser Geschäftsessen, wo alle Beteiligten so lange

40

Freundlichkeiten austauschen, bis sie am Ende nicht mehr zu ihrem eigentlichen Thema kommen.

Wurde mir schließlich zu dumm. Machte der x-ten ausufernden Fisch-Anekdote mit den Worten den Garaus: »Okay, dann zeige ich Ihnen mal, was gemacht werden muss.« Was er, wie ich mit Schrecken bemerkte, als mangelndes Interesse an seiner Person auffasste und entsprechend übel nahm. Musste also erst mal wieder gute Miene zu seinem Anglerlatein machen.

9.15 Uhr. Büro. Im Affenzahn zur Arbeit, hysterische Zustände wg. fünf Minuten Verspätung. Aber Glück gehabt. Richard Sklaventreiber Finch noch nirgends zu sehen. So kann ich noch eine Verteidigungsstrategie entwickeln. Das Komische ist bloß: Es ist *überhaupt* noch keiner da. Wie ja meistens, wenn ich mich wie verrückt beeile, weil ich denke, die anderen sind schon mitten in der Auswertung der Tagespresse. Das liegt daran, dass in diesem Laden *alle* unpünktlich sind – bloß nicht so dramatisch wie ich.

Okay, dann wollen wir mal. Muss meine Hauptargumente aufschreiben, das Verhandlungsziel herausarbeiten, wie Mark sagt.

Also: »Richard, um gleich vorweg eines klarzustellen: An meiner journalistischen Integrität kann ich aus grundsätzlichen Erwägungen keine Abstriche ...«

Oder besser: »Wie Sie wissen, Richard, nehme ich meine Aufgabe als Redakteurin in diesem Haus sehr ...«

Noch besser: »Richard, du alter Fettsack, warum fickst du dich nicht einfach ins Knie ...«

Nein, lieber nicht. Mark hat schon recht: konstruktiv bleiben, Stichwort Interessenausgleich. Muss mir überlegen, was *ich* will, und dann, was *er* will, aber immer mit der richtigen Einstellung (*Win-Win*), siehe *Gewinnen von innen*, Seite ... Gaaaaah!

11.15 Uhr. Richard Finch, wer sonst! In einem himbeerroten Galliano-Anzug mit aquamarinblauem Futterstoff kam er auf einmal rückwärts, aber sonst wie auf einem Pferd ins Büro galoppiert.

»Bridget, ich sehe, du bist schon da, gutgut. Also, du bist zwar scheiße, Bridget, aber denen da oben hat deine kleine Showeinlage gefallen. Richtiggehend gefallen. Okay, so weit erst mal. Jetzt meine Idee. Ich denke an ein Bunny Girl, ich denke an *American Gladiators*, ich denke an Wahlkampfauftritte. Ich denke an Chris Serle trifft Jerry Springer trifft Anneka Rice trifft Zoe Ball trifft Mike Smith in der *Late, Late Breakfast Show*, so was in der Art.«

»Bitte?«, sagte ich.

Hatte mich aber nicht verhört. Die da oben hatten sich für mich ein ziemlich perfides Sendeformat ausgedacht. Einmal pro Woche sollte ich, quasi im Selbstversuch und vor laufender Kamera, den ersten Tag in einem neuen Beruf hinter mich bringen – und scheitern. Ich erklärte Finch, für mich als seriöse Journalistin käme das überhaupt nicht in Frage, niemand könne von mir verlangen, mich auf diese Weise zu prostituieren. Daraufhin wurde Finch aber ziemlich stinkig und meinte nur, in diesem Fall müsse er meinen Wert für den Sender (falls überhaupt vorhanden) noch einmal überdenken.

20.00 Uhr. Und so ging's weiter. Zuerst Richard Finch, der von mir verlangte, mich in knappen Shorts neben ein Blow-up von Fergie im Fitness-Outfit zu stellen. Versuchte verzweifelt, die Sache *Win-Win*-mäßig anzugehen, behauptete sogar, ich wäre echt geschmeichelt etc., obwohl sie vielleicht doch besser ein richtiges Model genommen hätten. Aber in diesem Moment kam unser Sexgott Matt aus der Grafikabteilung rein, die Fergie-Figur unterm Arm, und fragte: »Sagen Sie, sollen wir bei der Aufzeichnung die Cellulite mit einem blinkenden Kreis markieren?«

»Ja sicher, aber auch bei Fergie, okay?«, lautete Finchs Antwort.

Das war's. Das war definitiv zu viel. Gab Finch zu verstehen, mich öffentlich demütigen zu lassen sei in meinem Vertrag wohl kaum vorgesehen und überhaupt, dieser Schwachsinn sei mit mir nicht zu machen.

Kam ziemlich spät und völlig fertig nach Hause, wo Zimmermann Gary inzwischen die ganze Wohnung in Beschlag genommen hatte. Verbrannter Toast kokelte im Ofen, überall schmutzige Teller und zahllose Ausgaben von *Der fröhliche Fischer* und *Deine Angel und du.*

»Na, was sagen Sie jetzt?«, sagte Gary und wies mit dem Kopf auf sein großes Werk.

»Schön! Wirklich sehr, sehr schön«, rief ich mit gequältem Lächeln. »Nur eine Kleinigkeit vielleicht: Meinen Sie nicht, Sie könnten die Stützen so anbringen, dass sie alle in einer Reihe sind?«

Tatsächlich waren die Regale auf eine Weise an der Wand montiert, die an einen expressionistischen Film erinnerte. Kein einziges Bord verlief gerade von Wand zu Wand, sondern setzte auf unterschiedlichen Höhen immer wieder von Neuem an. Der Eindruck von Asymmetrie war überwältigend. Das hatte ich so nicht gewollt.

»Nee, schon klar, aber die Problematik mit der Wand ist, dass da überall Leitungen drunterliegen, sag ich mal. Wenn Sie da einfach so drauflosbohren, haben Sie schnell einen Kurzen und möglicherweise in der ganzen Hütte keinen Strom mehr«, erklärte Gary, bevor ihn das Telefon unterbrach.

»Hallo?«

»Selber. Ist da der Befehlsstand für den Geschlechterkampf?« War Mark über Handy.

»Also, ich sag mal so: Im Grunde müsste der ganze alte Schamott raus. Dann ziehen wir neue Strippen ein und machen Nägel mit Köpfen«, ließ sich Gary vernehmen.

»Sag mal, ist da jemand bei dir?« Marks knisternde Stimme vor dem Hintergrund des Londoner Verkehrs.

»Nein, es ist nur der… Handwerker«, hätte ich fast gesagt, wollte Gary jedoch nicht abermals kränken und sagte daher: »Ein Bekannter von Magda.«

»Und was will er bei dir?«

»In dem Fall müssten wir auch neu verputzen«, fuhr Gary fort.

»Hör mal, ich bin hier noch im Auto. Hättest du Lust, nachher mit Giles und mir zu Abend zu essen?«

»Nein, ich hab mich schon mit den Mädels verabredet.«

»Großer Gott, hatte ich ja ganz vergessen. Wahrscheinlich werdet ihr mich komplett auseinander nehmen, in Einzelteilen unters Mikroskop legen und hinterher den traurigen Anblick mit weiblichem Sachverstand analysieren.«

»Also, jetzt übertreib mal…«

»Moment, bleib dran, ich bin jeden Moment unter dem Westway.« *Knister, knister, knister.* Dann: »Übrigens, ich bin neulich deiner Freundin Rebecca begegnet. Wirklich eine nette Frau.«

»Ich wusste gar nicht, dass ihr euch kennt«, sagte ich und atmete tief durch.

Rebecca ist eigentlich keine richtige Freundin von mir, sie ist nur immer mit dabei, wenn ich mit Jude und Shaz ins *192* gehe. Und sie ist eine Feuerqualle. Angenommen, du unterhältst dich mit ihr, alles ist nett und locker, und aus heiterem Himmel wirst du von irgendwas gestochen, ohne dass du genau sagen könntest, woher die Attacke kam. Wir unterhalten uns zum Beispiel über Jeans. Plötzlich sagt sie: »Für jemanden mit schlimmer Orangenhaut, also bis hin zu richtigen Reithosen, kommen nur wirklich gut geschnittene Sachen in Frage wie von Dolce & Gabbana.« Sie selbst hat natürlich Beine wie ein Giraffenfohlen. Dann wechselt sie geschmeidig das Thema und redet von DKNY-Chinos – als wäre nichts gewesen.

»Bridget, bist du noch dran?«

»Wo... wo bist du Rebecca denn begegnet?«, fragte ich tapfer, obwohl mir irgendetwas die Luft abschnürte.

»Sie war gestern Abend auf der Cocktailparty von Barky Thompson und sprach mich an.«

»Gestern Abend?«

»Ja. Ich bin auf dem Rückweg noch kurz auf dieser Party gewesen, weil du ja eh noch nicht zu Hause warst.«

»Und worüber habt ihr so geredet?«, fragte ich, während Gary mit der Zigarette im Mundwinkel daneben stand, jedes Wort mitbekam und bereits ein dämliches Grinsen im Gesicht hatte.

»Oh, nichts Besonders. Sie fragte mich, was ich beruflich so mache und hat mir viel Schönes über dich erzählt.«

»Was denn zum Beispiel?«, zischte ich.

»Sie meinte, du wärst immer so unverkrampft und aufgeschlossen für Neues...« Im selben Moment rauschte das Gespräch in ein Funkloch.

Unverkrampft und aufgeschlossen? In Rebeccas Terminologie hieß das nichts anderes als »Bridget schläft sich durch die Betten und wirft gerne auch ein paar Trips ein«.

»Eine andere Möglichkeit wäre, wir ziehen hier einen Deckenbalken ein und hängen die ganze Geschichte daran auf.«

»Na ja, dann will ich euch nicht länger stören«, sagte Mark. »Viel Spaß noch. Soll ich später noch mal anrufen?«

»Ja, tu das. Also, bis dann.«

Ich legte auf, und in mir drehte sich alles.

»Na, das hört sich aber gar nicht gut an«, meinte Gary hilfreich in einer ebenso seltenen wie unpassenden Anwandlung von Scharfsinn. »Ist wohl hinter einer anderen her, was?«

Ich blitzte ihn an. »Und was ist jetzt mit den Regalen...?«

»Also, ich sag mal so: Wenn das was Korrektes werden soll, muss ich die Kabel neu verlegen, und das heißt: Erst mal muss der Putz runter. Die zweite Möglichkeit: Wir verkleiden die

Wand mit Spanplatte. Sie hätten mir eben vorher sagen sollen, dass Sie symmetrische Regale wollen. Aber wie gesagt, es ist ja noch nicht zu spät.« Er schaute sich in der Küche um. »Haben Sie vielleicht etwas zu essen für mich?«

»Nein, die Regale sind schön so, wirklich«, sagte ich schnell.

»Ich meine, wenn Sie mir ein paar Nudeln machen könnten, dann…«

Hat mich schließlich 120 Pfund gekostet, nur um den Kerl loszuwerden. 120 Pfund für ein hirnverbranntes Regal. Blick auf die Uhr: Himmel, bin schon wieder zu spät. Mist, Mist, mistiger Mist – das Telefon.

21.05 Uhr. War Dad. Was ziemlich seltsam ist, denn normalerweise delegiert er alle Telefonate an Mum.

»Ich wollte nur mal hören, wie es dir geht.« Dafür hörte er sich aber reichlich seltsam an.

»Mir? Mir geht's gut«, sagte ich besorgt. »Und dir?«

»Prächtig, prächtig, kann nicht klagen. Ich bin viel draußen im Garten, obwohl natürlich noch nicht so viel zu tun ist bei der Jahreszeit… Und dir geht's gut?«

»Aber klar, bestens. Und dir?«

»Hervorragend, könnte gar nicht besser gehen, ähm… Und wie läuft's in der Arbeit?«

»Hervorragend. Das heißt, eigentlich läuft's beschissen. Aber was ist mir dir? Du *hast* doch was…«

»Iiiich? Nein, wie kommst du darauf? Und bald kommen auch die Schneeglöckchen raus, *pöpp-pöpp-pöppeldipöpp*… und dann… Aber dir geht's gut, ja?«

Das ging noch ein paar Minuten so weiter, ehe mir mit dem richtigen Stichwort der Durchbruch gelang. »Und wie geht's Mum?«

»Na ja, deine Mutter… also, deine Mutter, sie, ähm…«
Danach eine qualvolle Pause.

»Sie will nach Kenia. Mit Una.«

46

Das Schlimme daran war, dass auch die Sache mit Julio, dem portugiesischen Reiseführer, so angefangen hatte. Irgendwie kommt Mum beim Urlaub mit Una immer auf dumme Gedanken.

»Und du, fährst du mit?«

»Nein, das würde mir noch fehlen«, entrüstete er sich. »Ich habe wirklich keine Lust, mir in irgendeinem Touristenghetto Hautkrebs zu holen, Pina Colada zu schlürfen und abends im Hotel zuzusehen, wie sich barbusige Stammestänzerinnen vor alten Säcken prostituieren, während hinten schon das Frühstücksbuffet aufgebaut ist.«

»Aber sie hat dich doch gefragt, oder?«

»Also nicht direkt, nein. Weißt du, deine Mutter ist nämlich der Auffassung, dass sie das Recht auf ein eigenes Leben hat. Und dass unser Geld ihr Geld ist und es ihr zusteht, die Welt und sich selbst nach Belieben zu ergründen.«

»Solange es bei diesen beiden Forschungszielen bleibt«, versuchte ich ihn aufzumuntern. »Aber sie liebt dich, Dad, und das weißt du auch...«, und hätte beinahe hinzugefügt »vom letzten Mal«, sagte aber stattdessen: »... seit Weihnachten. Sie braucht nur ein bisschen Abwechslung, das ist alles.«

»Ich weiß, Bridget, ich weiß, aber da ist noch etwas, etwas wirklich Schreckliches. Augenblick, bleib bitte kurz dran.«

Ich schaute zur Uhr hinüber. Himmel, ich hätte längst im *192* sein müssen, außerdem war ich noch nicht dazu gekommen, Jude und Shaz auf Magdas Anwesenheit vorzubereiten. Die Kombination von Ver- und Unverheirateten ist ohnehin schon eine heikle Angelegenheit, aber Magda hatte vor kurzem obendrein ein Baby bekommen, was Judes angeknackstes Ego weiter beschädigen dürfte.

»Entschuldige, aber ich musste erst die Tür zumachen.« Dad war wieder da. Das klang ja langsam wirklich dramatisch. »Na, wie auch immer, heute Morgen jedenfalls habe ich zufällig ein Telefongespräch von deiner Mutter mitgekriegt. Ich glaube, sie sprach mit dem Hotel in Kenia. Und zwar sagte sie, also sie sagte, sie sagte doch glatt…«

»Schon gut. Was hat sie denn gesagt?«

»Sie sagte: ›Wir wollen keine französischen und wir wollen keine unter eins fünfzig, wir wollen es uns hier ja schließlich gut gehen lassen.‹«

Guter Gott.

»Ich meine, was mache ich jetzt?«, schluchzte Dad. »Soll ich einfach zusehen, wie meine eigene Frau einen Gigolo bucht oder was?«

War im Moment allerdings selbst vollständig ratlos. Der Fall einer gewohnheitsmäßigen Gigolo-Verführerin mit verzweifeltem Ehemann war bisher in keinem meiner Ratgeber behandelt worden.

Hielt es schließlich für das Beste, zunächst einmal sein Selbstbewusstsein etwas aufzubauen. Riet außerdem zu Besonnenheit und planvollem Vorgehen. Im Klartext: eine Nacht darüber schlafen, am Morgen Aussprache mit meiner Mutter – ehrlich gesagt, alles Vorschläge, die ich selbst niemals in die Tat umsetzen könnte.

War inzwischen mehr als nur zu spät. Erklärte Dad, dass Jude gerade in einer Lebenskrise steckte.

»Kein Problem, geh nur«, sagte er mit falscher Fröhlichkeit. »Mach dir um mich keine Gedanken, ich komme schon klar. Vielleicht sollte ich ein bisschen in den Garten gehen, solange es nicht regnet.« Seine Stimme klang merkwürdig belegt.

»Dad, es ist neun Uhr abends. Es ist Winter!«

»Richtig, ja, prachtvoll, prachtvoll«, sagte er. »Na, dann genehmige ich mir wohl lieber einen Whisky.«

Ich hoffe, er macht keine Dummheiten.

59,5 kg (Gaah! – muss der viele Vino sein, bin ein einziger Wein-
schlauch; Zigaretten: 1 (s. g.); Jobs: 1, Lover: 1 (unverändert gute
Leistung).

5.00 Uhr. Ich schwöre, ich werde nie, nie wieder einen Tropfen Alkohol zu mir nehmen, im Leben nicht.

5.15 Uhr. In kleinen Erinnerungsbröckchen kommt der ganze
Abend wieder hoch.

Durch den Regen zum *192* gerannt, wo sich zum Glück
herausstellte, dass Magda noch nicht da war. Jude dafür in
einem Zustand abgrundtiefer Verzweiflung, wo sich nach dem
Schneeball-Prinzip sogar eine winzige Kleinigkeit zu einer alles niederwalzenden Katastrophe entwickeln kann (empfehle
in diesem Zusammenhang gern das entsprechende Kapitel aus
Davon geht die Welt nicht unter: Krisen kreativ meistern).

»Ich sehe schon, ich werde niemals Kinder haben«, jaulte sie
in einem fort und sah starren Blicks in eine freudlose Zukunft.
»Ich bin die klassische Zurückgetriebene. Der Typ in diesem
Artikel meinte, Frauen über dreißig wären pulsierende Eier-
stöcke auf zwei Beinen.«

»Ach du Scheiße, jetzt hör aber auf«, schnaubte Shaz. »Hast
du noch nie *Backlash* gelesen, *Die Männer schlagen zurück*?
Was ist dein dämlicher Journalist denn schon? Nichts weiter
als ein geist- und skrupelloser Schreiberling, der auf billige Art
noch einmal diesen ganzen frauenfeindlichen Mist durchkaut.
Ich meine, was diese Leute wollen, ist doch klar. Sie können
es nicht vertragen, wenn sich Frauen heutzutage nicht mehr
mit einem Sklavendasein zufrieden geben, und würden am
liebsten das Rad der Geschichte zurückdrehen. Also, geliebte
Schwestern, wünschen wir dem Kerl eine vorzeitige Glatze.
Möge er aus Gram darüber jämmerlich eingehen.«

»Aber wie lerne ich jetzt jemand Neues kennen? Woher nehme ich die Zeit, eine vertrauensvolle Beziehung aufzu-bauen *und* dem Betreffenden zugleich nahe zu bringen, dass ich mir Kinder wünsche. Ich meine, das macht doch keiner mit. Kinder müssen eigentlich schon *da* sein, ehe man Män-nern damit kommen kann. Solange sie noch Zeit zum Nach-denken haben, wird das alles nichts.«

Wünschte, Jude würde endlich damit aufhören, in aller Öffentlichkeit über ihre biologische Uhr zu lamentieren. Ge-danken zu dem Thema sind natürlich unvermeidlich, aber doch bitte zu Hause in den eigenen vier Wänden. Sollte nach außen hin stets Haltung bewahren und so tun, als würde einen komplett entwürdigende Situation überhaupt nichts angehen. Ganz besonders verboten ist Thema im *192*, schürt nur eigene Panik und vermittelt Gefühl, wandelndes Single-Klischee zu sein.

Zum Glück war wenigstens Shazzer in Kampfstimmung. »Viel zu viele Frauen zwischen zwanzig und Anfang Vierzig vergeuden ihr Leben mit Kindern, statt erst mal Karriere zu machen«, fauchte sie böse. »Guckt euch lieber diese Frau aus Brasilien an, die hat mit sechzig noch ein Kind zur Welt ge-bracht.«

»Hurra!«, rief ich. »Keiner will ja niemals Kinder, aber nach Möglichkeit nicht in den nächsten ein, zwei Jahren!«

»Wenn's wenigstens *dann* passieren würde«, meinte Jude matt. »Magda hat gesagt, sogar nach der Heirat hätte Jeremy bei dem Thema jedes Mal Muffensausen gekriegt. Von wegen, damit würde die ganze Beziehung viel zu ernsthaft.«

»Was, sogar nach der Heirat?«, fragte Shaz.

»Ja, das hättest du nicht gedacht was?«, sagte Jude, nahm ihre Handtasche und verzog sich beleidigt aufs Klo.

»Hört mal, ich hab eine tolle Idee für Judes Geburtstag«, sagte Shaz. »Warum lassen wir nicht eines ihrer Eier einfrie-ren?«

»Schsch«, kicherte ich. »Die Sache hat leider einen Haken: Als Überraschungsgeschenk fällt das irgendwie aus.«

In diesem Augenblick betrat Magda die Szene, was doppelt ungünstig war, weil: erstens Mädels nicht vorgewarnt, zweitens Magda seit der Geburt ihres dritten Kinds erst einmal gesehen. Jetzt also Schock meines Lebens, weil immer noch unnatürlich aufgebläht. Trug obendrein eine goldene Glitzer-Bluse und ein violettes Stirnband – Gegensatz zu unserem coolen Straßenkampf/Sportswear-Outfit krasser nicht denkbar.

War gerade dabei, Magda ein Glas Chardonnay einzugießen, als Jude von der Toilette zurückkam. Sie warf nur einen kurzen Blick auf Magdas Bauch und sah mich biestig an. »Hallo, Magda, wann ist es denn so weit?«, fragte sie schroff.

»Aber die Geburt war doch schon vor fünf Wochen«, erklärte Magda mit schwabbelndem Kinn.

Wusste ja gleich, dass man Freunde aus verschiedenen Ehestandsverhältnissen immer hübsch getrennt halten muss. Wusste es.

»Sag mal, sehe ich wirklich so dick aus?«, flüsterte Magda mir so leise zu, als würde der Feind mithören. Na ja, Vorstellung nicht ganz falsch.

»Nein, du siehst phantastisch aus«, sagte ich, »richtig aufgeblüht.«

»Wirklich?«, sagte Magda und strahlte übers ganze Mondgesicht. »Weißt du, es dauert seine Zeit, bis man wieder ... wieder abschwillt. Außerdem hatte ich da diese Brustdrüsenentzündung ...«

Jude und Shaz zuckten zusammen. Warum machen diese verheirateten Frauen das? Warum müssen sie unbedingt so Sachen wie Kaiserschnitte und Dammrisse, Blutungen und Nabelschnüre, Föten und Frühchen und was weiß ich alles zur Sprache bringen und dann auch noch so locker, als wäre überhaupt nichts dabei.

»Na, jedenfalls«, fuhr Magda fort, während sie den Chardonnay in sich reinschüttete und so zufrieden in die Runde schaute
wie ein frisch entlassener Strafgefangener. »Woney hat mir
dann den Tipp mit den Wirsingblättern gegeben. Die steckt
man sich in den BH, und schon nach etwa fünf Stunden geht
die Infektion langsam zurück. Natürlich werden die Blätter
durch Schweiß, Milch und Ausfluss ziemlich schnell gamme-
lig, und Jeremy fand das auch nicht so toll, als ich mich mit
einem BH voller Wirsing zu ihm ins Bett gelegt habe, vor allem,
weil ich ja noch untenrum am Bluten war, aber was soll ich euch
sagen: Mir ging es jedenfalls schlagartig besser. Ich hab dann
nach und nach den ganzen Wirsing so verbraucht. Toll, nicht?«

Entgeisterung am Frauentisch. Ich blickte besorgt um mich,
aber wider Erwarten hatte sich Judes Laune deutlich verbessert. Sie strich über ihr Donna-Karan-Top, das den Blick auf
ihr flachen, durchtrainierten Bauch mit dem verführerischen
Bauchnabel-Piercing freigab, während Shazzer nur dezent an
ihrem Wonderbra zupfte.

»Aber jetzt erst mal genug von mir. Wie ist es euch denn so
ergangen?«, fragte Magda mit jener tantigen Aufgeschlossen-
heit, die nur aus einem Fünfziger-Jahre-Ratgeber für verquäl-
ten Small Talk stammen konnte: *Probleme mit der Konversation?
Das muss nicht sein!* »Wie lebt es sich mit Mark?«

»Oh, er ist wunderbar«, sagte ich happy. »Bei ihm fühle ich
mich immer so…« Worauf Jude und Shazzer einen kurzen
Blick tauschten und ich schon befürchtete, meine Schilderung
ginge etwas zu sehr in Richtung selbstzufriedenes Ehehafen-
Glück. »Die Sache ist nur die, also, ich weiß auch nicht…«, und
der Spurwechsel war gelungen.

»Was ist denn?«, gierte Jude und beugte sich nach vorn über
den Tisch.

»Na ja, es hat vielleicht gar nichts zu bedeuten. Aber vorhin
rief er mich an und meinte, gestern Abend hätte er zufällig Rebecca getroffen.«

»WAAAAAAS?«, explodierte Shazzer. »Wie kann er es wagen! Und wo soll das gewesen sein?«

»Gestern auf einer Party.«

»Und was zum Teufel hat er auf fremden Partys zu suchen?«, kreischte Jude. »Und dann noch mit ihr, ohne dich!«

Ach, war das herrlich! Ganz wie in alten Zeiten! Analysierten dann Stück für Stück das ganze Gespräch, bewerteten jede noch so kleine Äußerung nebst meiner damit verbundenen Gefühle und legten den schändlichen Kern der Geschichte frei: dass Mark nämlich direkt danach zu mir gefahren war, aber zunächst weder über die Party noch über Rebecca ein Wort verloren hatte, sondern erst vierundzwanzig Stunden später.

»Typischer Fall von Erwähnungszwang«, befand Jude.

»Und was soll das sein?«, fragte Magda.

»Das ist, wenn ein fremder Name scheinbar grundlos, aber verdächtig häufig genannt wird. Also in dem Stil von: ›Rebecca meint dies‹, ›Rebecca meint das‹ oder ›Rebecca fährt dieses oder jenes Auto‹.«

Magda war auf einmal ganz still. Ich wusste auch genau, warum. Letztes Jahr hatte mir Magda immer wieder anvertraut, bei Jeremy sei irgendwas im Busch. Eine Ahnung, die sich bewahrheiten sollte, als herauskam, dass er eine Affäre mit einem Mädchen in der City hatte. Ich bot ihr eine Silk Cut an.

»Kann ich dir nachfühlen«, sagte sie, steckte sich die Zigarette in den Mund und nickte sachkundig. »Hast du dich eigentlich schon mal gefragt, warum er immer nur bei dir übernachtet und nicht umgekehrt du bei ihm? Ich dachte, er hätte ein großes Haus in der Nähe von Holland Park.«

»Das stimmt auch, aber irgendwie findet er es schöner bei mir…«

»Hmmm«, meinte Jude. »Hast du mal das Buch gelesen, *Kodependenz mit einem bindungsscheuen Mann – angstfrei aus der Krise*? Kommt nachher mal mit zur mir, ich zeig es dir.«

Magda sah Jude daraufhin so inständig an wie Ferkel, wenn

es Pu und Tigger bei einem ihrer Ausflüge begleiten will. »Vermutlich ist er nur zu faul zum Einkaufen und Saubermachen«, sagte sie beflissen. »Ich hab noch keinen Mann erlebt, der sich nicht insgeheim gewünscht hätte, dass man ihm den Arsch hinterherträgt und jeden Wunsch von den Augen abliest. Ganz egal, wie aufgeschlossen sie sich geben, das Vorbild der eigenen Eltern ist immer stärker.«

»Genau meine Rede«, bekräftigte Shazzer, worauf Magda gleich einen Kopf größer wurde vor Stolz. Dumm nur, dass die Unterhaltung dann wieder zu Stacey zurückkehrte, Judes treulosem Amerikaner, der sich nach ihrem Anruf vom Vorabend immer noch nicht bei ihr gemeldet hatte. Und ganz besonders dumm, dass Magda ihren Mund nicht halten konnte und ihren Kredit komplett wieder verspielte.

»Ehrlich, Jude«, sagte sie, »ich verstehe dich nicht. Auf der einen Seite läufst du beim freien Fall des Rubel zu solcher Höchstform auf, dass du von sämtlichen Bankern stehende Ovationen bekommst, und auf der anderen Seite bringt dich so ein blöder Typ komplett aus dem Gleichgewicht.«

»Das lässt sich nicht unbedingt vergleichen, Mag«, versuchte ich zu vermitteln, »der Rubelkurs folgt klaren und einsehbaren Gesetzen, ein Mann nicht.«

»Besser, du unternimmst in den nächsten Tagen erst mal gar nichts«, sagte Shaz nachdenklich. »Dreh nicht durch. Und wenn er dann anruft, tu so, als hättest du leider gerade überhaupt keine Zeit.«

»Moment mal«, drängelte sich Magda dazwischen. »Wo ist denn da die Logik? Erst willst du ihn unbedingt sprechen und dann, wenn er sich tatsächlich meldet, hast du keine Zeit für ihn. Das ergibt doch keinen Sinn. Überhaupt, warum rufst du *ihn* nicht einfach an?«

Worauf selbst Jude und Shazzer nichts mehr einfiel. So viel selbstzufriedene Ehehafen-Glück-Naivität machte sie sprachlos. Dabei weiß heutzutage jedes Kind, dass Anjelica Huston nie und nimmer Jack Nicholson als erste angerufen hätte – einfach weil man Männern Gelegenheit geben muss, ihren Jagdinstinkt auszuleben.

Der Abend lief dann endgültig aus dem Ruder, als Magda mit verklärtem Blick kundtat, Jude müsse nur erst den Richtigen finden, dann ginge schon alles wie von selbst. Verabschiedete sich zum Glück um halb elf. »Kinder, ich muss los. Jeremy kommt um elf nach Hause.«

»Warum hast du denn *die* eingeladen?«, fragte Jude, sobald Magda außer Hörweite war.

»Sie hat sich eben etwas einsam gefühlt«, erklärte ich lahm.

»Ja, genau. Weil sie mal ganze zwei Stunden ohne ihren Jeremy auskommen muss«, sagte Shazzer.

»Das haben wir gerne. Selbstzufriedenes Ehehafen-Glück und dann rumheulen, dass das Leben nicht mehr so prickelnd ist. Aber beides zusammen geht eben nicht«, befand Jude.

»Auf freier Wildbahn würde es die nicht lange machen, das ist mal sicher«, murmelte Shaz.

»ACHTUNG, AN ALLE: REBECCA-ALARM!«, kam es von Jude.

Wir folgten ihrem Blick nach draußen, wo gerade ein Mitsubishi-Fun-Jeep vorfuhr: Rebecca am Steuer, mit unvermeidlichem Handy am Ohr.

Sie entfaltete ihre langen Beine, entstieg ihrem Gefährt und verdrehte genervt die Augen angesichts des schnöden Passanten, der es wagte, den Bürgersteig gleichzeitig mit ihr zu benutzen, wo sie doch obendrein noch telefonierte. Ungeachtet der normalsterblichen Autos, die mit quietschenden Reifen zum Stehen kamen, überquerte sie die Straße und vollführte sogar noch eine kleine Pirouette, als wollte sie sagen: »Hey, ihr Wichser, habt ihr immer noch nicht kapiert, dass das meine Straße ist?« Allerdings prallte sie bei der Gelegenheit gegen eine Stadtstreicherin mit ihrem Einkaufswagen – ignorierte sie jedoch uneingeschränkt.

Dann Auftritt Rebecca in der Bar. Mit einer lässigen Kopfbewegung warf sie das lange Haar nach hinten, das schon Sekunden später wieder an seine alte Stelle fiel, wie ein duftiger, glänzender, weich fließender Vorhang. »Okay, ich muss jetzt Schluss machen, ciao-ciao«, flötete sie in ihr Handy. »Na, ihr Hübschen«, begrüßte sie uns und verteilte Küsschen reihum, ehe sie sich setzte und dem Kellner signalisierte, er möge ein weiteres Glas zu bringen. »Und wie geht's euch so? Und du, Bridget? Endlich ein Freund, das muss sehr schön sein für dich.«

»Endlich«? Grrr. Ich hab's gewusst, die Feuerqualle lässt ihre Fäden spielen, und das war nur der Anfang. Sie schob sofort mehr von ihrem giftigen Süßholz nach. »Wahrscheinlich schwebst du Tag und Nacht auf Wolke Sieben. Ich nehme an, du begleitest ihn am Freitag auch zum Dinner des Anwaltsvereins.«

Dinner des Anwaltsvereins? Davon hatte mir Mark noch gar nichts erzählt.

»Oh, tut mir Leid, Liebes, das hätte ich vielleicht jetzt nicht sagen sollen«, fügte Rebecca hinzu. »Macht nichts, vermutlich hat er es nur vergessen. Oder er will dich nicht blamieren. Aber ich denke, es wird schon gut gehen, sie werden dich bestimmt alle wahnsinnig süß finden.«

Wie Shazzer nachher sagte: Das war schon keine Feuerqualle mehr, sondern die gefürchtete Portugiesische Galeere, ein Monstrum mit fünf Meter langen Fangfäden. Und die braven Fischer umzingelten es mit ihren Booten, um es an Land zu ziehen und zu massakrieren.

Rebecca rauschte irgendwann ab zur nächsten Party. Uns dreien blieb nichts anderes übrig, als den Abend bei Jude zu beschließen.

»Also hier in *Kodependenz mit einem bindungsscheuen Mann – angstfrei aus der Krise* steht, dass ein, ich zitiere, ›ein Mann keinen Eindringling in seinem unmittelbaren Lebensbereich duldet«, las Jude. Währenddessen hatte Shaz das Video von *Stolz und Vorurteil* in den Videorekorder geschoben und suchte die Stelle, wo Colin Firth in den See springt.

»Er sieht sich gerne als freier und stolzer Ritter, der dich zwar in deinem Turm aufsucht, aber keine dauerhafte Bindung eingeht. Über kurz oder lang kehrt er zurück auf seine Burg. Dort kann er anrufen, wen er will, ohne dass du je davon erfährst. Sein Privatleben und seine Burg behält er auf ewig für sich.«

»Wohl wahr«, murmelte Shaz. »Achtung, hier kommt Colin Firth!«

Und andächtig schweigend verfolgten wir, wie Colin Firth klatschnass dem See entstieg, das weiße Hemd wie durchsichtig auf der gemeißelten Brust. Mmm. Mmmm.

»Mag ja alles richtig sein«, wandte ich ein. »Aber Mark war immerhin schon mal verheiratet.«

»Umso schl-himmer«, hickste Jude. »Dann bis du nur was für den kleinen Hunger zwischendurch.«

»Flachwichser«, lallte Shazzer. »Emotionale Flachwichser, alle wie sie da sind!«

Bin dann irgendwann nach Hause gewankt. Sofort den Anrufbeantworter gecheckt. Aber Fehlanzeige, kein rotes Lämpchen glühte mir in dieser Nacht. Mark hatte nicht angerufen. O Gott, ist schon sechs Uhr, muss dringend ins Bett.

8.30 Uhr. Warum hat er mich nicht angerufen? Warum? Bin emanzipierte, weltoffene, kontaktfreudige Frau mit Background und Tiefgang. Mein Selbstwertgefühl kommt aus einer tiefen inneren Quelle, ruht in sich selbst und … Moment mal, Telefon ja vielleicht kaputt oder Leitung gestört.

8.32 Uhr. Freizeichen klingt ganz normal, trotzdem besser Probeanruf mit Handy. Wenn's nicht funktioniert, alles in Ordnung.

8.35 Uhr. Humpf. Telefon funktioniert tadellos. Ich meine, er hat doch ausdrücklich gesagt, dass er mich noch anrufen will… Oh, da hat's geklingelt!

»Hallo, Liebes, ich hoffe, ich habe dich nicht geweckt.«

War Dad. Spontane Schuldgefühle angesichts der Tatsache, dass ich meine gerade einmal vierwöchige Beziehung für wichtiger hielt als die Bedrohung seiner dreißigjährigen Ehe durch windige Gigolos – wenn auch nicht französisch und nicht unter eins fünfzig.

»Und? Was ist passiert?«

»Alles in Ordnung«, lachte Dad. »Ich habe die Sache zur Sprache gebracht und… hoppla, aber da kommt deine Mutter schon selber.«

»Ehrlich, Kind«, sagte Mum, nachdem sie sich kurzerhand den Hörer geschnappt hatte. »Ich weiß wirklich nicht, wie dein Vater auf solche Ideen kommt. Die Rede war lediglich von den Betten!«

Ich musste grinsen. Offenbar hatten Dad und ich dieselbe schmutzige Phantasie.

»Aber was soll's?«, fuhr sie fort, »Wir fahren jedenfalls. Am achten Februar geht's los. Kenia, stell dir vor! Ich bin schon gespannt wie zehn nackte Neger…«

»Aber Mum!«

»Ist was, Liebes?«

»Zehn nackte Neger – das sagt man nicht mehr, das ist rassistisch und politisch völlig unkorrekt.«

»Na und? Ich hab ja nicht gesagt, dass ich sie als meine privaten Sklaven halten will. Ich komme immer noch ganz gut allein zurecht.«

»Ja schon, aber trotzdem. Solche Äußerungen prägen unsere ganze Einstellung, und man sollte darüber keine Witze…«

»Tsass! Jetzt übertreib mal nicht. Übrigens, habe ich dir schon erzählt? Bei Julie Enderbury hat sich schon wieder Nachwuchs angemeldet.«

»Du, ich muss dringend los, ich…«

Woran liegt es bloß, dass Müttern immer dann noch zwanzig unwichtige Dinge einfallen, wenn man gerade gesagt hat, man hätte keine Zeit?

»Überleg doch mal«, sagte sie vorwurfsvoll, »es ist jetzt schon ihr drittes. Ach, und ehe ich es vergesse: Una und ich haben beschlossen, endlich ins Internetz zu gehen.«

»Es heißt Internet, nicht Internetz, aber ich habe jetzt wirklich keine…«

»Nett, Netz, ist doch ganz egal. Merle und Percival sind längst drin. Du weißt schon, er war Chefarzt in der Notaufnahme im Krankenhaus Northampton. Da wir gerade davon sprechen: Wisst ihr schon, ob ihr Ostern vorbeikommen wollt?«

»Mum, ich muss jetzt wirklich gehen, ich komme sonst zu spät zur Arbeit.« Aber es vergingen noch zehn weitere quälende Minuten, ehe ich sie loswurde und auf mein Kissen zurücksinken durfte. Dass selbst meine Mutter jetzt Internet hat und ich nicht, beunruhigt mich doch ein wenig. Ich meine, ich hatte bereits einen Zugang, aber seitdem mir eine Firma namens GBH sage und schreibe 677 identische Junkmails geschickt hat, ist mein Verhältnis zu den neuen Kommunikationswegen leicht gestört.

Donnerstag, 30. Januar

59,8 kg (Alarm! Spitzenunterwäsche hinterlässt Muster auf Haut); anprobiert: 17 supersexy Höschen; gekauft: 1 Liebestöter à la Sanitär-Inkontinenz-Laken; Lover: 1 (jedenfalls solange es mir gelingt, das gute Stück vor ihm zu verstecken).

9.00 Uhr. Beim Kaffee in Coins Café. Hurra! Alles im grünen Bereich. Hat gerade angerufen! Wie es aussieht, hat er sogar schon gestern Abend angerufen, aber keine Nachricht hinterlassen, weil er es noch einmal probieren wollte. Dann aber eingeschlafen, angeblich. Bin immer noch misstrauisch, obwohl er mich zum Dinner des Anwaltsvereins eingeladen hat. Und Giles hätte gesagt, wie nett ich neulich am Telefon gewesen wäre.

9.05 Uhr. Muss zugeben, habe ein bisschen Lampenfieber wegen des Dinners. Vermutlich eine hochoffizielle Sache. Habe Mark gefragt, wie das Ganze abläuft, aber er meinte nur, ich soll mir keine Sorgen machen, es sei im Grunde ein total normales Essen mit Geschäftsfreunden und Kollegen. Ich würde ihnen schon gefallen, meinte er noch.

9.11 Uhr. »Ich würde ihnen gefallen«. Satz klarer Beweis, dass ich dort auf dem Prüfstand stehe. Äußerer Eindruck ist also entscheidend.

9.15 Uhr. Nur jetzt nicht verrückt machen lassen. Mein Auftritt wird wunderbar: elegante, lebhafte, umwerfend angezogene junge Frau. Moment, habe ja gar kein Abendkleid. Vielleicht kann mir Magda oder Jude eines leihen.

Okay. Hier also die Marschroute für die nächsten Tage:

Countdown bis zum Dinner des Anwaltsvereins
Tag 1 (also heute)
Zulässige Nahrungszufuhr:
1. Frühstück: Milchshake mit Früchten der Saison (Orange, Banane, Birne, Melone etc.) Cappuccino und Schoko-Croissant als wichtige Grundlage für eigentliches Frühstück bereits konsumiert
2. Zwischenmahlzeit: Obst, aber nicht unmittelbar vor Mittagessen, da eine Stunde nötig, bis Enzymspiegel wieder im Normbereich
3. Mittagessen: proteinreicher Salat

4. Zwischenmahlzeit: Sellerie oder Brokkoli; nach der Arbeit ins Fitness-Studio
5. Zwischenmahlzeit nach Fitness-Studio: Sellerie oder Brokkoli
6. Abendessen: Brathähnchen mit Salzkartoffeln

18.00 Uhr. Kurz nach der Arbeit. Heute ist langer Donnerstag. Will mit Magda shoppen gehen, brauche Unterwäsche, die kurzfristig meine Figurprobleme löst. Magda leiht mir auch Schmuck und elegantes blaues Abendkleid, das allerdings, wie sie sagt, bei fehlender »Unterstützung«, leicht etwas aufträgt. Angeblich vertrauen selbst Filmstars bei Premierenfeiern etc. auf die Wirksamkeit von entsprechender DUB. Shoppen bedeutet allerdings, dass Fitnessprogramm ausfallen muss. Ist auf die Schnelle sowieso nicht so effizient wie stabiles Material untendrunter.

Habe überhaupt beschlossen, statt sporadischer Studiobesuche lieber regelmäßiges Training zu absolvieren, mit Fitness-Check, professioneller Betreuung und allem Drum und Dran. Fange gleich morgen früh damit an. Leider zu spät, um bis zur Dinnerparty schon sichtbare Erfolge zu erzielen. Deshalb erst mal formende Unterwäsche kaufen, ist auch sehr aufbauend, im wahrsten Sinne des ... Augenblick, Telefon ...

18.15 Uhr. War Shazzer. Habe ihr nicht nur von meinen Vorbereitungen erzählt (einschließlich herber Rückschläge wie Pizza zu Mittag), sondern auch von der Idee, ab sofort systematisch zu trainieren.

»Mach das ja nicht«, warnte sie mich mit Grabesstimme.

Wie sich dann herausstellte, hatte Shaz etwas Ähnliches bereits probiert. Die Trainerin, eine Kampfmaschine mit feuerroten Haaren wie aus *Gladiators*, die sich allen Ernstes als »der Schleifer« vorstellte, hätte sich mit Shaz vor einen riesigen Spiegel gestellt und sie mit den Worten runtergeputzt: »Hauptproblemzone ist wohl der Po. Hier ist das Fett schon so weit runtergerutscht, dass es die Pölsterchen an den Schenkeln effektiv nach außen drückt. Daher die hässlichen Schwabbeltaschen.«

Schon bei dem Gedanken kriege ich eine Gänsehaut. Habe ja immer gewusst, dass die *Gladiators*-Show irgendwann grausame Wirklichkeit wird. Eines Tages werden die Produzenten nicht einmal davor zurückschrecken, gute Christenmenschen »dem Schleifer« und Konsorten zum Fraß vorzuwerfen. Shaz' Warnungen zum Trotz, die Idee des Bodystyling durch Fettverschiebung hat ihren Reiz. Denn wenn Fett an die falsche Stelle rutschen kann, dann müsste man es doch theoretisch auch an die richtige kneten können. Schönheit also nur eine Frage der Verteilung. Frage mich, ob ich in dem Fall wirklich noch abnehmen muss. Ließe mir Traumfigur mit großen Brüsten, schmaler Taille und schönen runden Hüften kneten. Aber was, wenn am Ende etwas übrig bleibt? Wohin mit dem überschüssigen Fett? Wären Ohren oder Füße geeignete Endlagerstätten? Wären beispielsweise dicke Füße bei einer Traumfigur so schlimm?

»Dicke Lippen sind in Ordnung«, meinte Shazzer, »bloß keine, du weißt schon...«, und ihre Stimme senkte sich angeekelt, »... bloß keine dicken Schamlippen.«

Pfui sagen wir da! Manchmal ist Shazzer wirklich unmöglich. Wenn schon, ich muss los. Hab mich mit Magda um halb sieben vor Marks & Spencer verabredet.

9.00 Uhr. Wieder zu Hause. Shoppen mit Magda war echte Grenzerfahrung. Wedelte dauernd mit den scheußlichsten Großraum-Schlüpfern vor meinem Gesicht herum. »Komm schon, Bridget, stell dich nicht so an, das ist Trend. Denk an die Siebziger, denk an Playtex Zauberkreuz, denk an Mieder«, sagte sie und hielt mir den Traum eines jeden Radlerhosenfetischisten mit Tendenz zum Serienkiller hin: ein zähes Gerät aus schwarzem Lycra, verstärkt mit unzerbrechlichen Korsett-stangen. Der dazu passende BH hätte einem Rüstungsbetrieb alle Ehre gemacht.

»Das zieh ich nicht an«, zischte ich gereizt. »Leg es zurück.«

»Aber warum?«

»Was ist, wenn mich jemand anfasst? Das merkt der doch sofort.«

»Ach, Bridget! Unterwäsche hat eine Funktion. Wenn du, sagen wir im Büro, ein enges Kleid oder eine Hose tragen willst, geht es erst mal nur um die schlanke Optik. Antatschen ist sowieso nicht, jedenfalls nicht in der Arbeit, oder?«

»Kommt drauf an«, warf ich ein und dachte dabei an die Sache im Aufzug, als ich noch mit Daniel Cleaver zusammen war – wenn man den Ausdruck in Verbindung mit diesem Beziehungskrüppel überhaupt verwenden konnte. Na ja. Schwamm drüber.

»Wie wär's denn *damit*?«, fragte ich voller Hoffnung und nahm ein irres Teil von der Stange: Nylon, hauchdünn, nachtschwarz, sündig. Genau das Richtige.

»Vergiss es. Die Achtziger sind endgültig vorbei. Hier, *das* musst du tragen«, sagte sie und winkte mit etwas, das aussah wie eine Kreuzung aus Mums langen Feinripp-Unterhosen und Thrombosestrümpfen.

»Aber was, wenn mir jemand unter den Rock fasst?«

»Bridget, du bist unmöglich«, sagte sie laut. »Wenn du morgens aufstehst, überlegst du da jedes Mal, ob dir an diesem Tag vielleicht jemand die Hand unter den Rock schiebt? Wo bleibt da deine sexuelle Selbstbestimmung?«

»Tja, weiß ich auch nicht, wo die bleibt«, sagte ich trotzig und marschierte mit einem Arm voller Liebestöter in Richtung Umkleidekabine. Zwängte mich schließlich in ein gummiartiges Futteral, das mir bis knapp unter den Brustansatz reichte und sich wie ein widerspenstiges Kondom bereits an beiden Enden aufrollte. »Meine Güte, wenn Mark das sieht!«

»Warum sollte er? Ihr geht ja nicht zum Knutschen hin. Das ist ein festliches Dinner. Mark will seine Kollegen beeindrucken, aber bestimmt nicht dir an die Wäsche.«

Wenn sie sich da mal nicht täuscht. So, wie ich das sehe, hat er es bei seinem Selbstbewusstsein gar nicht nötig, bei anderen Eindruck zu schinden. Aber in puncto Unterwäsche hat Magda sicher Recht. Man muss mit der Zeit gehen, aus überkommenen Dessous-Konzepten ausbrechen.

Okay. Sollte jetzt lieber ins Bett gehen. Morgen früh um acht Trainerstunde im Fitness-Studio. Was meine Persönlichkeit angeht, Gefühl wie am Vorabend einer Revolution.

Freitag, 31. Januar: Der Tag der Entscheidung

59 kg; Alkohol-Einheiten: 6 (2)*; Zigaretten: 12 (0); Kalorien: 4.284 (1.500); Lügen gegenüber Fitness-Trainer: 14.

* Zahlen in Klammern bezeichnen die in Gegenwart von Fitness-Trainer angegebenen Werte.

9.30 Uhr. Typisch für neue, gediegene Fitness-Kultur, dass sich Privattrainer aufführen dürfen wie Ärzte ohne hippokratischen Eid.

»Wie viele Alkohol-Einheiten konsumieren wir denn so pro Woche?«, wollte Trainer »Rebel« von mir wissen, ein etwas zu klein geratener Brad-Pitt-Verschnitt. Ich stand derweil nur da und versuchte verzweifelt, meinen freiliegenden Bauch einzuziehen.

»Vierzehn bis einundzwanzig«, log ich dreist, doch selbst bei diesem Wert meinte er zusammenzucken zu müssen.

»Und rauchen Sie?«

»Ich hab es aufgegeben«, schnurrte ich lieb.

Trainer Rebel schaute daraufhin demonstrativ auf meine

offene Handtasche. Okay, da lag jetzt die Packung Silk Cut Ultra drin, aber was heißt das schon? Könnte ja auch ein Geschenk für eine Freundin sein.

»Und wann haben Sie das Rauchen aufgegeben?«, fragte er unbeeindruckt und tippte etwas in den Computer, das später sicher im Zentralrechner der Konservativen Partei landen und mir beim nächsten Knöllchen zwei Jahre Straflager eintragen würde.

»Heute«, sagte ich tapfer.

Trainer Rebel beendete den Einstiegs-Check mit einer genauen Körperfettanalyse, zu der er mir mit einer Art Hi-Tech-Würstchenzange ins Fleisch kniff.

»Keine Angst, die Markierungen dienen nur meiner Orientierung«, erläuterte er selbstherrlich, indem er mich von oben bis unten mit Kreuzchen und Kreisen bemalte. »Und der Filzstift geht mit Benzin auch ganz leicht wieder weg.«

Danach Beginn des eigentlichen Trainings, was für mein Gefühl mit viel zu viel Augen- und Körperkontakt verbunden war. Etwa bei den Kniebeugen, die von Angesicht zu Angesicht und mit wechselseitigem Anfassen durchgeführt wurden. Rebel kam mit Hintern tatsächlich bis auf Matte hinunter, während bei mir bereits nach wenigen Zentimetern Schluss war. Dennoch, hatte am Ende den Eindruck, als hätten wir ausgiebigen Sex gehabt und wären von nun an ein richtiges Paar. Anschließend geduscht und angezogen. Wollte dann aber nicht einfach verschwinden, ohne Rebel wenigstens gefragt zu haben, für wann ich heute das Abendessen herrichten sollte. Ach nein, bin ja mit Mark zusammen und mit ihm zu diesem Dinner verabredet.

Bin schon ganz aufgeregt. Habe das Abendkleid anprobiert, steht mir super. Hingerissen von meiner gertenschlanken Silhouette – ohne Frage ein Ergebnis des grausamen Miederhöschens. Aber Mark braucht ja nicht alles zu wissen. Überhaupt, ist gar nicht einzusehen, warum ich nicht auch eine erstklassige Tischdame abgeben soll. Bin eine weltoffene, erfolgreiche usw. usw.

Mitternacht. Bei Eintreffen in Guildhall war Mark schon da. Ging in seinem langen, eleganten Mantel vor dem Eingang auf und ab. Tolles Gefühl, wenn einem der eigene Freund plötzlich wie ein extrem attraktiver Fremder vorkommt. Ein Fremder, mit dem man eigentlich nur das Eine machen will: nämlich bis zur Besinnungslosigkeit vögeln. (Obwohl sonst nicht meine Art, wenn jemanden gerade erst kennen gelernt.) Mark erschrak richtig, als er mich plötzlich sah, lachte dann, brachte seine Gesichtszüge wieder unter Kontrolle und geleitete mich, ganz Kavalier, Richtung Eingang.

»Entschuldige, dass ich etwas zu spät dran bin«, sagte ich, noch immer außer Atem.

»Aber keineswegs. Deswegen habe ich dir ja auch nicht die richtige Anfangszeit gesagt.« Abermals schaute er mich so seltsam an.

»Was?«

»Nichts, gar nichts, schon gut«, sagte er, aber so übertrieben ruhig und freundlich, als wäre ich eine durchgeknallte Irre mit einem Hackebeil in der einen und dem Kopf seiner Frau in der anderen Hand. Und während uns der livrierte Portier die Tür aufhielt, schob er mich sanft weiter.

Innen ein hohes, vertäfeltes Foyer mit vielen, festlich gekleideten alten Säcken. Gedämpftes Stimmengebrabbel ringsum. Eine Frau in einem pailettenstarren Oberteil sah mich ebenfalls so komisch an. Mark nickte ihr verbindlich zu und flüsterte mir ins Ohr: »Bitte schau doch mal kurz nach deinem Gesicht, ich weiß nicht, ob das so in Ordnung ist.«

Ich wie der Blitz aufs Klo. Tatsächlich, irgendwie hatte ich mir im dunklen Taxi statt Rouge dunkelgrauen Lidschatten auf die Wangen gepinselt. Kann ja mal passieren, besonders wenn die Packung absolut identisch aussieht. Aber als ich mit frisch geputztem Gesicht wieder zurückkam, traf mich fast der Schlag. Mark unterhielt sich mit Rebecca.

Sie trug ein kaffeebraunes, tief ausgeschnittenes, rückenfreies Satinkleid, das an ihrem Superbody auch ohne Hüfthalter toll aussah. Und ich fühlte mich plötzlich wie mein Dad auf dem Backwettbewerb beim Gemeindefest von Grafton Underwood, wo er einmal den selbst gebackenen Kuchen wieder mitnehmen musste – »wegen Nichterfüllung der Mindestanforderungen«, wie es auf dem Zettel der Jury lapidar hieß.

»Ich meine, das Ganze war schon zu komisch«, sagte Rebecca und lachte Mark kokett an. Als ich dazukam, rief sie: »Oh, Bridget, hallo, Kleine, wie geht's denn?« Und gab mir ein Küsschen, bei dem ich das Gesicht verzog. »Was hast du denn, du bist doch nicht etwa nervös?«

»Unsinn«, sagte Mark, »warum sollte sie nervös sein? Du bist die Ruhe selbst, nicht wahr, Bridget?«

Eine Millisekunde lang blitzte in Rebeccas Gesicht Verärgerung auf, bevor sie sich wieder in der Gewalt hatte. »Ach, ist er nicht süß? Ich freu mich ja so für dich!« Und glitt davon, aber nicht ohne einen letzten schüchtern-schmachtenden Blick auf Mark zu werfen.

»Also *ich* finde sie nett«, sagte Mark. »Sie ist immer so charmant und alles andere als dumm.«

Immer?, fragte ich mich. Immer? Ich dachte, er hätte sie erst zweimal gesehen. Sein Arm glitt gefährlich nah an meinem Mieder vorbei, sodass ich schnell auf Abstand ging. Ein paar Wichtigtuer kamen auf uns zu und gratulierten Mark zu seinem Erfolg in der Sache mit irgendeinem Mexikaner. Mark unterhielt sich ein, zwei Minuten mit ihnen und entzog sich dann souverän ihrer Gegenwart, indem er mich in den Speisesaal führte.

Alles sehr edel dort: dunkles Holz, runde Tische, Kerzenlicht und schimmerndes Bleikristall. Einziger Wermutstropfen: Mark und mein Mieder. Immer wieder legte er seine Hand an meine Hüfte, d.h. an meinen Hüfthalter. Musste immer wieder seitwärts ausbrechen, um peinliche Entdeckung zu verhindern.

Nach und nach versammelte sich geballter juristischer Sachverstand an unserem Tisch, junge Anwälte vor allem, die zu laut lachten und ganze Salven von zeitgeistreichen Bemerkungen abfeuerten, um zu zeigen, dass sie beides waren: gewiefte Anwälte *und* hip.

»Woran erkennt man, dass man internetsüchtig ist?«

»Wenn du nicht mal weißt, ob deine drei besten Freunde Männlein oder Weiblein sind.« *Uaaah-harharhar!*

»Wenn du keine Adresse mehr schreiben kannst, ohne dot com anzuhängen.« *Brüll-BAAAAAAAAAAAAAAA!*

»Wenn du Schriftsätze nur noch in HTML verfasst.« *Blaa-aaar-harharhar!*

Als endlich etwas Ruhe einkehrte, weil die Witze fürs Erste abgelacht waren und das Essen die Aufmerksamkeit beanspruchte, riss eine streitsüchtige Anwältin mit Namen Louise Barton-Foster das Wort an sich (war die Sorte Frau, die einen zwingen würde, Leber zu essen). Diese Schreckschraube redete und redete und fand ungefähr drei Monate lang kein Ende. Kam einem jedenfalls so vor.

»In gewissem Sinn«, dozierte sie und starrte erbittert auf ihre Menükarte, »könnte man schon den Zeitplan für die europäische Währungsunion als komplette Volksverdummung bezeichnen.«

Und wenn schon. Störte mich überhaupt nicht. Still und zufrieden saß ich neben Mark und ließ mir schmecken, was da an leckeren Sachen aufgefahren wurde. Bis Mark plötzlich sagte: »Also, für den Fall, dass ich noch einmal Tory wählen sollte, hätte ich gerne sichergestellt, dass die Herren Abgeordneten meine Meinung erstens kennen und zweitens auch vertreten.«

Starrte ihn entsetzt an. Musste plötzlich an meinen Freund Simon denken, der einmal auf einer Party ganz arglos mit ein paar Kindern gespielt hatte. Bis dann der Opa der Kinder auftauchte und sich herausstellte: Opa war kein anderer als Pressezar Robert Maxwell. Von dem Augenblick an sah Simon in den lieben Kleinen lauter Miniausgaben von Maxwell senior, einschließlich der buschigen Augenbrauen und dem ausladenden Kinn.

Einmal mehr wird mir klar: Bei jeder neuen Beziehung muss man sich auf überraschende Unterschiede gefasst machen, Unterschiede, die man zunächst nur akzeptieren kann, um sie auf lange Sicht vielleicht zu überbrücken. Hätte es trotzdem im Leben nicht für möglich gehalten, dass ich mit einem Torywähler schlief. O Gott, kannte Mark offenbar überhaupt nicht. Möglicherweise sammelte er seit Jahren diese Tierfigürchen aus Porzellan, für die immer auf der Rückseite der Sonntagsbeilage geworben wird. Oder fuhr im Fan-Bus zu Rugbyspielen und zeigte durch die Heckscheibe anderen Autofahrern seinen nackten Hintern.

Die Gespräche ringsum strotzten zunehmend vor Dünkel und Besserwisserei.

»Und wie kommen Sie ausgerechnet auf 4,5 zu 7?«, kanzelte Louise einen Mann ab, der aussah wie Prinz Andrew in einem gestreiften Hemd.

»Nun, ich habe zufällig in Cambridge Betriebswirtschaft studiert.«

»So, und bei wem, bitteschön?«, raunzte eine andere junge Frau, als sei damit der Streit zu gewinnen.

»Alles in Ordnung?«, flüsterte Mark.

»Ja«, murmelte ich mit gesenktem Kopf.

»Aber du … zitterst ja. Hey, was ist denn los mit dir?«

Ich musste es ihm wohl oder übel sagen.

»Aber was ist so schlimm daran, Tory zu wählen?«, fragte Mark und schaute mich ungläubig an.

»Sch«, zischte ich zurück und blickte nervös am ganzen Tisch umher.

»Was hast du denn?«

»Nichts. Es ist bloß…« Warum war Shazzer jetzt nicht hier? »Ich meine, wenn ich Tory wählen würde, wäre ich bei allen untendurch. Da könnte ich auch gleich mit einer Meute Beagles zur Treibjagd im *Café Rouge* auftauchen oder auf irgendwelche Dinnerpartys gehen mit soundsoviel verschiedenen Gläsern und Tellern für jeden Gang…«

»Du meinst ungefähr so wie hier?« Er lachte.

»Mehr oder weniger ja«, murmelte ich.

»Und was wählst *du* so?«

»Labour natürlich. Alle wählen doch Labour.«

»Wie man's nimmt. Den Wahlergebnissen nach zu urteilen, trifft das eher nicht zu, jedenfalls bis jetzt nicht«, sagte er. »Und warum Labour, wenn ich fragen darf?«

Ich überlegte einen Moment. »Weil, Labour steht für links.«

»Ah ja.« Meine Antwort fand er wohl irgendwie komisch. Am Tisch war es mucksmäuschenstill geworden, alles hörte uns zu.

»Und für eine sozialistische Politik«, fügte ich hinzu.

»Sozialistische Politik, soso. Und das bedeutet konkret?«

»Dass die Interessen der Arbeiter vertreten werden.«

»Nun, Tony Blair sieht mir nicht so aus, als wolle er die Gewerkschaften unbedingt stärken. Hör dir nur mal an, was er über Artikel vier des alten Parteistatuts sagt. Die Vergesellschaftung der Produktionsmittel ist offenbar bei New Labour kein Politikziel mehr.«

»Egal. Die Tories machen jedenfalls nur Mist.«

»Mist?«, sagte er. »Der Wirtschaft geht es immerhin so gut wie seit Jahren nicht mehr.«

»Nein, geht es ihr überhaupt nicht«, ereiferte ich mich. »Oder die da oben haben sie vorübergehend angekurbelt, weil gerade Wahlen anstanden.«

»Aber wie kurbelt man vorübergehend die Wirtschaft an? Wie soll das gehen?«

»Im Übrigen ist Blair Europa gegenüber wesentlich kritischer eingestellt als Major. Oder wie sehen Sie das?«, mischte sich Louise ein.

»Genau. Und was ist mit dem Gesundheitswesen? Immerhin befürworten die Konservativen eine jährliche Erhöhung der Nettoausgaben, für Blair aber ist das alles kein Thema«, meinte Prinz Andrew.

Und schon waren sie alle wieder lustig dabei mit ihrer politischen Klugscheißerei. Hielt es schließlich nicht mehr aus.

»Aber der Punkt ist doch, dass man eine Partei wegen ihrer Prinzipien wählt, nicht wegen dieser ganzen dämlichen Details und einem Prozent hier oder da. Und es ist wohl ziemlich klar, dass Labour für solche Sachen steht wie teilen, Menschlichkeit, Schwule, allein erziehende Mütter und Nelson Mandela, und die Tories stehen für aufdringliche, dreiste Wichtigtuer, die alles bumsen, was nicht bei drei auf dem Baum ist, und den Rest schütteln sie runter, quartieren sich gemütlich im Ritz ein und beschimpfen dann auch noch vor laufender Kamera die Journalisten, die dazu ein paar Fragen haben.«

Eisige Stille an der festlichen Tafel.

»Ich würde sagen, damit hast du die beiden Parteiprogramme präzise zusammengefasst«, erklärte Mark lachend und tätschelte mir das Knie. »Da bleibt kein Raum für Widerspruch.«

Alles schaute uns an. Aber anders als im normalen Leben wurde hier niemand sauer, nicht mal eine blöde Bemerkung, gar nichts. Im Gegenteil, die versammelte gute Gesellschaft tat allgemein so, als wäre das alles nicht passiert. Die Weingläser klingelten, die Gespräche dröhnten wie zuvor, nur ich wurde für den Rest des Abends schlicht ignoriert.

War völlig ratlos, wie ich den Vorfall einschätzen sollte. Gefühl wie auf Papua-Neuguinea, wenn man gerade dem Lieblingshund des Häuptlings auf den Schwanz getreten hat. Das Gemurmel der Eingeborenen kann alles bedeuten, von

»macht ja nichts« bis hin zu Serviervorschlägen für meine Innereien.

Dann klopfte jemand auf den Tisch – das Startzeichen für eine Reihe von Ansprachen, die zum Nägelkauen und In-den-Tisch-beißen langweilig waren. Wünschte mir fast, jemand würde mich bewusstlos schlagen. Als auch das endlich überstanden war, raunte Mark: »Komm, wir gehen, okay?«

Wir verabschiedeten uns und wollten gerade gehen, da meinte Mark. »Du, Bridget... ähm, bitte nimm's mir nicht übel, aber du hast da was unter deinem Kleid... an der Taille, sieht irgendwie komisch aus.«

Panikartiger Griff an die besagte Stelle. Gaaaaah! Der Liebestöter hatte sich von beiden Enden zugleich wurstig aufgerollt und wie ein fetter Rettungsring um meine Hüfte gelegt!

»Was ist das?«, fragte Mark, nach allen Seiten lächelnd, während wir uns zwischen den Tischen hindurch auf den Ausgang zubewegten.

»Nichts«, murmelte ich, schoss aber aufs Klo, sobald wir draußen waren. War ein echter Schlauch, mich in der engen Kabine aus dem Kleid zu pellen und krumpligen Alptraum wieder in Form zu bringen. Wünschte, ich läge schon in Schlabberhosen und -shirt auf dem Sofa zu Hause.

Aber kaum draußen, hätte ich mich nur zu gern für immer aufs Klo verkrümelt. Im Foyer stand Mark – im Gespräch mit Rebecca. Schon wieder! Rebecca flüsterte ihm etwas ins Ohr und brach dann in ungeniert lautes Lachen aus.

Ich ging auf die beiden zu und guckte erst mal nur dumm.

»Da ist sie ja«, sagte Mark. »Na, alles wieder in Ordnung?«

»Bridget«, flötete Rebecca und tat so, als wäre sie erfreut, mich zu sehen. »Wie man hört, hast du mit deinen politischen Ansichten alle schwer beeindruckt.«

Hoffte auf spontane Eingebung in Sachen schlagfertiger Antwort, aber nichts. Stand also einfach nur da und fixierte sie mit Mörderblick.

»Nein, im Ernst«, sagte Mark, »es war wunderbar. Nach Bridgets Ansprache kamen wir uns alle wie ein Haufen aufgeblasener Idioten vor. Okay, ich muss los. Hat mich gefreut, Rebecca.«

Kamen aber nicht davon, ohne dass sie uns beide abgeküsst hatte, umschwebt von einer Wolke Gucci Envy. Dann stolzierte sie mit schwingendem Hintern zurück in den Speisesaal, jeder Schritt auf Wirkung kalkuliert.

Ich wusste wirklich nicht, was ich sagen sollte, als wir zum Wagen gingen. Er und Rebecca hatten sich ganz offensichtlich hinter meinem Rücken über mich lustig gemacht, und er hatte dann mit Mühe versucht, das Ganze zu verschleiern. Wünschte, ich könnte Jude und Shaz anrufen wegen Rat.

Mark benahm sich so, als wäre alles wie immer. Sobald wir losgefahren waren, versuchte er auch schon, mir die Hand unter den Rock zu schieben. Warum haben Männer eigentlich immer dann besonders Lust auf Sex, wenn man selbst gar nicht in der Stimmung ist?

»Möchtest du deine Hände nicht lieber am Steuer lassen?«, fragte ich und drängte mich in die äußerste Ecke, damit er mein gummiartiges Halbkörperkondom nicht zu fassen bekam.

»Nein, ich möchte jetzt viel lieber über dich herfallen«, erwiderte er und hätte beinahe einen Poller umgefahren.

Konnte unter Hinweis auf Verkehrsgefährdung Weiteres verhindern.

»Übrigens, Rebecca würde uns gern zum Essen einladen, wenn du Lust hast.«

Ist das zu fassen? Kenne Rebecca jetzt seit vier Jahren, und sie hat mich NIE zum Essen eingeladen. NIE. »Sah toll aus heute Abend, muss ich schon sagen. Das Kleid stand ihr richtig gut, fandest du nicht?«

Ein klarer Fall von Erwähnungszwang. Ich wurde leibhaftige Zeugin eines Falls von Erwähnungszwang und konnte nichts dagegen tun.

Wir waren jetzt in Notting Hill. Kommentarlos bog er an der Ampel ab, in Richtung meiner Wohnung. Seine Burg sollte nur ihm allein gehören. Vermutlich platzte sein Anrufbeantworter schon vor Nachrichten von Rebecca. Ich war nur etwas für den kleinen Hunger zwischendurch.

»Wo fährst du hin?«, entfuhr es mir auf einmal.

»Zu dir. Wieso?«

»Eben. Wieso eigentlich?« Ich war wütend. »Wir sind jetzt seit genau vier Wochen und sechs Tagen zusammen, und ich habe noch nie bei dir übernachtet, nicht ein einziges Mal. Warum?«

Mark war plötzlich ganz still geworden. Er blinkte, bog nach links ab und fuhr dann noch einmal links. Wir waren jetzt Richtung Holland Park Avenue unterwegs, aber er schwieg weiter.

»He, was ist los mit dir?«, fragte ich schließlich.

Er starrte stur geradeaus und klopfte mit den Fingern auf das Lenkrad. »Ich mag es nicht besonders, wenn mich jemand anschreit.«

Bis wir bei seinem Haus waren, fiel kein weiteres Wort. Es war die reinste Folter. Dann schweigend die Treppe hoch. Er schloss die Tür auf, nahm die Post vom Boden und machte Licht in der Küche.

Die Küche war so groß wie ein Doppeldeckerbus, eine von diesen stromlinienförmigen Designerkonstruktionen aus blankem Edelstahl, wo man nie den Kühlschrank findet. Komisches Gefühl, wenn mal nicht tausend Sachen herumliegen. Nur drei kreisrunde Lichtpunkte auf dem Boden – von den Deckenstrahlern.

Er ging bis ans andere Ende der Küche voraus. Hallende Schritte wie damals bei der Klassenfahrt in dieser unterirdischen Höhle. Ratlos stand er vor einer Batterie Nirosta-Schränke und sagte: »Kann ich dir ein Glas Wein anbieten?«

»Ja bitte, sehr gern«, sagte ich höflich, erklomm einen der hypermodernen Barhocker vor dem Edelstahltresen und fühlte mich sofort in die verklemmte Romantik der Sechziger zurückversetzt.

»Gut, dann schauen wir mal, was wir da alles… so haben«, sagte Mark. Er riss den ersten Küchenschrank auf, ein Mülleimer schwang ihm entgegen. Bei Schranktür Nummer zwei kam eine Waschmaschine zum Vorschein. Verwundert starrte er auf seine Entdeckung. Ich senkte den Blick, hätte am liebsten laut losgelacht.

»Rot oder weiß?«, fragte er unvermittelt.

»Weiß, bitte.« Auf einmal fühlte ich mich nur noch müde. Die Schuhe taten mir weh, der Hüfthalter brachte mich um. Ich wollte nur noch nach Hause.

»Ah, na bitte.« Er hatte den Kühlschrank gefunden.

Ich blickte hoch und entdeckte den Anrufbeantworter auf der Anrichte. Momentaner Herzstillstand. Das rote Lämpchen blinkte. Auf einmal stand Mark vor mir, präsentierte mir den Wein in einem eisernen Flaschenkorb à la Wohnideen 2000. Auch Mark wirkte eher bedrückt.

»Hör mal, Bridget, ich…«

Ich glitt von meinem Barhocker und legte die Arme um seinen Hals. Leider betatschten seine Hände sofort wieder meine Taille. Ich zuckte zurück. Musste zuerst dieses verdammte Ding loswerden.

»Kann ich mal eben verschwinden?«, fragte ich.

»Warum?«

»Für kleine Mädchen«, sagte ich mit unterdrückter Panik und stakste mit schmerzenden Füßen zur Treppe. Oben angekommen, probierte ich die erstbeste Tür, offenbar Marks Ankleidezimmer. Überall Anzüge, Hemden und lange Reihen von Schuhen. Zog erst das Kleid aus und schälte mich dann erleichtert aus dem mörderischen Mieder. Dachte, ich könnte vielleicht einen Bademantel anziehen, zum gemütlichen Teil des Abends übergehen und sogar über alles reden. Doch unversehens erschien Mark in der Tür, und ich stand da in meinem grausamen Liebestöter, zerrte verzweifelt daran herum, während er mit schreckgeweiteten Augen auf mein hässliches Geheimnis starrte.

»Moment, warte doch mal«, sagte er, als ich nach dem Bademantel greifen wollte. Gebannt betrachtete er meinen Bauch. »Sag mal, hast du versucht, auf dir selbst Schiffeversenken zu spielen?«

Wollte ihm die Sache mit Trainer Rebel erklären und wie ich nicht mehr dazu gekommen war, Benzin zu kaufen, um die Filzstift-Markierungen wegzukriegen, aber er hörte mir kaum zu.

»Entschuldige, aber das ist mir heute Abend zu kompliziert«, sagte er. »Ich bin hundemüde. Sollen wir schlafen gehen?«

Er stieß eine andere Tür auf, knipste das Licht an. Ich warf einen kurzen Blick in das Schlafzimmer – und schrie entsetzt auf. In dem großen weißen Doppelbett lag ein splitternackter, schlanker asiatischer Junge, lächelte verstört und hielt uns etwas entgegen, das aussah wie zwei hölzerne Liebeskugeln und ein kleines Häschen.

KAPITEL 3

Aus und vorbei!

Samstag, 1. Februar

58,5 kg; Alkoholeinheiten: 6 (aber gemixt mit Tomatensaft, daher s. nahrhaft); Zigaretten: 400 (nur zu verständlich); Häschen, Rehlein, Fasanen und ähnliches Getier im Bett: 0 (im Vergleich zu gestern bedeutender Fortschritt); Lover: 0; Anzahl der Lover von Ex-Lover: 1; Anzahl der verbleibenden potentiellen Lover auf der Welt: 0.

0.15 Uhr. Warum passiert immer nur mir so etwas? Warum? WARUM? Jetzt hatte ich mal einen erwischt, der wirklich nett war, außerdem das Mutter-Gütesiegel besaß und weder verheiratet noch neurotisch, alkoholabhängig oder sonst wie flachwichserisch veranlagt war, und ausgerechnet der entpuppt sich als perverse Schwuchtel. Kein Wunder, dass ich nicht mit in seine Wohnung kommen durfte. Das ganze Theater im Vorfeld also nicht wegen der üblichen Bindungsangst oder der Feuerqualle Rebecca oder weil er mich etwa nur als kleines Leckerchen für zwischendurch betrachtet hätte, nein, hielt sich einfach kleine asiatische Jungs und Tiere des Waldes.

War schon ein heftiger Schock. Krass, möchte ich sagen. Etwa zwei Sekunden lang den Jungen angestarrt, dann ins Ankleidezimmer gerannt, mir das Abendkleid übergeworfen und die Treppe runter, während oben eine Randale losging wie bei der Tet-Offensive in Vietnam, dann ich raus auf die Straße, panisches Winken nach einem Taxi wie Callgirl, das haarscharf einem Perversen entronnen ist.

Vielleicht stimmt ja doch, was man immer aus selbstzufriedenen Ehehafen-Glück-Kreisen hört: Männliche Singles sind nur deswegen noch Single, weil sie irgendwo eine massive Macke haben. Ist auch der Grund, warum jede neue Liebe immer ein neues Desaster ist. Also schwul natürlich nicht gleichbedeutend mit Macke, aber subjektiv eben schon, wenn selbst Freundin von schwulem Mann, der tut, als wäre er nicht schwul, aber dann doch ist. Werde also im vierten Jahr hintereinander Valentinstag ganz allein verbringen und Weihnachten bei den Eltern, Fest der Liebe einsam im klammen Einzelbett. Das ist das Ende.

Wünschte, könnte Tom jetzt anrufen. Typisch! Ausgerechnet jetzt, wo ich auf seinen schwulen Rat angewiesen bin, fährt er nach San Francisco. Ich bin immer für ihn da, wenn er Männerprobleme hat. Aber umgekehrt? Vergiss es.

Nur die Ruhe. Bringt auch nichts, Ärger an Tom auszulassen, hat ja mit der ganzen Sache gar nichts zu tun. Überhaupt, Schuldzuweisungen habe ich gar nicht nötig, bin selbstbewusste, weltoffene, kommunikationsfreudige Frau, die ganz in sich selbst ruht und … Gaah! Telefon.

»Bridget, hier ist Mark. Ich wollte nur sagen, wie Leid mir die Geschichte von vorhin tut. Das war für dich sicher ganz furchtbar.«

Er klang auch ziemlich zerknirscht.

»Bridget?«

»Was ist?«, fragte ich und versuchte, das Zittern wenigstens so weit unter Kontrolle zu bringen, dass ich mir eine Silk Cut anstecken konnte.

»Mir ist klar, welcher Eindruck hier entstanden ist. Aber ich war mindestens so erschrocken wie du, das kannst du mir glauben. Ich habe den Jungen noch nie in meinem Leben gesehen.«

»So! Und wer war das dann, bitte?«, fuhr ich ihn an.

»Der Sohn meiner Haushälterin. Ehrlich, ich wusste nicht mal, dass sie einen Sohn hat. Offenbar ist er schizophren.«

Im Hintergrund hörte man Geschrei.

»Ja doch, ich komme ja schon! O Gott, nicht schon wieder! Bridget, pass auf, ich muss hier erst mal für Ruhe sorgen, sonst

erdrosselt er sie noch. Kann ich dich später zurückrufen?«
Noch mehr Geschrei. »Ein Moment bitte, ich… Bridget, bist
du noch dran? Ich ruf dich morgen früh an, okay?«

Kann mir nicht helfen, Lage bleibt unübersichtlich. Wünschte, könnte Jude oder Shaz fragen, was von Erklärung zu halten
ist. Vielleicht besser drüber schlafen.

9.00 Uhr. Gaah! Gaah! Telefon! Juppiduu! Nein, doch nicht.
Alles aus und vorbei. Hatte ich für einen Moment glatt vergessen.

9.30 Uhr. War auch nicht Mark am Telefon, sondern Mum.

»Liebes, weißt du, was passiert ist? Also, das macht mich
wirklich wütend.«

»Mum«, unterbrach ich sie entschlossen, »kann ich dich auf
meinem Handy zurückrufen?«

In großen schwarzen Wellen kehrte die Erinnerung zurück.
Und für den Fall, dass Mark mich anrufen wollte, musste ich
unbedingt Mum aus der Leitung werfen.

»Ach Kind, jetzt rufe ich dich *einmal* an, und du willst mich
nicht sprechen. Aber gut, wie du meinst. Außerdem will Dad
auch mit dir reden… Moment, ich gebe ihn dir mal.«

Ich wartete und schaute verzweifelt zwischen Handy und
Uhr hin und her.

»Hallo, Liebes«, sagte Dad müde. »Sie fliegt jetzt doch nicht
nach Kenia.«

»Na bitte, ich gratuliere«, sagte ich, weil zumindest einer von
uns seine Krise gemeistert hatte. »Wie hast du das gemacht?«

»Gar nicht, ihr Pass war abgelaufen.«

»Ha! Brillant! Jetzt darfst du ihr nur nicht verraten, dass man
einen neuen beantragen kann.«

»Wie? Ach so, nein, das weiß sie leider«, seufzte er. »Es ist nur
so: Für einen neuen Pass braucht sie neue Passbilder. Und die
sind irgendwie nicht so geworden, wie sie sich das vorgestellt

hat. Reine Eitelkeit also, mit Rücksicht auf meine Gefühle hat das nichts zu tun.«

Mum riss ihm den Hörer aus der Hand. »Also, es ist einfach lächerlich. Ich habe neue Bilder machen lassen, aber auf denen sehe ich aus wie die Queen Mum. Una meinte dann, ich sollte es in einem Automaten versuchen, aber das war erst recht die reine Katastrophe. Jetzt behalte ich einfach meinen alten Pass, das ist mir doch alles zu dumm. Und sonst? Wie geht's Mark?«

»Gut«, sagte ich mit hoher, halb erstickter Stimme und hätte am liebsten hinzugefügt: »Abgesehen davon, dass er es gern mit asiatischen Jüngelchen treibt und ein Herz für Karnickel hat. Der Gute! Ist das nicht goldig?«

»Na, das ist doch was! Daddy und ich haben überlegt, ob ihr nicht morgen Mittag zum Essen kommen wollt. Nichts Besonderes, es gibt Lasagne mit Bohnen. Man hat euch ja so selten zusammen.«

»Kann ich dich später zurückrufen? Ich komme noch zu spät zu… meiner Yogastunde«, sagte ich kreativ.

Darauf folgte ein knapp fünfzehnminütiger Lagebericht meiner Mutter, der keinen Zweifel ließ, dass das Passamt Ihrer Majestät im Kampf gegen Mum und ihr antikes Foto nicht den Hauch einer Chance haben würde. Völlig fertig fummelte ich eine weitere Silk Cut aus der Packung und überlegte. Okay, ich wusste zwar, dass Mark tatsächlich eine Haushälterin hatte, aber… Und was sollte das Rumgemache mit Rebecca? Außerdem war er Tory-Anhänger. Sollte vielleicht ein Stück Käse essen. Gaah! Das Telefon.

War aber nur Shazzer.

»Ach, Shaz«, sagte ich seelenwund und fing an, ihr die ganze Geschichte zu erzählen.

»Halt, stopp, du brauchst gar nicht weiterzureden«, sagte sie, ehe ich überhaupt bis zu dem kleinen Asiaten gekommen war. »Und sperr die Ohren auf, denn was ich dir jetzt sage, sage ich nur ein einziges Mal.«

»Was denn?«, fragte ich und dachte dabei: Wenn es außer Mum auf der ganzen Welt einen Menschen gibt, der niemals etwas nur ein einziges Mal sagt, dann Sharon.

»Mach Schluss.«

»Aber … »

»Mach Schluss! Die Warnzeichen sind ja wohl nicht zu übersehen. Es fängt ja schon damit an, dass er Tory wählt. Und jetzt mach Schluss mit ihm, bevor du dich emotional noch mehr verausgabst.«

»Aber Moment mal, das ist nicht … »

»Kein Wort mehr!«, fauchte sie. »Der hat dich ja schön eingewickelt. Und bisher lief es ja auch immer nach seinem Kopf. Er kommt in deine Wohnung, futtert deinen Kühlschrank leer und lässt sich von dir bedienen. Dafür darfst du ihn perfekt gestylt zu diesem idiotischen Dinner begleiten, wo all seine idiotischen Tory-Kumpane idiotische Tory-Reden schwingen, und was tut er? Flirtet mit Rebecca. Behandelt dich komplett von oben herab. Und wählt Tory. Das ist ein ganz mieses Spiel, patriarchalisch und … »

Nervös warf ich einen Blick auf die Uhr. »Ähm, Shaz, kann ich dich von meinem Handy zurückrufen?«

»Was! Das hat noch gefehlt! Nur damit er dich erreichen kann? Kommt überhaupt nicht in Frage!«, rief sie wütend.

Im selben Moment piepste mein Handy.

»Shaz, ich muss auflegen. Ich ruf dich später wieder an.«

Drückte schnell die OK-Taste.

War aber nur Jude. »Mann, hab ich einen Kater. Ich glaube, ich muss gleich kotzen.« Fing an, mir lang und breit von der Party in der *Met Bar* zu erzählen, habe sie aber sofort abgewürgt, denn Sache mit asiatischem Knaben ging eindeutig vor, ganz klar. Kein Grund, sich wie schlechte Freundin vorzukommen oder schlechtes Gewissen zu haben von wegen mangelnder Anteilnahme.

»O Gott, Bridget«, sagte Jude, als ich fertig war, »du Ärmste.

Aber ich glaube, du hast in dieser Situation genau das Richtige getan, echt, genau das Richtige, und das ist mehr, als die meisten anderen von sich behaupten können.«

Erfasst von einer Woge des Stolzes, ohne genau zu wissen, warum. »Was habe ich denn getan?«, fragte ich halb selbstzufrieden, halb verwirrt.

»Du hast genau das getan, was in *Wenn Frauen zu sehr lieben* empfohlen wird: nämlich nichts, du hast einfach losgelassen. Wir können die Probleme der Männer nicht für sie aus der Welt schaffen. Wir lassen einfach nur los, ganz souverän.«

»Genau«, sagte ich und nickte ernsthaft.

»Wir wünschen ihnen nichts Schlechtes, wir wünschen ihnen nichts Gutes, wir rufen sie nicht an, wir wollen sie gar nicht mehr sehen, wir lassen nur los. Und überhaupt: Haushälterin am Arsch! Wenn er wirklich eine Haushälterin hat, warum hängt er dann dauernd bei dir herum und lässt dich den Abwasch machen?«

»Aber wenn es jetzt wirklich nur der Sohn der Haushälterin war?«

»Bridget, Bridget, Bridget«, beharrte Jude eisern, »schon mal was von Selbstbetrug gehört?«

11.15 Uhr. Habe mich mit Jude und Shazzer im *192* zum Mittagessen verabredet. Jude hat vollkommen Recht, Selbstbetrug machen wir nicht.

11.16 Uhr. Genau. Loslassen kein Problem für mich. War ganz einfach.

11.18 Uhr. Trotzdem, verstehe einfach nicht, warum er nicht anruft, verdammt, verdammt, verdammt. Hasse das passiv-aggressive Verhalten von Telefonen heutzutage, vor allem von Single-Telefonen. Sind auch schuld an äußerst komplexer Art der Kommunikation, nämlich Verständigung durch Nicht-

Verständigung. Komplettes Grauen! Zwischen Klingeln und Nicht-Klingeln liegt gewissermaßen tiefer Schicksalsgraben: ob glücklich bis ans Lebensende oder platonisch befreundet oder wieder hinausgeworfen in gnadenlosen Dating-Krieg, wo man dämliches Telefonspiel wieder ganz von vorn anfangen muss, nur noch ein bisschen angeschlagener als in der vorigen Runde.

Mittag. Nicht zu fassen. Starre aufs Telefon, und genau in dem Moment fängt es an zu klingeln, als hätte ich übersinnliche Kräfte. Diesmal war es Mark.

»Wie geht's dir?«, fragte er niedergeschlagen.

»Gut, wieso?«, sagte ich, ganz locker und losgelassen.

»Was hältst du davon, wenn ich vorbeikomme und wir gehen zusammen Mittag essen. Dann könnten wir uns über alles unterhalten.«

»Hm, nein, geht nicht, ich bin schon mit den Mädels verabredet«, erwiderte ich, inzwischen tatsächlich ziemlich cool.

»Mein Gott…«

»Was ist?«

»Bridget, weißt du, was ich für eine Nacht hinter mir habe? Erst dieser Junge, der seine Mutter erwürgen wollte, dann Polizei und Ambulanz im Haus, die mussten schließlich mit einem Betäubungsgewehr anrücken. Danach ins Krankenhaus und wieder zurück und einen Haufen hysterischer Filipinos beruhigt. Ich meine, es tut mir Leid, dass diese Sache passiert ist, aber sie ist nicht nur dir, sondern auch mir passiert, und es ist wohl kaum meine Schuld.«

»Warum hast du dann nicht eher angerufen?«

»Weil bei dir andauernd besetzt war, verdammt, und zwar das Telefon *und* das Handy.«

Hmmm. Trennung lief insgesamt nicht so gut. Er hat wirklich einiges durchgemacht. Hab mich mit ihm zum Abendessen verabredet. Heute Nachmittag, sagt er, muss er sowieso erst mal schlafen. Ich hoffe bloß, er tut es allein.

Sonntag, 2. Februar

58 kg (hervorragend: ich entwickle mich zu schlankem asiatischem Jüngling); Zigaretten: 3 (s. g.); Kalorien: 2.100 (auch im Rahmen); Lover: wieder 1 (hurra!); Titel von Ratgeber-Büchern, die zurückgewonnener Lover laut u. ungläubig vorgelesen hat: 37 (weniger sollte man auch nicht haben).

10.00 Uhr. Wohnung. Alles wieder gut. Anfangs beim Essen lief es etwas schleppend, dann aber immer besser, vor allem nach Entschluss, ihm seine Geschichte zu glauben. Bot mir an, könnte selbst mit der Haushälterin sprechen, die würde mir alles erklären. Vertrauensbildende Maßnahme, ganz klar.

Aber dann, kurz vor der Mousse, sagte er: »Bridget, um noch mal auf den gestrigen Abend zurückzukommen, ich hatte den Eindruck, dass irgendetwas zwischen uns nicht stimmt.«

Schlagartig wieder die alte Angst. Was deswegen etwas komisch war, weil ich mehr oder weniger dasselbe gedacht hatte: Irgendetwas läuft nicht rund. Ist aber ein riesengroßer Unterschied, ob man selber zu diesem Schluss kommt oder der andere. Fühlt sich dann nämlich so an, als würde wildfremder Mensch an der eigenen Mutter herummäkeln. Löst außerdem die dumpfe Furcht aus, jeden Moment abserviert zu werden, was neben Herzschmerz und Verlusttrauma etc. auch sehr demütigend ist.

»Hey, Bridget, was ist mit dir? Stehst du unter Hypnose oder was?«

»Nein. Aber warum meinst du, dass es zwischen uns nicht richtig läuft?«, sagte ich leise.

»Na ja, jedes Mal, wenn ich dich anfassen will, zuckst du zusammen, als wäre ich ein geiler alter Sack.«

Unendliche Erleichterung. Erklärte ihm Sache mit grausamem Liebestöter, worauf er laut anfing zu lachen. Bestellte dann zur Feier des Tages einen Dessertwein, und wir beide hatten kurz darauf richtig einen im Tee. Sind dann zu mir nach Hause gefahren und stundenlang durchs Bett getollt.

Frage mich heute Morgen beim gemütlichen Zeitungslesen vor dem Kamin, ob ich das Thema Rebecca oder die einseitige Übernachtungsregelung anschneiden sollte. Aber Jude hätte klar davon abgeraten, von wegen Eifersucht aus Sicht des anderen Geschlechts kein schöner Zug, also besser lassen.

»Aufwachen, Bridget«, sagte Mark, »du bist schon wieder am Träumen. Ich hab dich gefragt, ob hinter deinem neuen Regal irgendein tieferer Grund steckt – irgendein buddhistisches Ordnungsprinzip zur besseren Meditation oder Feng Shui oder etwas in der Richtung.«

»Äh, nein, das ist wegen der Elektrik«, antwortete ich vage.

»Und alle diese Bücher hier?«, fragte er, stand auf und begann laut vorzulesen: »*Keine Angst vor kessen Teens: Der ultimative Baggerführer für Männer in den besten Jahren, Nicht so viel denken, lieber mehr lieben, Die innere Göttin auf dem Kriegspfad, Schicksal als Schicksal, Männer sind anders – Frauen womöglich auch*, du lieber Gott!«

»Das sind meine Ratgeber«, erklärte ich vorsichtshalber.

»*Die total geheimen Wünsche der Männer, Kodependenz mit einem bindungsscheuen Mann – angstfrei aus der Krise*? Ist dir klar, dass du so ziemlich die größte Bibliothek über männliches Verhalten zusammengetragen hast, die es in diesem unserem Universum gibt? Ehrlich, ich komme mir allmählich vor wie eine Laborratte.«

»Tja also …«

Er grinste mich breit an. »Was mich jetzt interessieren würde: Liest du eigentlich immer zwei Bücher parallel, um dich quasi nach beiden Seiten abzusichern? Also *Der glückliche Single* zusammen mit *In dreißig Tagen zum Traumpartner*? Oder *So kriegst du, was du willst* zusammen mit *Alles wird gut*?

»Nein, natürlich nicht«, erboste ich mich, »man liest sie einzeln.«

»Aber warum liest du dieses Zeug überhaupt?«

»Na ja, ich habe da eine Theorie« – was diesmal sogar zutraf, ich *habe* eine Theorie. »Und zwar wenn du dir mal die anderen Weltreligionen anschaust, dann ...«

»Andere Weltreligionen? Andere als welche?«

Grrr. Manchmal geht er mir mit seinen Rechtsverdreher-Methoden ziemlich auf die Nerven.

»Als die Ratgeber, was denn sonst?«

»Genau das hatte ich mir gedacht, Bridget, aber Ratgeber sind nun mal keine Religion.«

»Sind sie doch! Sie sind die neue Form der Religion. Ich meine, die Menschen gleichen doch einem Fluss. Wenn sich ihnen ein Hindernis in den Weg stellt, schäumen sie hoch und wirbeln wie wild, um sich einen Weg um das Hindernis herum zu suchen.«

»Schäumen hoch und wirbeln wie wild? Wirklich, tun sie das, Bridget?«

»Ja, denn die traditionellen Religionen sind ja mehr oder weniger zusammengebrochen, und trotzdem suchen die Leute nach Regeln, an denen sie sich orientieren können. Aber, *wie ich schon sagte*, zwischen den Selbsthilfebüchern und den Grundgedanken der großen Religionen gibt es eine Menge Übereinstimmungen.«

»Als da wären?«, fragte er und rührte mit der Hand ermutigend in der Luft.

»Etwa der Buddhismus, wo ...«

»Nein, ich meinte welche Grundgedanken?«

»Ja also, da ist zum Beispiel ...« Ich war etwas nervös, denn so wahnsinnig toll hatte ich meine Theorie nun auch wieder nicht ausgearbeitet. »... da ist zum Beispiel die Sache mit dem positiven Denken. In *Emotionale Intelligenz* heißt es dazu, dass Optimismus, also der Glaube, dass am Ende alles gut ausgeht, dass das das Wichtigste überhaupt ist. Und dann ist da noch der Glaube an einen selbst, wie in dem Buch *Emotionales Ver-*

trauen, das ist auch sehr wichtig. Aber wenn man jetzt sieht, wie das Christentum...«

»Ja?«

»Also, die Stelle, die immer bei Hochzeiten vorgelesen wird, das ist im Grunde genau dasselbe: ›Nun aber bleiben diese drei: Glaube, Hoffnung und Liebe.‹ Also, die Hoffnung, darum geht es. Oder die Idee, dass man in der Gegenwart leben soll, das kann man in *Der wunderbare Weg* nachlesen, das ist aber natürlich auch, also gewissermaßen buddhistisch.«

Mark schaute mich an, als hätte ich sie nicht alle auf der Leine.

»... oder nimm so etwas wie Vergebung. In *Die Selbstheilungskräfte der Seele* steht, dass Wut und Verbitterung schlecht für einen sind und dass man deshalb anderen verzeihen soll...«

»Und an welche Religion denkst du dabei? Hoffentlich nicht an den Islam. Es spricht nicht sehr für die Macht der Vergebung, wenn jedem Eierdieb gleich die Hand abgehackt wird.«

Kopfschüttelnd schaute er mich an. Irgendwie hatte ich den Eindruck, dass er meine Theorie nicht so recht begriffen hatte. Was vermutlich wiederum daran lag, dass seine spirituelle Existenz allgemein so unterentwickelt war. Wo sich gleich das nächste Beziehungsproblem zusammenbrauen könnte.

»Und vergib uns unsere Schuld, wie auch wir vergeben unseren Schuldigern!«, zitierte ich scharf. Im selben Moment klingelte das Telefon.

»Jede Wette, das ist der Befehlsstand im Krieg der Geschlechter. Oder der Erzbischof von Canterbury.«

War Mum. »Was macht ihr eigentlich noch zu Hause? Jetzt aber hopp! Ich dachte, ihr wolltet zum Essen kommen?«

»Aber, Mum...« War mir absolut sicher, nichts dergleichen versprochen zu haben, das wusste ich zufällig genau. Mark verdrehte die Augen zur Decke und schaltete Fußball an.

»Ach, Bridget, jetzt habe ich extra drei Pawlowas gemacht,

obwohl, ob eine oder drei ist praktisch egal. Und die Lasagne hab ich auch schon aus der Tiefkühltruhe geholt…«

Im Hintergrund schaltete sich Dad ein: »Ach, lass sie doch in Ruhe, Pam…« Aber das nutzte wenig, sie war bereits beleidigt und mittendrin in einem Vortrag über die gesundheitlichen Risiken von einmal aufgetautem und dann wieder eingefrorenem Hackfleisch. Dann war wieder Dad dran.

»Lass dich nicht verrückt machen, Bridget. Ich rede mit ihr, dann regt sie sich schon wieder ab. War eben eine von ihren spontanen Ideen. Genau wie Kenia. Übrigens, sie fliegt jetzt doch.«

Mum schnappte sich den Hörer. »Ja, stell dir vor, es hat sich alles geregelt. Wir haben da ein wunderschönes Foto machen lassen, in einem Atelier in Kettering, wo Ursula Collingwood auch die Hochzeitsbilder von Karen herhat.«

»Ich hoffe, man hat sie ordentlich retuschiert.«

»Unsinn, Liebes«, erwiderte sie gekränkt. »Sie hatten da so einen Computer, der gleicht irgendwie die Unebenheiten des Modells aus, nichts weiter. Jedenfalls, Una und ich fliegen am kommenden Samstag. Zwar nur für neun Tage, aber denk doch mal: Afrika!«

»Und was ist mit Dad?«

»Ach, Bridget, das Leben ist viel zu kurz, um immer auf alle Rücksicht zu nehmen. Wenn Daddy seine Tage unbedingt zwischen Golfplatz und Gewächshaus verbringen will, bitteschön. Aber ich möchte noch etwas von der Welt sehen.«

Hab's dann irgendwie geschafft, Gespräch zu beenden, nicht zuletzt wegen Mark, der danebenstand und die ganze Zeit mit der zusammengerollten Zeitung auf seine Uhr klopfte. Sind dann in seine Wohnung gefahren, wo allseits Bestätigung seiner Geschichte. Glaube ihm jetzt. Haushälterin, zusammen mit fünfzehnköpfiger Familie, war in der Küche am Putzen. Alle verehren Mark wie einen Gott. Wir sind dann in seiner Wohnung geblieben. Haben Schlafzimmer in Kerzenkapelle verwandelt, Romantik pur. Hurra! Jetzt ist alles gut. Kann sagen: Ich liebe Mark Darcy. Er ist zwar manchmal etwas seltsam, aber tief innen bestimmt ein wundervoller Mann. Glaube ich.

Vor allem, weil in zwölf Tagen Valentinstag ist.

Montag, 3. Februar

57 kg (s. g.); Alkoholeinheiten: 3; Zigaretten: 12; verbleibende Tage bis Valentinstag: 11; hysterische Zustände wg. unemanzipatorischer Hysterie um Valentinstag: ca. 162 Min. (schlecht).

8.30 Uhr. Hoffe bloß, Daddy nimmt sich die Sache nicht allzu sehr zu Herzen. Wenn Mum nächsten Samstag fliegt, wird er am Valentinstag ebenfalls allein sein, was nicht sehr schön ist. Könnte ihm eine Valentinskarte schicken und so tun, als käme sie von einer heimlichen Verehrerin.

Frage mich, was ich wohl von Mark bekomme. Wahrscheinlich erst mal eine Karte, Karte ist das Mindeste.

Okay, Karte ist sicher.

Vielleicht führt er mich ja auch zum Abendessen etc. aus. Mmmm. Endlich mal ein Valentinstag mit dem Mann meiner Träume. Moment, Telefon.

8.45 Uhr. War Mark. Sagte, er müsse für zwei Wochen nach New York und wäre ziemlich im Stress. Das Ganze vom Ton her aber irgendwie unfreundlich. Außerdem müsste er noch seine Akten und den ganzen anderen Kram zusammenpacken, sagte er, deswegen würde es heute Abend nichts mit uns.

Ich natürlich so getan, als wäre das alles kein Problem, und gesagt: »Oh, das ist aber schön.« Gewartet, bis er auflegt, dann losgeheult: »Aber übernächsten Freitag ist Valentinstag! Valentins-ta-hag!! Baaaaah!«

Na wenn schon. Alles Blödsinn. Reiß dich zusammen, Bridget. Valentinstag dient nur dem Umsatz des Floristikgewerbes. Zwei Menschen in einer ernsthaften Beziehung haben diesen Firlefanz gar nicht nötig.

Dienstag, 4. Februar

8.00 Uhr. Im Café bei Cappuccino und Schoko-Croissant. Na bitte, es geht doch. Hab mich selbst aus dem Depri-Sumpf gezogen. Vielleicht gar nicht so schlecht, dass Mark ein Weilchen nicht da ist. Umso eher spürt er das emotionale Gummiband und erkennt wieder, was er an mir hat. So steht es jedenfalls in *Mars sucht Venus, Venus sucht Mars: Wie Sie Ihren Seelengefährten erkennen*. Außerdem habe ich so die Gelegenheit, mich ein bisschen in Form zu bringen und mein eigenes Leben zu leben.

Plan für die Zeit, wenn Mark weg ist
1. jeden Tag ins Fitness-Studio
2. viel mit Jude und Shazzer unternehmen
3. Wohnung in Schuss bringen
4. mich um Dad kümmern, solange Mum nicht da ist
5. reinklotzen im Job, um endlich weiterzukommen

Ach ja, zwei, drei Kilo abnehmen könnte ich auch.

Mittag. Büro. Ruhiger Morgen bis jetzt. Musste etwas zum Thema grüne Autos recherchieren. Finch mich natürlich gleich dumm angeredet: »Bridget, kleiner Tipp: Gemeint ist nicht die *Farbe* Grün, sondern grün im Sinne von umweltverträglich. Alles klar?«

Alles klar. Vor allem, dass sie die Story sowieso nicht bringen werden. Aber so habe ich wenigstens schön Zeit, von Mark zu träumen, neues Briefpapier zu entwerfen (vielleicht edlere Schrift, neue Farbe?) Und mir daneben die echten Knaller-Themen zu überlegen, Themen, die bewegen und mich an die Spitze… Gaaah!

12.15 Uhr. War wieder der blöde Richard Finch. Hat sofort losgebrüllt: »Bridget, darf ich dich davon in Kenntnis setzen: Das hier ist keine beschützte Werkstatt der Arbeiterwohlfahrt, sondern eine Programmkonferenz! Und wenn du schon aus dem Fenster guckst, dann lutsch wenigstens nicht so an deinem Bleistift, dass man denken könnte… Ich meine, wo sind wir denn hier? Wirst du das wohl schaffen?«

»Ja«, sagte ich und legte den Bleistift auf den Tisch.

»Nein, Bridget. Meine Frage war nicht, wirst du es schaffen, den Bleistift wegzulegen, sondern: Kannst du einen durchschnittlichen Wähler auftreiben, der dafür ist? Durchschnittlich heißt: Mittelengland, Mittelschicht, Hausbesitzer und über fünfzig. Geht das, oder ist das zu viel verlangt?«

»Klar, kein Problem«, entgegnete ich locker. *Wofür* dieser Wähler sein sollte, müsste ich später Patchouli fragen.

»Und wofür soll dieser Wähler sein?« Fragte Richard Finch.

»Mr. Finch«, lächelte ich sphinxhaft, »ich denke, damit haben Sie Ihre Frage bereits beantwortet. Ich müsste vielmehr wissen, männlich oder weiblich?«

»Beides«, sagte Finch sadistisch, »sowohl als auch, von jedem einen.«

»Homo- oder heterosexuell«, schoss ich zurück.

»Ich sagte Mittelengland, was dachtest du denn?«, knurrte er. »Und jetzt häng dich an das verdammte Telefon. Und zieh in Zukunft bitte einen längeren Rock an, du lenkst das gesamte Team ab.«

Ehrlich, als hätten die Leute hier jemals etwas anderes im Kopf als ihre Karriere. Im übrigen ist mein Rock auch gar nicht so kurz, sondern bloß hochgerutscht.

Patchouli verriet mir dann, es ginge irgendwie um die europäische Währungsunion oder den Euro – was für sie offenbar zwei völlig verschiedene Dinge sind. Alles klar. Ah, Telefon. Ist wahrscheinlich der wirtschaftspolitische Sprecher von Labour.

12.25 Uhr. »Hallo, Liebes.« Grrr. War Mutter. »Hör mal, weswegen ich anrufe: Hast du noch so ein Stretch-Top?«

»Mum, ich hab dir doch gesagt: keine Anrufe im Büro außer bei echten Notfällen«, zischte ich.

»Sicher, Kind, weiß ich doch. Aber das Problem ist, wir fahren am Samstag, und die Geschäfte sind noch voll mit Wintersachen.«

Plötzlich kam mir die Idee. Aber es dauerte eine ganze Weile, bis Mum kapiert hatte, was ich von ihr wollte.

»Also ehrlich, Bridget«, sagte sie, »ich weiß nicht. Ich will nicht, dass irgendwann die Deutschen kommen und über Nacht unser ganzes Gold wegkarren.«

»Aber, Mum, du hast doch selbst gesagt, man soll alles mal ausprobieren im Leben.«

Stille.

»Außerdem hilft es der afrikanischen Währung.« Mir war zwar nicht klar, wie das genau funktionieren sollte, aber egal.

»Kind, das ist alles gut und schön, aber ich habe im Augenblick gar keine Zeit für großartige Fernsehauftritte, ich muss packen, weißt du?«

»Na schön, ich frag mal so: Willst du jetzt dein Stretch-Top oder nicht?«

12.40 Uhr. Hurra, Sieg auf der ganzen Linie. Ich habe jetzt nicht einen, nicht zwei, nein, ich habe drei englische Durchschnittswähler für meinen Beitrag. Una will mitkommen, zum Shoppen und um gemeinsam mit Mum meine Sommerklamotten durchzuwühlen. Und Geoffrey wollte immer schon einmal ins Fernsehen. Bin eine Spitzenjournalistin.

»Nanu, so fleißig?« Richard Finch wieder. Er war gerade zu Tisch, ist vollgefressen und schwitzt. »Und was soll das werden, wenn's fertig ist? Das Jones-Modell der Europäischen Währungsunion? Dass man da nicht schon früher draufgekommen ist!«

»Nein, nicht unbedingt«, sagte ich mit coolem Understatement. »Aber ich habe für Sie zwei mittelenglische Wähler aufgetrieben, welche die Währungsunion befürworten. Um genau zu sein, sogar drei«, fügte ich wie beiläufig hinzu und blätterte geschäftig in meinen Unterlagen.

»Hat dir eigentlich niemand gesagt, dass die Sache gestorben ist?« Sein hämisches Grinsen sprach Bände. »Na ja, da kann man nichts machen. Unser neues Thema sind die Reaktionen der Leute auf die Bombendrohungen der IRA, vor allem auf den Bahnhöfen. Ich hätte gern, dass du mit ein paar Pendlern sprichst, die Tory wählen, aber gleichzeitig mit der IRA sympathisieren.«

20.00 Uhr. Hab mir drei Stunden lang an der Victoria Station die Beine in den Bauch gestanden und versucht, den Leuten mehr oder weniger gewaltsam irgendwelche IRA-freundlichen Statements zu entlocken. Hat aber nicht recht geklappt. Dachte am Ende sogar, nicht mehr lange und ich werde verhaftet und in einen Hochsicherheitstrakt gesperrt – zu den anderen Terroristen. Dann zurück ins Büro. Nervös überlegt, was Mum und Una wohl alles in meinem Kleiderschrank finden würden, unterbrochen von Begegnung mit Finch, der seine blöden Kommentare abließ. »Sag mal, Mädchen, du hast doch nicht im Ernst geglaubt, jemanden zu finden, der Verständnis für diese Bombenleger hat. Wie dämlich kann eigentlich ein einzelner Mensch sein?«

Brauche unbedingt einen neuen Job. Das mache ich nicht mehr länger mit. Telefon. Auch das noch.

War Tom. Hurra! Er ist wieder im Lande.

»Bridget, gut siehst du aus. Hast du abgenommen?«

»Ja? Sehe ich so aus?«, sagte ich erfreut, bevor mir klar wurde, dass er mich ja gar nicht sehen konnte – wg. Telefon.

Tom holte dann aus zum erschöpfenden Loblied auf San Francisco.

»Schon der Junge am Zoll war absolut göttlich. Er fragte mich: ›Haben Sie etwas anzumelden?‹ Darauf ich: ›Nur diese unglaubliche Bräune!‹ Er gab mir seine Nummer, und wir vögelten in einer Sauna.«

Mich überfielen abermals die bekannten Neidgefühle, wie leicht Schwule sexmäßig zur Sache kommen. Sie vögeln, wenn sie Lust dazu haben, gerne auch gleich auf der Stelle, ohne den Anstands-Countdown von mindestens drei Verabredungen und vor allem ohne den Eiertanz um die Frage, wer wen danach zuerst anruft.

Nach einer etwa dreiviertelstündigen Schilderung hemmungsloser Sexabenteuer meinte er: »Na, lassen wir das. Du weißt, ich rede nicht so gern über mich. Wie läuft es denn bei dir so? Was macht Mark, der Mann mit dem kleinen, strammen Popöchen?«

Ich sagte ihm, Mark sei in New York, behielt aber die Sache mit dem Hasi-Boy vorläufig für mich, Tom war mir schon heiß genug. Beschloss stattdessen, ihn mit ein paar Geschichten aus meinem Arbeitsleben anzuöden.

»Ich muss mir dringend einen neuen Job suchen. Was ich zurzeit mache, untergräbt meine persönliche Würde und mein ganzes Selbstbewusstsein. Ich brauche etwas, wo ich meine Talente und Fähigkeiten voll einbringen kann.«

»Hmmmm, verstehe. Du willst also auf den Strich gehen, ist es das?«

»Sehr witzig.«

»Warum schreibst du nicht nebenher ein paar ernsthafte Beiträge? Oder machst Interviews oder so, muss ja bei dir im Sender erst mal keiner mitkriegen.«

Die Idee! Tom sagte, er würde mal mit seinem Freund Adam vom *Independent* reden, vielleicht hätte der ja ein paar kleine Aufträge für mich, Kritiken, Interviews, so was in der Art.

Genau das ist es. Ich werde eine gefragte, hochkarätige Journalistin, Zeitungen rennen mir die Bude ein, und irgendwann verdiene ich so viel Geld, dass ich den Job bei *Hallo, England* hinschmeißen kann. Dann sitze ich mit dem Laptop auf dem Sofa und habe ausgesorgt. Hurra!

Mittwoch, 5. Februar

Eben Dad angerufen, um zu hören, wie es ihm geht und ob er am Valentinstag etwas unternehmen will.

»Danke der Nachfrage, Liebes. Aber deine Mutter hat gesagt, ich müsste mein Bewusstsein erweitern.«

»Und?«

»Ich fahre mit Geoffrey nach Scarborough zum Golf.«

Gute Güte. Aber Hauptsache, er ist halbwegs guter Dinge.

Donnerstag, 13. Februar

58,5 kg; Alkoholeinheiten: 4; Zigaretten: 19; Besuche im Fitness-Studio: 0; verfrühte Valentinskarten: 0; Erwähnung von Valentinstag durch Freund: keinmal; Sinn von Valentinstag, wenn nicht mal Freund darauf kommt: nicht vorhanden.

Habe ziemlich die Schnauze voll. Morgen ist Valentinstag, und Mark hat mich mit keinem Wort darauf angesprochen. Begreife auch nicht, warum er das Wochenende über in New York bleiben muss, Kanzleien und Gerichte haben doch zu.

**Zwischenbilanz über die in der Mark-losen
Zeit erreichten Ziele:**

Besuche im Fitness-Studio: 0

Abende zusammen mit Jude und Shazzer: 6 (morgen vermutlich noch einer)

mit Dad verbrachte Minuten: 0; mit ihm über seine Gefühle gesprochen: 0 Minuten; mit ihm über Golf gesprochen (wo Geoffrey auch noch dauernd dazwischengequatscht hat): 287 Minuten

hochkarätige Artikel geschrieben: 0

Pfunde verloren: 0

Pfunde zugelegt: 2

Trotzdem Valentinsgeschenk für Mark besorgt. Schokoladenherz. Habe es ihm in sein Hotel vorausgeschickt und draufgeschrieben: »Erst am 14. Feb. aufmachen!« Er wird schon wissen, von wem es kommt.

Freitag, 14. Februar

59 kg; Besuche im Fitness-Studio: 0; Valentinskarten: 0; andere Nettigkeiten zum Valentinstag wie Blumen, Bärchenanhänger etc.: 0; Unterschied zwischen Valentinstag und irgendeinem anderen Tag: 0; Lebenssinn: nicht ganz klar; Möglichkeit der Überreaktion, falls Valentinstag ausfällt: denkbar.

8.00 Uhr. Mittlerweile ist mir der Valentinstag komplett egal. Wirklich, es gibt Wichtigeres im Leben.

8.20 Uhr. Werde mal kurz runtergehen, nachsehen, ob Post schon da ist.

8.22 Uhr. Post noch nicht da.

8.27 Uhr. Post immer noch nicht da.

8.30 Uhr. Endlich! Post ist da. Hurra!

8.35 Uhr. War aber nur der blöde Kontoauszug. Nichts von Mark dabei, nichts, nichts, nichts, nichts, nichts. Nichts.

8.40 Uhr. Kann immer noch nicht fassen, dass ich auch dieses Jahr am Valentinstag allein bin. Na ja, vor zwei Jahren war's schlimmer. Da wollte ich mit Jude und Shazzer nach Gambia, musste aber wegen ausgebuchter Flüge einen Tag früher los. Das Candlelight-Dinner abends werde ich nie vergessen. Alles so romantisch, an jedem Tisch saßen frisch verliebte Paare und hielten Händchen. Nur ich war allein und las in *Love for One: Am schönsten ist es, wenn es schön ist.*

Bin sehr traurig. Er kann es doch nicht vergessen haben. Das bedeutet, ich bin ihm ziemlich egal, eben jemand für den kleinen Hunger zwischendurch. Wie das läuft, steht mehr oder weniger schon in *Mars sucht Venus*. Wenn ein Mann wirklich an dir interessiert ist, dann macht er dir in einem fort Geschenke wie Dessous und Schmuck etc., nicht etwa Bücher oder Staubsauger. Eben. Vielleicht will Mark damit schon mal andeuten, dass alles vorbei ist. Die eigentliche Aussprache findet statt, wenn er zurückkommt.

8.43 Uhr. Vielleicht hatten Jude und Shaz ja Recht, und ich hätte mich schon bei den ersten Warnzeichen abseilen sollen. Letztes Jahr mit Daniel war es genau dasselbe. Der hat mich schon beim ersten Date versetzt, beim allerersten! Und die Entschuldigung, die er sich für mich ausgedacht hatte: Gott, wie arm! Wenn ich da sofort gesagt hätte »Nee, mein Freund, so nicht«, dann wäre mir die nackte Frau auf seiner Dachterrasse und überhaupt viel an Leid erspart geblieben. Da fällt mir auf, »an Leid« hat dieselben Buchstaben wie »Daniel«.

Es spielt sich eben immer nach demselben Muster ab. Irgendwann treffe ich in der Wohnung meines Freundes auf irgendwelche nackten Leute. Jedes Mal. Wie unter einem Wiederholungszwang.

9.15 Uhr. Ach du lieber Himmel, mein Konto ist um 200 Pfund überzogen. Normal darf das eigentlich nicht. Wie ist das möglich? Wie? Wie?

9.50 Uhr. Aber am Ende klärt sich eben doch alles. Habe einen mysteriösen Scheckeinzug entdeckt, über 149 £. Den Scheck habe ich aber so nicht ausgestellt, da bin ich sicher. Eher 14,90 £. Wahrscheinlich für die Reinigung.

10.00 Uhr. Bei der Bank angerufen und gefragt, an wen der Scheck gegangen ist. Es stellte sich heraus: an einen gewissen »Monsieur S.F.S.«. Alles Betrüger, die von der Reinigung. Werde Jude, Shazzer, Rebecca, Tom und Simon anrufen und zum Boykott von Duraclean aufrufen.

10.30 Uhr. Hah. War gerade mit meinem kleinen schwarzen Nachthemd bei Duraclean (alles Vorwand natürlich), um diesem ›Monsieur S.F.S‹ mal ein bisschen auf den Zahn zu fühlen. Erste Feststellung: Die bei Duraclean kommen eher aus Indien als aus Frankreich. Vielleicht indo-französischer Scheckbetrügerring.

»Dürfte ich bitte Ihren Namen erfahren?«, fragte ich den Mann an der Reinigungsannahme.

»Salwani«, antwortete er und lächelte verdächtig freundlich.

Hah! Salwani! Kann jeder sagen. Passt aber schon mal zum »S«.

»Und Sie, wie heißen Sie?«, fragte er zurück.

»Bridget.«

»Bridget. Bitte, Sie schreiben Ihre Anschrift hier, Bridget.«

Wenn das nicht erst recht verdächtig ist. Habe dann den Zettel mit Mark Darcys Adresse ausgefüllt, hat nämlich Hauspersonal und eine Alarmanlage.

»Kennen Sie vielleicht einen Monsieur S.F.S.?«, fragte ich, was er allem Anschein nach seltsam fand.

»Nein, aber ich glaube, ich kenne Sie von irgendwo«, sagte er.

»Glauben Sie nicht, ich wüsste nicht, was hier gespielt wird«, sagte ich daraufhin und verließ schleunigst den Laden. Bin richtig ein bisschen stolz auf mich. Endlich nehme ich die Dinge selbst in die Hand.

22.00 Uhr. Unfassbar, was dann passiert ist. Um halb zwölf kam ein Bote ins Büro und brachte einen riesigen Strauß roter Rosen direkt an meinen Schreibtisch. Rosen! Für mich! Die Gesichter, die Patchouli und Harold der Hirnriss daraufhin machten, waren wirklich buchenswert. Sogar Richard Finch fiel erst mal die Kinnlade runter, bevor er anfing zu stänkern: »Hast dir die Dinger wohl selber geschickt, was?«

Ich öffnete die Karte, und da stand:

Alles Gute zum Valentinstag, du Stern meines ansonsten so freudlosen Daseins. Bitte geh morgen früh um 8.30 Uhr zum British-Airways-Schalter, Terminal 1 in Heathrow. Dort holst du unter Ref.-Nr. P23/R55 den Flugschein ab, der dich auf einen Magical-Mystery-Kurzurlaub entführt. Montagmorgen, rechtzeitig zur Arbeit, geht's zurück. Ich warte am anderen Ende auf dich.

(Und leih dir von irgendjemandem einen Skianzug und das berühmte feste Schuhwerk.)

Ich kann es immer noch nicht fassen, ich bin einfach überwältigt. Mark fährt mit mir wg. Valentinstag in den Schnee. Wunder gibt es immer wieder. Und so romantisch. Ich sehe es schon richtig vor mir: ein kleines, verschneites Dorf wie auf den Weihnachtskarten immer, und wir wedeln elegant auf Skiern ins Tal, Hand in Hand wie Schneekönig und -königin.

Habe ein schlechtes Gewissen, weil ich so wenig Vertrauen zu Mark hatte, aber was soll's. Kann jedem mal passieren.

Gerade noch Jude angerufen. Sie hat mir ihren schwarzen Ski-Overall geborgt. Darin sehe ich aus wie Michelle Pfeiffer als Catwoman. Bleibt eigentlich nur noch ein klitzekleines Problem. Ich habe noch nie auf Skiern gestanden, außer bei dem einen Mal auf Klassenfahrt, wo ich mir schon am ersten Tag den Knöchel verstaucht habe. Egal. Das kann ja wohl nicht so schwer sein.

Samstag, 15. Februar

76 kg (fühle mich wie ein riesiger, aufblasbarer Gummiball, ange-füllt mit Fondue, heißer Schokolade und Hotdogs etc.); Grappas: 5; Zigaretten: 32; Tassen heiße Schokolade: 6; Kalorien: 8.257; linke Füße: 3; todesähnliche Grenzerfahrungen: 8.

13.00 Uhr. Am Rande des Abgrunds. O Gott, wo bin ich hier gelandet? Ein Blick von oben hinunter ins Tal, und ich war vor Angst wie gelähmt. Deshalb habe ich zu Mark gesagt, er solle ruhig schon mal vorfahren, während ich mir die Skier an-schnalle. *Zisch, wisch, wusch* – weg war er wie eine Exocet-Ra-kete. Also, ich will ja nicht undankbar sein für diesen schönen Ski-/Kurzurlaub, aber bereits hier hoch zu kommen war der reine Alptraum. Erst mal muss man durch gigantische Beton-bunker mit lauter Absperrungen, dass man sich vorkommt wie im Knast. Gehen kann man auch nicht richtig, weil die Ski-schuhe etwa so elastisch sind wie ein Gipsbein. So stakst man also durch automatische Drehkreuze, wo man sich vorkommt wie ein Schaf, das gezählt werden soll, und dauernd machen sich die Skier selbstständig und bleiben irgendwo hängen. Wenn ich mir vorstelle, dass ich jetzt genauso gut gemütlich im Bett liegen könnte… Und meine Haare erst, Super-GAU: Ich sehe aus wie ein elektrisierter Mopp. Liegt vermutlich an der Höhe. Leider ist auch der Catwoman-Anzug nur etwas für Extremschlanke wie Jude. Leute wie ich haben in so einem Teil verdammte Ähnlichkeit mit dem Michelin-Männchen. Und dauernd zischen irgendwelche Dreijährigen vorbei, machen ihre Kunststückchen, Saltos etc., das Ganze oft freihändig oder lediglich auf einem Bein. Deprimierend.

Nun ist der Skisport insgesamt ja nicht ungefährlich, das sagen sogar die Fachleute. Man bricht sich da schon mal den Hals und sitzt dann im Rollstuhl oder wird von einer Lawine lebendig begraben. Shazzer hat mir erzählt, wie ein Freund von ihr einmal abseits der markierten Pisten *nur einmal nicht aufgepasst* hat, und schon musste die Bergrettung kommen und ihn auf einem Schlitten ins Tal fahren. Dummerweise ließen sie an einer Stelle den Schlitten los, und dann ging alles ganz schnell.

14.30 Uhr. Bergcafé. *Wusch, zisch* – Mark kam angefegt und wollte wissen, wo ich bleibe. Der Berg ruft.

Erklärte ihm leise, das mit dem Skifahren wäre Fehler gewesen, weil viel zu gefährlich. Nicht umsonst sind solche Aktivitäten von der Auslands-Krankenversicherung nicht mitversichert. Anders gesagt, wer sich in Gefahr begibt, wird früher oder später garantiert darin umkommen. Deshalb: Hände weg von Fun-Sportarten wie Bungeejumping, Freeclimbing auf dem Mount Everest oder Apfel-Shooting wie bei Wilhelm Tell.

Mark hörte mir aufmerksam zu und nickte. »Ein sehr vernünftiger Standpunkt«, sagte er, »ich verstehe dich vollkommen. Andererseits ist zu bedenken: Wir sind hier auf dem Idiotenhügel, das Gefälle ist praktisch null.«

Antwortete Mark, ich wollte trotzdem lieber mit diesem

Lift-Ding nach unten. Worauf Mark sagte, das ginge nicht, denn das wäre ein Schlepplift, mit dem könne man zwar hochfahren, aber nicht wieder runter. Runter muss man alleine. Eine Dreiviertelstunde später hatte mich Mark in kleinen Etappen nach unten bugsiert, indem er mich jedes Mal ein Stück weit abschubste und vorauslief, um mich aufzufangen. Unten am Fuß des Hügels hielt ich es jedoch für angezeigt, Weiterfahrt ins Dorf vorzuschlagen, aber mit Lift. Musste mich wg. völliger Erschöpfung etwas hinlegen und später einen Cappuccino zu mir nehmen.

»Das gilt nicht, Bridget«, sagte er, »mit Skifahren ist es wie mit allen anderen Dingen im Leben: Einen Mut muss man haben. Komm, wir fahren wieder hoch und genehmigen uns einen Grappa.«

14.45 Uhr. Mmmm. Grappa ist aber lecker.

15.00 Uhr. Grappa ist wirklich ein klasse Spitzengetränk, das ich rundum empfehlen kann. Mark hat Recht. Bin vermutlich ein echtes Naturtalent im Skifahren. Brauch nur ein bisschen Allohol – für einen Mut aufzubauen.

15.15 Uhr. Auf Gipfel von Idiotenhügel. Oh-oh. Will nich da runter. Aber alles recht angenehm verschwummert … wie auf Watte. Also ab dafür und huiiiiii!

16.00 Uhr. Bin ein Ski-Ass, keine Frage. Gerade mit Mark den Hügel runtergebrettert – *wusch, zisch, huii!* Der ganze Körper instinktiv beschwingt am Schwingen, eins mit sich und der Natur. Klasse! Wildes Hochgefühl! Habe eine völlig neue Dimension des Lebens entdeckt. Bin die geborene Sportlerin, zweite Prinzessin Anne. Zugleich neuen Lebensmut und positive Einstellung gewonnen. Jippiiih! Und Selbstvertrauen auch. Leben, ich komme. Darauf einen Grappa. Hurra!

17.00 Uhr. Wieder im Bergcafé, Päuschen machen. Plötzlich großes Hallo, und Mark war umringt von einer Clique aus Bank- und Anwaltsvolk. Darunter, mit dem Rücken zu mir, auch eine große, schlanke Blondine in einem weißen Skianzug, mit flaumigen Ohrschützern und Versace-Sonnenbrille. Ihre Lache war Mark erschütternd. Wie in Zeitlupe registrierte ich die lässige Kopfbewegung, mit der sie das lange Blondhaar nach hinten warf, das schon im nächsten Moment wieder zurückfiel wie ein duftiger, weicher Vorhang. In der nächsten Sekunde wurde mir klar, woher ich das Lachen kannte – zumal sie uns jetzt auch das Gesicht zuwandte. Horror total. Es war Rebecca.

»Bridget!«, rief sie, stieß mit mir an und gab Küsschen. »So eine Überraschung. Du siehst phantastisch aus!«

Ich sah zu Mark hinüber, der einfach nur sprachlos war und sich mit der Hand durchs Haar fuhr.

»Na ja, Zufall ist vielleicht zu viel gesagt«, meinte er verlegen. »Immerhin hast du selber vorgeschlagen, mit Bridget hierher zu fahren. Ich meine, toll, dich wieder zu sehen, aber ich hatte keine Ahnung, dass das hier einen Massenauftrieb geben würde.«

Das Gute an Mark ist, dass er immer die Wahrheit sagt. Aber wie war das mit dem Vorschlag? Wann hat sie was vorgeschlagen? Wann?

Kurze Betretenheit bei Rebecca, aber sofort war sie wieder obenauf und lächelte gewinnend. »Ich weiß. Aber ich dachte, Courcheval ist so schön um diese Zeit, und all die anderen wollten ja auch kommen und … huch!« Passenderweise verlor sie in ihren Skistiefeln etwas das Gleichgewicht und musste sich von einem ihrer zahlreichen Bewunderer auffangen lassen.

»Hmmm«, sagte Mark. Man sah ihm an, dass ihm das Ganze nicht recht war. Ich stand mit gesenktem Kopf daneben und musste erst mal überlegen, was das alles zu bedeuten hatte.

Aber dann hielt ich es einfach nicht länger aus, so zu tun, als sei alles in bester Ordnung. Ich flüsterte Mark zu, ich wollte noch ein bisschen Ski fahren. Stellte mich also in die Schlange vor dem Schlepplift, froh, der grausamen Situation entronnen zu sein. Verpasste zwar die ersten vorbeifahrenden Liftstangen, aber dann klappte es.

Allerdings, irgendwas war diesmal anders, irgendetwas hakte, flutschte nicht wie gewohnt. Bemerkte an der Seite plötzlich ein Kind, das wie wild mit den Armen fuchtelte und mir etwas auf Französisch zurief. Erschrocken blickte ich zurück zur Terrasse des Cafés, wo Marks Freunde ebenfalls aufgeregt zu mir herüberschrieen. Verdammt, was war hier los? Als Nächstes sah ich, wie Mark hinter mir herhechtete und brüllte: »Bridget, du hast deine Skier vergessen!«

»Mann, ist die doof, Mann!«, röhrte Nigel, als wir schließlich wieder im Café waren. »So was Dämliches habe ich ja noch nie gesehen.«

»Soll ich sie mal eine Weile übernehmen?«, fragte Rebecca, ganz fürsorgliche Gefährtin, als wäre ich ein unartiges Kind. »Dann kannst du vor dem Abendessen noch ein paar Abfahrten machen.«

»Nein, das ist wirklich nicht nötig«, sagte er, obwohl ihm anzumerken war, dass er genau das liebend gern getan hätte. Und eigentlich wollte ich ihm auch nicht im Weg stehen, aber der Gedanke an eine Skistunde mit Rebecca war einfach zu viel.

»Doch, geh ruhig. Ich glaube, ich muss mich sowieso etwas ausruhen. Und blamiert habe ich mich schon genug.«

Die heiße Schokolade im Café machte ihrem Namen alle Ehre, sie war so süß und sanft und weich wie geschmolzenes Glück. Das war auch nötig, denn der Anblick, wie Mark und Rebecca auf dem Sessellift in die Höhe entschwebten, zog mich ziemlich runter. Vor allem Rebecca. Wie aufgekratzt und verliebt sie dauernd an seinem Arm rummachte.

Später kamen sie wieder angesaust – wie Schneekönig und -königin, er in Schwarz, sie in Weiß, ein perfektes Paar wie aus den Reiseprospekten für die gehobenen Ansprüche, wo eben nicht nur acht hochalpine Pisten geboten werden, mit Halbpension und 400 Liften, sondern auch – die Bilder suggerieren es – traumhafter Sex.

»Ach, war das schön«, sagte Rebecca, schob ihre Schneebrille hoch und lachte ihm ins Gesicht. »Hey, habt ihr nicht Lust, heute Abend mit uns zu essen? Wir veranstalten ein Fondue oben auf einer Hütte und machen später eine Fackel-Abfahrt bis runter ins Tal… ach so, Bridget, tja also… aber du könntest ja die Gondel nehmen…«

»Nein, das geht nicht«, sagte Mark unvermittelt. »Ich war schon am Valentinstag nicht da, und heute Abend ist unser Valentins-Dinner.«

Das Schöne an Rebecca ist: Sie verrät sich am Ende immer, zwar nur für den Bruchteil einer Sekunde, aber in diesem winzigen Moment sieht man genau, wie stinkesauer sie ist, wenn sie abgeblitzt ist.

»Verstehe, ist ja auch egal. Dann viel Spaß, ihr zwei beiden«, sagte sie, schoss ihr Zahnpastareklame-Lächeln ab und zischte wedelnd weiter ins Tal.

»Wann seid ihr euch denn begegnet?«, fragte ich. »Wann hat sie das mit Courcheval vorgeschlagen?«

Er verzog das Gesicht. »Sie war in New York.«

Ich fuhr herum und ließ einen Skistock fallen. Mark brach in Gelächter aus, hob den Stock auf und drückte mich fest an sich.

»Jetzt schau nicht so böse«, sagte er, das Gesicht an meiner Wange. »Sie war mit einem ganzen Verein da. Wir haben uns höchstens zehn Minuten unterhalten. Ich habe ihr gesagt, dass ich gerne mit dir irgendwo hinfahren wollte, wenn ich am Valentinstag schon nicht da bin. Sie hat das hier vorgeschlagen.«

Ich war drauf und dran, etwas zu sagen, wusste aber nicht, was.

»Bridget«, sagte er, »ich liebe dich.«

Sonntag, 16. Februar

Gewicht: ist mir egal (es gibt auch keine Waage); innerliche Wiederholungen des wundervollsten Worts der Welt (beginnt mit L): gigantisch-kosmisch-astronautisch oft.

Bin einfach nur glücklich. Und verzichte großmütig auf Rachegefühle gegenüber Rebecca. Sie ist, wie sie ist, eine reizende, nette verlogene Zecke/Kuh. Ich und Mark haben an/aufregenden Abend miteinander verbracht, viel gelacht und immer wieder gesagt, wie sehr wir uns gefehlt haben. Hab ihm auch sein Geschenk überreicht, Schlüsselanhänger mit Emblem von FC Newcastle United drauf, dazu die Newcastle-United-Boxershorts, worüber er sich ganz besonders gefreut hat. Für mich hatte er ein rotes Seidennachthemd, das mir ein bisschen zu eng war, was ihn aber gar nicht stört, sagte er, im Gegenteil, wenn er ehrlich sein soll. Später hat er mir dann noch erzählt, was er in New York arbeitsmäßig so alles gemacht hat, und ich habe ihm zu allem meine Meinung gesagt, worüber er wieder richtig froh war, weil ihm das so viel gibt und überhaupt meine Ansichten immer ganz »einzigartig« sind, wie er sagt.

P.S. Was jetzt kommt, soll aber keiner lesen, weil ich mich schrecklich schäme. Tatsache ist, dass ich wegen dem schönsten Wort der Welt (und noch dazu so früh in unserer Beziehung!) extra aus Versehen Jude und Shaz angerufen bzw. auf den Anrufbeantworter gesprochen habe. Weiß aber jetzt, das war nicht nur falsch, sondern auch billig.

60 kg (Gaah! Gaah! Das war garantiert die heiße Schokolade); Alkoholeinheiten: 4 (aber einschließlich der Drinks im Flugzeug, also sehr gut); Zigaretten: 12; neokolonialistische Peinlichkeiten meiner Mutter: 1 (dafür aber riesig).

Kurzurlaub war phantastisch, wenn man von Rebecca absieht. In Heathrow allerdings doch gleich der erste Schock. Wir waren gerade in der Ankunftshalle, suchten nach dem Hinweisschild für den Taxistand, als eine schrille Stimme rief: »Huhu, Liebes, *hier* sind wir! Ach, du Dummchen, das war doch nicht nötig, wir werden doch schon von Dad und Geoffrey abgeholt, sie warten draußen. Wir wollten Dad nur eben ein Geschenk besorgen. Aber komm mal her, ich muss dir Wellington vorstellen.«

War meine Mutter, tief orange gebräunt und die Haare zu kleinen Bo-Derek-Zöpfchen geflochten, sogar mit kleinen Perlen drin. Dazu trug sie ein orangenes Batik-Gewand im Stil von Winnie Mandela. Big Mama!

»Jetzt denkst du sicher, er ist Massai, aber Pustekuchen! Er ist Kikuyu, denk doch mal, ein echter Kikuyu!«

Ich folgte ihrem Blick hinüber zu Una Alconbury, ebenfalls in orangefarbene Gewänder gehüllt, am Arm die grüne Handtasche mit der riesigen Goldschließe. Sie stand an der Kasse des Sock Shop, das Portemonnaie in der Hand, aber ihr entzückter Blick ruhte auf einem riesigen, jungen Schwarzen neben ihr, in einem hellblau karierten Gewand und mit Ohrläppchen so groß wie Apfelringe. (In dem einen steckte sogar ein Filmdöschen.)

»*Hakuna Matata. Don't worry, be happy!* Das ist Suaheli, ist das nicht umwerfend? Erst dieser traumhafte Urlaub. Und jetzt ist auch noch Wellington mitgekommen!«, sagte sie, bemerkte dabei Mark und sagte beiläufig: »Hallo, Mark.« Dann wieder zu mir: »Liebes, was hast du? Sag *Jambo* zu Wellington.«

»Bitte, Mutter, sei doch endlich still!«, zischte ich sie an und schaute mich nervös um. »Du kannst doch nicht einfach einen afrikanischen Krieger mitbringen. Die Kolonialzeit ist endgültig vorbei. Außerdem ist Daddy noch nicht über Julio hinweg.«

»Das eine hat mit dem anderen überhaupt nichts zu tun«, plusterte sich Mum vor mir auf. »Na schön, er ist ein Krieger, und zwar ein richtiger. Da, wo er herkommt, lebt man in Hütten aus Dung. Aber er interessiert sich genauso für fremde Länder wie Una und ich.«

Mark war im Taxi nach Hause etwas wortkarg. Konnte ihm nicht mal böse sein. Warum kann ich nicht ganz normale Mutter haben wie andere Leute auch, eine Mutter mit grauen Haaren, die zu Hause in der Küche steht und leckere Sachen kocht?

Muss dringend Dad anrufen.

19.00 Uhr. Dad hat sich ganz in sich selbst zurückgezogen, markiert aber nach außen hin britische Gelassenheit. Aber an seiner Stimme höre ich, dass er ziemlich tief ins Glas geschaut hat.

»Und wie läuft's bei dir so?«, wollte ich wissen, als meine aufgekratzte Mum endlich das Telefon freigegeben hatte.

»Oh, wunderbar, alles ganz wunderbar. Zulu-Krieger haben meinen Garten besetzt, die Schlüsselblumen sprießen, könnte gar nicht besser gehen. Und bei dir?«

O Gott, wie hält der Mann dieses Affentheater aus? Hab ihm gesagt, er soll mich anrufen, wenn es allzu schlimm wird, aber nach Lage der Dinge (diese verdammte englische Art, auch noch die herbste Zumutung stoisch zu ignorieren!) kann ich darauf lange warten.

Dienstag, 18. Februar

60 kg (echter Notstand mittlerweile); Zigaretten: 13; masochistische Phantasien mit Hauptfiguren Mark und Rebecca: 42.

19.00 Uhr. Stress total. Gerade von der Arbeit zurück, Job ein Alptraum. (Shaz steht jetzt aus unerfindlichem Grund auf Fußball, also gehen ich und Jude später noch vorbei, Fußball gucken in der Glotze. Deutschland gegen die Türkei oder war's Belgien?) Zwei Anrufe auf Anrufbeantworter, keiner von Dad.

Der erste war von Tom, um mir zu sagen, dass sein Freund Adam vom *Independent* mir wg. Interview gerne eine Chance geben würde, vorausgesetzt, es handelt sich um jemand echt Berühmten und das Ganze wäre ohne Honorar.

Möchte mal gerne wissen, wovon die Zeitungsleute so leben. Wie bezahlen sie ihre Hypotheken oder ihre Alkoholtherapien etc.?

Der zweite Anruf war von Mark. Er sagte, er wäre heute Abend mit Amnesty und den Indonesiern unterwegs und ob er mich später bei Shazzer anrufen könnte wg. Fußballergebnis. Kurze Funkstille, ehe er hinzufügte: »Ach, was ich noch sagen wollte: Rebecca hat uns und die ganze Clique zum Wochenende in das Haus ihrer Eltern in Gloucestershire eingeladen. Was hältst du davon? Ich ruf dich später noch mal an.«

Was ich davon halte? Was ich davon *halte*? Lieber verkrieche ich mich in einem Mauseloch in Dads Garten und spiele mit den Regenwürmern Siebzehn und Vier als mir anzugucken, wie Rebecca ein ganzes Wochenende über mit Mark flirtet. Ich meine, wenn sie uns einladen will, warum ruft sie dann nicht mich an?

Es ist der Erwähnungszwang, dieser verdammte Erwähnungszwang, gar keine Frage. Telefon. Jede Wette, es ist Mark. Was sage ich ihm bloß?

»Bridget, nimm bitte ab… nein, tu das nicht, leg es sofort hin, LEG ES HIN, habe ich gesagt!«

Etwas verwirrt nahm ich ab. »Magda?«

»Oh, hi, Bridget! Wie war dein Skiwochenende?«

»Toll… bis auf die Tatsache, dass…« Erzählte ihr dann die ganze Geschichte von Rebecca und New York und der Einladung am kommenden Wochenende. »Und jetzt weiß ich nicht, ob ich hingehen soll oder nicht.«

»Natürlich gehst du hin, Bridget«, sagte Magda. »Ich meine, es ist doch so: Wenn Mark wirklich mit Rebecca ausgehen wollte, würde er mit Rebecca ausgehen. Ich an deiner Stelle würde ihm bloß sagen… los, verschwinde hier, hau ab. Harry, ich habe dir schon tausendmal gesagt, der Sessel ist nicht zum Rumturnen, sonst gibt's Haue auf die Popo, dass du's nur weißt… immerhin seid ihr beiden sehr verschieden.«

»Hmmmm, aber wenn ich Jude und Shazzer frage, die sagen mir glatt, ich sollte besser…«

Jeremy schnappte sich den Hörer. »He, hör mal zu, Bridget, die Ratschläge von Jude und Shazzer in Sachen Beziehung sind etwa so wertvoll wie die Anweisungen eines Diätberaters, der 120 Kilo auf die Waage bringt.«

»Ach, halt die Klappe, Jeremy, komm, gib mal wieder her«, raunzte Magda. »Lass dich von Jeremy nicht provozieren, Bridget, beachte ihn gar nicht. Schau mal, jede Frau hat ihre Aura, und Mark hat sich für *dich* entschieden. Also mach etwas draus. Sei begehrenswert. Aber behalte Rebecca im Auge, sicherheitshalber. Nein, nicht auf den Fußboden, nicht auf den Fußboden!«

Sie hat Recht. Ich bin eine selbstbewusste, weltoffene Frau, die in sich selbst ruht und Probleme souverän angeht, weil sie weiß, sie hat da diese Aura, die verleiht ihr dieses ganz besondere Besondere. Hurra. Werde jetzt Dad anrufen und dann zum Fußball.

Mitternacht. Wieder zu Hause. Leider war bei dem ersten Schritt hinaus in die Kälte von der selbstbewussten, weltoffenen Frau nichts mehr übrig. Musste da an ein paar Arbeitern vorbei, die im grellen Schein der Lampen an der Gasleitung zugange waren. Mit meinen langen Stiefeln und dem kurzen Mantel stellte ich mich schon auf Pfiffe und primitive Bemerkungen ein – und fühlte mich wie ein Idiot, als nichts dergleichen passierte.

Erinnert mich an einen Vorfall aus meiner Teenie-Zeit, fünfzehn war ich damals. Ich ging durch diese düstere Seitenstraße in die Stadt, da war plötzlich dieser Mann hinter mir und packte mich an Arm. O Gott, ein Unhold! Ich war dünn und staksig in meinen knallengen Jeans, trug eine von diesen entsetzlichen Flügelbrillen und eine Zahnspange. Der Unhold schaute mich nur einmal kurz an – und rannte weg.

Bei Shazzer angekommen, musste ich erst mal die Sache wg. Bauarbeiter loswerden. »Das ist doch genau der Punkt«, entrüstete sich Shazzer, »Männer behandeln Frauen lediglich als Lustobjekte – als bestünde unsere einzige Funktion lediglich in äußerlicher Attraktivität.«

»Aber das haben sie doch gar nicht getan«, wandte Jude ein.

»Eben, umso schlimmer, es ist wirklich widerlich. Na, wie auch immer, wir sollten uns lieber das Spiel angucken.«

»Mmm. Eines muss man ihnen lassen, denen ihre Beine sind okay. Schön kräftig«, sagte Jude.

»Mmmmm«, stimmte ich zu und fragte mich zugleich, ob ich jetzt, mitten im Spiel, mit dem Rebecca-Thema kommen konnte.

»Ich kannte mal eine, die hat mit einem Türken geschlafen«, sagte Jude. »Und dieser Türke hatte so einen Riesenpenis, dass er eigentlich mit überhaupt keiner Frau schlafen konnte.«

»Wie? Du hast doch gerade gesagt, sie *hätte* mit ihm geschlafen«, meinte Shazzer, schaute aber gebannt auf den Bildschirm.

»Klar, sie hat mit ihm geschlafen, aber *getan* haben sie es nicht«, sagte Jude.

»Weil das eben nicht ging, weil er eben zu groß war«, sprang ich Jude hilfreich zur Seite. »Also das ist schon fast tragisch. Glaubst du, es hängt von der Nationalität ab? Ich meine, glaubst du, dass alle Türken so einen …?«

»Mensch, haltet doch mal die Klappe, ich will das Spiel sehen«, sagte Shazzer.

Eine Weile war es ganz still. Wahrscheinlich dachte jede von uns an all die Penisse, die seit Erfindung der Länderspiele bereits in Gott weiß wie vielen Sporthosen gesteckt hatten. Klar, da kam ganz schön was zusammen. Wollte gerade etwas Geistreiches dazu sagen, als Jude mir zuvorkam. Auch sie schien der Gedanke sehr zu beschäftigen.

»Muss komisch sein mit so einem Penis an einem dran«, sagte sie.

»Meine ich auch«, sagte ich. »Vor allem, weil er ja irgendwie ein Eigenleben hat. Also wenn ich einen Penis hätte, würde ich den ganzen Tag an nichts anderes denken können.«

»Weil man nie weiß, was er als Nächstes tut.«

»Genau. Ich meine, was ist, wenn du mitten in einem Fußballspiel eine gigantische Erektion kriegst?«

»Verdammt noch mal«, brüllte Shazzer, »könnt ihr nicht einfach mal still sein, bitte?«

»Ach, krieg dich wieder ein«, sagte Jude. Und dann zu mir: »Hey, Bridge, alles in Ordnung? Du siehst so deprimiert aus.«

Nervös sah ich zu Shaz hinüber, fand aber dann, die Sache sei viel zu wichtig, um sie zu verschweigen. Ich räusperte mich. »Wenn du's genau wissen willst: Rebecca hat Mark angerufen und uns für nächstes Wochenende ins Haus ihrer Eltern eingeladen.«

»WAAAS?«, kreischten Jude und Shaz gleichzeitig auf.

War echt froh, dass beide den Ernst der Lage sofort begriffen. Jude stand auf und holte die Pralinen, Shaz eine weitere

Flasche Wein aus dem Kühlschrank. Die würden wir brauchen.

»Okay, so weit ich weiß, kennen wir Rebecca jetzt seit vier Jahren«, fasste Sharon die Situation zusammen. »Aber ich frage euch: Hat sie dich, mich oder Jude auch nur ein einziges beschissenes Mal zu ihren popeligen Wochenendpartys auf dem Land eingeladen?«

»Nein.« Ernst schüttelte ich den Kopf.

»Aber wenn du jetzt absagst, bleibt ein Problem: Angenommen, er geht alleine hin, was dann? Du musst unbedingt verhindern, dass Rebecca ihn in die Fänge kriegt. Überhaupt ist es ja für jemanden in Marks Position ausgesprochen wichtig, eine Frau an seiner Seite zu haben, die auch gesellschaftlich zu ihm passt.«

»Humpf«, schnaubte Shazzer, »was soll denn diese bourgeoise, vorgestrige Gesellschaftskacke schon wieder? Ist doch alles Quatsch. Wenn Bridget nicht hingehen will und er aber wohl, und wenn er dann auch noch was mit Rebecca anfängt, dann ist er sowieso ein Miststück und die ganze Aufregung nicht wert. ›Gesellschaftlich zu ihm passt‹! Wenn ich das schon höre. Wir leben nicht mehr in der Fünfzigern. Bridget putzt nicht von morgens bis abends das Haus, sie trägt keine Barbarella-BHs und spielt auch nicht die Gastgeberin für Marks Kollegen wie eine von den Stepford-Frauen. Sag ihm einfach, du wüsstest, dass Rebecca hinter ihm her ist und dass du ihn aus genau diesem Grund nicht begleiten willst.«

»Aber das schmeichelt ihm womöglich noch mehr«, wandte Jude ein. »Für einen Mann gibt es nichts Anziehenderes als eine verliebte Frau.«

»Sagt wer?«

»Die Baroness in der *Trapp-Familie*«, meinte Jude verlegen.

Als wir uns endlich wieder auf das Geschehen in der Glotze konzentrieren konnten, war das Spiel vorbei.

Dann rief Mark an.

»Und?«, fragte er aufgeregt. »Wie ist es ausgegangen?«

»Tja also…«, sagte ich und gestikulierte wild in Richtung Jude und Shazzer, die aber komplett ahnungslos dreinschauten.

»Aber du hast dir doch das Spiel angesehen, oder?«

»Aber natürlich.« Und sang den Fußball-Song von den Lightning Seeds: »*Football's coming home, it's coming…*« Ich erinnerte mich vage, dass es irgendwas mit Deutschland zu tun hatte.

»Und warum weißt du dann nicht, wie es ausgegangen ist? Also ehrlich! Wenn du ein einziges Mal was für mich tun sollst…«

»Ja nee, schon klar, aber…«

»Was aber?«

»Wir haben halt ein bisschen…«

»Was?«

»Uns unterhalten«, sagte ich nicht besonders geistreich.

»Lieber Himmel!« Dann eine längere Pause. »Na gut, aber was ist jetzt mit Rebecca? Hast du Lust hinzugehen?«

Schwierige Frage. Verzweifelt blickte ich zwischen Jude und Shaz hin und her. Das Ergebnis war nicht ganz eindeutig. Eine signalisierte Ja, die andere Nein. Kam hinzu das Ja von Magda.

»Ja«, sagte ich.

»Na wunderbar. Das wird sicher ganz unterhaltsam. Sie meinte noch, du sollst einen Badeanzug mitbringen.«

Einen Badeanzug? Wieso hat mir das keiner vorher gesagt! Das ist mein Untergang!

Auf dem Heimweg erneute Begegnung mit den Arbeitern vom frühen Abend. Sie kamen gerade aus einem Pub, hackedicht. Ich natürlich gleich so getan, als würde ich solche Prolls wie sie nicht einmal bemerken, egal, wie oft sie hinter mir herpfiffen. Ich war gerade an ihnen vorbei, da gab es hinter mir ein Riesengejohle, eine Art Standing Ovations in Primitiv-Manier. Ich drehte mich um, freute mich schon darauf, ihnen mit einem kurzen Blick meine ganze Verachtung entgegenzuschleudern, aber sie schauten nicht einmal in meine Richtung, sondern auf einen der Ihren, der soeben einen Ziegelstein in die Scheibe eines VW gefeuert hatte.

Samstag, 22. Februar

60 kg (entsetzlich);Alkoholeinheiten: 3 (weiter so!); Zigaretten: 2 (na also!); Kalorien: 10.000 (wahrscheinlich Sabotage durch Rebecca); schnüffelnde Hunde unter Rock: 1 (dafür permanent).

Gloucestershire. Das Landhäuschen von Rebeccas Eltern erwies sich als rittergutähnliches Anwesen mit Pferdeställen, Außengebäuden, Pool und kompletter Dienerschaft, nicht zu vergessen die eigene Hauskapelle in dem, was vornehm als »Garten« bezeichnet wird. Umgeben von mehreren Saab- und BMW-Cabrios, erwartete uns Rebecca vor dem Haus. Kies knirschte unter unseren Schuhen. Einzelne Sonnenstrahlen spielten in Rebeccas Haar, und sie spielte mit einem Hund, wobei sich ihr Hintern so rund und glatt unter ihren Jeans abzeichnete wie in einer Ralph-Lauren-Reklame.

»Emma! Platz! Heee!«, rief sie, worauf sich der Hund losriss und seine Nase direkt unter meinen Mantel steckte.

»Mark, so eine Freude. Komm rein und trink erst mal was«, sagte sie, während ich noch mit dem Hundekopf rang.

Mark rettete mich, indem er rief: »Emma! Hier! Such das Stöckchen.« Er warf es, der Hund ließ von mir ab und kam mit wackelndem Schwanz zurück, das Stöckchen im Maul.

»Jaa, das gefällt dir, was? Du magst Mark, nicht wahr, du magst ihn. Braver Hund«, säuselte Rebecca und herzte den Hund, als wäre er ihr erstes gemeinsames Kind.

Mein Handy meldete sich. Ich wollte das Fiepen erst ignorieren.

»Ich glaube, das ist deins, Bridget«, sagte Mark.

Ich holte es heraus und drückte auf die Taste.

»Hallo, Liebes, rate mal, was wir uns überlegt haben.«

»Mutter, warum rufst du mich auf dem Handy an?«, zischte ich und kriegte gerade noch mit, wie Mark von Rebecca ins Haus entführt wurde.

»Wir gehen nächsten Freitag alle zusammen in *Miss Saigon*! Una und Geoffrey und Daddy und ich und Wellington. Er war noch nie in einem Musical. Ein Kikuyu in *Miss Saigon*, sag selbst, ist das nicht witzig? Und du und Mark, ihr könnt mitkommen, Karten sind schon besorgt.«

Gaah! Ausgerechnet ein Musical. Mit dämlichen Heldentenören, die sich breitbeinig an die Rampe stellen und irgendwelche Songs ins hilflose Publikum plärren.

Als ich selber in der Eingangshalle stand, waren Mark und Rebecca verschwunden, und es war auch sonst niemand da außer dem Hund, der mir wieder seine Nase unter den Rock schob.

16.00 Uhr. Gerade von einem Spaziergang im »Garten« zurück. Immer wieder verschaffte mir Rebecca irgendwelche wahnsinnig interessante Gesprächspartner, mit denen ich Konversation machen musste, während sie ungestört mit Mark davonzog. Am Ende fand ich mich mit ihrem Neffen wieder, einem leicht missratenen Leonardo-DiCaprio-Klon, den mit seinem gehetzten Blick und dem Secondhand-Mantel von Oxfam alle nur »Johnny's Boy« nannten.

»Dabei habe ich durchaus einen eigenen Namen«, schimpfte er leise.

»Ach, was du nicht sagst«, erwähnte ich im blasiertesten Rebecca-Tonfall. »Wie heißt du denn?«

Er zögerte und sagte verlegen: »St. John.«

»Ja dann…« Er tat mir leid.

Er lachte und bot mir eine Zigarette an.

118

»Lieber nicht«, sagte ich und wies mit dem Kopf auf Mark. »Ist das dein Freund oder dein Vater?«

Er zog mich seitlich durch die Büsche zu einem Mini-See und steckte für mich eine Zigarette an.

War sehr schön, heimlich zu rauchen und herumzukichern, als täten wir was Verbotenes. »Aber wir gehen besser zurück«, sagte ich und trat mit meinem Gummistiefel die Zigarette aus.

Die anderen waren uns meilenweit voraus, und wir mussten rennen – jung, wild und frei wie in den Calvin-Klein-Spots immer. Als wir die Gruppe eingeholt hatten, nahm mich Mark in die Arme. »Hey, was hast du getrieben?«, fragte er, den Mund in meinen Haaren. »Geraucht, was? Wie ein unartiges kleines Mädchen.«

»Also *ich* habe ja seit fünf Jahren keine Zigarette mehr angerührt«, zirpte Rebecca.

19.00 Uhr. Mmm. Mmm. Eben vor dem Abendessen. Mark war total geil. Mmmmm.

Mitternacht. Mit großem Getue platzierte mich Rebecca neben »Johnny's Boy« (»Ihr versteht euch ja sooo gut!«) – und sich selbst neben Mark.

In ihrer Abendgarderobe sahen Mark und Rebecca aus wie füreinander gemacht. Schon die Idee einer Abendgarderobe! Dachte, das sollte nettes Wochenende unter Freunden sein. Aber wie Jude schon sagte, dahinter steckt knallhartes Kalkül. Rebecca braucht den raschen Kleiderwechsel, um alle Aspekte ihrer Traumfigur voll zur Geltung zu bringen. Von Country Casuals über Glamour-Outfit bis zum Badeanzug wie bei einer Miss-World-Ausscheidung. Und pünktlich um elf gab sie sich selbst das entscheidende Stichwort: »Kinder, was haltet ihr davon, wenn wir uns jetzt zum Schwimmen umziehen?« Im nächsten Moment war sie weg. Aber nur, um kurz darauf in

einem perfekt geschnittenen, schwarzen Einteiler zurückzu-
kehren und ihre endlos langen Beine zu präsentieren.

»Mark«, sagte sie, »hilfst du mir mal mit der Pool-Abde-
ckung.«

Mark sah mich nervös an.

»Natürlich… ja, sofort«, sagte er verlegen und folgte ihr.

»Und du? Gehst du nicht mit schwimmen?«, fragte der Gartenzwerg, der mein Tischnachbar gewesen war.

»Tja, also. Nicht dass du denkst, ich wäre keine passionierte
und hoch motivierte Sportskanone, ganz im Gegenteil. Aber
um ehrlich zu sein, elf Uhr abends nach einem fünfgängigen
Menü ist nicht unbedingt meine bevorzugte Planschezeit.«

Wir unterhielten uns noch eine Weile. Dann bemerkte ich,
dass auch der letzte Gast das Speisezimmer verließ.

»Sollen wir noch einen Kaffee trinken?«, sagte ich und stand
auf.

»Bridget!« Reichlich angetrunken schwankte er auf mich zu
und versuchte, mich zu küssen. Die Tür flog auf. Rebecca und
Mark.

»Huch! Entschuldigung!«, sagte Rebecca und machte die
Tür wieder zu.

»He, was soll das?«, zischte ich den Gartenzwerg an.

»Aber… aber… Rebecca hat gesagt, du hättest gesagt, du
wärst total… total in mich verknallt und… und… und…«

»Und was?«

»Dass du und Mark sowieso schon so gut wie auseinander
seid.«

Ich musste mich am Tisch festhalten. »Wer hat das gesagt?«

»Sie sagte« – und er guckte dabei so jämmerlich aus der Wäsche, dass er mir schon wieder Leid tat –, »sie sagte, Mark hätte
das gesagt.«

Sonntag, 23. Februar

78 kg (ungefähr); Alkoholeinheiten: 3 (seit Mitternacht, und jetzt ist es gerade mal 7.00 Uhr); Zigaretten: 100.000 (fühlt sich jedenfalls so an); Kalorien: 3.275; positive Gedanken: 0; Lover: keine klare Angabe möglich.

Als ich schließlich in unser Zimmer kam, war Mark schon im Bad. Also setzte ich mich im Nachthemd aufs Bett und überlegte mir eine Verteidigungsstrategie.

»Es war ganz anders, als du denkst«, erklärte ich mit überwältigender Originalität, als er aus dem Bad trat.

»So?«, sagte er, ein Glas Whisky in der Hand. Lediglich mit einem Handtuch um die Hüften bekleidet, marschierte er im Zimmer auf und ab wie ein Anwalt vor dem Hohen Gericht. Das machte mich nervös, war aber auch sehr sexy. »Dürfen wir daraus schließen, du hattest eine Murmel verschluckt?«, fragte er. »Und dieser Nichtsnutz von St. John, der schon jetzt weiß, dass er im Leben keinen Schlag zu arbeiten braucht, ausgerechnet diese kleine, verzogene Null ist in Wirklichkeit ein erstklassiger Hals-Nasen-Ohrenspezialist, der nur versucht hat, mit seiner Zunge den besagten Fremdkörper aus deiner Luftröhre zu entfernen, willst du das damit sagen?«

»Nein«, erwiderte ich nachdenklich, »das war es auch nicht.«

»Also handelte es sich um einen Fall von Hyperventilation, und St. John entschloss sich in dieser Notsituation zur Mund-zu-Mund-Beatmung? Du musst wissen, er ist Experte. Er war in seinem kurzen, aber letztlich herzlich ereignislosen Leben schon in so vielen Drogenkliniken, dass er sich die dafür notwendige Technik vermittels der dort ausgehängten Erste-Hilfe-Plakate angeeignet haben könnte. Oder hat er nur gedacht, du wärst ein besonders schmackhaftes Krümelchen Gras und konnte der Versuchung einfach nicht widerstehen?«

Ich fing an zu lachen. Er lachte auch, und dann küssten wir

uns, und eins führte zum anderen. Am Ende schliefen wir Arm in Arm ein.

Beim Aufwachen am nächsten Morgen dachte ich schon, alles wäre wieder gut. Aber dann schaute ich mich um und bemerkte, dass Mark bereits angezogen war und alles andere als bester Stimmung.

»Hör mal, ich kann dir das erklären«, sagte ich und saß in derselben Sekunde aufrecht im Bett. Wir schauten uns kurz an, mussten lachen, aber er wurde sofort wieder ernst.

»Da bin ich aber gespannt.«

»Es ist alles Rebeccas Schuld«, sagte ich. »St. John hat mir gesagt, Rebecca hätte gesagt, ich hätte angeblich gesagt, ich würde auf ihn stehen, also auf St. John, und …«

»Und du glaubst diesem zugedröhnten Versager natürlich?«

»… und dass du gesagt hättest, wir wären …«

»Ja bitte?«

»… wir wären sowieso schon so gut wie auseinander.«

Mark setzte sich hin und rieb sich die Stirn.

»Stimmt das?«, flüsterte ich. »Hast du das zu Rebecca gesagt?«

»Nein«, sagte er nach einer halben Ewigkeit. »Das habe ich nicht gesagt. Ich habe nur gesagt …«

Ich traute mich nicht, Mark anzusehen.

»Aber vielleicht sollten wir trotzdem …«, fing er an.

Das Zimmer drehe sich vor meinen Augen. Der Super-GAU in jeder Beziehungskiste: In der einen Minute fühlst dich einem Menschen näher als irgendjemandem sonst auf der Welt, und in der nächsten kommt dieser Jemand mit Sachen wie »etwas mehr Abstand« oder »wir müssen mal über unsere Beziehung reden« oder »du brauchst doch auch deinen Freiraum« und was dergleichen Sprüche mehr sind. Und dann weißt du ganz genau: Den siehst du nie wieder. Und du tröstest dich mit irgendwelchen Phantasien, in denen der andere dich anfleht, es noch mal mit ihm zu versuchen, weil er dir furchtbar Unrecht getan hätte. Und da das nicht passiert, fängst du schon beim Anblick seiner Zahnbürste im Bad an zu flennen.

»Also willst du Schluss machen?«

Es klopfte an der Tür. War Rebecca. Frisch wie eine Blume in ihrem altrosa Kaschmirpullover. »Frühstück ist fertig, Leute«, flötete sie – und blieb in der Tür stehen.

Ich dann mit wirren, ungewaschenen Haaren am Frühstückstisch. Rebecca dagegen schüttelte ihre glänzende Mähne und servierte Kedgeree.

Schweigend fuhren wir nach London zurück. Ich hatte einen Kloß im Hals und kämpfte mit den Tränen, sagte aber nichts. Ich weiß aus Erfahrung, wie sinnlos all das Bitten und Betteln ist, wenn der andere seine Entscheidung im Grunde getroffen hat. Wenn man später über diese Szene nachdenkt, fühlt man sich erst recht wie ein Idiot. Man hat sich zum Narren gemacht, und es hat nicht einmal was gebracht.

»Bitte nicht! Bitte nicht!«, hätte ich am liebsten geschrien, als der Wagen vor meiner Wohnung hielt. »Merkst du denn nicht, dass sie scharf auf dich ist? Das Ganze ist eine miese Intrige. Ich habe St. John nicht geküsst. Ich liebe dich.«

»Tschüs dann«, sagte ich so cool wie möglich und zwang mich, aus dem Wagen auszusteigen.

»Tschüs«, murmelte er und sah starr geradeaus.

Sah dann, wie er hastig und mit quietschenden Reifen den Wagen wendete und davonbrauste. Aber auch, wie er sich mit einer wütenden Bewegung etwas von der Backe wischte.

KAPITEL 4

Überredung

Montag, 24. Februar

95 kg (das Elend lastet schwer auf mir); Alkoholeinheiten: 1 (will sagen, bin eine einzige Alkoholeinheit); Zigaretten: 200.000; Kalorien: 8.477 (nicht gerechnet die Schokolade); Theorien über den Grund, warum Schluss ist: 447; Meinungswechsel über das, was jetzt zu tun ist: 448.

3.00 Uhr. Wüsste nicht, was ich ohne die Mädels getan hätte. Als Mark davongefahren war, habe ich sie sofort angerufen. Keine Viertelstunde später waren sie da, aber keine sagte so einen Mist wie »Habe ich dir ja gleich gesagt«. Muss man ihnen hoch anrechnen.

Als Shazzer mit Tüten und Weinflaschen beladen ins Zimmer kam und bellte: »Hat er schon angerufen?«, da war mir, als hätte dieser Dr. Greene aus *Emergency Room* die Szene betreten.

»Nein«, sagte Jude und steckte mir eine Zigarette zwischen die Lippen wie ein Thermometer.

»Wart's ab, das kommt noch. Nur eine Frage der Zeit«, sagte Shaz fröhlich und packte eine Flasche Chardonnay aus, drei Pizzen, zwei Becher Häagan-Dazs und eine Maxipackung Twix.

»Klar«, sagte Jude, legte das Video von *Stolz und Vorurteil* auf den Videorekorder, dazu viel Hilfreiches wie *Opferrolle rückwärts: Leidenswege für jeden Tag, Das große Beziehungs-Workout* und *Heilhassen: Negative Gefühle für mehr Lebensglück*. »Er wird sich garantiert melden.«

»Meinst du, ich sollte ihn anrufen?«, fragte ich.

»Aber auf keinen Fall!«, rief Shaz.

»Sag mal, bist du jetzt komplett übergeschnappt?«, schimpfte Jude. »Denk an das emotionale Gummiband. Das Letzte, was du tun solltest, ist ihn anrufen.«

»Ich weiß doch«, sagte ich beleidigt. Für wie blöd hielt die mich eigentlich? Als hätte ich meine Ratgeber nicht gelesen!

»Soll er sich erst mal in seiner Höhle verkriechen. Umso eher wirst du wieder zur ›fernen Frau‹ und entsprechend begehrenswert. Er darf sich deiner nicht zu sicher sein.«

»Aber was, wenn er mich…?«

»Nichts da! Am besten, du ziehst den Stecker raus, Shaz«, seufzte Jude. »Die bringt es fertig und hängt die ganze Nacht am Telefon und wartet auf einen Anruf, statt an ihrem Selbstbewusstsein zu arbeiten.«

»Nein, bestimmt nicht!«, jaulte ich und fühlte mich ganz so, als wollten sie mir das Ohr abschneiden.

»Jetzt ist erst mal Feierabend«, sagte Shaz locker und zog das Anschlusskabel aus der Steckdose. »Tut ihm mal ganz gut.«

Zwei Stunden später war ich vor lauter guten Ratschlägen ganz wirr im Kopf.

»Je mehr ein Mann eine Frau liebt, desto eher sucht er die Distanz!«, zitierte Jude aus *Mars sucht Venus*.

»Das ist aber auch eher die männliche Logik, oder?«, meinte Shaz.

»Das bedeutet also: Wenn er mich loswerden will, ist das eigentlich ein gutes Zeichen? Es zeigt, dass er es ernst meint?«, rief ich aufgeregt.

»Moment, langsam, hier ist noch etwas.« Jude starrte intensiv auf eine Seite in *Emotionale Intelligenz*. »Sag mal, hat ihn seine Frau eigentlich betrogen?«

»Ja«, murmelte ich vollmundig um mein Twix herum. »Schon eine Woche nach der Heirat. Mit Daniel.«

»Hmmm. Sieht mir ganz so aus, als hätte er aus einer Form von emotionaler Erpressung heraus reagiert, wenn ich das richtig verstehe. Die an sich blöde Sache mit St. John hat die alte seelische Wunde wieder aufgerissen. Aber klar, natürlich. Deshalb schlägt er auch so heftig um sich. Nur wegen dem bisschen Knutscherei. Aber mach dir keine Sorgen, irgendwann kommt er auch wieder zu sich und sieht seinen Fehler ein.«

»Genau. Und nimmt sich vorsichtshalber gleich jemanden anders, weil er Bridget so sehr liebt«, sagte Sharon und steckte sich lustig die nächste Silk Cut an.

»Mensch, Shaz«, zischte Jude, »halt doch mal die Klappe.«

Zu spät. Das Gespenst Rebecca erhob sein Haupt und erfüllte bald das Zimmer wie ein aufblasbares Monster.

»Ooooooh«, entfuhr es mir schwach, ehe ich mit schwindenden Sinnen die Augen zur Decke drehte.

»Schnell, hol was zu trinken, was zu trinken!«, schrie Jude.

»He? Besser? Tut mir Leid, was ich gerade gesagt habe«, redete Shaz auf mich ein. »Ich hab die Kassette von *Stolz und Vorurteil* eingelegt, die siehst du doch so gern.« Sie flößte mir Brandy ein. »Werde gleich mal die Stelle suchen mit dem nassen Hemd. Sollen wir jetzt die Pizza essen?«

Gefühl wie an Weihnachten. Oder vielmehr wie bei einer schönen Trauerfeier, wo so viel los ist, dass man glatt vergisst, dass jemand gestorben ist. Der Schmerz über den Verlust kommt ja immer erst dann, wenn der Alltag einen wieder hat, ein Alltag ohne den geliebten Menschen. Wenn man ganz allein ist. Wie jetzt zum Beispiel.

7.00 Uhr. Freude! Freude! Freude! Bin gerade nach Hause gekommen, und was war? Lämpchen von Anrufbeantworter blinkte.

»Hallo, Bridget, hier ist Mark. Ich habe keine Ahnung, wo du gestern Abend gesteckt hast, aber… ich wollte mich auch nur mal gemeldet haben und… ich rufe später wieder an.«

Gut. Ruf mich später wieder an. Hmmm. Sollte jetzt erst mal gar nichts unternehmen, auf jeden Fall nicht zurückrufen.

7.13 Uhr. Warum meldet er sich nicht? Bin vollkommen ratlos, was ich jetzt machen soll. Besser mal Shaz fragen.

Als ginge es mir nicht schon elend genug, sind meine Haare eine einzige Katastrophe. Wahrscheinlich aus reiner, mitfühlender Sympathie. Eigentlich unglaublich, wie so eine Frisur wochenlang okay ist und dann von einer Sekunde auf die andere ausrastet. Verlangt nach dem Friseur wie das Baby nach der Flasche.

7.30 Uhr. Habe Shaz die Nachricht von Mark vorgespielt und gefragt: »Soll ich oder soll ich nicht?«

»Nein! Lass ihn schmoren. Wenn ihm jetzt plötzlich einfällt, dass er nicht hätte Schluss machen sollen, muss er erst einmal beweisen, dass er dich auch verdient, verdammt.«

Shaz hat Recht. Schon aus Prinzip. Wer bin ich denn? Auch bez. Mark Darcy gibt es eine Grenze.

8.35 Uhr. Obwohl. Wahrscheinlich ist er jetzt sehr traurig. Mag mir gar nicht vorstellen, wie er da in seinem Newcastle-United-Shirt rumsitzt und traurig ist. Vielleicht sollte ich ihn doch anrufen. Und wenn auch nur, um zu sehen, was los ist.

8.50 Uhr. War kurz davor, zum Hörer zu greifen und Mark einen vorzuheulen, wie sehr ich ihn liebe und was für ein blödes Missverständnis das alles ist. Zum Glück rief dann Jude an. Erzählte ihr von meiner kurzen, aber verwirrend positiven Anwandlung bez. Mark Darcy.

»Frau, du machst dir schon wieder was vor!«

»Kann sein«, sagte ich unsicher. »Aber morgen, darf ich ihn vielleicht morgen anrufen?«

»Nein! Wenn du ihn wirklich wieder haben willst, dann vermeide jede hässliche Knatsch-Szene. Macht sich nie gut. Warte vier, fünf Tage, bis du wieder bei dir bist, dann kannst ihn meinetwegen anrufen und sagen, dass alles wieder gut ist. Aber locker, hörst du? Sei nett. Aber cool.«

11.00 Uhr. Immer noch kein Anruf von Mark. Mist. Bin jetzt völlig durcheinander. Die Dating-Welt ist ein verdammter Stellungskrieg, wo nur geblufft wird und niemand wirklich weiterkommt. Angeblich läuft alles nach bestimmten Spielregeln ab, aber so genau kennt die keiner – und deshalb spielt jeder nach den eigenen Regeln. Und weil du die Regeln des anderen nicht kennst, fällst du immer wieder auf die Schnauze. Woher sollst du sie auch wissen? Es sagt dir ja keiner was.

Dienstag, 25. Februar

An Marks Wohnung vorbeigefahren, um zu gucken, ob irgendwo Licht brennt: zweimal (oder besser: viermal, wenn ich Rückweg mitzähle). Über 141er-Nummer angerufen (damit er den Anruf nicht zurückverfolgen kann, wenn er an den 1471-Service angeschlossen ist), und das alles nur, um seine Stimme auf dem Anrufbeantworter zu hören: fünfmal (schlecht, aber dann auch wieder gut, weil keine Nachricht hinterlassen). Marks Nummer im Telefonbuch nachgeschlagen, um mich zu vergewissern, dass er noch lebt: zweimal (hab mich doch zurückgehalten, oder?). Anteil der eigenen Anrufe über Handy, damit die Leitung frei ist, falls er anruft: 100%. Anteil der Anrufer, die nervten, weil nicht Mark Darcy: 100% (ausgenommen solche, die bez. Mark Darcy angerufen haben). Anteil derjenigen, die bez. Mark Darcy angerufen haben und trotzdem schnell aus der Leitung geschmissen wurden, weil sonst Leitung blockiert: 100%.

20.00 Uhr. Gerade Anruf von Magda, die wissen wollte, wie mein Wochenende war. Hab ihr schließlich alles erzählt.

»He, da hinten, wenn du ihm das noch einmal wegnimmst, kommst du in den Kindersitz. Doch, musst du. Ich sag's nicht zweimal, Harry! Entschuldige, Bridget. Und was sagt *er* jetzt dazu?«

»Ich habe seitdem nicht mehr mit ihm gesprochen.«

»Was? Warum nicht?«

Erklärte ihr die Sache mit Anrufbeantworter-Gummiband-seelische-Verwundung-übermäßige-Anziehung-bis-Ablehnung-aus-Liebe-Syndrom.

»Bridget, das ist wirklich kompletter Blödsinn. Von dem, was du mir erzählt hast, würde ich nicht sagen, dass er Schluss gemacht hat. Er war vielleicht ein bisschen sauer, weil er dich beim Knutschen erwischt hat.«

»Ich war gar nicht am Knutschen, sondern am Geknutscht-werden, gezwungenermaßen.«

»Aber er kann doch nicht Gedanken lesen. Woher soll er denn wissen, was du empfindest? Hör mal, ihr müsst miteinander reden, das ist jetzt ganz wichtig. Bah! Nimm das Ding aus dem Mund. Das ist bah! Wenn du nicht brav bist, schnalle ich dich auf dem Kindersitz fest.«

20.45 Uhr. Vielleicht hat Magda Recht. Vielleicht ist das wirklich nur ein Missverständnis, und Mark hat gar nicht Schluss gemacht. Ich meine, schön war die Knutschsache für ihn sicher nicht. Vielleicht hat er nur darauf gewartet, dass ich etwas dazu sage. So denkt er jetzt vielleicht, ich wollte *ihn* nicht mehr. Werde ihn also anrufen. Das ist übrigens der ganze Mist mit diesen modernen (oder Ex-) Beziehungen: Die Menschen reden einfach nicht mehr miteinander.

21.00 Uhr. Entschluss steht fest: *Ich* werde anrufen.

21.01 Uhr. Okay, dann mal los.

21.10 Uhr. »Ja, was ist denn?«, meldete sich eine unheimlich gereizte Mark-Stimme, im Hintergrund jede Menge Lärm.

Kleinlaut flüsterte ich: »Ich bin's, Bridget.«

»Bridget, hast du sie noch alle? Weißt du nicht, was gerade los ist? Zwei Tage lang meldest du dich überhaupt nicht, und jetzt rufst du ausgerechnet bei diesem wichtigen … wo alles auf der Kippe … Neiiiiin! Neiiiiin! Du blöder Arsch, Herr im Himmel. Und auch noch direkt vor dem Schiri! Wie dämlich kann man eigentlich sein? Das war Foul, Junge, Foul! Das gibt die gelbe … nein, die rote Karte. Siehst du, hab ich doch gewusst. Und tschüs, du Arschloch. Aber ehrlich, das darf doch nicht wahr sein…. hör mal, Bridget, ich ruf dich an, wenn das Spiel vorbei ist.«

21.15 Uhr. Ich wusste doch, da war irgend so ein Super-Welt-auswahl-Endspiel-Pokal. War mir bloß entfallen, weil völlig aufgelöst in Depri-Sumpf. Na ja, kann jedem mal passieren.

21.35 Uhr. Wie konnte ich bloß so blöd sein? Wie? Wie?

21.35 Uhr. O Schreck, das Telefon! Mark Darcy!

War Jude. »Waaas?«, sagte sie. »Er wollte nicht mit dir sprechen, weil gerade ein Fußballspiel lief? Dann nichts wie raus, Mensch. Wenn er anruft, bist du nicht zu Hause. Der Kerl hat vielleicht Nerven.«

Mir wurde sofort klar, Jude hatte Recht. Wenn Mark auch das geringste Interesse an mir hätte, wäre das Fußballspiel nie und nimmer wichtiger gewesen. Shaz wurde noch deutlicher.

»Der wahre Grund, warum Männer so besessen von Fußball sind, liegt an ihrer angeborenen Stinkfaulheit«, erregte sie sich. »Sie meinen nämlich, wenn sie nur ihre Mannschaft unterstützen und dabei recht viel Krach schlagen, wäre es auch ihr Sieg und sie die strahlenden Helden. Dabei kriegen sie in Wahrheit kaum den Hintern aus dem Sessel.«

»Kommst du gleich mit zu Jude?«

»Nöö …«

»Wieso nicht?«

»Ich gucke gerade Fußball mit Simon.«

Simon? Shazzer und Simon? Simon ist doch nur ein guter Kumpel? Was geht da vor?

»Aber gerade hast du noch gesagt, Fußball ist...«

»Das hat damit doch gar nichts zu tun. Ich mag eben Fußball, es ist ein sehr interessantes Spiel.«

Hmm. Ich wollte gerade los, da klingelte wieder das Telefon.

»Hallo, Liebes, hier ist deine Mutter. Ja, und wir haben hier so viel Spaß, das glaubst du nicht. Und alle finden Wellington ganz entzückend. Gerade waren wir mit ihm im Rotary-Club und...«

»Mutter«, zischte ich, »du kannst Wellington nicht überall herumzeigen wie eine Trophäe.«

»Ach, Liebes«, sagte sie eisig, »wenn ich eines hasse, dann Bigotterie und Rassismus.«

»Wie bitte?«

»Ja, sicher. Ich meine, als wir mit den Robertsons aus Amersham im Rotary-Club waren, hast du nicht so geredet.«

Ich war sprachlos. Mit dieser verqueren Logik muss einer erst mal klarkommen.

»Du ordnest die Menschen immer in kleine Schubladen ein. Hier die selbstzufriedenen Verheirateten, da die Singles, hier die Schwarzen, dort die Homos. Na, ist ja jetzt auch egal. Ich wollte mich jedenfalls noch mal melden wegen *Miss Saigon* am Freitag. Es fängt um halb acht an.«

Ach du lieber Himmel! »Also, ich weiß noch nicht...«, sagte ich hilflos. Ich war absolut sicher, ihr nie eine Zusage gegeben zu haben.

»Ach, Bridget, das geht jetzt aber nicht. Wir haben doch längst die Karten gekauft.«

Ließ mich dann breitschlagen, auf den bizarren Familienausflug mitzugehen. Aber ohne Mark. Der müsse arbeiten, erklärte ich, was sie nun überhaupt nicht verstand.

»Arbeiten, tsass! An einem Freitagabend? Dann pass mal gut auf, dass er sich nicht überarbeitet, wenn du verstehst, was ich meine…«

»Mum, ich muss jetzt wirklich gehen, sonst komme ich zu spät zu Jude«, sagte ich bestimmt.

»Immer diese Hetze, Kind. Jude, Sharon, Yoga – nie hast du Zeit. Ich frage mich, wie du und Mark da zurechtkommen wollt.«

Später bei Jude waren wir schnell wieder beim eigentlichen Thema angelangt: Shazzer und Simon.

»Soll ich dir was verraten?«, sagte Jude und beugte sich nach vorn, obwohl sonst niemand da war. »Neulich bin ich ihnen bei Conran-Design über den Weg gelaufen. Sie standen da vor der Besteckauslage und waren am Kichern wie selbstzufriedene Verheiratete.«

Woran liegt es eigentlich, dass der moderne Single immer in solchen Beziehungen landet, die eigentlich gar keine sind? Nehmen wir Shazzer zum Beispiel. Sie hängt dauernd bei Simon rum und geht mit ihm Besteck einkaufen, aber richtig zusammen sind die beiden nicht. Bei Mark und mir ist es umgekehrt. Wir sind zwar zusammen, unternehmen aber nie etwas gemeinsam.

»Wenn du mich fragst, sollte man endlich aufhören zu sagen, man wäre ›nur befreundet‹, wenn man in Wirklichkeit längst zusammen ›geht‹ – bloß ohne das Andere«, sagte ich dunkel.

»Genau«, erwiderte Jude. »Vielleicht ist das sogar die Lösung: platonische Freundschaft in Kombination mit einem Vibrator.«

Wieder in meiner Wohnung. War ein trauriger Mark auf dem Anrufbeantworter. Sagte, er hätte es nach dem Spiel mehrmals versucht, aber erst wäre permanent besetzt gewesen, dann auf einmal niemand mehr da. Ich überlegte noch, ob ich ihn zurückrufen sollte, als das Telefon klingelte.

War Mark. »Entschuldige wegen vorhin«, sagte er. »Aber das war ein harter Schlag. Ich war hinterher echt fertig.«

»Ich weiß«, sagte ich zärtlich, »mir geht es genauso.«

»Ich frage mich nur die ganze Zeit, warum? Wie konnte das passieren?«

»Verstehe ich auch nicht«, bestätigte ich und fühlte mich ergriffen von einer großen Welle der Liebe und Erleichterung.

»So dumm und unnötig das alles«, sagte er zerknirscht. »Da geht einem mal für eine Sekunde das Temperament durch, aber die Folgen sind fürchterlich.«

»Ich weiß«, nickte ich, obwohl ich mir zugleich dachte: Gott, der leidet ja noch mehr darunter als ich.

»Wie kann man sich nach so einer Sache noch im Spiegel anschauen?«

»Na ja, wir sind alle nur Menschen«, sagte ich. »Man muss anderen einfach verzeihen können... und sich selbst auch.«

»Geschenkt! Das sagt sich so leicht. Aber wenn er nicht vom Platz gestellt worden wäre, hätte es auch kein Elfmeterschießen gegeben. Kämpferherz hin oder her, letztlich haben wir dadurch das Spiel verloren.«

Ich gab einen erstickten Schrei von mir, vor meinen Augen drehte sich alles. Das war doch nicht möglich, dass ich die ganze Zeit von meinen Gefühlen redete und er nur von Fußball. Mir wurde plötzlich klar, welche Macht von diesem dämlichen Spiel ausging. Wie es ganze Nationen zusammenschweißte, wie es die Menschen gleichschaltete in ihren Zielen und Hassgefühlen und – je nach Endstand – auch in ihrem kollektiven Schmerz.

»Bridget, was hast du denn? Es ist doch bloß ein Spiel. Sogar ich weiß das. Nur: Als du vorhin angerufen hast, war ich so im Fieber, dass ich nicht mal... Aber wie gesagt, es ist nichts weiter als ein Spiel.«

»Natürlich«, sagte ich und blickte wirr im Zimmer umher.

»Und was ist sonst so angesagt? Du hast ja tagelang nichts

von dir hören lassen. Will nur hoffen, dass du nicht wieder mit jungen Burschen rumgemacht… Moment, bleib mal kurz dran, sie wiederholen gerade die entscheidenden Szenen, okay, schon vorbei. Sag mal, soll ich morgen Abend zu dir… nein, morgen Abend ist schlecht, da bin ich mit meiner Thekenmannschaft… aber Donnerstag, was ist mit Donnerstag?«

»Ähm… ja, klar«, sagte ich.

»Prima, dann sehen wir uns so gegen acht.«

Mittwoch, 26. Februar

59 kg; Alkoholeinheiten: 2 (s. g.); Zigaretten: 3 (s. g.); Kalorien: 3.845 (schwach); Minuten ohne Mark-Kummer: 24 (ich mache Fortschritte); selbsttätig-haarige Veränderungen an Frisur: 13 (alarmierend).

8.30 Uhr. Okay, alles wird noch gut (außer Frisur, wie man sieht). Allerdings sehr gut möglich, dass Mark am Telefon nicht über seine Gefühle reden wollte. Der morgige Abend wird also noch mal spannend.

Das Wichtigste jetzt: cool bleiben. Ich bin selbstbewusste, weltoffene Frau, die voll im… Und vor allen Dingen aufhören, rumzuheulen. Also: Gehe zurück auf Los und… sei richtig sexy. Will mal sehen, ob ich in der Mittagspause einen Termin beim Friseur kriege. Vor der Arbeit aber noch ins Fitness-Studio. Vielleicht Dampfbad, gibt einen strahlenden Teint.

8.45 Uhr. Ein Brief ist angekommen. Für mich! Hurra! Vielleicht verspätete Valentinskarte von heimlichem Verehrer, die ein bisschen länger gebraucht hat wg. falscher Postleitzahl.

9.00 Uhr. War Brief von Bank wg. Überziehung. Mit dabei ein Scheck an »M.S.F.S.«. Oha! Hatte ich ganz vergessen. Aber jetzt kommen die Machenschaften des Reinigungsgewerbes ans Licht, und ich kriege £149 wieder. Ups! Kurzmitteilung wäre jetzt fast auf den Boden gefallen.

Auf der Kurzmitteilung stand: »Der anliegende Scheck wurde von der Fa. Marks & Spencer Financial Services eingereicht.«

War für Weihnachtsgeschenk auf M&S-Kundenkarte. Oh-oh. Habe jetzt doch schon bisschen ein schlechtes Gewissen wg. Anschuldigungen gegen Reinigung und Verhalten gegenüber dem Jungen in dem Laden. Mittlerweile zu spät für Fitness-Studio, bin ohnehin zu aufgeregt dazu. Gehe dann eben nach der Arbeit.

14.00 Uhr. Auf dem Klo von *Hallo, England.* Gerade vom Friseur zurück. Totales Fiasko. Dabei hatte ich Paolo doch gesagt: Nur die Spitzen. Damit es wieder ordentlich aussieht. Etwa so wie bei Rachel aus der Serie *Friends.* Und Paolo fuhr mir durchs Haar auf eine Art, dass ich dachte: Klasse, hier bist du in den richtigen Händen, nämlich in denen eines Genies, das deine innere Schönheit auf Anhieb erspürt. Und Paolo machte sich ans Werk, raffte hier und schüttelte dort, türmte mein Haar zu gigantischer Sechziger-Jahre-Pracht und warf mir zwischendurch immer wieder diesen Kennerblick zu, als wollte er sagen: »Schätzchen, ich mache dich zu einer ganz heißen Braut, das hier wird ein Sahne-Schnitt.«

Dann, ganz plötzlich, war er fertig. Und meine Frisur sah absolut haarsträubend aus. Weia! Wie Lehrerin mit Topfschnitt und missratener Dauerwelle. Erwartungsvoll sah er mich an, das Lächeln eines Meisters im Gesicht. Und sein Kollege kam auch gleich angerannt und kriegte sich kaum ein vor Verzückung: »Oh, himmlisch! Ein Traum!« Ich dagegen starrte voll Horror auf mein Spiegelbild und war trotzdem nicht in der Lage, das Band wechselseitiger Bewunderung zu zerreißen und einfach zu sagen, die Frisur sei Scheiße, denn wer zerstört schon gerne die Illusion von Schönheit? Am Ende stimmte ich sogar ein in die allgemeine Begeisterung über die Monster-Coiffure und gab ihm großzügige £5 Trinkgeld. Wieder im Sender, meinte Richard Finch, ich sähe aus wie Ruth Madoc aus der Serie *Hi-de-Hi*.

19.00 Uhr. Zu Hause. Haar komplett ruiniert. Sehe aus wie schockgefrorenes Gespenst vom Rummelplatz, besonders mit diesen ultrakurzen Ponyfransen. Habe gerade eine Dreiviertel-stunde lang mit hochgezogenen Augenbrauen vor dem Spiegel zugebracht, weil die Fransen auf diese Weise nicht so kurz wirken. Kann das aber nicht den ganzen Abend durchhalten. Erinnert außerdem irgendwie an Roger Moore in der Szene, wo der Erzschurke mit der Katze sagt, er würde gleich den Agenten seiner Majestät, die Welt im Ganzen und diese winzige Computer-Box des MI5 in die Luft sprengen.

19.15 Uhr. Versuch, den frühen Linda-Evangelista-Style hin-zukriegen, indem ich den Pony mit viel Gel quer an die Stirn klatschte, ist fehlgeschlagen. Sieht jetzt aus, als hätte ich Ge-heimratsecken.

Bin total sauer auf Paolo. Warum tut er mir das an? Warum? Friseure sind größenwahnsinnige Sadisten. Werde Paolo ver-klagen. Werde Amnesty International verständigen oder ihn in die Sendung von Esther Rantzen oder Penny Junor schleppen und ihn vor der ganzen Fernsehnation zur Rede stellen.

Viel zu deprimiert, um ins Fitness-Studio zu gehen.

19.30 Uhr. Rief Tom an, um ihm von Friseur-Trauma zu er-zählen, aber Tom meinte, ich solle mich nicht so anstellen. Grund zur Klage hätten Leute wie Mo Mowlam, unsere Nord-irlandministerin mit ihrer knüsseligen Prinz-Eisenherz-Frisur. Und manche Leute hätten auch gar keine Haare auf dem Kopf wg. Glatze. Dagegen ginge es mir noch Gold. War daraufhin sehr beschämt. Habe mir vorgenommen, mich nicht mehr darüber aufzuregen. Tom fragte dann, ob ich schon jemanden für mein Interview gefunden hätte.

»Oh, ich war in letzter Zeit ziemlich beschäftigt«, sagte ich schuldbewusst.

»Also wirklich, Bridget? Setz endlich deinen Arsch in Bewegung.« (Das klang so gar nicht nach dem guten alten Tom. Kalifornien, wie man sieht, hat irgendwie abgefärbt.) »Nein, ich meine, wer würde dich denn interessieren?«, fuhr er fort. »Gibt es denn nicht irgendeinen Promi, mit dem du dich gerne unterhalten würdest?«

Musste einen Moment nachdenken, aber dann hatte ich es. »Mr. Darcy!«, sagte ich.

»Wie? Du meinst Colin Firth?«

»Ja, genau. Genau der. Mr. Darcy! Mr. Darcy!«

Und damit hätte ich also ein richtiges Projekt! Hurra! Werde mich gleich an die Arbeit machen, den Agenten anrufen, Interviewtermin vereinbaren. Ich sehe schon, das wird klasse. Werde sämtliche Zeitungsausschnitte zusammentragen und einzigartig intelligente Fragen stellen. So ist Colin Firth noch nie interviewt worden. Obwohl, vielleicht besser warten, bis Haare nachgewachsen sind. Gaaah! Türklingel. Hoffentlich nicht Mark. Er hat gesagt, er kommt erst morgen. Also nur die Ruhe.

»Ich bin's – Gary«, krächzte es über die Sprechanlage.

»Oh, hallo, Gary, wie geht's?«, rief ich begeistert-erleichtert, ohne in diesem Moment eine genaue Vorstellung von der Person zu haben, mit wem ich eigentlich sprach. Welcher Gary?

»Ich friere«, sagte er bloß und: »Machen Sie doch bitte auf.«

Plötzlich erkannte ich die Stimme: »Ach, *Gary*, Sie!« Abermals übertrieb ich es mit meiner Begeisterung. »Kommen Sie doch hoch.«

Schlug mit der Stirn gegen die Wand – was tat ich da bloß? Was sollte das werden?

Dann kam er herein in seinen farbverschmierten Jeans,

einem orangefarbenen T-Shirt und einer komischen Karojacke mit Kragen aus Schafffell-Imitat.

»Hallo«, sagte er und setzte sich an den Küchentisch, als wäre er hier zu Hause. War mir nicht sicher, wie ich mit dieser Situation umgehen sollte. Offensichtlich bewegten wir uns auf völlig unterschiedlichen Realitätsebenen.

»Um die Wahrheit zu sagen, Gary, ich bin ein bisschen in Eile.«

Er sagte nichts, fing stattdessen an, sich eine Zigarette zu drehen. Ich hatte plötzlich Angst. Vielleicht war Gary ja ein geistesgestörter Vergewaltiger. Obwohl, so weit ich weiß, hat er nie versucht, Magda zu vergewaltigen.

»Haben Sie hier irgendwas vergessen oder so?«, erkundigte ich mich nervös.

»Nee«, sagte er und drehte weiter seine Zigarette. Ich warf einen Blick zur Tür und überlegte, ob ich nicht besser abhauen sollte. »Wo ist eigentlich das Fallrohr?«

Hätte am liebsten losgeschrieben: »Gariiiiii, hau ab, hau einfach nur ab, okay? Morgen Abend kommt Mark, und ich muss was gegen den dämlichen Pony unternehmen und außerdem mein Problemzonen-Workout machen.«

Er steckte sich die Zigarette in den Mund und stand auf. »Na, dann schauen wir mal im Bad nach.«

»Neiiin!«, rief ich, denn mir fiel ein, neben dem Waschbecken lag noch die Dose mit Bleichcreme und *Die total geheimen Wünsche der Männer.* »Hören Sie, können Sie nicht ein andermal…«

Er hingegen schaute sich schon überall um, hatte die Tür aufgemacht und war die Treppe runter zum Badezimmer.

»Ist hier irgendwo ein Fenster nach hintenraus?«

»Ja.«

»Dann sehen wir uns das doch mal an.«

Ich stand nervös in der Schlafzimmertür, während er das Fenster öffnete und hinausschaute. Irgendwie schienen ihn

Abwasserrohre weit mehr zu interessieren als sein potentielles Sex-Opfer.

»Aha, hab ich mir doch gedacht!«, sagte er triumphierend und machte das Fenster wieder zu. »Hier könnten wir ausbauen, Platz ist genug da.«

»Tut mir Leid, aber Sie müssen jetzt gehen.« Ich reckte entschlossen die Schultern und ging zurück ins Wohnzimmer. »Ich habe noch eine Verabredung.«

Er aber ging an mir vorbei und wieder zur Treppe.

»Also, wie gesagt: Ein Ausbau ist kein Problem. Wir müssten allerdings das Fallrohr verlegen.«

»Gary ...«

»Sie hätten damit ein ganzes Zimmer gewonnen. Und oben machen wir eine hübsche kleine Dachterrasse. Ist doch schnucklig.«

Dachterrasse? Zimmer gewonnen? Schnucklig? Wäre vielleicht gar nicht so schlecht. Könnte mir ein Büro einrichten und Karriere als freie Journalistin starten.

»Und was würde das kosten?«

»Tja, was würde das kosten ...« Er schüttelte bekümmert den Kopf. »Ich sag' Ihnen was: Warum gehen wir nicht einen trinken und denken ein bisschen nach? Man kann über alles reden.«

»Geht nicht«, sagte ich standhaft, »ich bin schon verabredet.«

»Na gut. Dann überlege ich mir was und rufe Sie später an.«

»Ja, machen wir's so. Und jetzt müssen Sie aber wirklich ...«

Er nahm seine Jacke, seinen Tabak, die Blättchen, öffnete seine Tasche und legte ehrfürchtig eine Zeitschrift auf den Tisch.

An der Tür wandte er sich noch einmal um und warf mir einen viel sagenden Blick zu. »Seite zweiundsiebzig«, sagte er. »Ciao.«

Ich hielt es schon für eine Ausgabe von *Schöner Wohnen*, aber es war nur *Deine Angel und du*. Auf dem Cover hielt ein Mann einen riesigen grau-schleimigen Fisch in die Kamera. Ich blätterte darin herum, endlose Seiten mit immer denselben Bildern: Mann hält riesigen, grau-schleimigen Fisch in die Kamera. Endlich auf Seite 71, neben einem Artikel über »BAC-Raubfischköder«, entdeckte ich – mit etlichen Ehrenspangen an der Sportanglermütze und stolzgeschwellter Brust – unseren Gary, den Zimmermann. Er hielt einen riesigen, grauschleimigen Fisch in die Kamera.

Donnerstag, 27. Februar

58,5 kg (ein Pfund abgenommen, aber wohl nur wg. Haarverlust); Zigaretten: 17 (auch das frisurbedingt); Kalorien: 625 (wg. Frisur esse ich nichts mehr); imaginäre Briefe an Anwälte, Verbraucherschutzorganisationen, Gesundheitsamt etc., in denen ich Gemetzel an Frisur anzeige: 22; zum Spiegel gerannt, um Nachwachsen von Haaren zu überpürfen: 72-mal; Wachstum von Haaren trotz aller Bemühungen: 0 Millimeter.

19.45 Uhr. Noch eine Viertelstunde bis Mark. Noch mal Pony kontrolliert. Geisterbahnfrisur hat sich entwickelt. Ist mittlerweile vollwertige schreck-geschraubte Horror-Matte.

19.47 Uhr. Sieht immer noch nicht besser aus. Weia! Warum muss mir das ausgerechnet am wichtigsten Abend von bisheriger Beziehung mit Mark Darcy passieren? Warum? Schwacher Trost: Ich überprüfe nicht mehr so oft, ob ich an Oberschenkeln abgenommen habe.

Mitternacht. Herz schlug mir bis zum Hals, als Mark Darcy in der Tür stand.

Wortlos marschierte er an mir vorbei in die Wohnung, zog einen Umschlag aus Tasche und reichte ihn mir. Der Umschlag war bereits geöffnet worden.

»Das liegt seit meiner Rückkehr bei uns im Posteingangskorb«, sagte er und ließ sich aufs Sofa fallen. »Ich habe den Umschlag versehentlich aufgemacht. Tut mir Leid. Aber ich denke, es ist letztlich am besten so.«

Zitternd zog ich die Karte aus dem Umschlag.

Auf der Karte ein Cartoon: Zwei Igel stehen vor einer Waschmaschine und schauen zu, was ein BH und eine Unterhose in der Trommel an erotischen Verschlingungen alles so anstellen.

»Von wem ist die Karte eigentlich?«, fragte er freundlich.

»Keine Ahnung.«

»Ich glaube aber schon«, sagte er mit jener ruhigen, beherrschten Art, die den Gedanken nahe legt, dass er jeden Moment ein Hackmesser zücken könnte, mit dem er mir die Nase abschneidet.

»Ich habe dir doch gesagt, ich weiß es nicht«, murmelte ich.

»Dann lies mal, was da steht.«

Ich machte die Karte auf. Im Innenteil mit spinniger, roter Schrift die Worte: »Meinem Schatz zum Valentinstag – wir sehen uns, wenn du dein Nachthemd abholen kommst – alles Liebe – Sxxxxxxxx.«

Geschockt starrte ich darauf. In diesem Moment klingelte das Telefon.

Dachte, das wird Jude oder Shazzer sein mit ein paar idiotischen Ratschlägen zum Mark-Problem. Ich wollte schon drangehen, aber Mark hielt mich zurück.

»Hallo, Kleine, Gary hier.« O Gott, was erlaubt der sich? »Wegen dem, was wir neulich im Schlafzimmer besprochen haben: Also, ich hab mir da was überlegt. Ruf an, dann komme ich vorbei.«

Marks Augen blinzelten ein paarmal. Dann zog er die Nase hoch und wischte sich mit dem Handrücken übers Gesicht, als müsse er sich heftig zusammenreißen. »Okay«, sagte er, »willst du mir das erklären?«

»Es ist dieser Handwerker.« Ich wollte Mark in die Arme nehmen. »Dieser Gary, den mir Magda empfohlen hat. Derselbe, der diese verdammten Regale aufgehängt hat. Er will den Platz zwischen Schlafzimmer und Treppe ausbauen.«

»Verstehe«, sagte er. »Und ist diese Karte auch von Gary? Oder kommt sie vielleicht von John oder irgendeinem anderen deiner zahlreichen...«

In diesem Augenblick fing das Faxgerät an zu knarzen. Ein Blatt Papier spulte sich durch.

Während ich noch darauf starrte, nahm Mark das Blatt, besah es sich kurz, reichte es mir. Es war eine kurze Notiz von Jude. »Wer braucht schon Mark Darcy, wenn man schon für schlappe £9.99 plus Versandkosten eins von diesen Dingern kriegt?« Das Ganze hingekrakelt über einer Anzeige für einen Vibrator mit Zunge.

Freitag, 28. Februar

58 kg (einziger Silberstreif am Ende des Tunnels); Gründe, weswegen die Leute in Musicals gehen: unergründlich; Gründe, warum man Rebecca noch frei herumlaufen lässt: 0; Gründe, warum Mark, Rebecca, Mum, Una und Geoffrey Alconbury und nicht zu vergessen Andrew Lloyd Webber etc. mein Leben ruinieren wollen: unklar.

Nicht aufregen. Immer positiv denken. War irgendwie das totale Oberpech, dass alle diese schrägen Sachen im selben falschen Moment passieren. Verständlich, dass Mark irgendwann die Nase voll hatte und ging. Immerhin hat er gesagt, er würde mich anrufen, wenn er sich wieder beruhigt hat und... Hah! Jetzt weiß ich, von wem diese idiotische Karte ist. Der Typ in der Reinigung! Als ich ihn wegen des Scheckbetrugs drankriegen wollte, habe ich ja mein Nachthemd abgegeben. Und Marks Adresse genannt für den Fall, dass er nicht ganz koscher ist. Die Welt ist voll von Spinnern und Verrückten, und ich muss mir heute Abend auch noch *Miss Schaißgon* angucken.

Mitternacht. Anfangs war es gar nicht mal so schlecht. Jedenfalls kam ich so mal auf andere Gedanken, statt jedes Mal, wenn ich aufs Klo gehe, die 1471er-Nummer für die Fernabfrage zu wählen.

Anders als erwartet, war Wellington auch nicht das tragische Opfer eines gnadenlosen Kulturimperialismus, sondern sah eigentlich ganz cool aus in einem von Dads abgelegten Anzügen. Wie ein Kellner aus der Met-Bar an seinem freien Abend. Freundlich und gelassen nickend, während Mum und Una wie Groupies um ihn herumschnatterten. Ich war zu spät gekommen und konnte nur in der Pause ein paar Worte mit ihm wechseln.

»Ist nicht alles ziemlich seltsam für Sie in England?«, fragte ich ihn und fand die Frage selber ziemlich dämlich, denn was sollte es denn sonst sein, wenn er zum ersten Mal hier war?

»Es ist interessant«, sagte er und sah mich forschend an. »Finden *Sie* das Leben hier denn seltsam?«

»Und?«, platzte Una dazwischen. »Wo ist Mark? Ich dachte, er wollte mitkommen.«

»Er muss arbeiten«, murmelte ich, während Onkel Geoffrey angewankt kam, hackedicht. Hinter ihm Dad.

»Wenn ich mich nicht irre, hat das der Letzte auch gesagt«, röhrte Geoffrey und betatschte dabei das Gebiet in der Nähe meines Hinterns. »Das geht schneller, als man gucken kann. Huiii – und weg sind sie!«

»Geoffrey!«, rief Una, machte dann aber unbeeindruckt weiter Smalltalk. »Wellington, was ich fragen wollte: Wie ist das bei euch, wenn ältere Frauen partout keinen Mann abbekommen?«

»Ich bin keine ältere Frau«, zischte ich.

»Das liegt in der Verantwortung der Stammesältesten«, erwiderte Wellington.

»Genau meine Meinung. Genau das habe ich auch immer gesagt, stimmt's nicht, Colin?« Mutter war voll in ihrem Element. »Ich meine, ewig habe ich auf Bridget eingeredet, sie soll endlich mit Mark ausgehen.«

»Aber egal ob mit oder ohne Mann, jede ältere Frau genießt die Achtung des ganzen Stammes«, erklärte Wellington mit einem Augenzwinkern in meine Richtung.

»Nehmt ihr bei euch noch welche auf?«, fragte ich müde.

»Ich bin nicht sicher, ob Ihnen der Geruch unserer Behausungen zusagt.« Er lachte.

Nahm Dad zur Seite und flüsterte ihm ins Ohr: »Und wie ist es bis jetzt?«

»Oh, gar nicht mal so schlecht. Dieser Wellington ist ein angenehmer Zeitgenosse. Darf man eigentlich die Getränke mit in den Saal nehmen?«

Die zweite Hälfte war die reine Folter. Von der bescheuerten Bühnenshow kaum was mitgekriegt, weil sich die grellen Bilder in meinem Kopf immer schneller drehten: Rebecca, Gary, Vibratoren und Nachthemden, alles fuhr Karussell.

Nach dem letzten Vorhang verhinderten Gedränge und Stimmengewirr derer, die sich angeblich so »köstlich« amüsiert hatten, erst einmal jede Unterhaltung. Bis wir alle im Range Rover der Alconburys saßen – Una am Steuer, Geoffrey auf dem Beifahrersitz, Dad kichernd hinten auf der Gepäckfläche und ich auf der Rückbank, eingeklemmt zwischen Mum und Wellington. Und da passierte es, das Unglaubliche, das Entsetzliche.

Mum hatte sich soeben ihre goldgefasste Brille auf die Nase gepflanzt, mit Gläsern so groß wie Suchscheinwerfer.

»Ich wusste ja gar nicht, dass du jetzt eine Brille brauchst«, sagte ich, selber überrascht über meine wenig feinfühlige Art, den Alterungsprozess meiner Mutter anzusprechen. Bin sonst ja nicht so.

»Ach, Kind, von brauchen kann doch keine Rede sein«, antwortete sie kategorisch. »Achtung, Una, da hinten ist ein Zebrastreifen.«

»Warum trägst du sie dann?«

»Doch nur zum Autofahren.«

»Aber du fährst doch gar nicht.«

»Tut sie wohl«, grinste mein leidgeprüfter Dad, während Mum kreischte: »Una, pass auf den Fiesta auf, der hat schon geblinkt!«

»Sag, ist das nicht Mark da vorne?«, fragte Una plötzlich. »Ich dachte, er wollte arbeiten.«

»Wo?«, blaffte Mum.

»Da vorn«, erwiderte Una. »Übrigens, wisst ihr schon? Olive und Roger waren im Himalaja. Aber was sie so erzählen, klingt nicht so toll. Der Mount Everest ist nämlich auch nicht mehr das, was er einmal war. Überall nur Klopapier, den ganzen Berg hoch.«

Ich folgte Unas ausgestrecktem Finger. Tatsächlich, dort war Mark. Der blaue Mantel, das weiße, halb offene Hemd. Er stieg gerade aus einem Taxi. Und wie in Zeitlupe sah ich noch jemanden aus dem Taxi steigen: hoch gewachsen, schlank, mit langen, blonden Haaren und diesem unverschämten Colgate-Lachen – nur für Mark. Es war Rebecca.

Augenblicklich verwandelte sich der Range Rover in einen Ort der Qualen, jedes Wort ein Messerstich, vorneweg Mum und Una: »Also das ist ja die Höhe... widerlich. Sich mit einer fremden Frau am Freitagabend zu amüsieren, wo er doch gesagt hat... noch arbeiten müsste. Aber da sieht man mal wieder... hätte nicht übel Lust, Elaine die Wahrheit über ihren Sohn... ordentlich Bescheid zu sagen.« Während Geoffrey lallte: »Huiii – weg sind sie! Das geht schneller, als man gucken...«, und Dad versuchte, die Gemüter zu beruhigen. Nur ich und Wellington waren still. Wortlos ergriff Wellington meine Hand und hielt sie einfach – ruhig und fest.

An meiner Wohnung angekommen, stieg er als Erster aus,

um dann mich hinauszulassen. Die Diskussion im Wagen ging derweil untentwegt weiter. »Seine erste Frau hat ihn verlassen, nicht?« – »Richtig, und jetzt wissen wir auch, warum. Wo Rauch ist, ist auch …«

»Im Dunkeln wird aus jedem Stein ein Büffel«, sagte Wellington. »Bei Tage sind die Dinge, wie sie sind.«

»Danke«, sagte ich, ging in meine Wohnung und dachte darüber nach, wie ich Rebecca in einen Büffel verwandeln konnte, um ihn dann in Brand zu setzen – aber möglichst ohne Rauch, damit Scotland Yard nicht dahinter kommt.

Samstag, 1. März

22.00 Uhr. Wohnung. Rabenschwarzer Tag. Jude, Shaz und ich waren frustshoppen, sind gerade zurückgekommen, wollen aber noch mal weg. Die Mädels sind der Meinung, so käme ich auf andere Gedanken. Schon gegen acht waren wir alle ziemlich angeheitert. »Dieser Mark Darcy ist doch schwul«, erklärte uns Jude.

»Klar ist er schwul«, ätzte Shazzer und schenkte eine Runde Bloody Marys nach.

»Glaubst du wirklich?«, fragte ich. Diese Sicht der Dinge war zwar auch deprimierend, hatte jedoch zugleich etwas Tröstliches.

»Na ja, du hast einen Jungen in seinem Bett erwischt, oder?«, sagte Shaz.

»Warum sonst geht er mit einem dürren Kleiderständer wie Rebecca aus? Eine Frau ohne Gefühl für schwesterliche Solidarität, eine Frau mit Mini-Titten und Knabenärschchen, also quasi de facto ein Kerl«, sagte Jude.

»Bridge«, sagte Shaz und sah mich glasigen Auges an. »Ich weiß ja nicht, ob dir das schon mal jemand gesagt hat, aber so von der Seite siehst du aus, als hättest du ein Doppelkinn.«

»Danke«, sagte ich, goss mir noch ein Glas Wein ein und drückte nochmals auf ANSWER PLAY, worauf sich Jude und Shazzer die Ohren zuhielten.

»Hallo, Bridget, hier ist Mark. Offenbar hast du keine Lust, mich zurückzurufen. Ich glaube langsam selber, dass es … ich weiß auch nicht genau, aber dass es … auf jeden Fall bin ich es dir schuldig, dass wir ähm … auch weiterhin Freunde bleiben, und ich hoffe, dass du … dass du, wenn du … Ich meine, ruf mich einfach an … wenn du Lust hast, meine ich.«

»Na, der eiert ja ganz schön rum«, grummelte Jude. »Und kein Wort von Rebecca, was sagt man dazu? Also, Bridge, für mich ist der Fall klar: Schieß ihn ab. Hey, Kinder, was ist jetzt mit der Party heute Abend? Gehen wir oder gehen wir nicht?«

»Pffff. Wofür hält der sich? ›Auf jeden Fall bin ich dir schuldig, dass wir Freunde bleiben‹, blablabla … Alles Gelaber. An deiner Stelle würde ich ihm ganz klar sagen: ›Schätzchen, ich brauche nun wirklich niemanden, der meint, er sei mir seine Scheißfreundschaft irgendwie *schuldig*.‹«

In diesem Moment klingelte das Telefon.

»Hallo.« Es war Mark. Unpassenderweise Herzklopfen bei mir.

»Hallo«, sagte ich etwas zu freudig und signalisierte den anderen: »Er!«

»Hast du meinen Anrufbeantworter bekommen … ähm … meine Nachricht?«, fragte Mark.

Shazzer stieß mich ins Bein und fauchte: »Los, gib's ihm!«

»Ja, habe ich«, sagte ich von oben runter. »Aber da ich dich wenige Minuten zuvor, genauer gesagt gegen 23.00 Uhr abends, zusammen mit Rebecca in einem Taxi gesehen habe, wirst du verstehen, dass sich mein Wunsch, dich anzurufen, in engen Grenzen hielt.«

Shaz stieß die Faust in die Luft: »Jaaaa!« Jude hielt Shaz den Mund zu, zeigte mir den erhobenen Daumen und griff nach dem Chardonnay.

Stille am anderen Ende der Leitung.

»Bridget, warum ziehen wir eigentlich dauernd voreilige Schlüsse?«

Ich sagte nichts, hielt den Hörer bedeckt. »Er sagt, ich ziehe immer so voreilige Schlüsse«, zischte ich, worauf sich Shaz schon den Hörer krallen wollte.

»So? Voreilige Schlüsse nennst du das? Seit einem Monat ist Rebecca hinter dir her, du willst Schluss machen wegen Sachen, die ich gar nicht getan habe, und dann sehe ich, wie du mitten in der Nacht mit Rebecca aus dem Taxi steigst…«

»Aber das war nicht meine Schuld. Ich kann dir alles erklären. Und ich hatte zuvor ja auch angerufen.«

»Ja – um mir zu sagen, dass du es mir schuldig bist, dass wir natürlich Freunde bleiben. Verdammt, was soll das?«

»Nicht nachlassen!«, zischte Shaz.

Ich holte tief Luft. »Ich meine, mir schuldig? Schätzchen, darum geht es ja wohl nicht, oder?« Jude und Shaz konnten kaum noch an sich halten. Sie lagen auf dem Boden und kringelten sich. Das mit dem »Schätzchen« war aber auch zu gut. Wie Linda Fiorentino in *The Last Seduction*. »Zu deiner Information: Ich brauche nun wirklich niemanden in meinem Leben, der meint, er sei mir seine Freundschaft schuldig«, fuhr ich entschieden fort. »Ich habe nämlich schon die besten Freunde in der Welt, loyale Freunde, kluge, witzige, aufmerksame Freunde. Und wenn ich nach dem, wie du mich behandelt hast…«

»Aber… wie habe ich dich denn… behandelt? Ich verstehe nicht.« Er klang echt fertig.

»Wenn ich nach alledem noch mit *dir* befreundet sein will…«

Am liebsten hätte ich jetzt nachgegeben. Aber Shaz drängte. »Nicht aufhören!«

»… dann hast du Riesenschwein gehabt.«

»Okay, wenn du meinst«, sagte Mark. »Wenn du nicht einmal willst, dass ich dir alles erkläre, dann hat es auch keinen

Sinn, wenn wir weiterreden. Ich werde dich bestimmt nicht mehr mit Telefonanrufen behelligen. Auf Wiedersehen, Bridget.«

Ich legte den Hörer auf und sah konsterniert in die Runde. Sharon lümmelte auf dem Teppich und wedelte triumphierend mit der Zigarette in der Luft. Jude trank den Chardonnay jetzt direkt aus der Flasche. Irgendwie hatte ich plötzlich den Eindruck, einen schlimmen Fehler gemacht zu haben.

Zehn Minuten später klingelte es an der Tür. Ich sprintete sofort hin.

»Kann ich reinkommen?«, hörte ich eine gedämpfte Männerstimme von draußen. Mark!

»Natürlich«, sagte ich erleichtert. Und zu Jude und Shaz: »Könnt ihr mal kurz ins Schlafzimmer gehen?«

Nicht gerade erfreut erhoben sie sich vom Boden. Da ging auch schon die Tür auf, bloß war es nicht Mark, sondern Tom.

»Bridget! Hast du abgenommen?«, sagte er und ließ sich auf den Küchenstuhl plumpsen. »Gott, ist das Leben beschissen. Ein Scheißspiel, wirklich, ein Scheißspiel.«

»Tom«, sagte Shazzer, »falls es dich interessiert, wir unterhalten uns gerade.«

»Sich ewig nicht sehen lassen und dann angedackelt kommen ...«, lallte Jude unnachsichtig.

»Worüber redet ihr denn? Doch nicht über mich, oder? Worüber also? ... Ehrlich, dieser furchtbare Jerome, dieser Mistkerl ...«

»Jerome?«, fragte ich entsetzt. »Jetzt sag bloß, du redest wieder vom Eitlen Jerome? Ich dachte, du hättest ihn ein für alle Mal aus deinem Leben verbannt.«

»Aber er hat mir dauernd aufs Band gesprochen, als ich in San Francisco war«, jammerte Tom. »Also haben wir uns wieder häufiger getroffen. Und heute Abend habe ich so ein paar Andeutungen gemacht, ob wir nicht noch einmal von vorn anfangen könnten, ich habe sogar versucht, ihn zu küssen, aber er, also Jerome, sagte … er sagte, ich … das ginge nicht, weil er einfach nicht auf mich steht.« Wütend wischte er sich eine Träne aus dem Auge.

Sprachlosigkeit ringsum. Der Eitle Jerome hatte gegen alle Regeln der Dating-Ordnung verstoßen. Es war ein Verbrechen gegen die Menschlichkeit, ein Angriff auf die persönliche Würde, war ehrabschneidend und mies, seelische Grausamkeit erster Klasse.

»Ich bin eben hässlich«, sagte Tom verzweifelt. »Ein hoffnungsloser Fall, ein Paria. Deswegen werde ich auch nie jemanden finden.«

Augenblicklich lief bei uns das Notfallprogramm an. Jude schnappte sich den Chardonnay, Shaz legte den Arm um ihn, und ich holte noch einen weiteren Stuhl. »Nein, bist du nicht, bist du nicht.«

»Aber warum sagt er dann so was? Warum? WARUM?«

Ist doch ganz klar«, sagte Jude und reichte ihm ein Glas. »Weil der Eitle Jerome im Grund gar nicht schwul ist.«

»Iss hetero«, sagte Shaz, »iss ein ganz stramm normaler Durchschnittsnormalo. Habe ich dem gleich angesehen, dass mit dem was nich stimmt.«

»Logo«, kicherte Jude. »So stramm normal wie ein ganz gewöhnlicher … Schwanz!«

KAPITEL 5

Mr. Darcy, Mr. Darcy

Sonntag, 2. März

5.00 Uhr. Aaaargh. Mir ist gerade eingefallen, was gestern passiert ist.

5.03 Uhr. Warum habe ich das gemacht? Warum? Warum? Entweder ich schlafe jetzt weiter oder ich stehe auf.

5.30 Uhr. Komisch, wie schnell die Zeit vergeht, wenn man einen Kater hat. Liegt an der Gedankenleere. Im Gegensatz zum Ertrinken. Da zischt das ganze Leben an dir vorbei, und der Moment scheint eine Ewigkeit zu dauern, weil dir so viel durch den Kopf geht.

6.00 Uhr. Da haben wir's: schon wieder eine halbe Stunde rum und praktisch über nichts nachgedacht. Aua. Kopf tut aber auch so was von weh. O Gott! Ich hoffe bloß, ich habe nicht auf den Mantel gekotzt.

7.00 Uhr. Problem ist, sie sagen dir nie genau, was passiert, wenn du mehr trinkst als die erlaubten zwei Alkoholeinheiten täglich. Oder wie in meinem Fall fast die ganze Wochenration an einem Abend. Kriege ich davon jetzt rotes Gesicht und Schnapsnase? Bin ich tatsächlich schon Alkoholikerin? Aber in diesem Fall waren alle auf der Party Alkoholiker. Außer den Leuten, die überhaupt nichts getrunken haben. Das waren nämlich die wahren Alkoholiker. Hmmm.

7.30 Uhr. Vielleicht bin ich ja schwanger und habe mein Kind schwer geschädigt. Nein, kann ja gar nicht sein, habe gerade erst meine Periode gehabt und schlafe sowieso nie wieder mit Mark. Nie, nie.

8.00 Uhr. Das Schlimmste aber ist, wenn man nachts aufwacht und niemand ist da, der mit einem spricht oder den man fragen kann, wie betrunken man war. Allerdings kommt langsam die Erinnerung zurück. O Gott, was für einen entsetzlichen Scheiß ich geredet habe. Ich weiß noch, wie ich dem Bettler 50 Pence gegeben habe und der Bettler, statt sich zu bedanken, sagte: »Mann, bist du voll, Süße!«

Und plötzlich erinnere ich mich auch, wie meine Mutter mir als Kind immer gesagt hat: »Es gibt nichts Schlimmeres als eine betrunkene Frau.« Und ich, was mache ich? Ich bin zu einer richtigen Thekenschlampe geworden. Sollte versuchen, noch etwas zu schlafen.

10.15 Uhr. Fühl mich jetzt schon etwas besser. Vielleicht ist Kater ja vorbei. Mal die Vorhänge aufmachen… GAAAAAA-AAAAAAH! Warum ist die Sonne am Morgen schon so grell? Das ist doch nicht normal, kann mir doch keiner erzählen.

10.30 Uhr. Egal. Werde gleich ins Fitness-Studio gehen und nie wieder einen Tropfen anrühren. Ist auch gute Gelegenheit, mit der Scarsdale-Diät anzufangen. So gesehen hat die durchsoffene Nacht auch wieder ihr Gutes, denn für mich wird sie zum Beginn eines völlig neuen Lebens. Hurra! Irgendwann werden die Leute sagen, ich hätte mich ganz allein aus dem tiefsten… Oh, Telefon!

11.15 Uhr. War Shazzer. »Bridge, habe ich mich gestern Abend wirklich so danebenbenommen?«

Einen Augenblick lang wusste ich das selber nicht. »Aber

nein, wie kommst du darauf?«, sagte ich, und das nicht nur, weil ich ein netter Mensch bin, sondern auch, weil ich mir sagte: Wenn sie tatsächlich betrunken gewesen wäre, hätte ich das gewusst. Ich nahm meinen ganzen Mut zusammen und fragte: »Und ich?« Stille.

»Nein, überhaupt nicht. Du warst richtig süß, wirklich.«

Na bitte, alles nur Kater-Paranoia. Oh, schon wieder Telefon. Vielleicht er.

War meine Mutter.

»Bridget, jetzt aber schnell. In einer Stunde wird gegessen. Daddy ist schon dabei, das Dessert zu zaubern!«

11.30 Uhr. Verdammter Mist. Sie hat mich am Freitag gefragt, ob ich Sonntag komme. Ich war wieder mal zu schwach, nein zu sagen. Und dann zu betrunken, um den Wecker zu stellen. Ich kann nicht schon wieder wegbleiben. Okay. Eins nach dem anderen. Sollte etwas Obst essen, das entgiftet wg. jede Menge Enzyme. Aber Vorsicht, nicht zu viel auf einmal, sonst muss ich mich gleich wieder übergeben. Und dann noch mal Mum anrufen, wenn ich mich entschieden habe.

Mittagessen bei Mum: Gründe dafür
– kann mich davon überzeugen, dass Wellington auf eine Art und Weise behandelt wird, welche die Ausländerbeauftragte nicht beanstanden kann
– kann mit Dad reden
– kann mich als gute Tochter zeigen
– muss mich nicht mit Mum anlegen.

Gründe dagegen
– auf mich warten Scham und Schande wg. Mark/Rebecca-Vorfall
– könnte sein, dass ich auf den Tisch kotze

Schon wieder Telefon. Bitte nicht Mum!

»Na, wie geht's dem armen Brauseköpfchen?« Es war Tom.

»Gut«, flötete ich errötend. »Wieso?«

»Na, gestern Abend warst du jedenfalls ziemlich neben der Spur.«

»Shazzer meinte das aber gar nicht.«

»Bridget«, sagte Tom, »Shazzer war gar nicht da. Sie ist mit Simon in die Met-Bar gegangen, und nach allem, was ich weiß, war sie mehr oder weniger im selben Zustand wie du.«

Montag, 3. März

60 kg (fetttriefendes, elterliches Mittagessen hat sich sofort in mir breit gemacht); Zigaretten: 17 (Notstand); Vorfälle bei elterlichem Mittagessen, die mich davon überzeugen könnten, mein Leben sei doch kein Irrenhaus: 0.

8.00 Uhr. Kater schleicht sich langsam. Bin bloß froh, wieder in den eigenen vier Wänden zu sein. Hier wenigstens Herr im Haus und nicht ('tschuldigung!) jedermanns Neger. Dass ich um Mums Mittagessen gestern nicht herumkam, war eh klar. Aber die ganze Fahrt bis nach Grafton Underwood so einen Würgreiz im Hals gehabt. Das Dorf selbst fast surreal idyllisch mit seinen Osterglocken, Wintergärten, Enten auf der Straße etc. Leute haben ihre Heckenscheren und Rasenmäher rausgeholt, als gäbe es nichts Wichtigeres als einen gepflegten Vorgarten. Scheinen alle in dem Irrglauben gefangen zu sein, dass sie in einer geruhsamen, friedlichen Welt leben, wo Katastrophen nicht vorkommen und es einen Gott gibt.

»Oh, hallo, Liebes! *Hakuna Matata.* Ich war nur schnell im Supermarkt, Erbsen waren aus«, sagte Mum und schob mich weiter in die Küche. »Kleinen Moment, ich muss kurz den Anrufbeantworter abhören.«

Ich setzte mich und meinen flauen Magen an den Küchentisch, während der Anrufbeantworter seine Botschaften rausplärrte und Mutter so laut in der Küche herumfuhrwerkte, dass es mir unter der schmerzenden Schädeldecke dröhnte.

»Pam«, quakte der Apparat, »hier ist Penny. Du kennst doch den Mann, der in der Straße hinter der Tankstelle wohnt. Der hat sich umgebracht, weißt du schon? Wegen dem Krach vom Tontaubenschießen. Stand heute im *Kettering Examiner*. Ach, und ehe ich's vergesse: Kann Merle ihre eingefrorenen Aufläufe in deiner Tiefkühltruhe unterbringen? Es wäre auch nur für die Zeit, wo die Leute vom Gaswerk da sind, die stellen nämlich den Strom ab.«

»Hallo, Pam, ich bin's, Margo! Ich muss dich mal wieder um was bitten. Hast du vielleicht eine 18-cm-Springform, die ich für Alisons Geburtstag ausleihen könnte?«

Ich blickte in der Küche umher, und ich dachte mir, welche unterschiedlichen Welten sichtbar würden, wenn man nur die jeweiligen Anrufbeantworter der Leute abspielte. Daraus könnte man bei Saatchi glatt eine Installation machen. Mum klapperte derweil zwischen Tellern und Töpfen im Schrank und griff dann zum Hörer. »Margo? Pam hier. Also, ich habe eine Kranzform, wenn dir das was nützt... Oder warum nimmst du nicht einfach eine Auflaufform und legst sie mit Backpapier aus, das geht auch.«

»Hallo, hallo, bomdibombom, alle miteinander.« Dad kam in die Küche gestolpert. »Sag mal, kennt einer von euch die Postleitzahl von Barton Seagrave? Ist es KT4 HS oder HL, was meint ihr? Ach, hallo, Bridget, willkommen an der Front. Wie du siehst, ist hier der Dritte Weltkrieg ausgebrochen – und Mau-Mau-Aufstand im Garten.«

»Colin, schüttest du mal das Öl aus der Friteuse weg«, sagte Mum. »Geoffrey hat gesagt, wenn man es zehnmal heiß gemacht hat, sollte man es nicht mehr benutzen. Übrigens, Bridget, ich habe dir etwas Talkumpuder mitgebracht.« Sie gab mir eine lila Yardley's-Flasche mit Goldverschluss.

»Wieso das denn?«, fragte ich und nahm belustigt die Flasche in die Hand.

»Na ja, du bist jetzt in einem Alter, wo man doch gerne frisch bleiben möchte, oder?«

Grrr. Grrrr. War absolut klar, worauf sie anspielte. Mark war mit Rebecca ausgegangen, weil ich nicht mehr …

»Willst du damit sagen, ich rieche?«, fragte ich.

»Aber nein, Liebes.« Pause. »Aber trotzdem möchte man doch immer frisch sein.«

»Hallo, Bridget!« Plötzlich, wie aus dem Nichts, stand Una im Raum, mit einem Tablett hart gekochter und in Hälften geschnittener Eier. »Pam! Ich habe ganz vergessen, dir zu erzählen, dass Bill jetzt noch mal an die Stadt geschrieben hat, wegen der Zufahrtsstraße. Die haben das nämlich nicht gut gemacht, einfach über den alten Belag drübergeteert, sodass die ganzen Schlaglöcher noch da sind. Und er sagt auch, wenn du sagen könntest, dass dauernd Wasser aufs Grundstück läuft, weil kein Gully da ist, dann würden die auch einen Gully einbauen.«

Rhabarberrhabarberrhabarber. Wirklich, nichts als Unsinn und das in einem fort. Fühlte mich wie ein Patient im Wachkoma, von dem niemand weiß, dass er alles mitkriegt.

»Colin, wo ist die Sülze? Sie können jeden Moment da sein.«

»Wer denn?«, fragte ich, misstrauisch geworden.

»Die Darcys. Una, tu mal was Mayonnaise und gehackte Paprika auf die Eier, sei so gut.«

»Die Darcys? Doch nicht die Eltern von Mark? Wieso das denn?«

In diesem Moment klingelte es schon an der Haustür, genauer gesagt, es war das komplette Glockenspiel der Rathausuhr.

»Und nicht vergessen, Kinder, wir sind der Ältestenrat«,

sagte Mum launig und nahm die Schürze ab. »Also los jetzt. Du auch, Bridget.«

»Wo ist eigentlich Wellington?«, fragte ich.

»Oh, der ist draußen im Garten und übt mit dem Fußball. Er mag diese ausgedehnten Mahlzeiten nicht, wo man sich mit allen unterhalten muss.«

Mum und Una sausten los, und Dad tätschelte meinen Arm. »Na, dann mal auf in den Kampf«, sagte er.

Ich folgte ihm in unser plüschig überladenes Wohnzimmer und überlegte für eine Sekunde, ob ich wohl die Kraft hätte, jetzt einfach abzuhauen. Ich hatte nicht. Und hinten standen sie bereits im Kreis und süffelten ihren Sherry; Marks Eltern, Una und Geoffrey und Mum.

»Okay, Liebes«, sagte Dad, »holen wir dir erst mal was zu trinken. Das ist übrigens…« Dad schob mich nach vorn. Und Elaine: »Ach du Schreck. Jetzt kenne ich dich seit dreißig Jahren, aber deinen Namen vergesse ich immer wieder.«

»Und was macht euer Sohn«, drängte sich Una dazwischen.

»Mein Sohn? Ja, der heiratet demnächst«, tönte Admiral Darcy mit Feldherren-Stimme. Vor mir verschwamm alles. *Wer* heiratet?

»Sag bloß«, erwiderte Dad und hielt mich am Arm fest, während ich mich langsam von dem ersten Schock erholte.

»Tja, so ist das heute mit der Jugend«, sagte Admiral Darcy unbekümmert. »In der einen Minute noch verheiratet und in der anderen schon ab durch die Mitte mit der nächsten. Ist doch so, oder?« Er gab Marks Mutter einen Klaps auf den Hintern.

»Schatz, ich glaube, Una hat nach Mark gefragt, nicht nach Peter«, sagte sie nach einem kurzen Blick auf mich. »Peter ist unser Junge in Hongkong, er heiratet im Juni. Aber kann denn mal einer für Bridget was zu trinken holen? Ehrlich, nichts anzufangen mit diesen Männern«, sagte sie und sah mich freundlich an.

Ich aber dachte nur: Ich will hier raus. Ich will nicht wieder nur gequält werden. Ich will mich im Badezimmer auf den Boden legen, gemütlich neben die Kloschüssel wie jeder andere Mensch in meiner Lage auch.

»Hier, probier mal eine von diesen hier«, sagte Elaine und hielt mir ein silbernes Zigarettenetui mit Black Sobranies hin. »Das sind zwar echte Sargnägel, aber immerhin bin ich damit schon fünfundsechzig Jahre alt geworden.«

»Aber setzt euch doch erst einmal«, sagte Mum und drohte mit einem Tablett voller Leberwursthäppchen. »Puh!«, rügte sie, tat so, als kriege sie einen Erstickungsanfall, und meinte dann eisig: »Elaine, bei Tisch bitte nicht rauchen!«

Ich folgte ihr ins Wohnzimmer. Draußen vor der Terrasse übte Wellington Fußball-Jonglieren. Er trug ein Sweatshirt nebst blauen, glänzenden Shorts und machte das erstaunlich gut.

»Na sieh mal einer guck«, grunzte Geoffrey. »Immer schön den Ball oben halten.« Er schaute durch die Verandatür, die Hände tief in den Taschen vergraben, wo sie begeistert wühlten. »Immer schön oben halten.«

Wir setzten uns und starrten uns verlegen an. Wie bei einem vorhochzeitlichen Essen im Kreise der beteiligten Familien – bloß dass der Bräutigam zwei Nächte zuvor mit einer anderen durchgebrannt war.

»Aber greift doch zu«, sagte Mum. »Etwas Lachs für dich, Elaine?«

»Gern«, sagte Elaine.

»Wir waren am Freitag in *Miss Saigon*«, eröffnete Mum mit bedenklicher Heiterkeit die Unterhaltung.

»Ba! Musicals! Kann dieses Getue nicht ausstehen, nichts als Schwuchteln allesamt«, brummte Admiral Darcy, während Elaine ihm ein Stück Lachs auflegte.

»Also *uns* hat es gefallen!«, sagte Mum. »Auf jeden Fall ist das…«

Voller Panik sah ich aus dem Fenster, als könne mir Wellington irgendeinen heißen Tipp geben, und bemerkte, dass er

164

mich anschaute. »Hilf mir!«, rief ich stumm und hoffte, dass er von meinen Lippen lesen konnte. Er nickte und wies mit dem Kopf in Richtung Küche.

»Stehen breitbeinig an der Rampe und plärren«, dröhnte der Admiral, ein Mann ganz nach meinem Geschmack, zumindest was seine Ansicht über Musicals anging. »Gilbert und Sullivan, etwa in *HMS Pinafore*, das war doch ganz etwas anderes.«

»Entschuldigt mich einen Augenblick«, sagte ich und schlüpfte aus dem Zimmer, ohne Mums wütenden Blick weiter zu beachten.

Flitzte in die Küche und ließ mich gegen den mannshohen Kühlschrank fallen. Wellington hatte mich schon erwartet.

»Was ist los?«, fragte er und schaute mich aufmerksam an. »Was ist nicht in Ordnung?«

»Es ist Mutter«, sagte ich. »Sie hält sich für eine Stammes-älteste und will die Sache mit Marks Eltern besprechen, du weißt schon, der, den wir aus dem Taxi…«

Er nickte. »Ich bin informiert über alles.«

»Was hast du ihr bloß gesagt? Sie will unbedingt ein großes Palaver anfangen wegen Rebecca. Als wären wir irgendwo in…«

In diesem Moment flog die Küchentür auf.

»Bridget! Was tust du hier? Oh.« Wellingtons Anblick schien ihr irgendwie Einhalt zu gebieten.

»Pamela«, sagte Wellington, »was geht hier vor?«

»Nun ja, ich dachte, nach allem, was du mir erzählt hast, dachte ich, es wäre vielleicht das Beste, wenn wir Erwachsenen die Sache in die… in die Hand nehmen«, sagte sie mit frisch gewonnenem Selbstbewusstsein und einem unerklärlichen Lächeln.

»Du wolltest Bräuche unseres Stammes auf England übertragen?«, fragte Wellington.

»Nun ja, ich……«

»Pamela, eure Kultur hat sich über viele Jahrhunderte hinweg entwickelt. Aber Einflüsse von außen dürfen niemals dein

Kulturerbe verwässern. Wie wir sagten, Reisen hat zur Folge die Pflicht der Beobachtung, nicht Zerstörung.« Ich fragte mich zwar, wie Wellingtons neuer CD-Walkman in dieses Konzept passte, aber Mum nickte schuldbewusst. Ich hatte noch nie erlebt, wie sie derart vor jemandem kuschte.

»Nun. Geh zurück zu deinen Gästen und lass Bridgets Brautwerbung den Lauf nehmen, wie es eurer altbewährten Tradition entspricht.«

»Ich glaube, du hast Recht«, sagte sie und rückte verlegen ihre Frisur zurecht.

»Ich wünsche gesegnete Mahlzeit«, sagte Wellington und zwinkerte mir zu.

Im Esszimmer hatte Marks Mutter inzwischen auf ihre Weise die Luft aus der Affäre gelassen. »Es wird mir wohl immer ein Rätsel bleiben, warum sich heutzutage überhaupt noch jemand auf eine Ehe einlässt«, erklärte sie. »Wenn ich nicht so jung geheiratet hätte, hätte ich es nie getan.«

»Da hast du absolut Recht«, stimmte ihr Dad zu, für mein Gefühl eine Spur zu schnell.

»Was ich wiederum nicht verstehe, ist«, sagte Onkel Geoffrey, »wie eine Frau in Bridgets Alter es geschafft hat, noch immer unbemannt durch die Weltgeschichte zu gondeln. Nach New York oder auf den Mond – huiii, weg sind sie!«

»Ach, halt doch den Mund!«, hätte ich ihn am liebsten ins Gesicht gebrüllt.

»Die jungen Leute von heute haben es auch nicht leicht«, unterbrach Elaine ihn abermals und sah mich intensiv an. »Mit achtzehn kann man leicht jemanden heiraten. Aber wenn man einmal eine eigene Persönlichkeit entwickelt hat, wird es relativ schwer, die dauernde Gegenwart eines Mannes hinzunehmen, vielleicht ist sie sogar unerträglich – Anwesende natürlich ausgenommen.«

»Das will ich aber auch gemeint haben«, bollerte Marks Vater unbeschwert und tätschelte ihren Arm. »Andernfalls sähe ich mich gezwungen, dich gegen zwei Zweiunddreißig-jährige auszutauschen. Warum soll sich eigentlich nur mein Sohn amüsieren dürfen?« Er warf mir einen anerkennenden Blick zu, worauf mein Herz gleich wieder einen Satz machte. Glaubte er wirklich, Mark und ich wären noch zusammen? Oder wusste er von Rebecca und dachte, Mark hätte mit uns beiden gleichzeitig etwas laufen?

Glücklicherweise nahm die Unterhaltung bald wieder Kurs auf die *HMS Pinafore*. Darauf eine elegante Flanke hinüber zu Wellingtons Fußballkünsten und den Golfurlaub von Geoffrey und Dad, wo auch die Gartenthemen erblühten, die schließlich von Bills Asphaltproblem planiert wurden. Auf einmal war es 15.45 Uhr und der ganze Alptraum vorbei.

Zum Abschied drückte mir Elaine noch ein paar von ihren Sargnägeln in die Hand, mit den Worten: »Damit du auf der Heimfahrt was zu rauchen hast. Ich hoffe, wir sehen uns bald wieder.« Was einerseits ganz ermutigend war, andererseits als Grundlage für ein gemeinsames Leben mit Mark bestimmt nicht ausreichte. Denn – undankbar, wie es klingen mag: Ich wollte ja Mark wieder sehen, nicht unbedingt seine Eltern.

»Warte mal, Liebes.« Mum kam mit einer Frischhaltedose aus der Küche. »Wo hast du deine Tasche?«

»Aber, Mum«, sagte ich gequält, »du brauchst mir nicht zu essen mitgeben.«

»Bist du sicher?«

»Aber ja. Ich werde in London schon nicht verhungern.«

Dann drückte sie mich. Was schön war, aber auch ungewohnt. »Ich weiß, das ist jetzt hart für dich«, sagte sie. »Aber lass dir von Mark nichts gefallen. Am Ende wirst du siegen, ich weiß das.« Doch gerade, als ich mich voll in den Mami-Trost fallen lassen wollte, sagte sie: »Siehst du, es ist ganz einfach. Immer dran denken: *Hakuna Matata! Don't worry, be happy!* Soll ich dir nicht vielleicht doch ein paar Packungen von der Minestrone mitgeben? Oder ein paar Kräcker? Du musst doch was essen.

Lass mich mal kurz an den Kühlschrank. Oh, ich sehe gerade, ich habe da noch die Filetsteaks. Ich tu sie dir mit dazu, ja?«

Wie kommt sie eigentlich auf die Idee, Essen sei besser als Liebe? Wenn ich noch eine Sekunde länger in der Küche geblieben wäre, ich schwöre, ich hätte angefangen zu kotzen.

»Wo ist Dad?«

»Oh, er ist draußen in seinem Schuppen.«

»Wo?«

»In seinem Schuppen. Manchmal ist er stundenlang dort. Und wenn er wieder herauskommt, riecht er nach…«

»Nach was?«

»Nichts, Liebes, nichts. Jetzt aber los! Vielleicht sagst du ihm noch eben auf Wiedersehen, bevor du fährst.«

Draußen, auf der Gartenbank, las Wellington den *Sunday Telegraph*.

»Danke wegen vorhin«, sagte ich.

»No problem«, erwiderte er und fügte hinzu: »Im Grunde ist sie eine gute Frau. Sie hat einen starken Willen und sie ist leicht für etwas zu begeistern, aber vielleicht…«

»… übersteigt es das gesunde Maß – und zwar gewaltig.«

»Ja«, sagte er. Wobei zu hoffen blieb, dass diese Begeisterungsfähigkeit auf den reinen Kulturaustausch beschränkt blieb.

Als ich auf den Schuppen zuging, kam Dad schon heraus, rot im Gesicht und wie ertappt. Drinnen lief Nat King Cole.

»Ah, du machsdich auf die Socken nach Hause… in das große, böse London?«, nuschelte er leicht schwankend und suchte am Türrahmen Halt. »Du hast aber auch schon mal glücklicher ausgesehen.«

Ich nickte. »Du nicht?«

Er nahm mich fest in die Arme und drückte mich – genauso wie früher, als ich klein war. Das war schön. Mein Dad.

»Wie hast du es nur so lange mit Mum ausgehalten?«, flüsterte ich und wunderte mich über den süßlichen Geruch an ihm. Was war das? Whisky?

»Das is garnich so schwer«, erwiderte er und taumelte seitwärts gegen den Schuppen. Dort legte er den Kopf zur Seite
und lauschte Nat King Cole.

»*The greatest thing*«, sang er leise, »*you'll ever learn is how to
love and be loved in return.* Wolln wir hoffen, dass das auch für
mich noch gilt und nicht nur für diesen Mau-Mau.«

Dann beugte er sich nach vorn und gab mir einen Kuss.

Mittwoch, 5. März

*58 kg (gut); Alkoholeinheiten: 0 (hervorragend); Zigaretten: 5 (lo-
cker im grünen Bereich); an Marks Haus vorbeigefahren: zweimal
(s. g.); im Telefonbuch unter Mark Darcy nachgeschlagen, um zu sehen, ob er noch existiert: 18-mal (s. g.); Anrufe über 1471-Nummer:
12 (schon besser); Anrufe von Mark: 0 (tragisch).*

8.30 Uhr. Meine Wohnung. Bin sehr traurig. Mark fehlt mir.
Habe Sonntag und Montag gar nichts von ihm gehört, nur gestern Abend war eine Nachricht auf dem Anrufbeantworter, die
besagte, dass er für ein paar Wochen nach New York muss. »Ich
schätze mal, das war es dann.«

Trotzdem. Darf mich nicht runterziehen lassen. Habe he-
rausgefunden, dass man den ersten Schmerz am Morgen aus-
tricksen kann, wenn man schnell das Morgenmagazin auf Ra-
dio 4 anstellt, obwohl die Sendung aus nichts anderem besteht
als beleidigend nichts sagenden Politiker-Interviews. Aber
egal, mir hilft es. Muss dann nicht mehr über verpasste Chan-
cen nachdenken oder immer dieselben imaginären Gespräche
mit Mark führen, die mich sowieso nur deprimieren, bis ich am
liebsten den ganzen Tag im Bett bleiben möchte.

Muss aber sagen, dieser Finanzexperte von Labour, dieser
Gordon Brown, heute Morgen war richtig gut. Redete ohne
Luft zu holen in druckreifen Sätzen von der Europäischen

Währungsunion, ohne jemals irgendwas zu sagen. Da konnte der Redakteur im Studio tausendmal ankommen mit »ich hätte gerne ein klares Ja oder Nein, Ja oder Nein«, Gordon ließ sich nichts entlocken. So gesehen gibt es wohl Schlimmeres als die Währungsunion.

Frage mich ohnehin, ob das dasselbe ist wie die Europäische Einheitswährung. Also, da wäre ich ja schon irgendwie für. Vor allem, weil wir dann vielleicht neues Geld bekommen, das ein bisschen cooler aussieht als die britischen Münzen und Scheine. Wenn's nach mir ginge, könnte man unsere Kupfermünzen gleich wegwerfen, sie sind viel zu schwer. Und das kleine Silbergeld, die 5p- oder 20p-Stücke, sind so winzig, dass das Ausgeben gar keinen Spaß macht. Behalten sollte wir dagegen die dicken 1£-Münzen, die sind wie die alten Sovereigns. Wie oft habe ich gedacht, ich hätte kein Geld mehr im Portemonnaie, und fand dann plötzlich noch acht Pfund. Schwierig wird das natürlich mit den Automaten, man müsste sie allesamt... Gaaaaaah! Klingel! Vielleicht Mark, der sich von mir verabschieden will.

War aber bloß der blöde Gary. Irgendwann rückte er auch damit heraus, weswegen er eigentlich hier war. Nämlich wg. Ausbau, der würde mich bloß »schlappe siebentausend Pfund« kosten.

»Woher soll ich denn £7.000 nehmen?«

»Sie könnten eine zweite Hypothek aufnehmen«, sagte er, »macht lediglich hundert mehr im Monat.«

Glücklicherweise wurde sogar ihm klar, dass ich zu spät zur Arbeit kam, wenn er nicht ging. £7.000. Also wirklich.

19.00 Uhr. Wieder zu Hause. Was mich sehr nachdenklich macht: mein Verhältnis zum Anrufbeantworter. Habe den Eindruck, ich behandle ihn immer mehr so wie früher die Leute ihren Lebenspartner. Ich flitze nach Hause, um festzustellen, wie er so drauf ist, ob er mir mit einem freundlichen Blinzeln bestätigt, dass ich liebens-, begehrens- und überhaupt als Mitglied der

170

Gesellschaft etwas wert bin oder ob ich vor einer Mauer des Schweigens stehe wie jetzt gerade wieder. Nicht nur keine Nachricht von Mark, nein, überhaupt keine Nachricht, von niemandem. Sollte vielleicht ein bisschen im *Geheimen Weg* lesen.

19.06 Uhr. Hmmm, also wenn ich das richtig verstehe, ist Liebe nichts, was einem einfach so passiert, sondern etwas, was man tut. Die Frage jetzt: Was habe ich daran nicht oder falsch gemacht?

19.08 Uhr. Bin eine selbstbewusste, weltoffene Frau, die voll im Leben steht, die in sich selbst ruht und ihr Selbstwertgefühl nicht von andern bezieht, sondern ... aus sich selbst ...? Kann mir nicht helfen, irgendetwas stimmt daran nicht.

19.15 Uhr. Gütiger, das Telefon! Vielleicht Mark Darcy!

»Bridget, du siehst so schlank aus, hast du abgenommen?« Tom wieder. »Wie geht's so, Babe?«

»Beschissen«, sagte ich, nahm den Nicorette-Kaugummi aus dem Mund und fing an, daraus ein Männchen zu kneten.

»Ach, Bridget-Baby! Männer! Gibt es doch wie Sand am Meer, also keine Panik. Was macht eigentlich deine Interview-Karriere?«

»Na ja, ich habe den Agenten von Colin Firth angerufen, und der hat mir erst mal die Pressemappe geschickt. Ich dachte schon, es könnte klappen, weil demnächst *Fever Pitch* herauskommt und ein bisschen Werbung ja nicht schlecht ist.«

»Und?«

»Dann riefen sie an und sagten, er wäre zu beschäftigt.«

»Hah! Das wollte ich bloß wissen. Jerome sagt, er kennt da jemanden, der ...«

»Tom«, sagte ich, »haben wir es hier vielleicht mit einem klitzekleinen Fall von Erwähnungszwang zu tun?«

»Nein, überhaupt nicht, zwischen uns ist es aus.« Das war

ganz offensichtlich gelogen. »Aber das tut auch nichts zur Sache. Jerome jedenfalls kennt da einen Typ, der beim letzten Film von Colin Firth mitgearbeitet hat, und Jerome meint, der könnte hier vielleicht was tun.«

»Wirklich?«, rief ich aufgeregt.

Mir war klar, dass Tom diese ganze Sache benutzte, um mit dem Eitlen Jerome in Kontakt zu bleiben, aber egal. Möchte nicht wissen, hinter wie vielen selbstlosen Einsätzen letztlich nur Eigennutz steckt. Und vielleicht sagt Colin Firth ja auch zu.

Hurra! Das ist *der* Job für mich! Ich reise in der Welt herum und spreche mit berühmten Promis. Mit dem zusätzlichen Geld könnte ich eine zweite Hypothek aufnehmen, mir ein Büro einrichten und eine Dachterrasse dazu. Ich könnte bei *Hallo, England* kündigen und alles nur noch von zu Hause machen. Ja, das ist es. Muss sofort Gary anrufen. Wie soll sich irgendetwas ändern, wenn man sich selber nicht ändert? Ab jetzt nehme ich mein Leben in die Hand.

Genau: nicht im Bett rumliegen und rumheulen, sondern was Sinnvolles tun. Hmmm, aber was? Vielleicht eine rauchen? O Gott, beim Gedanken daran, dass Mark jetzt regelmäßig mit Rebecca telefoniert und mit ihr all die kleinen Dinge des Tages bespricht wie damals mit mir, schon bei dem Gedanken kriege ich die Krise. Aber Pessimismus bringt erst recht nichts. Vielleicht ist die Sache mit Rebecca ja auch gar nichts Ernstes, und er kommt zu mir zurück. Eben. Er kommt zu mir zurück. So einfach ist das. Hurra!

Mittwoch, 12. März

58 kg; Alkoholeinheiten: 4 (aber als Journalistin ist Alkoholismus praktisch ein Muss); Zigaretten: 5; Kalorien: 1.845 (gut); Lichter am Ende des Tunnels: 1 (winzig klein).

16.00 Uhr. Im Büro. Soeben Anruf von Tom.

»Es klappt.«

»Was?«

»Die Colin-Firth-Sache!«

Ich saß plötzlich kerzengerade, zitternd vor Aufregung.

»Jeromes Freund hat tatsächlich Colin Firth angerufen. Und Colin Firth hat zugesagt, aber unter der Bedingung, dass die Sache wirklich im *Independent* abgedruckt wird. Aber das Schönste kommt noch. Ich gehe heute Abend mit dem Eitlen Jerome essen!«

»Tom, du bist ein Engel, ach was, ein Erzengel, ein Gott. Und was muss ich jetzt als Nächstes tun?«

»Ganz einfach. Du rufst erst den Agenten von Colin Firth an, dann Adam vom *Independent*. Übrigens, ich hab denen gesagt, du hättest so was schon öfter gemacht.«

»Aber das stimmt doch gar nicht.«

»Ach, Bridget-Baby! Wen kümmert das! Sag einfach, du hättest jahrelange Routine!«

Dienstag, 18. März

58,5 kg (ungerecht! Hohes Gericht, womit habe ich das verdient?); zum Beweis, Kalorien: 1.200 (bitte ich zu den Akten zu nehmen); Hypotheken: 2 (hurra!); Anzahl zusätzlicher Zimmer: 1 (hurra!).

Habe bei der Bank angerufen, zweite Hypothek kein Problem! Muss nur Antrag und ein paar Formulare ausfüllen, und schon stehen mir £7.000 zur Verfügung, Mehrbelastung pro Monat lediglich £120! Begreife nicht, warum mir das nicht schon eher eingefallen ist. Das Minus auf meinem Konto hätte nie sein müssen.

Mittwoch, 2. April

59 kg; Kalorien: 998 (geradezu paradoxes Missverhältnis zwischen Kalorienauf- und Gewichtszunahme, Diät scheint vor diesem Hintergrund komplett sinnlos); Wunder: mehrere; neu entdeckte Lebensfreude: unermesslich.

17.00 Uhr. Seltsame Dinge gehen vor. Nicht nur, dass das Colin-Firth-Interview klappt, sondern dazu auch noch in Rom! Als Nächstes kommt raus, dass das Interview nackt auf einer einsamen Insel stattfindet wie bei *Blind Date*. Ich meine, ich verstehe, wenn Gott für erlittenes Unglück mal die eine oder andere Freude springen lässt, aber das!! Was hier passiert, sprengt jede diesseitige Heilserwartung. Ich habe irgendwie den Verdacht, das ist der letzte goldene Sonnenstrahl vor dem großen Fall und einem frühen Grab. Vielleicht auch nur verspäteter Aprilscherz.

Deswegen Anruf bei Tom, der aber sagte, ich soll nicht immer so misstrauisch sein. Der Grund dafür, warum Interview in Rom stattfinde, wäre, dass Colin Firth in Rom wohnt (was stimmt). Und ich sollte mich lieber auf meine Aufgabe konzentrieren – und hier vor allem darauf, dass Colin Firth auch noch andere Rollen gespielt hat als Mr. Darcy. Zum Beispiel in seinem neuen Film *Fever Pitch*.

»Ja nee, schon klar«, sagte ich – und überhaupt, wie dankbar ich ihm sei etc., denn das wäre genau die Chance, auf die ich schon lange gewartet hätte. Kurz und gut: »Ich fühle mich super im Augenblick, jetzt, wo ich mich auf meine Karriere konzentriere statt mich über die blöden Männer aufzuregen.«

»Ähm, Bridget«, unterbrach Tim, »dir ist doch wohl klar, dass Colin Firth eine Freundin hat, oder?«

Humpf.

Freitag, 11. April

58 kg; Alkoholeinheiten: 5 (notwendiges Training für journalistische Laufbahn); Zigaretten: 22; Kalorien: 3.844 (Ha! Na bitte! Werde nie wieder eine Diät machen).

18.00 Uhr. Etwas Wunderbares ist passiert! Habe gerade mit der PR-Frau gesprochen: Colin Firth will mich am Wochenende anrufen, um die Details abzuklären! Ich kann es noch immer nicht fassen. Das bedeutet zwar, dass ich das ganze Wochenende nicht aus dem Haus kann, macht aber nichts, denn auf diese Weise kann ich noch weiter recherchieren. Vor allem noch mal das Video von *Stolz und Vorurteil* angucken. Obwohl, mir ist schon klar, dass wir auch über seine anderen Projekte sprechen müssen. Ich denke, das wird ein richtiger Wendepunkt in meiner Karriere. Irgendwie komisch ist es aber schon, ich meine, es hat fast etwas Übersinnliches, was hier geschieht: Durch Mr. Darcy ist der ganze Ärger mit Mark Darcy wie weggezaubert ... Huch, Telefon! Mr. oder Mark Darcy, das ist hier die Frage. Schnell Jazz- oder Klassik-CD auflegen, macht immer Eindruck.

Mist. War ein arroganter Typ namens Michael vom *Independent*, der sich furchtbar aufspielte. »Okay, wir kennen Sie nicht, wir haben noch nie mit Ihnen gearbeitet, und ich will nicht, dass hier irgendwas schief läuft. Gut. Also. Sie nehmen am Montagabend die Maschine zurück nach London, der Flug ist gebucht. Am Dienstagmorgen schreiben Sie mir eine satzfähige Fassung, die bis spätestens 16 Uhr auf meinem Schreibtisch liegt. Was später als 16 Uhr kommt, fliegt raus. So weit alles klar? Und noch etwas: Befragen Sie ihn zu *Fever Pitch. Fever Pitch*, haben Sie verstanden? Wie Sie wissen, hat diese Rolle nichts mit Mr. Darcy zu tun.«

Da hat er ausnahmsweise mal Recht. Oh, Telefon.

War Jude. Sie will mit Shazzer vorbeikommen. Habe Angst, dass sie mich zum Lachen bringt, wenn Mr. Darcy anruft.

Andererseits brauche ich jetzt dringend etwas Ablenkung, sonst platze ich noch vor Hibbeligkeit.

Samstag, 12. April

58,5 kg (kann aber bis morgen noch locker drei Pfund abnehmen mit der berühmten Krankenhaus-Frankfurter-Würstchen-Diät); Alkoholeinheiten: 3 (s. g.); Zigaretten: 2 (stehe kurz vor der Heiligsprechung); Frankfurter Würstchen: 12; Anrufe beim 1471-Service, um rauszukriegen, ob sich Colin Firth gemeldet hat, während ich unter vorübergehender Taubheit litt: 7; Quadratmeter Boden, der nicht von Pizzakartons, anprobierten Klamotten, Aschenbechern etc. bedeckt war: ca. 0,7 (nämlich unter dem Sofa); Szene aus Stolz und Vorurteil *angeguckt, wo Colin Firth in den See springt: 15-mal (investigativer Journalismus); Anrufe von Colin Firth: 0 (bisher).*

10.00 Uhr. Colin Firth hat nicht angerufen.

10.03 Uhr. Hat immer noch nicht angerufen.

10.07 Uhr. Immer noch nicht. Frage mich, ob ich um diese Uhrzeit schon Jude und Shazzer wecken kann? Vielleicht wartet er mit seinem Anruf, bis seine Freundin zum Shopping gegangen ist?

17.00 Uhr. Wohnung sieht aus, als wäre eine Bombe eingeschlagen. Alles wegen Darcy-Wacht. Im Wohnzimmer liegen die Klamotten rum wie in *Thelma und Louise,* als die Polizei sich in dem Haus breit gemacht hat und Harvey Keitel mit dem Tonbandgerät darauf wartet, dass sie anrufen. Weiß einerseits natürlich Unterstützung von Jude und Shazzer zu schätzen. Bedeutet aber andererseits, dass ich mit meinen Vorbereitungen (außer äußerlich) noch nicht weit gekommen bin.

18.00 Uhr. Mr. Darcy hat immer noch nicht angerufen.

18.05 Uhr. Immer noch nicht. Was soll ich bloß tun? Weiß nicht einmal, wo wir uns treffen sollen.

18.15 Uhr. Nach wie vor kein Anruf. Vielleicht wollte Freundin nicht zum Shopping. Vielleicht haben sie den ganzen Tag gevögelt und lassen sich italienische Eisbecher kommen und lachen sich hinter meinem Rücken über mich scheckig.

18.30 Uhr. Jude ist plötzlich aufgewacht und fasste sich mit den Fingerspitzen an die Stirn.

»Wir müssen ausgehen«, sagte sie mit jenseitiger Stimme.

»Bist du verrückt?«, zischte Sharon. »Ausgehen? Jetzt? Hast du den Verstand verloren?«

»Nein«, sagte Jude nüchtern. »Denn das Telefon klingelt nur deshalb nicht, weil zu viele Energien darauf gerichtet sind.«

»Klar«, schnaubte Sharon.

»Und abgesehen davon stinkt es hier. Wir sollten aufräumen, damit die Energie frei fließen kann, und dann ausgehen. Eine Bloody Mary wäre jetzt genau das Richtige«, sagte sie und sah mich animierend an.

Minuten später waren wir unten auf der Straße und blinzelten in den unerwartet hellen, fast frühlingshaften Himmel. Ich wollte noch einmal zurück, doch Shazzer hielt mich fest.

»Nichts da. Wir. Gehen. Jetzt. Einen. Trinken«, befahl sie und führte mich ab wie eine Polizistin.

Keine Viertelstunde später waren wir wieder bei mir. Ich stürzte in die Wohnung und erstarrte. Das Lämpchen am Anrufbeantworter blinkte.

»Siehst du«, sagte Jude so selbstzufrieden wie nur irgendwas. »Siehst du? Hab ich ja gleich gesagt.«

Mit zittriger Hand, als handle es sich um einen Sprengsatz, drückte Shazzer auf ANSWER PLAY.

»Hallo, Bridget, hier ist Colin Firth.« Wir wichen vor Ehrfurcht alle einen Schritt zurück. Dies war Mr. Darcy. Dieselbe vornehme, tiefe, durch nichts zu erschütternde Stimme, mit der er in der BBC-Serie Elizabeth Bennet seinen Heiratsantrag gemacht hatte. Aber diesmal hieß es »Bridget«. Also ich. Mr. Darcy sagte »Bridget«. Auf meinem Anrufbeantworter!

»Wie ich erfahren habe, wollen Sie am kommenden Montag in Rom ein Interview mit mir machen«, fuhr die Stimme fort. »Ich rufe Sie an, weil ich mit Ihnen einen Treffpunkt vereinbaren möchte. Ich würde die Piazza Navona vorschlagen, das ist kaum zu verfehlen, und jeder Taxifahrer kann Sie hinfahren. Wir treffen uns an dem Brunnen, um halb fünf. Guten Flug.«

»Schnell, die 1471, die 1471«, drängte Jude, »los, mach schon. Nein, erst die Kassette raus, tu die Kassette raus.«

»Ruf ihn zurück!«, schrie Sharon kategorisch. »Ruf ihn zurück und frag ihn, ob ihr euch nicht vielleicht *in* dem Brunnen treffen könnt. O Gott!«

Abermals hatte das Telefon geklingelt. Starr und mit offenem Mund standen wir da. Dann dröhnte Toms Stimme aus dem Lautsprecher. »Hallo, ihr Lieben, hier ist Mr. Darcy, der euch bei dieser Gelegenheit fragen will, ob ihr ihm mal aus seinem nassen Hemd helfen könnt.«

Shazzer wurde brutal aus ihrem Trancezustand gerissen. »Halt ihn auf, halt ihn auf!«, schrie sie und riss den Hörer an sich. »Mann, Tom, du Arsch, halt die Schnauze, halt die Schnauze!«

Aber es war zu spät. Die Nachricht von Mr. Darcy, die Nachricht mit dem Wort Bridget und der Verabredung an einem römischen Brunnen, sie war unwiederbringlich verloren. Und nichts in der Welt wird sie uns jemals zurückbringen. Nichts. Nichts.

KAPITEL 6

Einsatz in Italien

Montag, 21. April

50 kg und 10 Pfund (gesteigerte Fettverbrennung durch Aufregung und Angst); Alkoholeinheiten: 0 (hervorragend, aber erst 7.30 morgens); Zigaretten: 4 (s. g.).

7.30 Uhr. Wirklich ein unglaublicher Schritt vorwärts, diese Reise. Habe sogar noch jede Menge Zeit. Auch das ist neu. Aber wie heißt es in *Der geheime Weg*? Der Mensch kann sich ändern, kann wachsen. Tom ist gestern Abend noch vorbeigekommen und mit mir die Fragen durchgegangen. Bin also jetzt ganz gut vorbereitet, obwohl, wenn ich ehrlich sein soll, war am Ende leicht angeschickert.

9.15 Uhr. Wirklich noch Zeit satt. Geschäftsleute, wie man weiß, sausen auch kreuz und quer durch Europa und kommen erst vierzig Minuten vor dem Start am Flughafen an, Aktenkoffer mit Nylonhemd als einziges Gepäck. Abflugzeit ist 11.45 Uhr. Muss um 11.00 in Gatwick sein, das heißt, ich nehme um 10.30 Uhr den Zug ab Victoria Station und die U-Bahn um 10.00 Uhr. Kann eigentlich nichts schief gehen.

9.30 Uhr. Aber was, wenn die Situation zu viel für mich wird? Wenn ich plötzlich nicht mehr weiß, was ich tue? Wenn ich einfach über ihn herfalle und ihn küsse? Außerdem ist Hose zu eng, verräterisch wg. Bäuchlein. Ziehe besser was anderes an. Kosmetiktasche nicht vergessen. Muss mich vor dem Interview frisch machen.

9.40 Uhr. Viel Zeit verschwendet mit Kosmetiktasche. Dabei ist es viel wichtiger, bei Ankunft nett auszusehen. Haare führen komplettes Eigenleben. Besser noch mal nass machen. Wo ist der Pass?

9.45 Uhr. Pass habe ich. Frisur so weit ruhig. Also los!

9.49 Uhr. Bleibt nur ein Problem: Kann Tasche nicht heben. Vielleicht Inhalt von Kosmetiktasche reduzieren – auf Zahnbürste, Zahnpasta, Mundwasser, Reinigungslotion und Moisturizer. Ach, und die £3.500 aus der Mikrowelle holen, damit Gary Material etc. für Homeoffice und Dachterrasse kaufen kann. Hurra!

9.50 Uhr. Gütiger! Habe ein Minicar bestellt, ist in zwei Minuten hier.

10.00 Uhr. Wo bleibt das Minicar?

10.05 Uhr. Wo bleibt das verdammte Minicar?

10.06 Uhr. Gerade bei Minicar-Zentrale angerufen. Sie sagen, silberner Chevrolet-Cavalier müsste vor der Tür stehen.

10.07 Uhr. Tut er aber nicht.

10.08 Uhr. Minicar-Zentrale sagt, silberner Chevrolet-Cavalier würde in diesem Moment in meine Straße einbiegen.

10.10 Uhr. Immer noch kein Minicar. Ich hab's gewusst, Minicars sind Scheiße, kein Verlass auf… Gaah, da ist es ja. Mist, wo sind meine Schlüssel?

10.15 Uhr. Glücklich in Minicar. 15 Minuten bis zum Bahnhof müssten reichen. Hab ich vorher auch schon gemacht.

10.18 Uhr. Aargh! Warum fährt Minicar jetzt über Marylebone Road? Ich will keine Stadtrundfahrt, sondern zur Victoria Station. Große Lust, Fahrer umzubringen.

10.20 Uhr. Wenigstens wieder Richtung Bahnhof statt nach Newcastle, dafür alles ein einziger Stau. Egal zu welcher Tageszeit, London ohne verstopfte Straßen gibt's nicht mehr.

10.27 Uhr. Frage mich, ob es möglich ist, in einer Minute von Marble Arch zum Flughafen-Express zu kommen?

10.35 Uhr. Endlich an Victoria Station. Okay, nur die Ruhe! Zug ist eh weg. Aber um 10.45 Uhr geht ja noch einer. Mir bleiben dann noch dreißig Minuten bis Abflug. Flieger hat vermutlich sowieso Verspätung.

10.40 Uhr. Vielleicht reicht Zeit am Flughafen sogar, um mir neue Hose zu kaufen? Werde mich aber nicht verrückt machen lassen. Das Schöne am Alleinreisen ist ja, dass man sich innerlich weiterentwickelt. Wo keiner einen ständig von außen beurteilt, ist man gleich eine ganze Stufe weiter – ich also: Frau von Welt, die zenmäßig im Seienden ruht und nicht wegen jeder Kleinigkeit gleich Panik kriegt.

10.50 Uhr. Warum denke ich eigentlich dauernd, mir wäre im Taxi der Pass aus der Tasche gerutscht?

11.10 Uhr. Zug ist aus unerfindlichem Grund einfach stehen geblieben. Plötzlich scheint alles, auch meine unlackierten Fußnägel, unwichtig gegen die Aussicht, rechtzeitig am Flughafen zu sein.

11.45 Uhr. Ich fasse es nicht. Der Flieger ist ohne mich gestartet.

12.00 Uhr. Gott und Mr. Darcy und allen seinen Engeln sei Dank, es gibt noch eine weitere Maschine, allerdings eine Stunde und vierzig Minuten später. Habe gerade die PR-Leute angerufen, die mir sagten: kein Problem, dann treffe ich mich eben zwei Stunden später mit ihm. Jippiiih! So habe ich Zeit für ein bisschen Airport-Shopping.

13.00 Uhr. War ziemlich scharf auf langes, fließendes Chiffonkleid mit Rosen drauf wg. Frühling. Ärgerlich bloß, dass man die offenbar nicht so schneidern kann, dass auch ein normaler Hintern reinpasst. Aber der Einkaufsbereich am Flughafen ist wirklich schön. Leute wie Sir Richard Rogers oder Terence Conran beklagen sich zwar dauernd, die Flughäfen heute sähen aus wie große Shopping-Malls, aber das macht sie ja gerade so angenehm. Idee für mein nächstes Interview: Die Wirtlichkeit unserer Airports. Vielleicht mit Sir Richard Höchstselbst oder Bill Clinton. Also den Bikini probiere ich aber noch an.

13.30 Uhr. Alles klar. Nur noch die Briefe einwerfen und kurz bei Body Shop vorbei.

13.31 Uhr. Da kam gerade so eine komische Durchsage: »Letzter Aufruf für Passagier Jones, gebucht für Flug British Airways 175 nach Rom: Bitte begeben Sie sich unverzüglich zu Flugsteig 12.« Himmel, die meinen mich!

Dienstag, 22. April

58 kg; Alkoholeinheiten: 2; Zigaretten: 22; Anrufe von Großkotz Michael vom Independent, *der angeblich nur »hören wollte, wie es so läuft«: ca. 30; Band mit Interview angehört: 17-mal; Wörter zu Papier gebracht: 0.*

9.00 Uhr. Zurück in London von himmlischer Reise.
Okay, muss jetzt das Interview nur noch ausformulieren. Unglaublich, wie mich meine Karriere von Liebeskummer ablenkt. Das Ganze war aber auch wirklich traumhaft. Schon als das Taxi mich an diesem Platz in Rom absetzte, wäre ich fast ohnmächtig geworden. Die goldene Sonne über den alten Ruinen und mittendrin Mr.... Oh, Telefon.

Wieder mal Michael vom *Independent*.

»Na, alles geklappt?«

»Aber klar«, beruhigte ich ihn gnädig.

»Und Sie haben daran gedacht, ein richtiges Tonband mitzunehmen und nicht nur Ihren Sony-Walkman?«

Also wirklich! Keine Ahnung, was Tom ihm über mich erzählt hat, aber von der ganzen Art her würde ich sagen, sonderlich viel Respekt hat der vor mir nicht.

»Na gut. Aber nicht vergessen: Um vier ist Redaktionsschluss. Also Beeilung bitte.«

Jajaja, keinen Terror. Bis vier ist ewig Zeit. Muss den Tag noch mal Revue passieren lassen, war einfach zu gut. Mmm. Und er sah exakt aus wie Mr. Darcy: der glutvolle Blick, die schlanke Figur. Und er hat mir sogar diese Kirche gezeigt, die mit dem Loch drin und das Grabmal von irgendeinem Adrian oder so und die Statue von Moses und hat mich tausendmal gerettet, damit ich nicht unter ein Auto kam. Und Italienisch konnte er auch. Mmm.

12.00 Uhr. Interview ist bisher nicht recht vorwärts gegangen, aber musste mir zunächst noch mal alles vergegenwärtigen und meine Eindrücke im kleinen Kreis besprechen. Würde also sagen: unterm Strich produktiver Morgen.

14.00 Uhr. Wieder Telefon. Tja, so ist das als bekannter Journalist: Telefon läuft heiß.

War aber nur Michael Großkotz: »Und – wie läuft's?«

Na, der ist gut. Deadline ist doch erst um vier, was offensichtlich bedeutet: erst gegen Abend. Insgesamt aber zufrieden mit Tonbandaufnahme. Sehr geschickt von mir, erst mit ein paar leichten Fragen die Atmosphäre etwas aufzulockern, bevor es dann mit Toms Themen richtig zur Sache ging. (Obwohl etwas angesäuselt, hatte ich sie mir alle aufgeschrieben.) Also rückblickend würde ich sagen: Colin Firth war beeindruckt.

14.30 Uhr. Nur noch ein Tässchen Kaffee und eine Fluppe, dann geht's los.

15.00 Uhr. Sollte mir lieber noch mal das Band anhören.

Oder Shazzer anrufen, um ihr den letzten Teil vorzuspielen.

Aargh, aargh. Es ist halb vier, und ich habe noch nicht einmal angefangen. Egal, kein Grund zur Panik. Die Journaille ist wahrscheinlich noch immer zu Tisch – und nachher so betrunken wie … wie eine Meute von Journalisten. Aber die werden noch Augen machen über meinen Scoop.

Aber wie anfangen? Interview sollte auf jeden Fall meine persönlichen Eindrücke von Mr. Darcy enthalten, eingewoben in nützliche Info über neuen Film *Fever Pitch* sowie seine bisherigen Rollen in Film, Theater etc. Wahrscheinlich kriege ich dann eine wöchentliche Interview-Ecke: Das Bridget-Jones-Profil. Bridget Jones trifft Darcy. Bridget Jones trifft Blair. Bridget Jones trifft Marcos – wenn der nicht schon tot wäre.

16.00 Uhr. Wie soll ich hier kreativ sein, wenn dieser Michael dauernd anruft und mich volllabert von wg. was unbedingt reinmuss und was nicht. Grrr. Wenn der das jetzt schon wieder ist, dann … Keinen Respekt vor der Leistung in diesem Laden, kein bisschen.

17.15 Uhr. Harhar. Habe gesagt: »Ich mache das, klar? Und jetzt keine weiteren Fragen.« Da hat er die Klappe gehalten.

18.00 Uhr. So oder so, es wird schon. Alle Topjournalisten haben Probleme mit dem Abgabetermin.

19.00 Uhr. Scheißescheißescheißescheiße!

Mittwoch, 23. April

58,5 kg (komme von Fett-Trip nicht runter); Glückwunschanrufe von Freunden, Verwandten und Kollegen wg. Colin-Firth-Interview: 0; Glückwunschanrufe von Colin Firth wg. Colin-Firth-Interview: 0 (seltsam).

8.00 Uhr. Artikel kommt heute raus. Am Ende vielleicht ein bisschen mit der heißen Nadel gestrickt, aber trotzdem nicht schlecht. Wahrscheinlich sogar ganz gut. Warum ist die Zeitung noch nicht da?

8.10 Uhr. Zeitung immer noch nicht da.

8.20 Uhr. Hurra! Zeitung ist da.

Habe mir soeben das Interview angesehen. *Independent* hat meinen Text komplett ignoriert. Zugegeben, ich war vielleicht ein bisschen spät dran, aber das geht zu weit. Folgendes stand am Ende in der Zeitung:

Aufgrund erheblicher technischer Schwierigkeiten drucken wir Bridget Jones' Interview mit Colin Firth ungekürzt ab.

BJ: Okay, dann wollen wir mal. Ich fange jetzt mit dem Interview an.

CF: *(leicht nervös)* Gut, gut.

BJ: Was ist Ihre Lieblingsfarbe?

CF: Wie bitte?

BJ: Was ist Ihre Lieblingsfarbe?

CF: Blau.

(Lange Pause)

BJ: Was ist Ihr Lieblingsnachtisch?

CF: Ähm, Crème brûlée.

BJ: Kennen Sie den Film *Fever Pitch* von Nick Hornby, der demnächst in die Kinos kommt?

CF: Den kenne ich, ja.

BJ: *(Pause. Papiergeraschel)* Kennen Sie den… oh… *(Noch mehr Papiergeraschel)* Glauben Sie, das Buch von *Fever Pitch* ist eine Art Bekenntnis-Haft, sozusagen eine Art neue Lizenz zum Poeten?

CF: Pardon?

BJ: Eine. Art. Neue. Lizenz. Zum. Poeten.

CG: Nun ja, Nick Hornbys Stil ist vielfach imitiert worden und das nicht ohne Grund, ähm, er gehört tatsächlich zu einer neuen Art von Pöten, ähm, Poeten, gewissermaßen.

BJ: Kennen Sie die BBC-Verfilmung von *Stolz und Vorurteil?*

CF: Ich würde sagen, ja.

BJ: Und die Stelle, wo Sie in den See springen?

CF: Auch die.

BJ: Ich kann mir vorstellen, dass diese Szene mehrfach gedreht wurde. Mussten Sie da jedes Mal das Hemd ausziehen und ein neues anziehen?

CF: Ja, ich… vermutlich war das der Fall. *Scusi. Ha vinto. É troppo forte. Si, grazie.*

BJ: *(unregelmäßige Atemgeräusche)* Wie viele Takes von der Szene, wo Sie in den See springen, mussten insgesamt gedreht werden?

CF: (*hustet*) Also, ich ... die Unterwasseraufnahmen wurden in einem Becken in den Ealing-Studios gemacht.

BJ: Nein!

CF: Leider ja. Und, ähm, der Sprung selbst – der ist ja nicht besonders lang – das war ein Stuntman.

BJ: Aber ausgesehen hat er wie Mr. Darcy.

CF: Das lag an den Koteletten, die man ihm angeklebt hatte, und dem Mr.-Darcy-Outfit über dem Nassanzug – wodurch er ein wenig aussah wie Elvis bei einem seiner letzten Auftritte. Aus versicherungsrechtlichen Gründen durfte dieser Sprung nur ein einziges Mal gedreht werden – mit regelmäßigen ärztlichen Untersuchungen während folgenden sechs Wochen. Bei allen anderen Szenen mit nassem Hemd stand ich selber vor der Kamera.

BJ: Und musste man da das Hemd immer wieder nass machen?

CF: Ja. Man hat es besprüht. Das Hemd wurde besprüht und ...

BJ: Und womit?

CF: Mit einer Art Sprühding. Hören Sie, können wir nicht über etwas anderes ...

BJ: Ja, aber worauf ich hinauswollte: Haben Sie jemals das Hemd ausgezogen und ... und dann ein neues angezogen?

CF: Ja.

BJ: Und das wurde wieder nass gemacht?

CF: Ja.

BJ: (*Pause*) Kennen Sie den Film *Fever Pitch*, der demnächst in die Kinos kommt?

CF: Ja.

BJ: Worin sehen Sie die größten Unterschiede und Ähnlichkeiten zwischen diesem Paul aus *Fever Pitch* und ...?

CF: Und?

BJ: (*verlegen*) Mr. Darcy.

189

CF: Ehrlich gesagt, das hat mich noch nie jemand gefragt.

BJ: Echt nicht?

CF: Nein. Aber ich glaube, der Hauptunterschied besteht in der …

BJ: Meinen Sie, die Frage ist so offensichtlich offensichtlich, dass …

CF: Nein, ich meine, die Frage hat lediglich noch niemand gestellt.

BJ: Fragen Sie das die Leute nicht dauernd?

CF: Nein, ich versichere Ihnen, überhaupt nicht.

BJ: Demnach wäre das also eine …

CF: Richtig, eine brandneue, eine gewissermaßen jungfräuliche Frage, ja.

BJ: Lieber Himmel.

CF: Können wir jetzt weitermachen?

BJ: Ja.

CF: Mr. Darcy ist definitiv kein Fan von Arsenal London.

BJ: Nein.

CF: Er ist kein Lehrer.

BJ: Nein.

CF: Er hat vor fast zweihundert Jahren gelebt.

BJ: Ja.

CF: Paul aus *Fever Pitch* findet man für gewöhnlich im Fanblock von Arsenal.

BJ: Ja.

CF: Wohingegen Mr. Darcy sogar schon eine kleine, ländliche Tanzveranstaltung verabscheut. Also. Könnten wir jetzt bitte über etwas sprechen, das nicht mit Mr. Darcy zu tun hat?

BJ: Ja.

(*Pause. Papiergeraschel*)

BJ: Sind Sie noch mit Ihrer Freundin zusammen?

CF: Ja.

BJ: Oh.

(*Lange Pause*)

CF: Alles in Ordnung? Soll ich Ihnen vielleicht ein Glas Wasser…?

BJ: (fast unhörbar) Nein, nein. Danke. Glauben Sie, kleine englische Filme bringen uns weiter?

CF: Entschuldigen Sie, ich habe Sie akustisch nicht verstanden.

BJ: (*elend*) Glauben Sie, so kleine englische Filme bringen uns weiter?

CF: Ob sie uns weiterbringen… (*nicht unfreundlich*)… weiterbringen wohin?

BJ: (*lange, gedankenschwere Pause*) In die Zukunft.

CF: Warum nicht? Vielleicht nicht über Nacht, aber doch Schritt für Schritt. Mir gefallen diese kleinen, eigenständigen Produktionen, womit ich nicht sagen will, dass mir große nicht gefallen. Es wäre sicher auch sehr schön, wenn wir in Zukunft mehr von den großen machen würden.

BJ: Aber finden Sie es nicht schwierig, wenn sie Italienerin ist und alles?

CF: Nein.

(*langes Schweigen*)

BJ: (*beleidigt*): Glauben Sie, Mr. Darcy hat auch eine politische Ebene?

CF: Ich muss zugeben, ich habe selber darüber nachgedacht, welche politischen Positionen – wenn überhaupt – er vertreten hätte. Aber ich glaube nicht, dass sie für die Leserschaft des *Independent* allzu verlockend wären. Mr. Darcy verkörpert den Typus des reichen viktorianischen Wohltäters, nach heutigen Maßstäben wäre er wohl ein Anhänger von Margaret Thatcher. Ich meine, die Idee des Sozialismus war noch nicht geboren…

BJ: Nein.

CF:… zumindest nicht in seiner Welt. Trotzdem wird er als der gute Kerl gezeigt, der nett zu seinen Pächtern ist.

Und dennoch glaube ich, die Gestalt des Mr. Darcy nimmt viel von der Nietzscheschen Vorstellung des …

BJ: Warum denn Niete?

CF: Nein, im Gegenteil, keine Niete, sondern die Vorstellung des Menschen als Übermensch, gewissermaßen des *Superman* als …

BJ: Superman kenne ich.

CF: Nein, nicht der Superman, ich meine den … im Sinne Nietzsches, der … (*stöhnt leise*) Und ich glaube auch nicht, dass er Stretch-Unterwäsche über den Reithosen trug, wirklich nicht. Hören Sie, könnten wir nicht das Thema wechseln?

BJ: Was sind Ihre nächsten Projekte?

CF: Ein Film mit dem Titel *The World of Moss*.

BJ: Moos? Also ein Naturfilm?

CF: Nein, nein, ganz und gar nicht. Es ist … es geht um, ähm, um eine exzentrische Familie in den dreißiger Jahren, der Vater ist Inhaber einer Moosfabrik.

BJ: Wieso? Ich dachte, das wächst von selber.

CF: Na ja, nicht direkt. In der Fabrik wird so genanntes Torfmoos hergestellt, das im Ersten Weltkrieg bei der Wundversorgung eine ziemlich wichtige Rolle spielte. Trotzdem wird das Thema mit großer Leichtigkeit behandelt, also eher komisch und …

BJ: (*wenig überzeugend*) Das klingt ja viel versprechend.

CF: Ja, und ich hoffe sehr, wir treffen damit den Nerv des Publikums.

BJ: Darf ich noch mal auf das Hemd zurückkommen.

CF: Bitte.

BJ: Wie oft haben Sie das Hemd insgesamt aus- und wieder anziehen müssen?

CF: So genau weiß ich das natürlich nicht, aber … ähm, da müsste ich nachdenken. Da war einmal die Szene, wo ich nach Pemberley gehe, wir mussten die Einstellung übrigens nur ein einziges Mal drehen, überlegen Sie mal. Und dann die Stelle, wo ich mein Pferd jemandem gebe, ich glaube, danach musste ich mich auch umziehen.

BJ: (*begeistert*) Sie mussten sich umziehen?

CF: (*entschieden*) Ja. Aber nur einmal.

BJ: Das heißt, im Prinzip gab es nur *eine* Szene mit nassem Hend?

CF: Genau. Aber das musste immer wieder besprüht werden. Ist damit Ihre Frage beantwortet?

BJ: Ja. Was ist Ihre Lieblingsfarbe?

CF: Die Frage hatten wir schon.

BJ: Hmm. (*Papiergeraschel*) Würden Sie sagen, im Film *Fever Pitch* geht es hauptsächlich um emotionale Flachwichserei?

CF: Emotionale was?

BJ. Flachwichserei. Sie wissen schon: Männer als neurotische, alkoholabhängige, beziehungsunfähige Schwachbananen, die sich nur für Fußball interessieren.

CF: Nein, überhaupt nicht. Ich glaube sogar, Paul ist mit seinen eigenen Gefühlen viel mehr im Reinen als zum Beispiel seine Freundin, die Lehrerin. Das ist schlussendlich ja auch das Faszinierende an dem Roman von Nick Hornby: Dass nämlich, obwohl er zunächst nur für sich selbst spricht, dass in der ganz gewöhnlichen, alltäglichen Welt emotionale Erfahrungen möglich sind, und zwar auf eine Art, die man dort nie vermutet hätte, sodass schlussendlich …

BJ: Entschuldigen Sie, was haben Sie gesagt?

CF: (*seufzt*) Ja?

BJ: Meinen Sie nicht, dass die Sprachproblematik auf Dauer die Beziehung zu Ihrer Freundin belasten könnte?

CF: Nein, sie spricht fließend Englisch.

BJ: Aber glauben Sie nicht, mit jemandem, der richtig aus England kommt und eher Ihrem Alter entspricht, könnte es besser laufen?

CF: Also, ich kann mich nicht beklagen. Wir kommen sehr gut zurecht.

BJ: Humpf. (*finster*) Okay, so weit erst mal. Machen Sie eigentlich Theater lieber als Film?

CF: Hmm, ich gehöre nicht zu denjenigen, die meinen, echte Schauspielerei finde allein auf dem Theater statt und der Film sei prinzipiell zweitrangig. Ich möchte mal so sagen: Auf der Bühne spiele ich lieber Theater und auf dem Filmset lieber ...

BJ: Aber meinen Sie nicht, Theater ist immer ein bisschen unrealistisch und peinlich? Ich meine, da sitzt man stundenlang auf engen Sitzen, kann nicht mal eine Tüte Popcorn mitnehmen, und Reden ist sowieso verboten und ... alles andere auch, ich meine, das ist doch ziemlich ...

CF: Unrealistisch? Peinlich und unrealistisch?

BJ: Ja.

CF: Meinen Sie unrealistisch im Sinne von ...?

BJ: Weil man doch genau weiß, dass das alles nicht echt ist.

CF: Ach so, diese Art unrealistisch, ich verstehe. (*Entnervtes Seufzen*) Nun, das dürfte bei gutem Theater eigentlich nicht sein. Nach meinem Eindruck ist es sogar eher umgekehrt. Der Film ist ein sehr viel artifizielleres Produkt als eine Theateraufführung.

BJ: Wirklich? Ich nehme an, das liegt daran, weil er nicht in einem durchgeht.

CF: Einmal das, ja. Film geht nicht in einem durch. Er wird immer häppchenweise, in winzigen, klitzekleinen Stückchen gedreht. (*Schmerzliches Stöhnen*) Winzige, klitzekleine Stückchen, o Gott!

BJ: Ich verstehe. Und glauben Sie, Mr. Darcy hat vor der Hochzeit mit Elizabeth Bennet geschlafen?

CF: Schon möglich.

BJ: Echt?

CF: Ja, ich halte das für sehr gut möglich, ja.

BJ: Aber *wie*?

CF: Ich weiß zwar nicht, was Jane Austen dazu sagen würde, aber…

BJ: Das weiß keiner, sie ist ja schließlich tot.

CF: Richtig, wir können das nicht… aber nach der Auffassung, die unser Regisseur Andrew Davies von der Figur des Mr. Darcy hatte, wäre es durchaus denkbar.

BJ: Und wie kommen Sie darauf?

CF: Weil Andrew Davies großen Wert darauf gelegt hat, Mr. Darcy als einen durch und durch triebhaften Menschen darzustellen.

BJ: (*schluckt*)

CF: Und dass, ähm…

BJ: Ich glaube, das kam auch sehr gut, wirklich sehr gut rüber, meiner Meinung nach.

CF: Vielen Dank. An einer Stelle hat mir Andrew sogar ins Drehbuch geschrieben: »Stell dir vor, Darcy hat eine Erektion.«

(*Ein lautes Poltern ist zu hören*)

BJ: Welche Stelle war das?

CF: Schon sehr früh im Film: Elizabeth geht spazieren und stößt plötzlich mit ihm zusammen.

BJ: Wo sie dann ganz voller Matsch ist?

CF: Und ziemlich zerzaust, ja.

BJ: Und am Schwitzen?

CF. Genau.

BJ: War das schwer zu spielen?

CF: Sie meinen die Erektion?

BJ: (*ehrfürchtig*) Ja.

CF: Nun ja, Andrew hat immerhin dazu geschrieben, wir sollten uns nicht nur darauf konzentrieren. Also wenn Sie mich so fragen: Darstellen musste ich dieses spezifische Detail der Szene nicht.

BJ: Mmm.

(*Lange Pause*)

CF: Ja, bitte?

(*Anhaltende Pause*)

BJ: Mmm.

CF: War's das?

BJ: Nein. Wie haben Ihre Freunde reagiert, als Sie immer mehr zu Mr. Darcy wurden?

CF: Na ja, mit den üblichen Witzen, manchmal schon am Frühstückstisch. Zeitweise ist es ihnen wohl sehr schwer gefallen, für sich zu behalten, wer ich wirklich war und...

BJ: Warum sollten sie es denn für sich behalten?

CF: Na ja, weil viele Leute eben dachten, ich wäre genau wie Mr. Darcy.

BJ: Sie glauben also, Sie wären *nicht* wie Mr. Darcy?

CF: Genau das glaube ich. Ich bin keinesfalls wie Mr. Darcy.

BJ: Ich glaube aber, Sie sind genau wie Mr. Darcy.

CF: Inwiefern?

BJ: Sie reden genauso wie er. Sogar mit derselben Stimme.

CF: Tatsächlich?

BJ: Ja, und Sie sehen auch genauso aus, und ich wollte Sie schon lange mal... lange mal... oh... oh...

(*Erneut ist ein Poltern zu hören, danach die Geräusche eines Kampfs*)

KAPITEL 7

Wechselbad der Gefühle

Freitag, 25. April

57 kg (jaaa! jaaa!); Alkoholeinheiten: 4; tief schürfende Erkennt-
nisse als Folge von Der Geheime Weg *plus 4 Alkoholeinheiten;*
Wohnungen ohne Löcher in der Wand: 0; Kontostand: 0; Lover: 0;
Leute, mit denen ich heute Abend ausgehen kann: 0; Einladungen
zu Wahlpartys: 0.

17.30 Büro. Zwei anstrengende Tage liegen hinter mir. Vor
allem wg. Richard Flynn, der vor versammelter Mannschaft
immer wieder Teile von Interview vorlas, um anschließend in
seine dreckige ickerickericker-Dracula-Lache auszubrechen.
Immerhin hab ich mich selber wieder gefunden, das ist viel
wert. Jude fand sogar, das Interview wäre sehr gut und gäbe
die spezielle Atmosphäre etc. sehr gut wieder. Hurra! Leider
haben sich bisher weder Adam noch Michael vom *Independent*
gemeldet, bin aber sicher, sie wollen mehr von meinen Interviews. Dann kann ich alles von zu Hause aus machen und zwischen den Terrakottapötten auf der Dachterrasse schöne Artikel schreiben. Das wird ein ganz neues Leben. Will mir
außerdem den Rauchen abgewöhnen, dann kommt Mark zurück und sieht Powerfrau in großzügiger Stadtwohnung mit
Dachterrasse und kann gar nicht anders.

17.45 Uhr. Humpf. Habe gerade per Fernabfrage meinen
Anrufbeantworter abgehört. Nur eine Nachricht von Tom, der
sagte, er hätte mit Adam und den Leuten vom *Independent* gesprochen, und sie wären alle ziemlich stinkig. Ich habe ihm aufs
Band gesprochen und um Rückruf gebeten wg. Erklärung.

17.50 Uhr. O je. Die zweite Hypothek war vielleicht doch ein bisschen voreilig. Extraknete kann ich jedenfalls vergessen. Und was, wenn ich jetzt meinen Job verliere? Besser Gary anrufen und alles abblasen und die £3.500 wieder aufs Konto tun. Eigentlich sollte er ja schon gestern anfangen, aber bisher hat er nur sein Werkzeug abgeladen und ist wieder gegangen. Hat mich erst geärgert, war aber vielleicht göttlicher Fingerzeig. Sobald ich zu Hause bin, rufe ich ihn an und dann ins Fitness-Studio.

18.30 Uhr. Zu Hause. Gaaah! Gaaah! Gaaah! In meiner Wohnung klafft ein Riesenloch. Sieht aus wie in Sarajewo, Leute können von außen reingucken. Ganzes Wochenende vor mir mit Loch in der Wand und massenweise Schutt in der Wohnung. Und nichts, was man dagegen tun kann. Nichts! Nichts!

18.45 Uhr. Oh, Telefon. Vielleicht jemand, der mit mir zu einer Wahlparty gehen will. Oder Mark.

»Oh, hallo, jetzt rate mal.« Meine Mutter. Musste mir erst mal eine Zigarette anstecken, reine Notwehr.

»Oh, hallo, jetzt rate mal«, sagte sie abermals. Manchmal frage ich mich, wie oft sie diesen Spruch wiederholen würde, wenn ich jetzt nicht antwortete.

»Was?«, fragte ich genervt.

»Bitte nicht in diesem Ton.«

»Wa-has?«, säuselte ich, wieder ganz die nette Tochter.

»Bridget, es heißt nicht ›was‹, sondern ›wie bitte‹.«

Ich nahm einen Zug aus meiner Silk Cut Ultra.

»Bridget, du rauchst doch nicht etwa?«

»Nein, nein«, sagte ich, drückte schleunigst die Zigarette aus und versteckte den Aschenbecher.

»Aber jetzt rate doch mal, was wir machen. Na? Una und ich organisieren eine Kikuyu-Wahlparty für Wellington, hinten im Garten.«

Ich seufzte und schwor mir, die Ruhe zu bewahren.

»Ist das nicht eine tolle Idee? Wellington zieht sein Kriegerkostüm an und springt über ein großes Feuer. Denk doch mal. Einfach über das Feuer. Natürlich ziehen wir alle Stammestracht an. Und dann trinken wir Rotwein und tun so, als wäre es Kuhblut. Kuhblut! Davon hat Wellington auch diese starken Oberschenkel gekriegt, Kuhblut.«

»Ähm, weiß Wellington schon von seinem Glück?«

»Noch nicht, Liebes, aber ich bin sicher, er will den Wahlausgang feiern. Wellington hält viel von freier Marktwirtschaft, und auch wir wünschen uns die Linken nicht zurück. Ich meine, dann wären wir schnell wieder da, wo wir früher schon mal waren: die ewigen Streiks, nichts funktioniert. Du erinnerst dich natürlich nicht mehr, du warst ja noch klein, aber damals war zum Beispiel dauernd der Strom weg. Ich weiß noch, wie Una vor dem Frauenverein die Rede halten wollte, aber dann ging nicht mal der Lockenstab.«

19.00 Uhr. Als ich Mum schließlich losgeworden war, schellte sofort die Anklopffunktion. War Shaz. Erzählte ihr, wie beschissen ich mich fühlte, und sie war echt lieb. »Ach, Bridge, wir sollten endlich aufhören, unser ganzes Selbstverständnis von irgendwelchen Beziehungen abhängig zu machen. Warum freuen wir uns nicht über unsere Freiheit? Und bald ist Wahl, und dann sind die Leute in diesem Land sowieso ganz anders drauf!«

»Hurra!«, sagte ich. »Ein Hoch auf die Single-Gesellschaft! Ein Hoch auf Tony Blair.«

»Genau«, begeisterte sich Shazzer. »Was glaubst du, wie viele Leute in einer Beziehung festhängen und froh sind, wenn das Wochenende wieder vorbei ist. Rackern sich ab für eine Horde von undankbaren Bälgern und werden dafür vom Ehemann verprügelt.«

»Du hast ja Recht, du hast ja Recht«, sagte ich. »Wir können ausgehen, wann es uns passt, und Party machen. Übrigens, hast du heute Abend Zeit?«

Humpf. Sharon geht mit Simon auf Dinnerparty, ganz wie rundum-versorgt-und-verheiratetes Paar.

19.40 Uhr. Jude rief gerade an. Kriegte sich kaum ein, so sehr war sie von ihrer eigenen sexuellen Ausstrahlung überzeugt. »Mit Stacey läuft wieder was«, meinte sie. »Wir haben uns gestern Abend getroffen, und er hat die ganze Zeit von seiner Familie erzählt.«

Erwartungsvolle Pause.

»Er hat von seiner Familie erzählt! Weißt du, was das heißt? Das heißt, dass er ernsthaft an mir interessiert ist. Wir haben dann ein bisschen geknutscht. Und heute Abend gehen wir wieder zusammen aus – das vierte Mal. Und das heißt, dass wir … schubidubiduuu! Bridge? Bist du noch dran?«

»Ja«, sagte ich kleinlaut.

»Was ist los mit dir?«

Erzählte ihr dann die Sache mit dem Loch in der Wand. Und von Mark.

»Ach, Bridge, irgendwann muss Sendeschluss ein, das Leben geht weiter, du kommst schon nicht zu kurz«, sagte sie und schien dabei komplett zu übersehen, dass schon ihr Rat, Mark abzuschießen, vollkommener Schrott gewesen war.

»Ein dreifaches Hoch auf die Single-Gesellschaft!«, sagte ich. Aber warum bin ich dann so deprimiert?

Muss Tom noch mal anrufen.

20.00 Uhr. Aber Tom war nicht da. Vermutlich ausgegangen. Alle unternehmen heute Abend etwas, nur ich nicht.

21.00 Uhr. Habe gerade noch mal in *Der geheime Weg* gelesen. Begreife langsam, was schief gelaufen ist in meinem Leben. Wie Sondra Ray oder diese andere Wiedergeburtsexpertin schon sagte: »Liebe wohnt nicht außerhalb von uns, Liebe wohnt in uns.«

Genau!

»Wodurch nun wird die Liebe aus unserem Leben fern gehalten? ... Sind es überzogene Erwartungen an uns selbst? Vergleichen wir uns permanent mit Filmstars? Fühlen wir uns im Vergleich zu ihnen wertlos? Wähnen wir uns ungeliebt?«

Wie bitte? Wähnen ist gut, ich schätze mal, es ist eine *Tatsache*. Werde mir ein Fläschchen Chardonnay aufmachen und *Friends* in Fernsehen gucken.

23.00 Uhr. Genau! *Der Geheime Weg* ist wirklich ein verdammt gutes Buch. Richtig ein pschyschopathetisches Karma oder so. »Das ungeteilte Geteiltsein der Liebe beinhaltet zuallerallererst Liebe zu sich selbst, nämlich echt notwendig unverzichtbar für zu andere zu lieben.«

Hicks. Hoppla! Fast gestolpert.

Samstag, 26. April

59 kg; Alkoholeinheiten: 7 (hurra!); Zigaretten: 27 (hurra); Kalorien: 4.248 (hurra!); Besuche im Fitness-Studio: 0 (hurra!)

7.00 Uhr. Aargh! Wer hat den Scheißwecker gestellt?

7.05 Uhr. Ab heute nehme ich mein Leben in die Hand und finde mich gut. Ich bin liebenswert. Ich bin wunderbar und klasse. Gott, wo habe ich die Silk Cut hingetan?

7.10 Uhr. Gut. Stehe jetzt auf und gehe ins Fitness-Studio.

7.15 Uhr. Aber wenn ich es mir recht überlege: Wahrscheinlich gar nicht so gut, trainieren zu gehen, wenn ich noch halb am Schlafen bin. Dann gehe ich eben heute Abend, bevor *Blind Date* in Fernsehen kommt. Sowieso doof, den Tag im Fitness-Studio zu vertun, wenn es so viele andere Sachen gibt, Shoppen zu Beispiel. Und was Jude und Shaz angeht, die wahrscheinlich noch beide im Bett liegen und bumsen, kann ich nur sagen: Der Mensch muss gönnen können. Hmmm. Bums-bums-bums-bums.

7.30 Uhr. Bums.

7.45 Uhr. Vermutlich zu früh zum jemanden Anrufen. Dass ich wach bin, heißt nicht, dass es die anderen auch sind. Sollte lernen, mich besser in die Lage von anderen hineinzuversetzen.

8.00 Uhr. Jude hat gerade angerufen, war aber anfangs wg. Schaf-Stimme und Rabäääh kaum zu verstehen.

»Jude, um Gottes willen, was ist denn passiert?«, rief ich entsetzt.

»Ich kann nicht mehr«, schluchzte sie, »ich will auch nicht mehr. Alles ist so sinnlos, so sinnlos. Ich weiß nicht mehr, was ich machen soll, ich kann doch nicht mein Leben lang immer nur...«

»Moment, Moment! Beruhige dich doch erst mal. Alles wird gut«, sagte ich und sah verzweifelt aus dem Fenster, ob da nicht zufällig ein Psychotherapeut vorbeikam. »Ist es was Ernstes oder nur PMS?«

»Nein, schlimm, wirklich schlimm«, sagte sie mit Grabesstimme. »Elf Jahre geht das jetzt so, und... ich kann einfach nicht mehr!« Abermals brach sie in Tränen aus. »Das ganze Wochenende liegt vor mir, und ich bin wieder allein. So will ich nicht weiterleben, ich will nicht.«

»Aber das geht vorbei, du wirst sehen«, sagte ich, um ihr Mut zu machen, und fragte mich gleichzeitig, wen ich zuerst anrufen sollte, die Polizei oder den Samariter-Bund.

Wie sich herausstellte, hatte Stacey sie gestern Abend noch

nach Hause gebracht, aber offen gelassen, ob sie sich wieder sehen würden. Jude dachte nun, sie hätte bei der Knutscherei versagt.

»Ich kriege schon bei dem Gedanken Depressionen. Das ganze Wochenende vor mir und niemand, mit dem ich… ich könnte sterben, und niemand würde es…«

»Hast du Lust, heute Abend vorbeizukommen?«

»O ja, das wäre super. Wir könnten ins *192* gehen, und ich ziehe meinen neuen Voyage-Pulli an.«

Danach war Tom am Telefon.

»Warum hast du mich gestern Abend nicht mehr angerufen?«, fragte ich.

»Wie?«, fragte er mit seltsam abwesender Stimme zurück.

»Du hast mich nicht zurückgerufen.«

»Ach so, ja«, sagte er matt. »Das ging nicht. Das wäre nicht fair gewesen.«

»Aber wieso nicht?«, fragte ich verwirrt.

»Na ja, es ist so: Ich bin nicht mehr derselbe wie früher. Meine Persönlichkeit hat sich verändert. Ich bin manisch-depressiv und ein Fall für die Klapsmühle geworden.«

Dabei hatte er nur die ganze Woche zu Hause gearbeitet und sich über Jerome aufgeregt. Konnte ihm darauf das mit der Klapsmühle wieder ausreden, indem ich erklärte, dass ich, wenn er mich nicht ausdrücklich auf seinen bedrohlichen klinischen Zustand hingewiesen hätte, überhaupt keinen Unterschied zu vorher bemerkt hätte.

Erinnerte Tom daran, wie Sharon einmal eine ganze Woche lang nicht das Haus verlassen hatte, weil sie Angst gehabt hatte, ihr Gesicht würde durch mörderische UV-Killerstrahlen zerfallen wie ein Zombie in einem Horrorfilm. Irgendwann hat sie dann selber begriffen, dass das Unsinn war. Jedenfalls, als sie zum ersten Mal wieder im *Café Rouge* auftauchte, sah sie nicht anders aus als eine Woche zuvor.

Brachte dann geschickt das Gespräch auf meine Karriere als

herausragende Promi-Interviewerin, die ja nun fürs Erste vorbei war.

»Ach Babe, ist doch egal«, sagte Tom, »alles halb so schlimm. Jede Wette, die haben diese Sache längst vergessen. Einen zweiten Versuch würde ich auf jeden Fall noch machen.«

14.45 Uhr. Fühle mich schon viel besser. Mir ist klar geworden, dass es besser ist, anderen zu helfen, als dauernd nur über die eigenen Probleme nachzudenken. Deshalb geschlagene fünf Viertelstunden Simon getröstet, der eindeutig noch *nicht* mit Shazzer geschlafen hat. Weil es da nämlich seit einiger Zeit eine gewisse Georgie gibt, mit der er ab und zu am Wochenende gevögelt hat. Bloß für heute Abend hätte sie ihm abgesagt, mit der seltsamen Begründung, dass ihre Beziehung »nicht zur Regel« werden sollte.

»Ich fühle mich wie ein Ausgestoßener«, schimpfte er, »wie jemand, der nach göttlichem Ratschluss dazu verurteilt ist, bis ans Ende seiner Tage allein zu bleiben. Vor mir liegt ein weiteres, entsetzlich leeres Wochenende.«

Konnte ihn da beruhigen. Er möge doch, bitteschön, bedenken, dass er dafür frei sei. Absolut frei! Und was gäbe es Schöneres? (Hoffe bloß, Shaz kriegt nicht raus, wie Simon das mit dem »frei« versteht.)

15.00 Uhr. Bin ein wundervoller Mensch. Den ganzen Tag für andere den Therapeuten gespielt. Und sowohl Jude als auch Tom versichert, sie könnten mich bei Problemen Tag und Nacht anrufen. Das sei besser, als still vor sich hin zu leiden. Bin weise und ein Wunder an Ausgeglichenheit – wie Mutter Oberin aus der *Trapp-Familie*. Sehe richtig vor mir, wie ich im *192* die Wand ansinge: »Climb Every Mountain«. Und hinter mir, kniend auf der Erde, Jude, die fromme Büßerin.

16.00 Uhr. Schon wieder Telefon. War Shazzer kurz vorm Losheulen, was sie aber nicht zugeben wollte. Grund: Simon hat sie eben angerufen und ihr die Lage an der Georgie-Front erklärt. (Ärgerlich auch für mich. Mutter-Oberin-Akt hat diesem Gefühls-Ausbeuter wohl nicht gereicht.)

»Aber ich dachte, ihr wärt nur gute Freunde?«, fragte ich.

»Habe ich zuerst ja auch gedacht«, sagte sie. »Aber unbewusst habe ich wohl nach einer höheren Form der Liebe gesucht. Denn das Single-Leben ist doch im Grunde nur schrecklich«, stieß sie hervor. »Keiner, der dich abends in den Arm nimmt, keiner, der dir hilft, wenn der Boiler kaputt ist. Vor mir liegt ein ganzes Wochenende, und ich habe niemanden. Ich bin ganz allein.«

16.30 Uhr. Hurra! Heute Abend ist hier Party, und alle kommen: Shaz, Jude, Tom (Simon wird boykottiert wg. doppeltem Spiel). Wir holen uns was Leckeres vom Inder und gucken ein paar Folgen von *Emergency Room* auf Video. Single-Leben ist gar nicht so schlecht. Man kann sich aussuchen, mit wem man seine Zeit verbringt, und jede Menge Spaß haben. Man ist frei und hat alle Möglichkeiten.

18.00 Uhr. Etwas Schreckliches ist gerade passiert. Magda hat angerufen. »Los, tu es zurück ins Töpfchen, tu es zurück! Hör mal, ich weiß nicht, ob ich dir das jetzt erzählen soll, Bridge, los, tu es zurück. Das ist Aa, tu es zurück ins TÖPFCHEN!«

»Magda …« Das hörte sich nicht gut an.

»Du, entschuldige, aber ich wollte nur kurz sagen, dass Rebecca … ach nein, jetzt schau dir bloß die Bescherung an. Das ist bahbah! Bahbah! Sag bahbah!«

»WAS?«

»Wie gesagt, Mark kommt ja nächste Woche zurück. Und sie, also Rebecca, sie hat uns alle zu einer Nach-Wahl-Party eingeladen, die zugleich die Willkommensparty für Mark und

NEEEIIIIIIIN! Okay dann, dann gib schon her – Herr im Himmel, gib es HER.«

Ich sank auf den Stuhl am Küchentisch und suchte nach einer Zigarette.

»Na gut, dann eben Daddy, gib es Daddy. Also, Bridget, die Sache ist die: Ich weiß nicht, wie ich darauf reagieren soll. Ich meine, wenn du am selben Abend selber eine Party geben würdest, dann wäre es etwas anderes, okay, auch gut, dann eben ins Töpfchen. Jetzt tu es aber auch ins Töpfchen. Ins Töpfchen, hab ich gesagt.«

»O Gott«, stöhnte ich, »o Gott.«

18.30 Uhr. Muss erst mal raus, Zigaretten holen.

19.00 Uhr. Ganz London ist unterwegs. Es ist eben Frühling. Lauter Händchen haltende Paare, die später die Nacht durch bumsen. Bumsbumsbums. Und schöne Kurzurlaube planen. Ich arme Sau werde wohl den Rest meines Lebens allein bleiben. Ganz allein!

20.00 Uhr. Ich sehe schon, der Abend wird klasse. Zuerst kamen Jude und Tom mit Wein und einem ganzen Schwung Zeitschriften und lachten sich krank, weil ich nicht wusste, was eine »Paschmina« war. Jude kam dann zu dem Schluss, Stacey hätte ohnehin einen Fettarsch gehabt und dauernd seine Flosse auf ihre Hand gelegt und gesagt: »Ich *freu* mich!« Das hat sie vorher noch nie erzählt, aber es hieß wohl so viel wie: Macke, klarer Fall von.

Alle waren übrigens mit mir der Meinung, dass Magda ruhig zu Rebeccas Party gehen sollte – als Kundschafterin, versteht sich. Und weiter, dass Mark, wenn er wirklich was mit Rebecca anfängt, auf jeden Fall schwul sein muss – was Tom wiederum sehr gefreut hat. Außerdem will Jude ihre eigene Wahlparty veranstalten, und zu der wird Rebecca nicht eingeladen. HA!

HAHAHAHAHAHAHAHAHAHAHAHAHAHAHAHAHA-
HAHAHAHAHAHAHAHAHAHAHAHAHAHAHAHAHA-
HAHAHAHAHAHAHAHAHAHAHAHA!

Als Nächstes kam Shaz, völlig in Tränen aufgelöst, was irgendwie anrührend war, denn normalerweise zeigt sie nicht, wenn sie etwas bedrückt.

»Mist, elender«, sagte sie schließlich, »ein ganzes Jahr nichts wie ein Reinfall nach dem anderen. Und jetzt blicke ich gar nichts mehr. Irgendwas mache ich permanent falsch.«

Mit *Vogue*, Wein, Zigaretten etc. eilten wir ihr zu Hilfe, und Tom meinte, so was wie platonische Freundschaft gäbe es im Grunde nicht.

»So ein Quatsch«, lallte Jude. »Du has bloß immer nur Sex im Kopf. Hicks.«

»Aber überhaupt nicht«, erwiderte Tom. »Mir scheint nur, am Ende dieses Jahrtausends ist dies unsere einzige Möglichkeit, mit Beziehungen klar zu kommen. Jede Freundschaft zwischen Mann und Frau beruht letztlich auf sexueller Anziehung. Viele Leute wollen das nicht wahrhaben, sind aber am Ende stinksauer, wenn der so genannte Freund nicht mit ihnen ins Bett will.«

»Bin gar nicht sauer«, murmelte Shazzer.

»Und was ist mit Freunden, die von Anfang an nichts von dem anderen wollten?«, fragte Jude.

»Gibt es nicht. Sex ist immer das Hauptmotiv. Das Wort ›Freunde‹ ist insofern schlecht gewählt.«

»Ich sage nur: ›Paschminas‹«, gab ich mit Chardonnayschwerer Zunge zu bedenken.

»Genau«, sagte Tom aufgeregt. »Alles, was uns zum Jahrtausendwechsel bleibt, ist ein genereller Paschminaismus. Shazzer ist Simons Paschmina, weil sie mehr von ihm wollte als nur Freundschaft. Umgekehrt ist Simon der ›Paschmaster‹, weil er sie jederzeit absägen kann.«

Daraufhin brach Shazzer in Tränen aus, woraufhin es einer

guten Viertelstunde, einer Flasche Chardonnay und einer Schachtel Zigaretten bedurfte, bis wir sie wieder aufgebaut hatten. Am Ende war auch geklärt, was es mit den anderen Wesen der Paschmina-Welt auf sich hatte.

Pasch-Boy: ist ein Freund, den du richtig geil findest, der aber schwul ist. (»Ich, ich, ich!«, rief Tom.)

Pasch-Daddy: ist ein Ex-Lover, der mittlerweile verheiratet, aber trotzdem noch gerne mit dir zusammen ist, was bei dir dazu führt, dass du dich fühlst wie eine alte Schachtel, die in den Pfarrer verknallt ist.

Pasch-Loser: Ex-Freund, der gerne zu dir zurückkommen würde, aber so tut, als ginge es ihm nur um eine gute Freundschaft. Erkennungsmerkmal: erst Anmache, dann beleidigt, wenn du nicht darauf eingehst.

»Und was ist mit ›Pasch-Ätzern‹?«, meinte Shaz beleidigt. »Das sind Leute, die das Unglück anderer Leute so witzig finden, dass sie darüber ihre soziologische Dummschwätzerei ablassen und auf meinen Gefühlen herumtrampeln.«

Ich hielt es für das Beste, erst einmal Zigaretten holen zu gehen. Ich hatte mich (wg. Kleingeld für den Automaten) gerade an der Theke des schmuddligen Pubs angestellt, da traf mich der Schlag. Hinten am anderen Ende der Bar stand ein Mann, der exakt aussah wie Geoffrey Alconbury. Doch statt der üblichen Golfhose und dem gelben Rautenpulli trug er diesmal hellblaue Jeans (mit Bügelfalte), Lederjacke und ein schwarzes Netzhemd. Ich sah erst mal weg, starrte auf die Flasche Malibu, weil ich nicht fassen konnte, was ich gesehen hatte. War das wirklich der alte Onkel Geoffrey? Abermals schaute ich zu ihm hinüber. Er unterhielt sich mit einem etwa siebzehnjährigen Jungen. Kein Zweifel, es *war* Onkel Geoffrey.

Ich zögerte, wusste nicht, was ich jetzt tun sollte. Wollte schon abhauen, um ihm die peinliche Situation zu ersparen. Aber dann fiel mir ein, wie oft er mich in seiner eigenen Umgebung gedemütigt hatte. Die grausame Lache jedes Mal vergesse ich nie. Ha! Hahahaha! Aber jetzt war Schicht. Diesmal befand er sich auf meinem Territorium.

Ich wollte schon hinübergehen und ihn zur Rede stellen. »Na, willst du mich nicht vorstellen? Hast dir einen leckeren Schuljungen geangelt, was?« In diesem Moment tippte mir jemand auf die Schulter. Ich drehte mich um, aber da war niemand. Danach ein Tippen auf der anderen Schulter. Onkel Geoffreys Lieblingstrick.

»Ha! Hahahaha! Was macht denn unsere kleine Bridget hier? Wieder auf Männerfang?«, dröhnte er.

Ich stand ziemlich blöd da. Er hatte sich einen gelben Sweater mit einem Puma über sein Netzhemd gezogen, und der Junge war nirgendwo zu sehen. Dreist tat er so, als wäre überhaupt nichts gewesen.

»Aber ich muss dich enttäuschen, Bridget. Hier wirst du nicht fündig. Nach meinem Eindruck sehen die Jungs hier alle aus wie Boy George. Pech gehabt, du stehst irgendwie auf dem falschen Ufer, würde ich sagen. Ha! Hahahaha! Ich selbst wollte hier gerade nur ein paar Zigarillos holen.«

In diesem Moment tauchte der Junge wieder auf. Er reichte Geoffrey die Lederjacke und guckte insgesamt eher verstört aus der Wäsche.

»Bridget…«, begann er, sozusagen mit dem ganzen Gewicht des Rotary-Clubs Kettering im Rücken. Aber dann wusste er nicht mehr weiter und wandte sich an den Barmann. »He, Chef, wo bleiben meine Zigarillos? Ich warte jetzt schon zwanzig Minuten.«

»Was machst du eigentlich in London?«, hakte ich nach.

»In London? Ach so, ja… ich war für die Rotarier beim AGM, ja. Außerdem ist London schließlich für alle da.«

211

»Hallo, ich bin Bridget«, sagte ich zu dem Jungen.

»Oh, richtig, hätte ich beinahe vergessen, ähm, das ist Steven. Steven will demnächst für den Posten des Kassenwarts kandidieren, stimmt doch, Steven? Ich habe ihm gerade ein paar Tipps gegeben, nicht wahr? Na ja, wie auch immer, ich muss los. Und immer sauber bleiben, Bridget. Tu nichts, was ich nicht auch tun würde! Ha! Hahahaha!«

Im nächsten Augenblick war er verschwunden, gefolgt von dem Jungen, der mir zum Abschied einen bösen Blick zuwarf.

Zu Hause bei den anderen hätte ich mir in den Hintern beißen können vor Wut, Geoffrey keine reingewürgt zu haben.

»Mensch, so eine Chance kommt nie wieder«, ärgerte sich Shaz und drehte die Augen zur Decke.

»Onkel Geoffrey, ach, bin ich froh, dass du endlich auch einen Kerl abgekriegt hast. Wollen mal sehen, wie lange es diesmal hält. Ist ja immer dasselbe mit den Typen. Huiii, und weg sind sie!«

Allein Tom nervte uns mit seiner Betroffenheits-Leier.

»Nein, im Grund ist das alles nur tragisch«, erklärte er. »Wirklich, es ist nichts weniger als tragisch. Ich möchte nicht wissen, wie viele Männer in diesem Land dieses Doppelleben führen müssen. Wie viel Scham, wie viele unerfüllte Sehnsüchte verstecken sich hinter der Fassade bürgerlicher Wohlanständigkeit. Menschen, zerfressen von Schuldgefühlen zwischen Häkeldeckchen und Goldkanten-Gardine. Das sind die Leute, die zum Cruisen nach Hampstead Heath fahren, immer in der Gefahr, Opfer eines Verbrechens zu werden. Bridget, du musst mit ihm reden.«

»Ach, halt den Rand«, schnauzte Shaz, »du bist doch besoffen!«

»Also, mich beruhigt das Ganze irgendwie«, sagte ich nachdenklich. Erklärte ihnen dann, wie ich schon lange das Gefühl hatte, dass in Geoffreys und Unas rundum-versorgt-und-verheirateter Welt etwas nicht stimmte. Woraus für mich folgte, dass nicht nur *ich* die Verrückte war und die normale Durchschnittsehe auch nicht die einzig gottgefällige Lebensform.

»Bridge, das gilt auch für dich: Halt den Mund!«, sagte Shaz. »Du bist betrunken.«

Was kurze Zeit später auch zutraf. Wir alle waren ziemlich blau. Fazit: ein wundervoller Abend. Wie Tom ganz richtig sagte: So jung kommen wir nicht mehr zusammen. Prösterchen!

Montag, 28. April

58 kg; Alkoholeinheiten: 0; Zigaretten: 0; Anrufe von Zimmermann Gary: 0; Aussichten auf neuen Job: 0 (sieht gut aus); Besuche im Fitness-Studio: 0; Gesamtzahl Besuche im Fitness-Studio in diesem Jahr: 3; Abo für Fitness-Studio: £370 jährlich; Kosten für Einmalbesuch demnach: £123 (eher teuer).

Okay. Aber jetzt! Fange heute definitiv mit Trainingsprogramm an. Kann dann überall herumlaufen und groß erzählen: »Ja, es war hart. Aber wo ein Wille ist, ist auch ein Weg.« Klassisches Tory-Argument. Aber im Gegensatz zu den Tories nimmt man *mir* solche Sprüche ab, denn ich bin einfach klasse. Hoppla, schon neun Uhr. Dann gehe ich eben heute Abend nach der Arbeit. Wo zum Henker bleibt dieser Gary?

Später, im Büro. Haha! Hahahahaha! War toll heute in der Konferenz.

»Okay, was haben wir?«, fragte Richard Finch in der Konferenz. »Tony Blair. Bridget, du bist dran, was fällt dir dazu ein? Ich denke Frauenpolitik, ich denke Frauenbeauftragte, ich denke Quotenfrauen. Irgendwelche Vorschläge? Aber bitte nichts mit Colin Firth, wenn ich bitten darf.«

Ich lächelte überlegen, warf einen kurzen Blick auf meine

Notizen und stellte seelenruhig das Thema in den Raum: »Tony Blair sollte endlich eine verbindliche Flirt-Ordnung für Singles einführen.«

Missgünstiges Schweigen von den anderen Redakteuren.

»Das ist alles?«, fragte Richard Finch.

»Sieht so aus«, sagte ich.

»Und du meinst nicht, ein neuer Premierminister hätte Besseres zu tun?«

»Nein. Denn man muss sich nur mal vor Augen führen, wie viele Arbeitsstunden in diesem Land jedes Jahr durch Liebeskummer, geplatzte Dates und Telefongespräche mit bester Freundin wg. Beziehungskram verloren gehen. Ich würde sagen, der volkswirtschaftliche Schaden entspricht etwa dem von Bandscheibenproblemen, ist also immens. Andere Kulturen haben längst feste Rituale, nur wir operieren mit einem undefinierbaren Sumpf von Unklarheiten, der Männer und Frauen zunehmend entfremdet.«

Worauf Hirni Harold verächtlich schnaubte.

»O Gott«, nölte Patchouli und streckte ihre Radlerhosen-Beine über den halben Tisch. »Du kannst den Leuten doch nicht vorschreiben, wie sie ihre Beziehungen einrichten sollen. Das ist Faschismus.«

»Aber ganz und gar nicht, Patchouli, du hast mir nicht zugehört«, sagte ich. »Es wär lediglich eine Art Verhaltenskodex für das Geschlechtsleben von Singles. Da ein Viertel aller Haushalte mittlerweile nur noch aus einer Person besteht, würde sich die psychische Situation des ganzen Landes deutlich verbessern.«

»Also wenn ihr meine Meinung hören wollt: Für den Wahlkampf von Labour dürfte das nicht die Bohne...«, warf Hirni Harold ein.

»Nee, Moment mal«, sagte Richard Finch, kaute auf seinem Kaugummi herum und wippte mit dem Bein. »Wer von euch ist verheiratet?«

Alles guckte sich dumm an.

»Demnach bin ich der Einzige, oder?«, sagte er. »Hier in diesem Raum bin ich der Einzige, der das brüchige Gewebe unserer Gesellschaft zusammenhält?«

Keiner von uns konnte Saskia ins Gesicht sehen, der Redakteurin, die Richard Finch den ganzen letzten Sommer über gevögelt hatte – bis ihm ein anderes Mädchen besser gefiel.

»Wundert mich ehrlich gesagt überhaupt nicht«, fuhr er fort. »Wer von euch würde denn heiraten? Seht ihr. Ihr seid ja gar nicht mehr in der Lage, feste Beziehungen einzugehen, geschweige denn ein ganzes Leben mit einem anderen zu teilen.« An dieser Stelle gab Saskia einen seltsamen Laut von sich und schoss aus dem Zimmer.

Habe dann den restlichen Morgen unheimlich viel recherchiert, Telefongespräche geführt, mit Leuten gesprochen. Interessant, wie nach und nach auch diejenigen Redakteure mit Vorschlägen kamen, die anfangs nur blöde Bemerkungen gemacht hatten.

»Okay, Bridget«, sagte Richard Finch kurz vor der Mittagspause, »dann lass mal hören, das große Werk.«

Erklärte ihm, Rom wäre auch nicht an einem Tag erbaut worden und dass ich noch etwas Zeit bräuchte, obwohl die Grundzüge der neuen Verfassung im Grund klar wären. Ich räusperte mich und las:

Dating-Verkehrsordnung

1.) Wenn ein Bürger von einem anderen nichts will, dann soll er ihn auch nicht anmachen.

2.) Wenn ein Mann und eine Frau miteinander schlafen wollen, aber eine der beiden Parteien lediglich auf einen One-Night-Stand aus ist, so muss er dies vorher klar und deutlich zum Ausdruck bringen.

3.) Knutschen und Vögeln von anderen Bürgern bedeutet per definitionem, dass etwas läuft. Gegenteilige Äußerungen sind als verwerflich zu betrachten.

4.) Ein Bürger soll nicht mit einem anderen Bürger jahrelang ausgehen, aber gleichzeitig immer sagen, dass er/sie sich von einer Beziehung eingeengt fühlen würde.

5.) Es gehört sich nicht, nach dem Geschlechtsverkehr die Nacht nicht im Bett des betr. Sexpartners zu verbringen.

»Aber was ist, wenn ich…«, unterbrach mich Patchouli.

»Dürfte ich bitte zu Ende sprechen?«, sagte ich so arrogant wie ein Politiker in der Elefantenrunde. Ich las also auch noch den Rest vor, bis hin zu den Richtlinien für eine künftige Single-Politik. Denn: »Dem Schutz der Familie ist nicht damit gedient, dass man auf den Singles herumhackt.« Kleine Pause und wohlgefälliges Blättern in meinen Unterlagen. »Deshalb folgende Vorschläge:

Das Rundum-versorgt-und-verheiratet-Förderprogramm

1.) *Männer sind vom Mars, Frauen von der Venus* soll Schullektüre werden, damit sich die Gegner im Geschlechterkrieg besser verstehen.

2.) Heranwachsenden Jungen soll beigebracht werden, dass Mitarbeit im Haushalt nicht bedeutet, eine Gabel unter den Wasserhahn zu halten.

3.) Die Regierung soll eigene Eheanbahnungs- bzw. Partnerinstitute gründen und über die Einhaltung der Dating-Verkehrsordnung wachen. Im Einzelnen: Ausgeh-Ausgaben (Zeche etc.), Telefonkosten sowie Aufwendungen für Kosmetika sollen als Werbungskosten steuerlich absetzbar sein. Emotionale Flachwichserei wird schwer bestraft. Als Single gilt nur, wer mindestens 12 Anbahnungs-Dates hinter sich und triftige Gründe vorgebracht hat, warum betr. Partner nichts für sie/ihn ist.

4.) Wer dabei offensichtlich unbegründete Gründe anbringt, muss sich persönlich zum Flachwichser erklären.

»Ach du lieber Himmel«, sagte Hirni Harold. »Also wenn ihr mich fragt, geht es bei dieser Wahl um den Euro und um sonst gar nichts.«

»Nein, das ist nicht schlecht, das ist nicht schlecht«, sagte Richard Finch und ließ seinen Blick auf mir ruhen. Worauf Hirni Harold ein Gesicht machte, als hätte er eine Kröte verschluckt. »Okay, dann mal los. Ich denke Live-Talk im Studio, ich denke Harriet Harman, ich denke Robin Cook. Ich denke vielleicht auch an Blair. Und jetzt sieh zu, dass du in die Gänge kommst, Bridget. Hol mir die Leute her. Ruf im Büro von der Harman an und bestell sie für morgen ins Studio, dann dasselbe bei Blair. Alles klar?«

Hurra! Bin auf die Top-Story angesetzt. Nun beginnt eine neue Zeit – für mich und für die ganze Nation.

19.00 Uhr. Humpf. Harriet Harman hat nicht zurückgerufen. Tony Blair auch nicht. Der Käse ist gegessen, Story abgesetzt.

Dienstag, 29. April

Keine Ahnung, was das mit Zimmermann Gary noch werden soll. Habe ihm jeden Tag einen Zettel hingelegt, aber nichts. Keine Antwort. Vielleicht ist er ja krank oder so etwas. Außerdem riecht es an der Treppe neuerdings so komisch. Richtig eklig.

Mittwoch, 30. April

Hmm. Kam gerade von der Arbeit zurück, und das Loch in der Wand war mit einer Plastikplane abgedeckt. Trotzdem kein Wort von Gary, schon gar nicht zu den £3.500, die ich von ihm zurückhaben will. Wünschte, Mark würde anrufen.

KAPITEL 8

O Baby

Donnerstag, 1. Mai

58 kg; Alkoholeinheiten: 5 (wg. Siegesfeier für New Labour); andere Beiträge für Labour-Sieg außer Alkohol: 0.

18.30 Uhr. Hurra! Überall eine Riesenstimmung: Wahltag, eine der wenigen Gelegenheiten, wo der Bürger seine Macht spürt und ganze Regierungen einfach aus dem Amt gekegelt werden, als wären sie nur ein Haufen arroganter, aufgeblasener Schachfiguren. Die Zeit ist gekommen, zusammenzustehen und unsere Staatsgewalt auszuüben.

19.30 Uhr. Gerade vom Einkaufen zurück. Unglaubliche Szenen spielen sich ab. Leute torkeln sturzbetrunken aus den Pubs, aber insgesamt tolles Gemeinschaftsgefühl. Nicht nur, dass die Leute den Wechsel wollten, nein, es ist geradezu, als hätte sich die ganze Nation erhoben wie ein Mann – gegen die Gier, gegen eine Politik ohne Moral und für die Menschen und ihre Probleme und … oh, Telefon.

19.45 Uhr. Humpf. War Tom.
»Hast du schon gewählt?«
»Wollte ich gerade tun«, sagte ich.
»Zu welchem Wahllokal musst du denn?«
»Das an der Ecke.«
Mag es gar nicht, wenn Tom sich aufspielt, als hätte er das politische Bewusstsein erfunden. Nur weil er früher mal mit der Schwulen Aktionsfront auf die Straße gegangen ist und im schwuchteligsten Falsett »Glad to be Gay« gesungen hat, hat er

noch lange nicht das Recht, hier Spanische Inquisition zu spielen.

»Und wen wählst du?«

»Ähm…« Ich sah schnell aus dem Fenster und suchte auf den roten Plakaten an den Straßenlaternen nach dem Namen des örtlichen Labour-Kandidaten. »Buck!«

»Na gut. Aber denk daran, was Emmeline Pankhurst gesagt hat.«

Ehrlich, wofür hält der sich? Und natürlich gehe ich wählen. Sollte mich aber kurz umziehen. Büro-Outfit wirkt nicht gerade links.

20.45 Uhr. Komme gerade vom Wahllokal. Hat mich dieser Zwergpinscher von Wahlhelfer doch glatt gefragt, ob ich einen Wahlschein hätte. Was für einen Wahlschein? Keine Ahnung, was der meint. Zeigte sich aber dann, dass ich nicht im Wählerverzeichnis stand, und das, obwohl ich regelmäßig meine verdammte Kopfsteuer löhne. Muss zu einem anderen Wahllokal. Will nur kurz den Stadtplan holen und nachsehen, wo das ist.

21.30 Uhr. Humpf. Dort war ich aber auch nicht verzeichnet. Soll mich in der Stadtbücherei melden oder so, die meilenweit entfernt liegt. Egal, die Atmosphäre auf den Straßen ist jedenfalls irre. Wir, das Volk, tun uns zusammen und erzwingen den Machtwechsel. Jaaaa! Bloß dumm, dass ich die Plateauschuhe angezogen habe. Und der eklige Geruch an der Treppe geht auch nicht weg.

22.30 Uhr. Ich fasse es nicht. Ohne eigene Schuld habe ich Tony Blair hängen lassen. Obwohl nämlich meine Wohnung auf der Liste stand, war ich selbst nicht im Wählerverzeichnis eingetragen. Dabei hatte ich sogar meine Steuerquittungen mitgebracht. Und da heißt es immer, wer die Kopfsteuer nicht bezahlt, darf auch nicht wählen. In Wirklichkeit darf man auch nicht wählen, wenn man bezahlt hat. Schweinesystem.

»Haben Sie denn im vergangenen Oktober den Fragebogen ausgefüllt?«, fragte mich diese blasierte Schabracke mit der kratzigen Bluse mit Brosche dran. Die konnte ja vor lauter Wichtigtuerei und Machtrausch kaum an sich halten. Und nur, weil sie in einem miefigen Raum einen Schreibtisch bewachen darf.

»Natürlich«, log ich. Ich meine, von jemandem, der in einer Wohnung wohnt, kann wohl kaum erwartet werden, jeden blöden Brief aufzumachen, auf dem steht »An die Hausbewohner«. Aber was, wenn Buck jetzt ganz knapp mit einer Stimme verliert und dadurch auch der Parlamentssitz verloren geht, der für den Sieg nötig gewesen wäre? Wäre alles meine Schuld, da ist nicht dran zu deuteln. Schande über Schande. Vom Wahllokal bin ich dann gleich zu Shazzer gegangen und hab die Plateauschuhe ausgezogen. Ganz zerschundene Füße. Aber ohne Plateauschuhe sehe ich aus wie ein Zwerg.

2.30 Uhr. War trozzem klasse Dings, äh Party. David Mellor, ade! Bye-bye, Fettsack! Hicks. Hoppla.

Freitag, 2. Mai

58,5 kg (hurra! Ein Pfund mehr auf den Knochen! Merkt man doch gleich, dass Labour am Ruder ist).

8.00 Uhr. Hurra! Bin tief befriedigt über gewaltigem Sieg von Labour. Wird meinen Peinigern eine Lehre sein, besonders Tory-Mutter und Ex-Tory-Freund. Harharhar! Mal sehen, wie sie sich winden, wenn ich anrufe. Im Übrigen ist Cherie Blair für mich die Frau der Stunde. Auch sie würde wohl nicht mehr in diese modischen Winz-Bikinis reinpassen. Sie hat auch keinen kleinen Knackarsch und findet trotzdem schicke Sachen, die ihr stehen. Darin sehe ich echte Vorbildfunktion. Vielleicht lässt Cherie jetzt ihren Einfluss spielen und verdonnert die Läden dazu, nur solche Sachen herzustellen, in die ein normaler Hintern reinpasst *und* dazu noch gut aussieht.

Andererseits echte Sorge, dass es mit Labour genauso endet wie mit einer frischen Liebe. Der erste Streit ist schon vorprogrammiert und wird fürchterlich sein. Trotzdem, Tony Blair ist der erste Regierungschef, mit dem ich freiwillig ins Bett gehen würde. Shaz hat gestern Abend so eine Theorie aufgestellt: Blair und Cherie haben sich am Wahlabend nicht deswegen dauernd angefasst, weil ihnen die PR-Leute dazu geraten hätten, sondern weil Macht ein Aphrodisiakum ist oder so ähnlich … oh, Telefon.

»Hallo, Liebes, jetzt rate mal!« Meine Mutter.

»Was?«, sagte ich selbstzufrieden im Bewusstsein der Tory-Niederlage.

»Wir haben gewonnen, Schatz, ist das nicht wunderbar? Ein echter Erdrutsch, denk doch!«

Die kalte Dusche. Als wir früh am Morgen ins Bett gegangen waren, hatte alles noch so gut ausgesehen, die ersten Hochrechnungen schienen sich immer mehr zu verfestigen, aber … oh-oh, vielleicht war das alles nur ein großes Missverständnis? Wir hatten alle schon ziemlich einen im Tee und bekamen kaum noch etwas mit, außer dass die Tory-Hochburgen eine nach der anderen von der Landkarte verschwanden. Und wer weiß, vielleicht hatte es später noch einmal eine Trendwende gegeben.

»Jetzt rate mal!«

Alles nur meine Schuld. Labour hat verloren, und ich bin schuld. Ich und meinesgleichen, die Tony Blair ausdrücklich gewarnt hatte, wir sollten nicht zu siegessicher sein, noch sei die Schlacht nicht gewonnen. Ich verdiene nicht mehr, britische Staatsbürgerin zu heißen, ich habe alles versaut. Das ist das Ende.

»Bridget, hörst du mir überhaupt zu?«

»Ja«, flüsterte ich zerknirscht.

»Wir veranstalten eine Labour-Ladies-Night im Rotary! Alle duzen sich und tragen legere Kleidung statt Abendgarderobe. Merle Robertson hetzt natürlich dagegen. Sie sagt, außer dem Pfarrer will niemand in Freizeithosen kommen. Aber Una und ich glauben, da steckt nur Percival dahinter, weil Labour jetzt alle Handfeuerwaffen verbieten will. Und dann soll Wellington eine Rede halten. Denk doch, ein Schwarzer spricht vor dem Rotary Club. Aber das ist eben die Philosophie der Neuen Mitte. Wir plädieren für einen verantwortungsvollen Umgang mit der Hautfarbe – wie Nelson Mandela. Und Geoffrey nimmt Wellington immer wieder auf kleine Spritztouren mit und zeigt ihm die Pubs von Kettering. Neulich mussten sie so lange hinter einem Laster warten, wo gerade ein Gerüst aufgebaut wurde, dass wir schon dachten, sie hätten einen Unfall gehabt!«

Hatte zwar leise Zweifel an Onkel Geoffreys Uneigennützigkeit hinsichtlich der kleinen Spritztouren mit Wellington, sagte aber nur: »Ich dachte, ihr hattet gerade schon eine Wahlparty mit Wellington?«

»Ach nein, das hat sich erledigt. Wellington war dagegen. Er sagte, er wolle unsere Kultur nicht verschmutzen und Una sollte lieber Blätterteigpastetchen reichen statt über irgendwelche Lagerfeuer zu springen.« Jetzt musste ich doch lachen. »Auf jeden Fall will er eine Rede halten und ein bisschen Geld sammeln für seinen Jet-Ski.«

»Seinen was?«

» Jet-Ski, Schatz. Weißt du nicht, was das ist? Er will bei sich zu Hause am Strand einen kleinen Bootsverleih aufmachen, statt nur Muscheln an die Touristen zu verkaufen. Er meint, der Rotary Club kann gar nicht anders, als ihn dabei zu unterstützen, weil die Rotarier doch für die Wirtschaft sind. Na ja, ich muss los. Una und ich nehmen ihn mit zur Farbberatung!«

Bin eine selbstbewusste, weltoffene Frau, die mit beiden Beinen im Leben steht – und es überhaupt nicht einsieht, warum sie für das Verhalten anderer Leuten die Verantwortung übernehmen soll. Höchstens für das eigene. Und dabei bleibt es.

Samstag, 3. Mai

58 kg; Alkoholeinheiten: 2 (wie vom Gesundheitsminister im Rahmen der Infarktprophylaxe empfohlen); Zigaretten: 5 (s.g.); Kalorien: 1.800 (auch s.g.); positive Gedanken: 4 (hervorragend).

20.00 Uhr. Ganz andere Laune heute. Bin sicher, ab jetzt sind alle hier freundlich und großzügig. Das macht die neue Regierung. Jawohl, mit eisernem Besen werden nun die Übel des Tory-Regimes aus diesem Land hinausgefegt. Sehe sogar die Sache mit Mark und Rebecca inzwischen anders. Nur weil sie diese Dinnerparty gibt, bedeutet das nicht, dass sie auch etwas miteinander haben. Rebecca ist einfach nur ein ganz normales, intrigantes Miststück. Wirklich, wenn man einmal diese höhere Ebene erreicht hat, sieht alles ganz wunderbar aus. Meine Einstellung zu den Dingen hat sich grundlegend verändert. Früher dachte ich ja auch, wenn man ein bestimmtes Alter erreicht hat, könnte man nicht mehr attraktiv sein. Alles Blödsinn, siehe Helen Mirren oder Francesca Annis.

20.30 Uhr. Obwohl, wenn ich so darüber nachdenke, will es mir gar nicht gefallen, dass die Dinnerparty schon heute Abend ist. Sollte vielleicht etwas in *Buddhismus kurz und bündig* lesen. Bisschen entspannen tut gut. Ich kann nicht erwarten, dass alles permanent gut läuft. Jeder braucht mal was für die Seele.

20.45 Uhr. Genau. Mein Problem ist, dass ich in einer Phantasiewelt lebe, also entweder in der Vergangenheit oder in der Zukunft statt im Jetzt. Aber heute beginnt ein neues Leben. Ich werde ganz einfach ruhig hier sitzen und die Gegenwart genießen.

21.00 Uhr. Gegenwart als solche bringt es leider irgendwie überhaupt nicht. Die Gegenwart heißt Loch in der Wand, Gestank auf der Treppe, Konto überzogen und Mark auf Dinnerparty bei Rebecca. Lieber ein Fläschchen Wein dekantieren und mir *Emergency Room* reinziehen.

22.00 Uhr. Frage mich, ob Magda schon zurück ist. Sie hat mir versprochen, mir einen ausführlichen Bericht zu liefern. Wahrscheinlich sagt sie, dass Mark überhaupt nichts mit Rebecca hat, sondern immer nur nach mir gefragt hat.

23.30 Uhr. Habe soeben Magdas Babysitter angerufen. Sie sind noch nicht wieder da. Habe Babysitter gesagt, Magda soll mich auf jeden Fall noch anrufen.

23.35 Uhr. Magda hat sich noch nicht gemeldet. Vielleicht ist Rebeccas Dinnerparty ja voller Erfolg, und alle feiern riesige Party, wo zum Höhepunkt des Abends dann Mark auf den Tisch steigt und Verlobung mit Rebecca bekannt gibt... oh, Telefon.

»Hallo, Bridge, ich bin's – Magda.«

»Und? Wie war's?«, fragte ich etwas zu schnell.

»Oh, eigentlich ganz nett.«

Ich zuckte zusammen. Das hätte sie nicht sagen dürfen.

»Es gab überbackenen Ziegenkäse auf Feldsalat und dann Penne Carbonara – nur mit Spargel statt der Pancetta, was aber ziemlich gut war. Ja, und zum Schluss gedünstete Birnen in Marsala und Mascarpone.«

Entsetzlich.

»Ich meine, es waren mehr oder weniger unverfälschte Delia-Smith-Rezepte, obwohl sie das nicht zugeben wollte.«

»Tatsache?«, sagte ich erleichtert und hätte gern mehr Negatives gehört. Aber der letzte Punkt war gut. Mark kann Angeberei nicht ausstehen. »Und was war mit Mark?«

»Oh, dem geht's gut. Wirklich ein unheimlich sympathischer Mann. Und unglaublich attraktiv.« Magda hat wirklich keine Ahnung, nicht die Spur, Null, Zero. Sie wird es nie lernen. Regel eins: Lover, die einen verlassen haben, sind niemals, wirklich *niemals* attraktiv. Niemals. »Ach, das hätte ich fast vergessen, dann gab es noch selbst gemachte Orangen-Schoko-Chips.«

»Ah ja.« Nur gut, dass ich ein so geduldiger Mensch bin. Wenn Jude oder Shazzer bei diesem Essen gewesen wären, wüsste ich jetzt über jede noch so kleine Bemerkung Bescheid und alle Hauptpersonen des Abends lägen analysiert und seziert vor mir. »Und glaubst du, sie haben was miteinander?«

»Hmmmm, schwer zu sagen. Sie hat jedenfalls heftig mit ihm geflirtet.«

Versuchte, mich an Buddhas Lehre zu erinnern und dass ich, wenn schon keinen Freund, zumindest eine eigene Seele hatte.

»War er denn schon da, als ihr ankamt?«, fragte ich weiter und das so langsam und geduldig wie bei einer Zweijährigen.

»Ja.«

»Und ist er am Schluss mit euch gegangen?«

»Jeremy!«, rief sie auf einmal. »Weißt du, ob Mark Darcy noch dageblieben ist, als wir gegangen sind?«

O Gott, bitte nicht.

»Wieso, was ist mit Mark Darcy?«, hörte ich erst Jeremy aus der Tiefe der Wohnung und dann noch etwas anderes.

»Hat er wieder ins Bett gemacht?«, brüllte Magda. »Groß oder klein? Ich kann dich nicht verstehen. GROSS ODER

KLEIN? Entschuldige, Bridget, ich muss aufhören, hier ist wieder Notstand.«

»Nur noch eine Frage. Hat er mich irgendwie erwähnt?«

»Dann mach es doch weg! Natürlich mit den Händen, womit denn sonst? Wozu gibt es Wasser und Seife? Lieber Himmel, das kann doch wohl nicht so schwer sein. Entschuldige, Bridget, was hast du gesagt?«

»Hat er von mir gesprochen?«

»Hmm, hmmm. Ach, verdamt, Jeremy, geh weg hier, ich mach das selber.«

»Ja?«

»Ehrlich gesagt, Bridge, nicht, dass ich wüßte.«

Sonntag, 4. Mai

58 kg; Alkoholeinheiten: 5; Zigaretten: 9 (ich rutsche ab in die Sucht); Pläne für Giftanschlag auf Rebecca: 14; buddhistische Reuegefühle wg. Mordgedanken: ausgiebig; gut katholische Schuldgefühle (obwohl nicht katholisch): werden langsam mehr.

Meine Wohnung. Scheißtag. Bin in Zombiezustand zu Jude rüber. Sie und Shaz hielten sich in einem fort dran, von wg., ich müsste was tun, so ginge es nicht weiter. Dann fingen sie an, für mich in den Kontaktanzeigen von *Time Out* zu suchen. Fand ich überhaupt nicht lustig.

»Was soll ich mit dem Blödsinn?«, sagte ich gereizt. »So dreckig geht es mir noch nicht, dass ich das nötig hätte.«

»Na ja, ich dachte bloß«, meinte Sharon kühl. »Immerhin warst du diejenige, die von Tony Blair Partneragenturen verlangt hat. Und da politische Glaubwürdigkeit heute, wie wir alle wissen, wichtiger ist denn je …«

»Kinder, das müsst ihr euch anhören!«, rief Jude und schob sich ein übrig gebliebenes Blätterkrokant-Osterei in den Mund.

»Hier, wäre das nichts für dich? – ›**Toller M. 57,** jünger auss., sucht niveauv. schl. Strapsmaus 20–25 (gerne verh.) f. gel. Treffs UAWSM. Keine Bez. Keine fin. Interess.‹ Echt, Nerven haben diese Kerle!«

»Was heißt denn UAWSM?«, fragte ich.

»Unangenehmer arschgesichtiger Wichser sabbelt Müll«, schlug Sharon vor.

»Ulkiger Abend wird schweinemäßig muckelig«, überlegte ich.

»Ach Quatsch, UAWSM heißt ›und alles, was Spaß macht‹«, sprach Jude – offenbar aus Erfahrung.

»Und wenn der Spaß dann genauso kurz rüberkommt wie UAWSM, dann viel Spaß«, kicherte Sharon.

Die Rubrik »Der direkte Draht« erwies sich als besonders unterhaltsam. Dort konnte man anrufen und die Anzeigen im O-Ton abhören, ähnlich wie die Kandidaten bei *Blind Date*.

»Also, äh, ich bin der Barret. Und wenn du mein Sahnemäuschen sein willst, mach ich dir die Zuckerschnute.«

Man sollte nie mit »Also, äh« anfangen, wenn man cool rüberkommen will, weil da sogar das willigste Sahnemäuschen merkt, wie nervös diese arme Sau gewesen ist.

»Hallo. Ich habe einen total interessanten Job, der mich voll ausfüllt, meine Hobbys sind ziemlich gewöhnlich: paranormale Phänomene, Okkultismus und heidnische Rituale.«

»Hi. Ich sehe sehr gut aus und bin ein leidenschaftlicher Liebhaber. Daneben bin ich auch Drehbuchautor und suche auf diesem Wege interessante Sie, also dich, für die neue Hauptrolle. Wenn du dich angesprochen fühlst: Du bist attraktiv und zeigefreudig und mindestens zehn Jahre jünger als ich und findest das auch genau richtig.«

»Pah!«, rief Shazzer. »Diesem sexistischen Schwein werde ich mal was in die Muschel hauchen.«

Shazzer war im siebten Himmel und genoss es richtig, die Typen voll anzumachen. »Halloo? Ist da der scharfe ›Erstversuch‹? Nun, ich weiß ja nicht, wie es dir geht, aber für mich ist es definitiv auch der letzte. Ciao, du Sau!« Zugegeben, nicht gerade geistreich das Ganze, aber mit reichlich Chardonnay in der Birne ein Riesenspaß für die ganze Familie.

»Hi, ich bin Wild Boy. Ich komme aus Spanien. Ich bin ziemlich groß, habe lange, schwarze Haare, dunkle Augen mit langen Wimpern und einen durchtrainierten, schlanken, wilden Body...«, las ich mit extra dümmlicher Stimme.

»Hey«, meinte Jude fröhlich, »das klingt doch gar nicht übel.«

»Warum rufst du ihn dann nicht an?«

Aber Jude war auf einmal wieder ganz das brave Mädchen. Es stellte sich nämlich heraus, dass die Sache mit Stacey und der ganze Single-Wochenend-Horror sie dazu verleitet hatte, Richard den Gemeinen anzurufen.

»O Gott«, stöhnten Shazzer und ich gleichzeitig.

»Aber das heißt nicht, dass ich wieder zu ihm zurückgehe. Es war nur... nett, weiter nichts.« Klarer Fall von fauler Ausrede. Deshalb wich sie auch unseren vorwurfsvollen Blicken aus.

Später zu Hause bekam ich gerade noch den Anrufbeantworter mit. »Hallo, Bridget«, sagte eine tiefe, sexy, fremdländische und auffällig junge Stimme, »hier ist Wild Boy...«

Verdammte Mädels müssen ihm meine Telefonnummer gegeben haben. Leichte Panik bei dem Gedanken, dass ein vollkommen Fremder jetzt meine Nummer hatte. Ich nahm auch nicht ab, sondern hörte nur weiter zu. Wild Boy wollte mich morgen im *192* treffen. Erkennungszeichen: 1 rote Rose.

Darauf sofort Shazzer angerufen und ihr die Meinung gesagt.

»Ach, komm schon«, sagte Shazzer. »Gehen wir doch alle zusammen hin. Das wird echt komisch.«

Plan sieht vor: Wir morgen alle zusammen hin. Was noch? Richtig, das Loch in der Wand und der Gestank auf der Treppe. Keine Ahnung, was daraus werden soll. Verdammter

Gary! Er hat auch noch meine £3.500! Nein, so geht das nicht. Ich rufe den Scheißkerl jetzt an!

Montag, 5. Mai

57,5 kg (hurra!); Fortschritt in Sachen Loch in Wand durch Gary: keiner; Fortschritt in Sachen Abnabelung von Mark Darcy mit Hilfe von Fantasien über Wild Boy: mittel (die Wimpern sind doch eher störend).

Endlich Nachricht von Gary. Sagte, er wäre durch einen anderen Job aufgehalten worden, aber wenn ich mir die Sache noch einmal überlegen wollte, auch gut. Er will morgen Abend vorbeikommen, um alles in Ordnung zu bringen. Also wieder mal unnötig aufgeregt. Mmmm. Wild Boy. Vielleicht haben Jude und Shazzer ja Recht: Es muss was geschehen, es ist sinnlos, Mark nachzuweinen und mir auszumalen, was er und Rebecca gerade treiben. Aber die Wimpern geben mir doch zu denken. Wie lang sind sie genau? Phantasien über schlanken, durchtrainierten, wilden Body von Wild Boy kaputt gemacht durch Bild von klimpernden Bambi-Augen.

21.00 Uhr. Punkt 20.05 Uhr mit Jude und Shaz im *192*. Jude und Shaz beobachteten Geschehen von ihrem Tisch aus, ich tat so, als wäre ich allein an der Bar. Keine Spur von Wild Boy. Nur ein widerwärtiger alter Sack mit Jeanshemd, Pferdeschwanz und Sonnenbrille, der mich die ganze Zeit anstarrte. Wo blieb dieser Wild Boy? Sah widerwärtigen alten Sack böse an. Der glotzte irgendwann so penetrant, dass ich mich verdrücken wollte. War kaum aufgestanden, da hatte er auf einmal 1 rote Rose in der Hand! Gaaaah! Dann nahm er seine alberne Sonnenbrille ab, grinste mich dreist an, und ich sah sie: Die Wimpern waren so lang und falsch wie die von Barbara Cart-

land. Alter Sack war naturidentisch mit Wild Boy. Ich flucht-
artig das Lokal verlassen, Jude und Shazzer hinterher. Haben
sich ausgerollt vor Lachen.

Dienstag, 6. Mai

*58 kg (1 Pfund zugenommen, ist wahrscheinlich Phantom-Baby);
Gedanken an Mark: besser; Fortschritt in Sachen Loch in der
Wand: unverändert, d.h. überhaupt keiner.*

19.00 Uhr. Bin sehr deprimiert. Habe gerade Tom die Nachricht aufs Band gesprochen, ob er auch so deprimiert ist wie
ich. Mir wird klar, dass ich erst mal mich selber lieben und in
der Gegenwart leben muss, dass ich mich nicht verrückt machen darf, sondern mich um andere kümmern und in mir selber ruhen muss. Trotzdem fühle ich mich beschissen. Mark
fehlt mir wirklich sehr. Kann immer noch nicht glauben, dass
er jetzt mit Rebecca zusammen ist. Was habe ich bloß falsch
gemacht? Offenbar stimmt mit mir wirklich etwas nicht. Ich
werde älter und älter, keine Beziehung funktioniert dauerhaft,
also sollte ich allmählich akzeptieren, dass ich immer allein
bleibe und niemals Kinder haben werde. Gott, wie sehe ich
denn aus? Muss mich zusammenreißen, Gary kann jeden Moment hier sein.

19.30 Uhr. Gary hat sich wohl verspätet.

19.45 Uhr. Immer noch kein Anzeichen von Gary.

20.00 Uhr. Gary immer noch nicht da.

20.15 Uhr. Dieser Arsch von Gary ist nicht gekommen. Oh,
Telefon. Wird er sein.

20.30 Uhr. War Tom, der mir sagte, nicht nur er sei deprimiert, sondern mittlerweile auch seine Katze. Katze macht immer häufiger auf Teppich. Aber dann sagte er etwas sehr Überraschendes:

»Bridge«, sagte er, »möchtest du ein Baby von mir?«

»Was?«

»Ein Baby?«

»Wieso denn das?« Allein der Gedanke, mit ihm schlafen zu müssen, löste in mir Panik aus.

»Na ja …« Pause. »Also, ich fände so ein Baby schon echt toll, ich meine, allein, damit irgendwann einmal, wenn ich nicht mehr bin, etwas von mir weiterlebt. Das Problem ist nur, a) ich bin viel zu egoistisch, um mich wirklich um ein Kind zu kümmern, b) ich bin schwul. Aber du wärst eine gute Mutter, vorausgesetzt, du lässt es nicht beim Einkaufen irgendwo liegen.«

Tom ist doch ein echter Schatz. Als hätte er irgendwie gespürt, was mit mir los ist. Sagte ihm, ich würde es mir überlegen. Die Idee an sich ist ja nicht verkehrt.

20.45 Uhr. Ich meine, warum auch nicht? Ich könnte es in meiner Wohnung aufziehen, ich würde ein kleines Körbchen kaufen. Ja! Stelle mir gerade vor, wie das wäre. Morgens aufzuwachen, und da ist dieser süße kleine Wurm, mit dem man so richtig knuddeln kann. Und natürlich würden wir jede Menge gemeinsam unternehmen wie zum Spielplatz gehen oder zu Woolworth, um die schönen Barbie-Sachen anzugucken. Und zu Hause wäre alles schnucklig für das Baby eingerichtet, damit es sich auch rundum wohlfühlt. Und falls Gary irgendwann noch mal auftaucht, hätte es sogar sein eigenes Zimmerchen. Und wenn Jude und Shazzer dann auch Babys bekämen, könnten wir eine große WG gründen und alles zusammen machen … Oh, verdammt, habe gerade mit einer Zigarettenkippe den Mülleimer in Brand gesetzt.

Samstag, 10. Mai

58,5 kg (Phantom-Baby wächst rasend schnell für sein Alter); Zigaretten: 7 (unnötig, wg. Scheinschwangerschaft das Rauchen aufzugeben); Kalorien: 3.255 (muss für Phantombaby schließlich mitessen); positive Gedanken: 4; Fortschritt in Sachen Loch in der Wand: keiner.

11.00 Uhr. Bin gerade mal raus, Zigaretten holen. Aber draußen herrscht eine Affenhitze, unglaublich, wer hätte das gedacht? Einige Männer auf der Straße sogar schon in der Badehose!

11.15 Uhr. Aber nur, weil plötzlich Sommer ist, muss man nicht alles vergammeln lassen. Wohnung nämlich einziges Chaos, Mülleimer läuft über, müffeln tut es, igitt, vor allem auf der Treppe. Egal, das wird sich alles ändern, heute ist Großkampftag. Werde Ankunft eines neuen Lebens mit Hausputz vorbereiten.

11.30 Uhr. Dann mal los. Erst mal die vielen kleinen Zeitungsstapel auf einen großen Stapel in der Mitte tun.

11.40 Uhr. Aber der Gestank ist wirklich atemberaubend.

12.15 Uhr. Lieber erst den Müll runterbringen.

12.20 Uhr. Aber dazu müsste ich mich erst anziehen.

12.25 Uhr. Nein, die Shorts ziehe ich nicht an, irgendwie zu sportlich. Lieber leichtes Trägerkleid.

12.35 Uhr. Wo hatte ich denn noch mal das Trägerkleid?

12.40 Uhr. Muss aber erst gewaschen werden und auf dem Bügel trocknen. Dann kann's weitergehen.

12.55 Uhr. Hurra! Gehe mit Jude und Shazzer zum Schwimmen zu den Hampstead Ponds. Habe zwar Beine nicht rasiert, aber Jude sagt, wäre reiner Frauenstrand und überlaufen von Lesben, die finden, Beine wie ein Yeti sind Zeichen für schwullesbisches Selbstbewusstsein. Hurra!

Mitternacht. War phantastisch am Badestrand, wie Gemälde aus 16. Jahrhundert mit Nymphen, bloß in Dorothy-Perkins-Badeanzügen. Ansonsten alles schön altmodisch, mit Holzstegen und Rettungsschwimmern. Schwimmen in natürlicher Umgebung und von glitschigem Lehmufer aus war ganz neue Erfahrung.

Erzählte den beiden von Toms Baby-Idee.

»Guter Gott!«, sagte Shaz – und dann: »Na ja, warum eigentlich nicht? Du musst dich nur darauf einstellen, dass es in Zukunft noch mehr blöde Fragen gibt. Nicht nur ›Warum bist du noch nicht verheiratet?‹, sondern auch ›Wer ist der Vater?‹«

»Ich könnte ja sagen, es wäre eine Unbefleckte Empfängnis gewesen«, erwiderte ich.

»Und vor allem reichlich egoistisch«, sagte Jude kühl.

Verblüfftes Schweigen unsererseits. Wir sahen sie an.

»Wieso denn das?«, sagte Shaz schließlich.

»Weil ein Kind beide Eltern braucht. Du wünschst dir ein Kind, weil es dir gerade in den Kram passt, aber für eine Beziehung bist du zu egoistisch.«

Ach, du großer Gott! Ich konnte förmlich spüren, wie Shaz jetzt am liebsten eine Maschinenpistole gezückt und Jude niedergemäht hätte. Bereits im nächsten Moment ging die erste Salve geballter feministischer Zivilisationskritik auf Jude nieder.

»So? Na, dann schau dir mal die Leute in der Karibik an...«

Ich merkte, wie die Mädchen ringsum erschrocken aufhorchten, dachte aber: Karibik? Klingt nicht schlecht. Schicke Fünf-Sterne-Hotels, weißer Strand. Aber nichts da.

»Die Dorffrauen versorgen die Kinder in speziellen Arealen«, erklärte Shaz. »Männer haben dort überhaupt nichts zu suchen, sie dürfen nur ab und zu zum Vögeln kommen. Mittlerweile haben die Frauen sogar wirtschaftlich das Sagen, und Männer gelten als bedrohte Tierart, weil sie ihre angestammte Rolle zunehmend verlieren – wie übrigens ÜBERALL AUF DIESER BESCHISSENEN WELT!«

Frage mich manchmal, ob Sharon wirklich die ultimative Autorität für alles und jedes ist, wie sie immer tut.

»Ein Kind braucht Vater und Mutter«, beharrte Jude.

»Ach, hör doch auf. Ich habe noch nie so ein dummes, weltfernes, patriarchalisches und durch und durch bourgeoises Gesülze gehört!«, fauchte Shaz. »Jeder weiß, dass heutzutage jede dritte Ehe wieder geschieden wird.«

»Genau«, sagte ich. »Besser allein mit einer Mutter, die dich liebt, als allein zwischen den Fronten in der Scheidungsschlacht. Kinder brauchen eine feste Bezugsperson, brauchen Leben und Leute um sich herum, aber es muss nicht unbedingt der Ehemann sein.« Und dann kam mir ein Satz in den Sinn, den ausgerechnet meine eigene Mutter auch immer zitiert: »Liebe hat noch nie geschadet.«

»Ich weiß gar nicht, warum ihr beide jetzt so auf mir herumhackt«, sagte Jude beleidigt. »Ich habe meine Meinung dazu, ihr habt eure. Außerdem wollte ich euch noch etwas sagen.«

»Echt? Was?«, fragte Shaz bissig. »Dass du die Sklaverei wieder einführen möchtest?«

»Richard der Gemeine und ich wollen heiraten.«

Shazzer und mir fiel nur noch die Kinnlade runter. Der Horror! Aber Jude errötete hold.

»Ich weiß. Ist das nicht wundervoll? Ich glaube, nach dem letzten Mal, wo ich mich von ihm getrennt habe, hat er irgendwie kapiert, was er an mir hat. Und das muss so schmerzhaft gewesen sein, dass er jetzt bereit ist, Ernst zu machen.«

»Klar«, raunzte Shaz. »Das war irre schmerzhaft, weil er nämlich gemerkt hat, dass er sich einen verdammten Job suchen muss und nicht mehr auf deine Kosten leben kann, würde ich mal sagen.«

»Ähm, Jude«, unterbrach ich, »habe ich das gerade richtig verstanden? Du willst Richard den Gemeinen heiraten?«

»Ja«, sagte Jude, »und ich wollte euch fragen, ob ihr meine Brautjungfern sein wollt?«

Sonntag, 11. Mai

58 kg (Phantom-Baby hat sich aus Horror vor anstehender Hochzeit aus dem Staub gemacht); Alkoholeinheiten: 3; Zigaretten: 15 (jetzt, wo Baby nicht mehr da ist, darf ich wieder); Mark-Phantasien: nur 2 (hervorragend).

Shaz hat gerade angerufen. Wir waren uns einig, dass Hochzeit Katastrophe ist. Absolute Katastrophe. Begründung:

a) Er ist verrückt.
b) Er ist gemein. Gemein vom Namen her, gemein von Natur.
c) Es ist unzumutbar für uns, vor allen Leuten in der Kirche die Brautjungfern zu geben, aufgebrezelt in raschelndem, mäusespeckrosa Traumhochzeit-Fummel. Ist einfach nicht drin.

Mal Magda anrufen.

»Was meinst du?«, fragte ich sie.

»Hmmm. Von der Idee her wahrscheinlich nicht besonders viel versprechend. Andererseits, jede Beziehung ist irgendwo ein Rätsel. Wie und warum da etwas funktioniert oder nicht funktioniert, kann man von außen nicht beurteilen.«

Wir kamen dann auf meine Baby-Aussichten zu sprechen. Witzigerweise war sie da längst nicht so skeptisch.

»Weißt du was, Bridge? Du solltest das einfach mal ausprobieren.«

»Wie meinst du das?«

»Na ja, du könntest mal einen Nachmittag lang auf Constance und Harry aufpassen und sehen, ob dir das liegt. Ich meine, ich fand Timesharing schon immer die Lösung für die moderne Frau.«

Ach du Scheiße! Jetzt habe ich ihr versprochen, kommenden Samstag als Babysitterin einzuspringen, während sie sich Strähnchen machen lässt. Außerdem veranstaltet sie in sechs Wochen eine Gartenparty und hat gefragt, ob sie Mark einladen soll. Ich habe Ja gesagt. Habe ihn seit Februar nicht mehr gesehen. Wahrscheinlich ganz gut, wenn er sieht, wie ich mich zum Positiven verändert habe, wie gelassen und selbstbewusst ich jetzt bin, mit Ausstrahlung von innerer Kraft etc.

Montag, 12. Mai

Heute im Sender war die Hölle los. Richard Finch hatte kreativ-hyperaktiven Koller, ist wie ein durchgedrehtes Aufziehmännchen durch die Büros gerannt, hat wie wild auf seinem Kaugummi herumgekaut und die Leute zur Sau gemacht. (Sexy Matt, der wieder mal aussah wie ein Model aus dem DKNY-Katalog, sagte zu Hirni Harold, Richard Finch wäre auf Koks.)

Wie auch immer, irgendwie muss der Controller Finchs Idee abgeschossen haben, die Frühstücksnachrichten gegen eine Live-Übertragung unserer Morgenkonferenz auszutauschen, ungeschönt und aus dem Leben gegriffen. Meiner Meinung nach eine bestusste Idee. Gestern zum Beispiel ging es in der Konferenz allein darum, wer von den Moderatoren die Aufmacher-Story machen darf. Und im Aufmacher ging es wiederum nur darum, wer von den Moderatoren die BBC- beziehungsweise die ITV-Nachrichten verlesen wird. Ich meine, die Spannung hier hält sich in einem übersehbaren Rahmen. Aber Richard Finch war eben von seinem Einfall überzeugt und entsprechend sauer.

»Wisst ihr eigentlich, was mit unseren ganzen verdammten Nachrichtensendungen nicht stimmt?«, tobte er, nahm den Kaugummi aus dem Mund und feuerte ihn in Richtung Papierkorb. »Sie sind verschnarcht, verschnarcht, verschnarcht, verschnarcht, verschnarcht.«

»Verschnarcht?«, fragte ich. »Aber ... bald kommt doch die erste Labour-Regierung seit ... seit vielen Jahren, ich meine ...«

»Mein Gott, ja, Bridget, wie konnte mir das entgehen!«, rief er und riss sich seine Chris-Evans-Brille von der Nase. »Wir haben eine neue Labour-Regierung! Ist das wahr? Hey, Leute! Alle mal herhören: Bridget hat einen echten Knüller an der Hand! Ich sage nur Pulitzer-Preis, mindestens!«

»Und was ist mit den bosnischen Serben?«

»Wow!«, nölte Patchouli. »Ist ja ein ganz neues Thema! Die knallen sich gegenseitig ab, okay. Das haben sie gestern getan, sie tun es heute und werden es morgen weiter tun. Sie knallen sich ab. Hat echt Nachrichtenwert, das.«

»Ganz genau«, sagte Richard Finch begeistert, »das meine ich aber auch. Die Leute können keine toten Albaner mehr sehen, der Anblick von Leichenbergen und Kopftüchern kotzt sie an, sie wollen richtige MENSCHEN. Ich denke Promis, ich denke Frank Bough, ich denke Enten, die Skateboard fahren.«

Nun sollen wir uns Themen ausdenken, die interessieren, also Storys über betrunkene Weinbergschnecken, bungeejumpende Rentner etc. Ich meine, wie bringt man einen klapprigen Opa, der im Kopf aber noch ganz wach ist, dazu, sich an einem Gummiband in die Tiefe zu stürzen? Oh, Telefon. Ist vermutlich der Verband der Mollusken und Krustentiere mit einem Statement.

»Oh, hallo, Liebes, jetzt rate mal?«

»Mum, ich hab dir doch schon tausendmal gesagt, du sollst hier nicht…«

»Weiß ich doch, Liebes. Aber ich musste einfach anrufen, weil, es ist etwas sehr Trauriges passiert.«

»Und was?«

»Wellington reist ab. Aber seine Rede vor dem Rotary Club war phantastisch, absolut phantastisch. Als er über die Lebensbedingungen der Kinder in seinem Stamm sprach, fing Merle Robertson sogar an zu weinen! Merle Robertshaw war am Weinen, stell dir mal vor.«

»Aber ich dachte, er wollte Geld für seinen Jet-Ski sammeln.«

»Richtig. Hat er ja auch. Aber dann hatte er einen Plan, der genau auf der Linie des Rotary Clubs liegt. Und zwar will er uns zum Dank für die Spende zehn Prozent seines zukünftigen Gewinns zurückzahlen, und wenn wir die Hälfte von diesen zehn Prozent der Dorfschule spenden, tut er ebenfalls noch mal fünf Prozent dazu. Business mit sozialer Verantwortung, ist das nicht genial? Immerhin kamen so vierhundert Pfund zusammen. Jetzt will er zurück nach Kenia und eine neue Schule bauen, stell dir vor! Und alles wegen uns! Dann gab es noch eine wundervolle Dia-Show mit ›Nature Boy‹ von Nat King Cole unterlegt. Am Schluss sagte er: ›Hakuna Matata!‹ Das haben wir dann zu unserem Motto gewählt.«

»Das war sicher alles sehr schön«, sagte ich, ehe ich noch Richard Finchs finsteren Blick auf mir gespürt hatte.

»Na, jedenfalls dachten wir, du könntest…«

»Mutter«, unterbrach ich, »kennst du irgendwelche alten Leute, die interessante Sachen machen?«

»Was für eine dumme Frage, Liebes. *Alle* alten Leute machen interessante Sachen. Zum Beispiel Archie Garside, du kennst doch Archie, den ehemaligen Vorstandssprecher. Der macht Fallschirmspringen. Da fällt mir ein, morgen will er sogar zugunsten des Rotary Clubs springen, und er ist immerhin zweiundneunzig Jahre. Stell dir mal vor, ein zweiundneunzig-jähriger Fallschirmspringer!«

Eine halbe Stunde später ging ich hinüber zu Richard Finchs Schreibtisch, mit dem selbstgefälligen Lächeln der gro-ßen Journalistin im Gesicht.

18.00 Uhr. Hurrah. Alles läuft wunderbar! Habe bei Richard Finch wieder Stein im Brett und fahre mit nach Kettering, um den Fallschirmspringer zu filmen. Und nicht nur das, bin so-gar die Aufnahmeleiterin – von der Top-Story des Tages!

Dienstag, 13. Mai

Blöde TV-Karriere ist mir ab heute endgültig schnuppe. Abso-lut seelenloses Gewerbe. Hatte ganz vergessen, was für eine Horrortruppe ein Fernsehteam sein kann, wenn man es auf arglose Normalbürger loslässt, die gar nicht wissen, was man mit ihnen da alles anstellt. Vor Ort wurde mir erst mal die Auf-nahmeleitung wieder entzogen, angeblich weil zu kompliziert. Musste also am Boden bleiben, während dieser dämliche, kar-rieregeile Greg mit ins Flugzeug stieg. In mehreren tausend Metern Höhe muss es sich Archie anders überlegt haben, weil er keinen guten Landepunkt finden konnte. Aber Greg ließ nicht locker und hat ziemlich Druck gemacht: »He, Mann, wir haben gleich kein Licht mehr.« Archie ist dann doch gesprun-gen – und sogar gelandet. Doch nicht in dem vermeintlich frisch gepflügten Acker, wie es von oben aussah, sondern im Rieselfeld der örtlichen Kläranlage.

Samstag, 17. Mai

58,5 kg; Alkoholeinheiten: 1; Zigaretten: 0; geplatzte Baby-Illusionen: 1; geplatzte Mark-Illusionen: alle, in denen ich ihm als selbstsichere, schlanke, gut angezogene Karrierefrau etc. wieder begegne – in Zahlen: 472.

Völlig fertig von der zurückliegenden Woche. Fast zu kaputt zum Aufstehen. Könnte mir jetzt bitte jemand Zeitung, Schoko-Croissant und Cappuccino holen? Schätze mal, ich werde einfach im Bett bleiben, mir die Nägel machen, *Marie Claire* lesen etc., dann mal hören, ob Jude und Shazzer mit mir zu Jigsaw gehen, Klamotten kaufen. Würde wirklich gern was Neues zum Anziehen haben, wenn ich Mark nächste Woche wieder sehe. Damit er gleich merkt, wie sehr ich mich verändert... Gaaah! Klingel. Wer zum Henker hat den traurigen Mut, hier am Samstagmorgen um 10.00 zu klingeln? Sind eigentlich alle bekloppt geworden?

Später. Zur Gegensprechanlage gewankt. War Magda, die flötete: »Sag schön hallo zu Tante Bridget!«

War erst mal völlig geplättet, erinnerte mich aber vage, dass ich Magda versprochen hatte, auf Kinder aufzupassen, während sie sich in aller Ruhe die Strähnchen machen lässt und später mit Jude und Shazzer lustig zu Mittag isst, ganz wie richtige Singlefrau.

Panisch auf den Türöffner gedrückt und mir den einzigen Morgenmantel übergeworfen, den ich in dem Chaos finden konnte – leider ungeeignet, da erstens zu kurz, zweitens durchsichtig. Und überall rumgerannt, volle Aschenbecher, Wodkagläser, Glasscherben etc. etc. etc. weggeräumt.

»Uff! Da sind wir! Entschuldige, Harry hat heute ein kleines Schnufnäschen, aber das geht schon, nicht, Harry?« Und wuchtete gut gelaunt den Kinderwagen samt anhängendem

Baby-Equipment in ausgebeulten Taschen die Treppe hoch. Sah aus wie Pennerin mit Supermarkt-Caddy. »Uuugh! Was riecht denn hier so verboten?«

Constance, mein Patenkind (sie wird nächste Woche drei), sagte, sie hätte mir ein Geschenk mitgebracht. Sie war ziemlich stolz auf ihr Geschenk und überzeugt, es würde mir gefallen. Geschenk aufgeregt ausgepackt. War Katalog für Einbaukamine.

»Sie hält es für eine Zeitschrift«, flüsterte Magda mir zu.

Tat also überglücklich. Constance strahlte und gab mir einen Kuss, was ich echt lieb fand. Dann setzte sie sich zufrieden vor den Fernseher mit dem *Pingu*-Video.

»Sorry, dass ich jetzt einfach so abhauen muss«, sagte Magda, »aber ich komme sonst zu spät zum Friseur. Alles, was du brauchst, findest du in der Tasche unter dem Kinderwagen. Aber pass auf, dass sie von dem Loch in der Wand wegbleiben.«

So weit schien alles in Ordnung. Baby war am Schlafen. Harry, der bald ein Jahr alt wird, saß neben ihm im Doppel-Buggy, hielt einen knüsseligen Stoffhasen in der Hand und war offenbar selber drauf und dran, einzuschlafen. Aber kaum fiel unten die Tür ins Schloss, schrien beide wie am Spieß. Und als ich sie aufnehmen wollte, traten die kleinen Füßchen nach mir, als wollte ich ihnen ans Leben.

Habe dann alles versucht, das Geschrei abzustellen, außer fesseln und knebeln. Aber sogar Pantomime-Einlage (ich als Louis Armstrong) war sinnlos.

Constance schaute vom Fernseher auf, nahm ihr Fläschchen aus dem Mund, sagte: »Sie haben Hunger.« Und dann: »Ich kann durch dein Nachthemd sehen.«

Sehr beschämt, weil dreijähriges Kind bessere Erdmutter als ich. Dann Fläschchen aus der Tasche geholt und den Kindern gegeben, sofort war alles still. Nuckelten hingebungsvoll, trotzdem immer wieder misstrauische Blicke unter gesenkten

Brauen, als wäre ich vom Finanzamt, von der Steuerfahndung etc.

Wollte mich schon ins Schlafzimmer verdrücken, um mich umzuziehen, als das Geschrei wieder von vorn losging. Kein Entkommen. Endete damit, dass ich mich im Wohnzimmer umzog, beobachtet von Kids, die umgekehrten Striptease ganz spannend fanden.

Den Buggy mit allem Drum und Dran nach unten auf die Straße zu befördern, war größere Operation. Dafür auf den Spielplatz umso schöner. Laut Magda ist Harry mit dem Spracherwerb noch nicht so weit, dafür identifiziert sich Constance komplett mit der Erwachsenenwelt und war bereit, mir mit Rat und Tat zur Seite zu stehen. Das Geplapper des Kleinen verstand sie so: »Ich glaube, er will auf die Schaukel.« Und als ich eine Tüte Schoko-Bonbons kaufte, meinte sie: »Das erzählen wir aber nicht den anderen.«

Später zurück nach Hause. Vor der Haustür die Katastrophe. Harry musste erst niesen, dann schoss ein riesiger, ekliger, grüner Schleimbatzen aus seiner Nase und klatschte wie Glibbernetz von Dr. Who wieder voll auf sein Gesicht. Ich gleich hin, abwischen, aber Constance so erschrocken, dass sie mir aus lauter Sympathie auf die Haare kotzte. Am Ende sämtliche Kids am Heulen und ich alle Hände voll zu tun, Situation in den Griff zu kriegen. Harry Gesichtchen abgeputzt, beruhigendes Liedchen gesungen: »I Will Always Love You«.

Wunder über Wunder, ein paar Sekunden lang war alles still! Ich vollkommen überwältigt von eigenen Erdmutter-Qualitäten. Deshalb kurzerhand auch noch die zweite Strophe gesungen, Strahlegesicht dazu gemacht. Da nimmt der Kleine den Schnuller aus dem Mund und steckt ihn mir zwischen die Lippen.

»Hallo, Bridget«, sprach eine männliche Stimme, als Harry wieder anfing zu schreien. Ich, Schnuller im Mund, drehte mich um, und starrte in das erstaunte Gesicht von Mark Darcy.

»Das sind Magdas Kinder«, sagte ich.

»Ach so, ich dachte schon … in dem Fall wäre es tatsächlich sehr schnell gegangen. Oder ein wohlgehütetes Geheimnis.«

»Wer ist das?« Constance hatte meine Hand genommen und schaute Mark forschend an.

»Ich bin Mark«, sagte er, »ich bin ein Freund von Bridget.«

»Oh«, sagte sie, blieb aber misstrauisch.

»Sie hat aber denselben Gesichtsausdruck wie du«, meinte er und musterte mich auf eine Art, die ich nicht verstand. »Kann ich dir mit dem Kinderwagen helfen?«

Wir dann gemeinsam die Bagage nach oben gebracht. Ich mit dem Baby im Arm und Constance an der Hand, er mit dem Buggy unterm Arm und Harry an der Hand. Aus irgendeinem Grund sprachen wir kein Wort miteinander, nur zu den Kindern. Dann hörte ich Stimmen auf meiner Treppe. Zwei Polizisten durchwühlten den Schrank im Flur. Sagten, die Nachbarn hätten sich beschwert wg. Gestank.

»Geh mit den Kindern schon mal vor, ich regle das hier«, sagte Mark. Fühlte mich wie Maria in der *Trapp-Familie*, wo sie gerade das Konzert gesungen haben. Da bringt Maria auch die Kinder zum Auto, während Hauptmann von Trapp der Gestapo entgegentritt.

Fröhlich, als hätte das alles seine Richtigkeit, redete ich weiter mit den Kindern, schob oben das *Pingu*-Video in den Rekorder, füllte Fruchtsaft (ohne Zucker) in die Fläschchen und setzte mich zwischen sie auf den Fußboden, worüber sie alle so recht zufrieden waren.

Dann erschien Polizist auf der Bildfläche. Polizist hatte Sporttasche in der Hand, die ich als die meine identifizierte. Zog mit behandschuhter Hand einen Polybeutel mit blutverschmiertem, stinkenden Fleisch aus der Seitentasche, hielt es mir vorwurfsvoll hin. »Gehört das Ihnen? Das war in dem Schrank im Flur. Wir würden Ihnen gerne ein paar Fragen stellen.«

Ich stand auf. Die Kinder starrten gebannt auf die Mattscheibe mit *Pingu*. Da stand Mark in der Tür.

»Wie ich schon sagte, ich bin der Anwalt«, sagte er mit einer Freundlichkeit in der Stimme, die eine klare Warnung an die Polizisten enthielt, es mit dem Diensteifer nicht zu übertreiben.

In diesem Moment klingelte das Telefon.

»Soll ich drangehen, Miss?«, fragte einer der Polizisten. Dachte wahrscheinlich, es wäre der Leichenteile-Service, der die nächste Lieferung ankündigte. Mir war nach wie vor schleierhaft, wie das Stück Fleisch in meine Tasche kam. Der Polizist hielt den Hörer ans Ohr, lauschte ein paar Sekunden lang mit schreckerfülltem Gesicht und schob mir dann den Apparat zu.

»Oh, hallo, Liebes, wer war denn das? Hast du einen Mann im Haus?«

In diesem Moment fiel bei mir der Penny. Die Tasche hatte ich doch zuletzt bei meinen Eltern benutzt.

»Mum«, sagte ich, »bei dem Mittagessen neulich, hast du mir da was in die Tasche getan?«

»Ja, richtig, jetzt, wo du es sagst. Die beiden Filetsteaks, weißt du nicht mehr? Du hast dich nicht einmal bedankt. Ich habe sie dir in die Seitentasche gesteckt. Und ich sage noch zu Una, Filetsteaks sind nicht gerade billig heutzutage.«

»Aber warum hast du mir das nicht gesagt?«

Es gelang mir schließlich, völlig uneinsichtige Mutter dazu zu bringen, Fall vor der Polizei aufzuklären. Aber selbst dann wollten sie das Fleisch noch zur Laboruntersuchung mitnehmen und mich am liebsten auch, von wegen Vernehmung auf dem Präsidium, worauf Constance anfing zu weinen. Ich nahm sie in den Arm, und sie klammerte sich an meinen Pulli, als wollte man mich jeden Moment den Löwen vorwerfen.

Aber Mark lachte nur, legte einem der Polizisten die Hand auf die Schulter und sagte: »Also, meine Herren, jetzt lassen Sie es mal gut sein. Es handelt sich um nichts weiter als ein paar

Filetsteaks, die ihr von ihrer Mutter mitgegeben worden sind. Ich bin sicher, Sie haben weit Wichtigeres zu tun.«

Die Polizisten sahen einander an, nickten, klappten ihre Notizbücher zu und setzten ihre Helme auf. Der Dienstältere sagte: »Okay, Miss Jones. Aber passen Sie in Zukunft auf, was Ihnen Ihre Mutter in die Tasche steckt. Vielen Dank für die Hilfe, Sir. Schönen Tag. Ihnen auch, Miss.«

Es entstand eine Pause, in der Mark unschlüssig auf das Loch in der Wand starrte. Dann sagte er: »Na, dann noch viel Spaß mit *Pingu*«, und rannte die Treppe hinunter, den Polizisten hinterher.

Mittwoch, 21. Mai

57,5 kg; Alkoholeinheiten: 3 (s. g.); Zigaretten 12 (hervorragend); Kalorien 3.425 (aber nicht von Essen); Fortschritt in Sachen Loch in der Wand: 0; positive Gedanken über Gardinenstoff als Ausgangsmaterial für Festgarderobe: 0.

Jude ist vollkommen verrückt geworden. War gerade bei ihr. Überall Brautzeitschriften, Stoffmuster, mit Goldfarbe übersprühte Himbeeren, Kataloge für so nützliche Sachen wie Geschirrset, Grapefruitmesser, Kochlöffelständer etc., dazu Tontöpfe mit allerlei Grünzeug und Bastelstroh.

»Also ich möchte lieber eine Juchte oder Joguchte oder wie das heißt, nicht so einen blöden Baldachin. Das ist ein Nomadenzelt aus Afghanistan mit Teppichen drin und mit so hohen ›Party-Öllampen, patiniert‹.«

»Und was willst du tragen?«, fragte ich, während ich durch den Katalog mit Brautkleidern und den superdünnen Models mit ganzen Blumengebinden auf dem Kopf blätterte.

»Es wird gerade genäht. Abe Hamilton! Traumhafte Spitze und ganz tiefer Ausschnitt.«

»Wofür denn einen Ausschnitt?«, murmelte Shaz bösartig.

»Also für das Mega-Möpse-Magazin würde ich dich nicht vorschlagen.«

»Bitte?«, fragte Jude unterkühlt.

»Das ist so: Für einen Ausschnitt braucht man entsprechend Holz vor der Hütten«, erklärte ich.

»Es heißt nicht ›vor der Hütten‹, sondern ›vor der Hütte‹«, meinte Shazzer.

»Kinder«, sagte Jude wie früher unsere Sportlehrerin, wenn wir uns in einer Reihe aufstellen mussten, »können wir jetzt bitte weitermachen?«

Interessant war das Wort »wir«. Plötzlich schien es, als sei dies hier nicht allein Judes Hochzeit, sondern eine Gemeinschaftsaufgabe, angefangen bei den »150 Party-Öllampen, patiniert« bis hin zum Besuch einer Schönheitsfarm.

»Darf ich jetzt auch mal was sagen?«, fragte Shaz.

»Darfst du«, sagte Jude.

»LASS DIE FINGER VON RICHARD DEM GEMEINEN! Er ist ein unzuverlässiger, egoistischer, eitler, untreuer Flachwichser. Wenn du ihn heiratest, nimmt er dich aus wie eine Weihnachtsgans und macht sich mit der nächstbesten Schlampe aus dem Staub. Selbst mit einem Ehevertrag wärst du nicht ...«

Jude wurde ganz still. Shaz trat mir gegen das Schienbein, um Unterstützung einzufordern, und mir war klar, dass dies die letzte Chance war, Jude auf den rechten Weg zurückzuführen.

»Hier, hört mal, was hier steht«, sagte ich und zitierte aus *Alles für die Braut*. »›Trauzeuge: Bei der Wahl des Trauzeugen stehen vor allem besondere charakterliche Eigenschaften wie Verantwortungsbewusstsein und ein hohes Maß an ... blablabla im Vordergrund ...‹«

Ich schaute zufrieden in die Runde, als sei damit Shazzers Auffassung bewiesen, aber die Reaktion war allgemein wenig begeistert. »Außerdem«, sagte Shaz, »meinst du nicht, so eine Hochzeit belastet eure Beziehung? Die Rolle der unerreichbaren Geliebten kannst dir so jedenfalls abschminken.«

Jude seufzte, während wir sie gespannt ansahen.

»Nun gut«, sagte sie schließlich, »kommen wir zu den Pflichten der Brautjungfern.«

Shaz zündete sich eine Silk Cut an. »Okay, was sollen wir anziehen?«

Jude war auf einmal wieder ganz in ihrem Element. »Also, ich denke, auch eure Kleider sollten maßgefertigt werden. Hier, schaut mal, was ich gefunden habe.« Sie las aus einem Artikel mit dem Titel *50 wertvolle Spartipps für den großen Tag.* »Für die Kleider der Brautjungfern genügen bereits einfache, leichte Gardinenstoffe oder andere Heimtextilien, um optisch ansprechende Ergebnisse zu erzielen.«

Gardinenstoffe? Heimtextilien?

»Und hier«, fuhr Jude fort, »unter ›Gästeliste‹ steht, man sollte im Zweifelsfall den neuen Partner eines Gastes nicht unbedingt einladen. Aber sie hat gleich gesagt: ›Was *uns* angeht, *wir* würden gerne kommen.‹«

»Wer?«, fragte ich.

»Rebecca.«

Fassungslos starrte ich auf Jude. Nein, das würde sie mir nicht antun! Sie erwartet nicht im Ernst von mir, dass ich im Outfit eines Sofas durch den Mittelgang der Kirche schreite, vorbei an Mark und Rebecca, die Händchen haltend zuschauen.

»Ich meine, sie haben mich sogar eingeladen, mit ihnen in Urlaub zu fahren. Nicht, dass ich das annehmen würde, aber … Aber ich glaube, Rebecca war wirklich verletzt, dass ich ihr nicht eher von meiner Hochzeit erzählt habe.«

»Sag mal, spinnst du?«, explodierte Shazzer. »Schon mal etwas von dem Wort ›Freundschaft‹ gehört? Neben mir ist Bridget deine beste Freundin! Und Rebecca, dieses schamlose Luder, hat sich Mark gekrallt! Aber anstatt damit halbwegs taktvoll umzugehen, lässt sie es auch noch voll raushängen. Und nicht nur das! Sie will auch noch alle in ihr Netz einspinnen, damit Mark keine Chance mehr hat, sich von ihr zu lösen. Und du, du wehrst dich nicht einmal dagegen, du machst mit! Das ist überhaupt das Problem heutzutage: Alles ist verzeihlich, nichts ist wirklich schlimm. Ehrlich, Jude, ich kriege das Kotzen, wenn ich nur darüber nachdenke. Wenn dir unsere Freundschaft so wenig bedeutet, dann nimm doch Rebecca als Brautjungfer. Soll sie sich doch für diese peinliche Show zur Verfügung stellen – mit Ikea-Vorhängen am Leib. Mal sehen, wie das wird. Und dein Juchten-Dingsbums kannst du dir gleich in den Hintern schieben!«

Damit war erst mal Feierabend. Sharon und ich sprechen nicht mehr mit Jude. Herrje, muss das alles sein?

KAPITEL 9

Bessere Kreise

Sonntag, 22. Juni

58,5 kg; Alkoholeinheiten: 6 (das war ich Constance irgendwie schuldig); Zigaretten: 5 (s. g.); Kalorien: 2.455 (aber fast nur Sachen mit Orangen-Zuckerguss); entlaufene Tiere: 1; Übergriffe von Kindern: 2.

Gestern Geburtstagsfete von Constance. Kam eine Stunde zu spät und bin dann durchs Haus gelaufen, immer dem Kindergeschrei nach. Draußen im Garten ein einziges Tohuwabohu. Erwachsene, die hinter Kindern herrannten, Kinder, die hinter Karnickeln herrannten. Die hintere Ecke des Gartens war mit einem niedrigen Zaun abgesperrt, dort waren untergebracht: zwei Kaninchen, eine Wüstenspringmaus, ein kränkliches Schaf und ein hängebäuchiges Schwein.

Ich blieb an der Terrassentür stehen, sah mich nervös um. Mein Herz machte einen Satz, als ich Mark erblickte, wie üblich mehr oder weniger für sich selbst in seiner distanzierten Party-Pose. Er sah zu mir herüber, und eine Sekunde lang trafen sich unsere Blicke, bevor er mir betreten zunickte und dann wegschaute. Dann bemerkte ich Rebecca, sie hockte neben ihm auf der Erde, zusammen mit Constance.

»Constance! Hier, guck mal, guck doch mal!«, schnurrte Rebecca und wedelte ihr mit einem japanischen Fächer vor der Nase herum, worauf Constance die Stirn runzelte und sie verärgert ansah.

»Schau mal, wer hier ist«, sagte Magda und zeigte, halb gebückt, auf mich.

Ein verstohlenes Lächeln huschte über ihr Gesicht, dann

kam sie tapsig auf mich zugerannt, und Rebecca stand ziemlich dumm da mit ihrem Fächer. Ich bückte mich, sie schlang ihre kleinen Ärmchen um meinen Hals und drückte ihr erhitztes Gesicht gegen meines.

»Hast du mir ein Geschenk mitgebracht?«, flüsterte sie.

Erleichtert darüber, dass dieser Beweis einer scharf kalkulierenden Liebe für die anderen nicht zu hören war, flüsterte ich: »Schon möglich.«

»Und wo?«

»In meiner Tasche.«

»Sollen wir gehen und die Tasche holen?«

»Ach, ist sie nicht süß?«, trillerte Rebecca. Ich hob den Blick und sah, wie Mark und Rebecca mich beobachteten, während Constance meine Hand nahm und mich in das kühle Haus zog.

War selber nicht unzufrieden über das Geschenk, das ich Constance mitgebracht hatte: Tüte Galaxy Minstrels und pinkfarbenes Barbie-Tutu mit Glitzergold drauf. Für Letzteres hatte ich mehrere Woolworth-Filialen abgeklappert. Es gefiel Constance auch sehr gut, und sie wollte es – wie jede Frau – gleich anprobieren.

»Constance«, sagte ich, nachdem wir es ausgiebig bewundert hatten, »freust du dich mehr über das Geschenk oder dass ich da bin?«

Sie legte die Stirn in Falten und sagte: »Über das Geschenk.«

»Alles klar«, sagte ich.

»Bridget?«

»Ja?«

»In deiner Wohnung …«

»Was ist mit meiner Wohnung?«

»Warum hast du da keine Spielsachen?«

»Na ja, weil ich schon aus dem Alter raus bin, jedenfalls für *diese* Art Spielsachen.«

»Und warum hast du kein Spielzimmer?«

»Weil ich keine Spiele mehr spiele. Oder wenn, dann andere.«

»Und warum hast du keinen Mann?«

Ich war wie vom Schlag getroffen. Da geht man auf einen Kindergeburtstag, und ein dreijähriges Kind stellt einem die gleiche verhasste Frage wie die Erwachsenen.

Setzte mich auf die Treppe und erklärte ihr lang und breit, dass die Menschen eben verschieden seien und dass es unter all den verschiedenen Menschen eben auch so genannte Singles gebe. Auf einmal stand Mark vor uns.

»Ähm, entschuldige... die Toilette ist oben, nehme ich an?«, sagte er beiläufig. Und dann: »Hallo, Constance, wie geht's Pingu?«

»Pingu ist doch nicht echt«, erwiderte sie genervt.

»Klar, natürlich. Ich bin manchmal ein bisschen dumm, weißt du«, sagte er und sah mir tief in die Augen. »Na, jedenfalls herzlichen Glückwunsch zum Geburtstag.« Dann, ohne weitere Begrüßung oder gar ein Küsschen für mich, quetschte er sich an uns vorbei nach oben. »Ich bin manchmal ein bisschen dumm!« Bezog sich das vielleicht insgeheim auf mich? Oder war er immer noch der Meinung, ich hätte etwas mit Zimmermann Gary oder dem Typen aus der Reinigung gehabt? Na, ist mir auch egal. Es spielt sowieso keine Rolle mehr, mir geht's nämlich wieder gut und ich habe die Trennung vollständig verarbeitet. Alles läuft bestens.

»Du siehst so traurig aus«, sagte Constance. Sie überlegte einen Moment, nahm dann ein angelutschtes Galaxy Minstrel aus dem Mund und steckte es in meinen. Dann gingen wir hinaus, um den anderen das Barbie-Tutu zu zeigen, wobei sich eine zu allem entschlossene Rebecca gleich wieder vordrängte und Constance hochhob.

»Oh, schau mal, ist das eine Fee? Bist du eine Fee? Was bist du denn für eine Fee? Wo ist dein Zauberstab?«

»Tolles Geschenk hast du da mitgebracht«, sagte Magda.

»Komm, ich hol' dir erst mal was zu trinken. Cosmo kennst du ja, oder?«

»Kann man so sagen.« Und mir brach der kalte Schweiß aus.

»Soso! Bridget! Schön, dich zu sehen«, dröhnte Cosmo und zog mich mit Blicken aus. »Wie läuft's im Job?«

»Wunderbar, kann nicht klagen«, log ich und war schon froh, dass er nicht direkt auf mein Liebesleben zu sprechen kam. Meine Güte, es war doch wirklich immer dasselbe. »Ich arbeite jetzt beim Fernsehen.«

»Fernsehen? Ist ja toll! Alle Achtung! Auch vor der Kamera?«

»Ab und zu, ja«, sagte ich mit der falschen Bescheidenheit des wahren Stars.

»Also eine echte Fernsehpersönlichkeit, was? Und was macht…«, hier beugte er sich besorgt nach vorn, »… was macht das Privatleben?«

Unglücklicherweise kam Shazzer in diesem Moment vorbei. Sie starrte Cosmo ins Gesicht wie Clint Eastwood, wenn er den Gegner durchschaut hat.

»Sag mal, was soll denn diese Scheißfrage?«, knurrte sie.

»Wie bitte?« Cosmo, der sie nicht hatte kommen sehen, drehte sich erschrocken um.

»Na, die Frage nach Bridgets Privatleben. Geht dich das was an, oder was? Was denkst du dir dabei?«

»Nein, du verstehst das völlig falsch, ich… ich interessiere mich eben… wann sie endlich… du weißt schon…«

»Du meinst, wann sie endlich heiratet? Das bedeutet, weil ihr Leben etwas anders läuft als deines, hast du ein Recht, dich einzumischen? Darf ich fragen, wie es in deinem Privatleben aussieht, Cosmo? Wie geht's mit Woney?«

»Nun ja, wie soll es schon gehen… ich, ich…« Cosmo war völlig fertig und puterrot im Gesicht.

»Oh, das tut mir aber Leid. Haben wir da etwa was Falsches gesagt? Komm, Bridget, gehen wir. Ich bin aber heute auch so was von taktlos!«

»Shazzer«, sagte ich in sicherer Entfernung, »das kannst du doch nicht machen!«

»Und warum nicht?«, entgegnete sie. »Was zu viel ist, ist zu viel. Diese Leute erlauben sich, uns permanent auf ihre ach so fürsorgliche Art zu beleidigen. Ich wette, Cosmo hätte nichts dagegen, wenn diese fette Wachtel Woney mal zwanzig Kilo abnehmen und vor allem ihre laute Lache etwas runterdrehen würde. Trotzdem nehmen wir uns nicht heraus, ihn direkt darauf anzusprechen oder sonst irgendwie Salz in die Wunde zu streuen. Aber genau das tun diese Leute.« Ein böses Glitzern funkelte in ihren Augen. »Vielleicht sollten wir ruhig mal den Spieß umdrehen. Wird ihnen eine Lehre sein.« Dabei ergriff sie meinen Arm und zog mich Richtung Cosmo, doch abermals kamen Mark, Rebecca und Constance dazwischen. Auch das noch.

»Na, wer glaubst du, ist wohl älter: ich oder Mark?«, sagte Rebecca.

»Mark«, sagte Constance trotzig und schaute sich nach allen Seiten um, als wollte sie am liebsten abhauen.

»Und wer, glaubst du, ist von deiner Mami und mir die ältere?«, fragte Rebecca lustig weiter.

»Mami«, antwortete das Kind unloyal, worauf Rebecca in ihr bekanntes Kichern ausbrach.

»Und wer ist von mir und Bridget die ältere?«, fragte sie und zwinkerte mir schelmisch zu.

Constance sah mich fragend an, während Rebecca ihr Lächeln erstrahlen ließ. Ich wies kurz mit dem Kopf auf Rebecca.

»Du«, sagte Constance.

Mark Darcy brach in Lachen aus.

»Sollen wir Zauberfee spielen?«, säuselte Rebecca daraufhin, das Thema wechselnd, und nahm Constance an der Hand. »Wohnst du auch in einem Feenschloss? Ist Harry auch eine Fee? Wo hast du denn deine Feen-Freunde gelassen?«

»Bridget«, erklärte Constance ernst, »sag der Frau, dass ich gar keine Fee bin.«

Später Shazzer davon erzählt. Sie aber sagte nur: »Ach du Scheiße, schau mal, wer da kommt.«

Am anderen Ende des Gartens stand Jude, ganz in Türkis. Sie unterhielt sich mit Magda, aber ohne Richard den Gemeinen.

»Die Mädels sind auch schon da«, meinte Magda fröhlich. »Da hinten. Siehst du sie?«

Shaz und ich vertieften uns angestrengt in den Anblick unserer Drinks, als hätten wir von alledem nichts bemerkt. Als wir wieder hinsahen, war Rebecca schon da und quatschte Jude und Magda die Ohren voll wie eine umtriebige Literatur-Schnepfe, die soeben Martin Amis zusammen mit Gore Vidal entdeckt hat.

»Ach, Jude, ich bin ja sooo glücklich für dich, es ist einfach traumhaft«, sprudelte sie.

»Keine Ahnung, was die für Trips geschluckt hat, aber ich möchte auch welche davon«, raunte Sharon.

»Und du, Magda, du und Jeremy, ihr müsst unbedingt vorbeikommen«, hielt sie sich dran. »Und bringt die Kinder mit, ihr müsst unbedingt die Kinder mitbringen. Ich liebe Kinder! Zweite Juliwoche. Im Haus meiner Eltern in Gloucestershire. Das Schwimmbad wird ihnen gefallen. Es kommen lauter nette Leute, Louise Barton-Foster, Woney und Cosmo und…« Meiner Ansicht nach fehlten eigentlich nur Schneewittchens Stiefmutter, Freddy Krueger und Caligula.

»… und Jude und Richard und natürlich auch Mark, dazu Giles und Nigel aus Marks Kanzlei…«

Ich sah, wie Jude zu uns herüberschaute. »Und was ist mit Bridget und Sharon?«, fragte sie.

»Was?«, sagte Rebecca.

»Sind Bridget und Sharon auch eingeladen?«

»Oh«, verhaspelte sie sich, »aber natürlich, ich… ich bin bloß nicht sicher, ob auch genügend Betten da sind, aber zur Not können sie ja im Cottage übernachten.« Alle schauten sie an.

»Ja doch, sie sind auch eingeladen.« Panisch blickte sie umher. »Ach, da seid ihr ja! Ihr kommt doch auch am zwölften Juli, oder?«

»Wohin?«, fragte Sharon.

»Nach Gloucestershire.«

»Davon hat uns keiner was gesagt«, entgegnete Sharon.

»Aber jetzt wisst ihr's. Zweites Juliwochenende. Kurz hinter Woodstock. Aber Bridget war ja schon mal dort, nicht wahr, Bridget?«

»Stimmt«, sagte ich mit rotem Kopf, weil mir im selben Moment das damalige Katastrophen-Wochenende wieder einfiel.

»Na dann abgemacht. Aber du kommst auch, Magda, und dann können wir…«

»Also ich weiß nicht…«, unterbrach ich.

»Doch, wir kommen sehr gern«, sagte Sharon und trat mir auf den Fuß.

»Hör mal, was soll das heißen?«, fragte ich, als Rebecca abgezogen war.

»Es soll heißen, dass wir hinfahren, was sonst? Du lässt doch hoffentlich nicht zu, dass sie dir nach und nach alle deine Freunde abspenstig macht? Jeden verstrickt sie in ihre so genannten besseren Kreise, erhebt sie in den bitter benötigten Freundesstand, damit sie und Mark in aller Öffentlichkeit Hof halten können und sich nicht so allein fühlen.«

»Bridget?«, fragte eine vornehme Stimme. Ich wandte mich um und sah einen untersetzten Mann mit mittelblondem Haar und Brille. »Hallo, ich bin Giles, Giles Benwick. Ich arbeite mit Mark zusammen. Erinnern Sie sich an mich? Der Abend, an dem mich meine Frau verlassen hat… Sie haben mir wirklich sehr geholfen.«

»Ja, richtig, Giles. Wie geht's Ihnen denn?«, sagte ich. »Kommen Sie zurecht?«

»Nein, ehrlich gesagt nicht so besonders«, sagte Giles, worauf sich Sharon mit einem viel sagenden Blick verabschiedete.

Giles nahm die Gelegenheit wahr und lieferte mir einen vollständigen Bericht vom Scheitern seiner Ehe.

»Ihr Rat war wirklich Gold wert«, sagte er und sah mich ernst an. »Ich habe dann sogar dieses Buch gekauft, *Männer sind vom Mars, Frauen von der Venus*. Ein ausgesprochen gutes, wirklich empfehlenswertes Werk, obwohl sich dadurch an Veronicas Scheidungsabsicht nicht das Geringste geändert hat.«

»Es ist auch eher für Ihre künftigen Beziehungen gedacht als für Ihre Scheidung«, gab ich zu bedenken, weil ich auf das Mars-und-Venus-Konzept nichts kommen lassen wollte.

»Wie wahr, wie wahr«, räumte Giles ein. »Aber sagen Sie, haben Sie *Die Macht der geistigen Heilung* gelesen, von Louise Hay?«

»Aber natürlich!«, rief ich begeistert. Hier war endlich einmal ein Mann mit profunden Kenntnissen über Ratgeber, und es machte richtig Spaß, mit ihm über die verschiedenen Bücher zu diskutieren, obwohl er mir fast einen Pilz ans Ohr redete. Schließlich traten Magda und Constance zu uns.

»Giles, ich muss dich unbedingt meinem Freund Cosmo vorstellen!«, rief Magda und verdrehte diskret die Augen. »Und, Bridge, würde es dir was ausmachen, einen Moment lang auf Constance aufzupassen?«

Ich kniete mich neben Constance hin, die offenbar über den ästhetischen Effekt von Schokoladenflecken auf einem Barbie-Tutu besorgt war. Eben in dem Augenblick, da wir überein gekommen waren, dass Schokolade auf einem Tutu gleichermaßen ungewöhnlich wie cool aussah, kam Magda zurück. »Ich fürchte, der gute alte Giles hat sich in dich verknallt«, sagte sie trocken und brachte Constance aufs Töpfchen. Aber ehe ich wieder aufstehen konnte, haute mir jemand auf den Hintern.

Ich drehte mich um – und dachte zugegebenermaßen: vielleicht Mark Darcy! Aber es waren Woneys Sohn William und sein Freund, die sich hinter mir einen Ast lachten.

»Noch mal, noch mal«, sagte William, und der andere ließ

sich nicht lange bitten. Ich wollte hoch, doch William, der ziemlich groß war für seine sechs Jahre, hängte sich von hinten an meinen Hals.

»Verdammt noch mal, hört auf damit!«, rief ich mit dem letzten Rest von Erwachsenen-Autorität. Leider brach in diesem Moment im hinteren Teil des Gartens das pure Chaos aus. Das hängebäuchige Schwein war aus seinem Gehege getürmt und rannte quiekend kreuz und quer über den Rasen. Eltern liefen angstvoll zu ihren Kindern, aber William und sein Freund ließen einfach nicht von mir ab. Der eine hing mir am Hals, der andere klatschte mir auf den Hintern. Vor allem William war erstaunlich stark. Mir tat der Rücken weh, doch sie schienen einen Heidenspaß zu haben.

Dann, von einem Augenblick auf den nächsten, war ich die Quälgeister los. Ich spürte, wie die Arme mich losließen, das Klatschen auf meinen Hintern aufhörte. Ich musste erst mal durchatmen und wieder zu mir kommen. Ich drehte mich um und sah Mark Darcy. Er marschierte auf das Haus zu – mit je einem strampelnden Jungen unter dem Arm.

Eine ganze Weile war man noch mit dem Einfangen des Schweins beschäftigt, und Jeremy hielt dem Wärter des Streichelzoos einen wütenden Vortrag über Sicherheitsvorkehrungen in der Kleintierverwahrung. Irgendwann tauchte Mark wieder auf. Er hatte sein Jackett angezogen und verabschiedete sich von Magda, woraufhin auch Rebecca gleich ankam und ebenfalls gehen wollte. Ich schaute weg und versuchte, nicht über die beiden nachzudenken. Aber plötzlich kam Mark auf mich zu.

»Ähm, ich gehe jetzt«, sagte er, und ich hätte schwören können, dass er mir dabei in den Ausschnitt schaute. »Pass bitte auf, dass sich nicht wieder irgendwelche Fleischwaren in deine Handtasche verirren, ja?«

»Ja«, sagte ich. Einen Moment lang sahen wir uns nur an. »Ach, und übrigens vielen Dank für … für die …« Ich wies mit dem Kopf auf den Schauplatz des Geschehens.

»Keine Ursache«, sagte er leise. »Sag Bescheid, wenn ich dir noch mal die Jungs vom Hals halten soll.« Und wie aufs Stichwort kam jetzt der verdammte Giles Benwick mit zwei Drinks an.

»Du gehst schon?«, fragte er. »Ich für meinen Teil wollte gerade das Gespräch mit Bridget noch etwas vertiefen und ihren wertvollen Rat einholen.«

Mark sah erst auf mich, dann auf seinen Kollegen.

»Ich bin sicher, du bist bei ihr in guten Händen«, erwiderte er kühl. »Wir sehen uns Montag im Büro.«

Mist, Mist, Mist. Warum flirten eigentlich die Typen immer nur dann mit mir, wenn Mark in der Nähe ist?

»Bis dann – in der alten Tretmühle!«, sagte Giles und schlug ihm auf die Schulter. »Fahrt zu, fahrt zu, fahrt immer nur zu! Und ab dafür!«

In meinem Kopf drehte sich alles, während sich Giles dranhielt mit *Angstfrei die Angst besiegen* und dass er mir das Buch schicken wollte etc. Er wollte auch wissen, ob Sharon und ich am zwölften mit nach Gloucestershire kämen. Aber die Sonne war untergegangen, und überall war das Gequengel der Kinder zu hören und das unvermeidliche »sonst gibt's Haue auf den Popo« der Mütter. Aufbruchstimmung.

»Bridget«, sagte Jude, »hast du Lust, noch ins *192* zu gehen?«

»Nein, haben wir nicht«, blaffte Sharon. »Wir wollten uns nämlich noch eine Autopsie ansehen.« Was gelogen war, denn Sharon hatte sich mit Simon verabredet. Jude sah ganz elend und unglücklich aus. O Gott, diese verfluchte Rebecca. Alles kaputtmachen, das kann sie. Ich sollte aber nicht immer die Schuld bei anderen suchen, sondern selber die Verantwortung übernehmen für das, was mit mir geschieht. Habe ich zumindest kürzlich irgendwo gelesen. Eben.

Dienstag, 1. Juli

57,5 kg (es klappt, es klappt!); Fortschritt in Sachen Loch in der Wand: 0.

Ich denke, ich muss es wohl oder übel akzeptieren. Die Sache mit Mark und Rebecca ist gegessen. Ich kann nichts dagegen tun. Habe noch etwas im *Geheimen Weg* gelesen und festgestellt: Man kann nicht alles haben im Leben. Vielleicht etwas, aber nie alles. Und es geht auch nicht darum, was dir im Leben alles passiert, sondern wie du damit umgehst. Will auch nicht länger über die Vergangenheit nachdenken mit all den hoffnungslosen Männergeschichten. Was zählt, ist die Zukunft. Hoppla, Telefon! Hurra! Ich hab's gewusst.

War Tom, der sich bei mir ausheulen wollte. Nett. Bis er sagte: »Übrigens, ich habe heute Abend Daniel Cleaver gesehen.«

»Wirklich«, rief ich mit einem Anflug von Kloß im Hals. »Wo?« Aber dann wurde mir klar, ich bin nicht mehr die Bridget von damals, bin innerlich gewachsen, und solche Beziehungs-Katastrophen wie früher (einschließlich nackter Frau auf Dachterrasse von damaligem Freund) wären heute unmöglich. Trotzdem, auf die Gespenster der Vergangenheit, die auf einmal ihr niederträchtiges Haupt erhoben wie Monster von Loch Ness, konnte ich gut verzichten.

»Im *Groucho Club*«, sagte Tom.

»Und? Hast du ihn gesprochen?«

»Ja.«

»Und was hast du gesagt?« Aufgabe von guten Freunden wäre es hier, Ex-Lover durch Nichtbeachtung zu strafen und nicht zu versuchen, mit beiden Seiten klarzukommen wie Tony und Cherie mit Charles und Diana. Riecht immer nach Verrat.

»Ja, was habe ich da gesagt? Das weiß ich eigentlich gar nicht mehr. Ich glaube, so etwas wie: ›Warum warst du nur so scheußlich zu Bridget, die doch immer so nett ist?‹«

Irgendetwas verriet mir, dass er das exakt so bestimmt *nicht* gesagt hatte.

»Gut«, erwiderte ich, »sehr gut.« Dann sagte ich erst mal nichts, entschlossen, das Thema zu wechseln. Ich meine, was kümmert es mich, was Daniel gesagt hat?

»Und was hat Daniel gesagt?«

»Also er sagte…«, und Tom fing an zu kichern. »Er sagte…«

»Was?«

»Er sagte…« Und Tom bekam einen richtigen Lachkrampf.

»Was denn? Was? Wa-haaas?«

»Wie man nur mit jemandem zusammen sein kann, der nicht einmal weiß, wo Deutschland liegt.«

Darüber musste ich jetzt selber kichern, geradeso, als hätte jemand gesagt, meine Großmutter sei gestorben und ich hätte nicht kapiert, dass es diesmal kein Witz war. Umso härter traf mich die Wahrheit, und ich musste mich erst mal am Küchentisch festhalten.

»Bridge?«, sagte Tom. »Alles klar? Entschuldige, ich musste so lachen, weil es einfach … einfach so lächerlich ist. Ich meine, natürlich weißt du, wo Deutschland liegt, oder? Oder?«

»Ja«, flüsterte ich schwach.

Es folgte eine längere Pause, in der ich verarbeiten konnte, dass Daniel mich offenbar abgeschossen hatte, weil er mich schlicht und ergreifend für zu blöd hielt.

»Und?«, sagte Tom unbeschwert, »wo liegt jetzt Deutschland?«

»In Europa.«

»Richtig, in Europa. Und wo genau in Europa?«

Ehrlich, wer muss heutzutage noch wissen, wo welches Land liegt? Man kauft sich ein Flugticket und fliegt einfach hin. Und im Reisebüro fragt auch keiner, über welche Länder man fliegen muss, bis man dort ankommt, wo man hinwill. Sie geben dir das Ticket auch so.

»Wenigstens in etwa, Bridget.«

»Ähm.« Weiter kam ich nicht. Mein Blick irrte durchs Zimmer, auf der Suche nach einem Atlas, der vielleicht irgendwo herumlag.

»Welche anderen Länder sind denn in der Nähe von Deutschland?«

Ich dachte sorgfältig nach. »Frankreich.«

»Frankreich, gutgut. Also ist Frankreich irgendwo in der Nähe von Deutschland?«

Toms ganze Art verriet mir, dass ich irgendwo einen kapitalen Fehler gemacht haben musste. Dann fiel mir ein, dass Deutschland auch irgendwie mit der DDR verbunden gewesen war, also vermutlich auch nahe an Ungarn, Russland und Polen oder Prag lag.

»Prag«, sagte ich. Worauf sich Tom ausschüttete vor Lachen.

»Ist doch auch egal. Es gibt heute sowieso kein Allgemeinwissen mehr«, empörte ich mich. »Das ist durch viele Zeitungsartikel bewiesen worden. Weil nämlich durch die Medien soviel Wissen verbreitet wird, dass niemand mehr die gleiche Mischung von Wissen hat.«

»Schon gut, Bridget«, sagte Tom, »mach dir keine Gedanken, war nicht so gemeint. Aber mal was anderes: Hast du Lust, morgen ins Kino zu gehen?«

23.00 Uhr. Sollte überhaupt mehr ins Kino gehen und gute Bücher lesen. Und was Daniel über mich sagt, ist mir eigentlich vollkommen schnurz.

23.15 Uhr. Aber wie kann er überall herumerzählen, ich wäre eine dumme Nuss? Wie kann er behaupten, ich wüsste nicht, wo Deutschland liegt? Wir sind ohnehin nie über Rutland Water hinausgekommen. Bitte sehr.

23.20 Uhr. Dafür bin ich eben nett. Das ist auch etwas.

23.30 Uhr. Nein, bin einfach nur unmöglich. Und blöd. Werde ab jetzt regelmäßig den *Economist* studieren, Kurse in der Volkshochschule besuchen und literarisch wertvolle Bücher lesen.

23.35 Uhr. Harhar. Habe den Atlas gefunden.

23.40 Uhr. Hah! Da haben wir's. Gleich dieses Arschloch anrufen!

23.45 Uhr. Gerade Daniels Nummer gewählt.

»Bridget?«, fragte er, ehe ich noch etwas sagen konnte.

»Woher hast du gewusst, dass ich es bin?«

»Mein sechster Sinn«, lachte er. »Bleib mal kurz dran.« Ich hörte, wie er sich eine Zigarette ansteckte. »So, dann schieß mal los.«

»Was denn?«, murmelte ich.

»Erzähl mir, wo Deutschland liegt.«

»Es liegt direkt neben Frankreich«, sagte ich. »Und außerdem neben Holland, Belgien, Polen, der Tschechoslowakei, der Schweiz, Österreich und Dänemark. Und es hat eine Küste.«

»Welches Meer?«

»Nordsee.«

»Und welches noch?«

Wütend starrte ich auf den Atlas. Ein zweites Meer war dort nicht verzeichnet.

»Okay«, sagte er. »Wenigstens eines von zwei Meeren, gar nicht so schlecht. Willst du vorbeikommen?«

»Nein«, sagte ich. Echt, mit Daniel ist nun wirklich Schluss. Keine Lust, mit der ganzen Scheiße wieder von vorn anzufangen.

Samstag, 12. Juli

140 kg (fühlt sich im Vergleich zu Rebecca jedenfalls so an); Anzahl der Rückenschmerzen durch billige Schaumstoffmatratze: 9; Anzahl der Gedanken, in denen Rebecca allerlei Naturkatastrophen zum Opfer fällt wie Elektrobränden, Überschwemmungen und Auftragskillern: hoch, aber durchaus angemessen.

Rebeccas Haus, Gloucestershire. In schrecklichem Gäste-Cottage. Warum bin ich nur hergekommen? Warum? Warum? Sharon und ich sind erst ziemlich spät losgefahren und deshalb etwa zehn Minuten vor Abendessen angekommen. Hat Rebecca gar nicht gefallen, aber so getan, als wäre nichts. Organ wie Mum oder Una Alconbury, als sie sagte: »Wir dachten schon, ihr wärt verschütt gegangen!« Hätte sie wohl gern!

Waren in altem Gesinde-Cottage untergebracht. Dachte erst: Hat auch sein Gutes, da Gefahr gering, dauernd Mark über den Weg zu laufen. Bis wir den ersten Blick reingeworfen hatten. Kotzgrüne Wände, Einzelbetten mit Schaumstoffmatratze, Kopfteil etc. aus Resopal. Ein größerer Unterschied zu Unterbringung beim letzten Mal war kaum denkbar. Damals in feudalem Vier-Sterne-Gemach mit eigenem Bad genächtigt.

»Das ist wieder mal typisch«, raunzte Sharon, »Singles sind Bürger zweiter Klasse. Sie kann es nicht lassen.«

Dafür kamen wir zu spät zum Abendessen. Fühlten uns wie zwei frisch Geschiedene, die was erleben wollen und vor Aufregung ihr Make-up viel zu hastig aufgetragen haben. Speisesaal aber so prachtvoll wie immer: großer Kamin mit Sitzecke, langer Eichentisch, an dem zwanzig Leute Platz genommen hatten, silberne Kandelaber mit Blumenschmuck.

Mark saß am Kopfende des Tischs, flankiert von Rebecca und Louise Barton-Foster, und machte intensiv Konversation. Rebecca schien unser Kommen gar nicht bemerkt zu haben.

Unschlüssig standen wir an der gedeckten Tafel. Bis Giles Benwick brüllte: »Bridget! Hierher!«

Schließlich saß ich zwischen Giles und Magdas Jeremy, der offenbar ganz vergessen hatte, dass ich einmal mit Mark zusammen gewesen war, und unbekümmert drauflos redete. »Sieht ganz so aus, als hätte unser Freund Darcy ein Auge auf Rebecca geworfen. Komisch, denn neulich war noch diese andere Schnepfe, Heather Soundso, hinter dem alten Knaben her.«

Die Tatsache, dass Mark und Rebecca in Hörweite saßen, war ihm glatt entgangen. Aber nicht mir. Versuchte angestrengt, mich auf die Unterhaltung in der näheren Umgebung zu konzentrieren und nicht auf Rebecca-Talk. Wie es aussah, wollte Rebecca im August ein Landhaus in der Toskana mieten wg. Urlaub mit Mark – wohin natürlich auch alle anderen herzlich eingeladen waren. Außer Shaz und mir, nehme ich an.

»Was sieht mein entzündetes Auge?«, dröhnte ein reicher Sack, der irgendwie auch schon bei unserem Skiurlaub dabeigewesen war. Alles schaute auf den Kamin, wo ein nigelnagelneues Familienwappen prangte, mit dem Motto *Per Determinam ad Victoriam*. Seltsam, denn Rebeccas Familie gehört eigentlich nicht zur Aristokratie, sondern zu dieser Immobiliengruppe Knights, Frank & Rutley.

»*Per Determinam ad Victoriam*?«, bellte der reiche Sack. *Durch Dreistigkeit zum Sieg*. Schätze mal, besser kann man unsere Rebecca nicht beschreiben.«

Gelächter ringsum. Shazzer und ich tauschten einen diebisch-freudigen Blick.

»Eigentlich heißt es *Durch Entschlossenheit zum Erfolg*«, erklärte Rebecca eisig. Ich schaute kurz zu Mark hinüber, der einen Anflug von Lächeln schnell hinter seiner Hand verbarg.

Irgendwie habe ich das Mahl dann hinter mich gebracht, vollgelabert von Giles, der mir haarklein alles über seine Frau erzählte und mich durch intensiven Gedankenaustausch über Ratgeber-Bücher von Mark abzulenken versuchte.

Wollte danach eigentlich nur noch ins Bett und dem ganzen Alptraum entfliehen, aber vorher stand noch Dancing auf dem Programm.

Blätterte intensiv durch die CD-Kollektion, nur um nicht sehen zu müssen, wie Rebecca und Mark sich im Kreis drehten. Sie hatte die Arme um seinen Hals geschlungen, und ihre Augen blitzten hochzufrieden in alle Richtungen. Fühlte mich richtig elend dabei, wollte es aber nicht zeigen.

»Bridget, um Himmels willen, benutz deinen Verstand«, sagte Sharon, nahm mir »Jesus to a Child« aus der Hand und klackerte durch die CDs, bis sie gefunden hatte, was sie suchte. Acid House wurde eingelegt. Dann marschierte sie auf die Tanzfläche, schnappte sich Mark von Rebecca und los ging's. Mark sah sehr lustig aus dabei und lachte über Shazzers Versuche, ihn ein bisschen hipper zu machen. Rebecca dagegen machte ein Gesicht, als hätte sie gerade eine riesengroße Portion Tiramisu verputzt und erst dann auf die Nährwerttabelle geguckt.

Plötzlich war Giles Benwick da und fing an, mit mir Rock 'n' Roll zu tanzen. Ich sah mich mit erstarrtem Grinsen und willenlos wackelndem Kopf wie Lumpensack, der gerade gebumst wird, durch den Raum gewirbelt.

Danach konnte ich echt nicht mehr, in jeder Beziehung.

»Ich möchte jetzt gehen«, sagte ich zu Giles.

»Ich weiß«, antwortete er mit Verschwörerstimme. »Soll ich Sie begleiten?«

Konnte das gerade noch abbiegen und stakste schließlich in meinen Pied-à-Terre-Riemchen-Pumps über den Kiesweg zum Cottage. Dort dankbar in die unbequemen Schaumstoff-Kissen gesunken. Mark geht vermutlich in diesem Moment mit Rebecca ins Bett. Wünschte, ich wäre Gott weiß wo, nur nicht hier. Meinetwegen sogar beim Sommerfest der Rotarier, in der Morgenkonferenz von *Hallo, England*, im Fitness-Studio. Aber was soll's? Alles meine Schuld. Ich wollte ja unbedingt mitkommen.

Sonntag, 13. Juli

144 kg; Alkoholeinheiten 0; Zigaretten: 12 (alle heimlich); Leute aus dem Wasser gezogen: 1; Leute, die man im Wasser hätte drinlassen sollen, bis ganz schrumplig: 1.

Merk- und denkwürdiger Tag.

Wollte nach dem Frühstück erst mal eine Weile allein sein und wanderte durch die Teichlandschaft, was sehr schön war, mit flachen Bächlein zwischen grasigen Ufern und kleinen Steinbrücken. Das Ganze war umgeben von einer Hecke, dahinter begannen die Felder. Ich setzte mich auf eine Brücke, betrachtete den Bach und dachte so für mich, dass das ganze Theater um Mark letztlich herzlich unwichtig war, solange es Mutter Natur gab, an deren Busen man sich schmiegen... da hörte ich Stimmen hinter der Hecke.

»So ziemlich der schlechteste Autofahrer, den die Welt je gesehen hat... Mutter muss dauernd... ohne ihr Eingreifen... aber wohl hoffnungslos... irgendwie kein räumliches Vorstellungsvermögen. Seinen Schadensfreiheits-Rabatt hat er schon vor fünfundvierzig Jahren verloren und seither auch nicht wiedergekriegt.« War Mark. »Also an der Stelle meiner Mutter würde ich mich weigern, bei ihm einzusteigen, aber sie waren unzertrennlich, es war rührend.«

»Ja, wie schön!« Rebecca. »Wenn ich mit jemandem verheiratet wäre, den ich wirklich liebe, würde ich auch immer mit ihm zusammen sein wollen.«

»Wirklich«, fragte er erwartungsvoll. »Ich meine, je älter man wird, desto... ich meine, so als Single... besonders Single-Frauen sind ja irgendwann so eng mit ihrem Freundeskreis verbunden, dass für einen Mann eigentlich gar kein Platz mehr ist, weder emotional noch sonst wie, denn ihre Freundinnen sind der wichtigste Bezugspunkt und mischen sich auch immer ein.«

»Das stimmt wohl. Ich schätze meine Freunde natürlich

auch sehr, aber sie stehen niemals ganz oben auf meiner Prioritätenliste.«

Da hatte sie zur Abwechslung mal die Wahrheit gesagt. Nach einer Pause fuhr Mark fort.

»Dieser ganze Unsinn mit den Ratgebern, alle diese mysteriösen Verhaltensregeln, die da gepredigt werden! Man ahnt, dass jeder Schritt, den man tut, vom Komitee der Freundinnen unbarmherzig auseinandergenommen wird, als Richtschnur gelten *Buddhismus für unsere Zeit* oder *Venus und Buddha tun es* oder gleich der Koran. Am Ende fühlt man sich wie eine genmanipulierte Labormaus, der ein Ohr aus dem Rücken wächst.«

Ich klammerte mich an mein Buch, mein Herz pochte. Das alles meinte er nicht im Ernst, oder? Und redete er etwa über mich?

Rebecca fand das natürlich auch. »Also, ich habe überhaupt keine Zeit für diesen Kram«, hauchte sie. »Wenn ich jemanden liebe, hält mich gar nichts auf. Keine Freunde, keine seltsamen Theorien. Ich folge allein meinem Instinkt, ich höre auf die Stimme meines Herzens.« Gott, wie die redete! Diese unverfälschte Naturkind-Stimme!

»Dafür schätze ich dich«, sagte Mark ernst. »Eine Frau sollte wissen, worin sie ihr Vertrauen setzt. Nur so kann man ihr nämlich selber vertrauen.«

»Und sie muss ihrem Mann vertrauen, mehr als allen anderen«, ergänzte Rebecca theatralisch, als wäre das ein Shakespeare-Dialog.

Danach war es quälend lange still. Ich wäre fast gestorben. Denn es war ja klar, was sie da taten: Sie küssten sich.

»Ja, und dasselbe habe ich auch zu Jude gesagt«, fing Rebecca plötzlich wieder an. »Sie war völlig ratlos, weil Bridget und Sharon ihr so zugesetzt hatten, sie solle Richard den – er ist so ein netter Kerl – nicht heiraten. Aber ich habe nur gesagt: ›Jude, du musst der Stimme deines Herzens folgen.‹«

Ich war völlig fertig und sah einer vorbeifliegenden Biene hinterher, als sei sie die Einzige, die mich verstand. Es war doch nicht möglich, dass Mark dieses dreiste Gesülze »schätzte«!

»Na ja«, sagte er vorsichtig, »ich bin da nicht ganz so sicher...«

»Und Giles scheint sich sehr für Bridget zu interessieren«, unterbrach ihn Rebecca, da die Unterhaltung vom Kurs abzukommen drohte.

Stille. Dann sagte Mark mit ungewöhnlich gepresster Stimme: »Oh, tatsächlich? Und... und beruht dieses Interesse, ähm, auf Gegenseitigkeit?«

»Ach, du kennst doch Bridget«, meinte Rebecca locker, »ich meine, du müsstest mal hören, was Jude so alles über sie erzählt, ständig sind irgendwelche Männer hinter ihr her.« Gute alte Jude, dachte ich schon. »Aber Bridget ist so verkorkst, dass sie einfach keine Beziehung durchhält. Irgendwie laufen ihr die Männer immer wieder davon.«

»Wirklich? Und du glaubst also, da waren noch andere...«

»Tja, das weiß ich nicht so genau. Aber sie hat diesen ganzen Dating-Mist derart verinnerlicht, dass am Ende niemand... niemand gut genug für sie ist. Sie ist einfach nie zufrieden mit dem, was sie hat.«

Mir war nicht ganz klar, worauf Rebecca hinauswollte. Vielleicht wollte sie Mark das schlechte Gewissen ausreden.

»Meinst du wirklich?«, fragte Mark abermals. »Sie kann also nicht...«

»Schau mal, das Entenküken. Ach, und da ist ja die ganze Brut! Und da, die Eltern. Ist das nicht herrlich hier? Komm, das müssen wir uns ansehen.«

Und weg waren sie. Fassungslos blieb ich zurück, und in meinem Kopf jagte ein Gedanke den nächsten.

War derart heiß nach dem Mittagessen, dass sich alle unter einen Baum am Ufer des Teichs legten. Eine Szene wie gemalt,

Idylle pur: die alte Brücke, Trauerweiden, die ihre Äste über das satte Ufergras breiteten. Rebecca triumphierte. »Hey, Leute, ist das nicht super hier? Sagt selbst! Das ist doch super.«

Fettsack Nigel aus Marks Kanzlei probierte Kopfball auf den reichen Sack, dass der Schwabbelbauch im Sonnenschein wippte. Die Vorstellung missriet, er platschte ins Wasser und verursachte eine Riesenwelle auf dem stillen Weiher.

»Klasse!«, sagte Mark. »Hier sind wieder Spezialisten am Werk.«

»Mann, ist das schön hier«, sagte ich zu Shaz. »Als könnten hier Löwen bei Lämmern liegen.«

»Löwen, Bridget?«, sagte Mark. Ich zuckte zusammen. Er saß auf der anderen Seite, hatte die Brauen erhoben und schaute mich durch eine Lücke in der Gruppe an.

»Ich meine wie in diesem Psalm oder so«, erklärte ich.

»Soso«, sagte er. »Aber du meinst jetzt nicht die Löwen von Longleat, oder?«

Rebecca stand plötzlich auf. »Hey, ihr, wollt ihr mal sehen, wie ich von der Brücke ins Wasser springe?«

Sie schaute sich beifallheischend um. Alle waren nur leicht bekleidet, in Shorts oder kurzen Trägerkleidchen, aber sie war nackt bis auf einen minimalen Calvin-Klein-Tanga.

»Warum das?«, wollte Mark wissen.

»Weil sie für fünf Minuten mal nicht im Mittelpunkt war«, bemerkte Sharon halblaut.

»Als Kinder haben wir das auch immer gemacht. Es ist einfach sensationell!«

»Aber das Wasser ist hier nicht besonders tief«, sagte Mark.

Was stimmte. Das trockene Wetter hatte unter der normalen Wasserlinie einen etwa halbmeterbreiten Streifen aus hart gebackenem Lehm freigelegt.

»Unsinn, ich bin gut in so was. Und vor allem nicht feige.«

»Du, Rebecca, lass das lieber bleiben«, sagte Jude.

»Quatsch. Wenn ich mir etwas vorgenommen habe, dann

mache ich es auch.« Sprach's, zog ihre Prada-Latschen an und schlenderte, als wäre sie auf dem Laufsteg, hinüber zur Brücke. Ein bisschen Gras und Lehm, das an ihrer rechten Hinterbacke hängen geblieben war, verstärkte den Effekt noch. Vor unseren Augen stieg sie feierlich aus ihren Latschen und dann auf das Geländer der Brücke.

Mark war aufgestanden und schaut erst besorgt aufs Wasser, dann hinauf zum Geländer.

»Rebecca«, sagte er, »ich würde das lassen.«

»Ach was, wenn man etwas will, dann muss man es auch machen«, erwiderte sie amüsiert und warf ihr Haar nach hinten. Dann schaute sie hoch in den Himmel, hob die Arme, legte noch eine letzte, dramatische Pause ein, und sprang.

Alle sahen, wie sie ins Wasser eintauchte. Bloß dann kam sie nicht mehr hoch. Mark lief schon auf das Ufer zu, als sie, schreiend, wieder auftauchte.

Zusammen mit zwei anderen Jungs watete er auf Rebecca zu. Ich griff nach meinem Handy.

Sie zogen sie erst ins Flache und dann, nach viel Theater und Geschrei, hoch ans Ufer. Gestützt von Mark und Nigel, humpelte sie an Land. Wenn mich nicht alles täuschte, war ihr eigentlich nichts Schlimmes passiert.

Ich stand auf und gab ihr mein Handtuch. »Soll ich den Krankenwagen rufen?«, fragte ich – eher als Witz.

»Ja … ja.«

Alles versammelte sich nun um den verletzten Fuß der Gastgeberin. Immerhin, dem Himmel sei Dank, konnte sie noch die Zehen bewegen. (Zehennägel waren, logo, professionell mit Rouge Noir lackiert.)

Schließlich rief ich ihren Hausarzt in dessen Praxis an, erfuhr vom Band wiederum die Nummer für Notfälle außerhalb der Sprechstunden, wählte diese und gab Rebecca mein Handy.

Es wurde ein längeres Gespräch, bei dem sie ihren Fuß mal hierhin drehen, mal dorthin strecken musste, was nicht ohne

Schmerzäußerungen abging. Doch am Ende war klar: Entwarnung. Gebrochen war nichts, nicht mal gestaucht. Höchstens eine kleine Zerrung.

»Wo ist eigentlich Benwick?«, fragte Nigel, als er sich abgetrocknet und einen Schluck eisgekühlten Wein zu sich genommen hatte.

»Ja, wo ist Giles?«, sagte Louise Barton-Foster. »Ich habe ihn schon den ganzen Morgen nicht gesehen.«

»Ich schau mal nach«, sagte ich, froh, das Elend nicht länger mitansehen zu müssen, wie Mark Rebeccas zarten Knöchel massierte.

In der Eingangshalle mit der geschwungenen Treppe war es angenehm kühl und sehr vornehm mit den Statuen auf ihren Marmorsockeln, den orientalischen Teppichen auf dem steinernen Fußboden und dem bombastischen Wappen über der Tür. Einen Augenblick stand ich nur da und genoss die Stille ringsum. »Giles?«, sagte ich, und es hallte von den Wänden wider. »Giles?«

Keine Antwort. Da ich nicht wusste, wo sein Zimmer war, ging ich aufs Geratewohl die Prachttreppe hoch.

»Giles?«

Ich spähte in eines der Zimmer und sah ein gigantisches, mit Schnitzereien reich verziertes Himmelbett. Das Zimmer war ganz in Rot gehalten und ging hinaus auf den Teich. Das rote Kleid, das Rebecca zum Abendessen getragen hatte, hing über dem Spiegel. Der Anblick des Betts jedoch versetzte mir einen Schlag in die Magengrube. Ordentlich gefaltet auf der Decke lagen die Newcastle-United-Boxershorts, die ich Mark zum Valentinstag geschenkt hatte.

Ich stürzte aus dem Zimmer und lehnte mich schwer atmend gegen die Tür. Dann hörte ich ein Stöhnen.

»Giles?«, rief ich. Nichts. »Giles? Ich bin's, Bridget.«

Wieder ertönte das Stöhnen.

Ich ging den Flur hinunter. »Wo bist du?«

»Hier.«

Ich stieß die Tür auf. Das Zimmer dahinter war knatschgrün und vollgestellt mit schweren, schwarzen Eichenmöbeln. Giles lag auf dem Bett, den Kopf zur Seite gedreht. Der Telefonhörer lag neben ihm auf dem Kissen.

Ich setzte mich auf die Bettkante. Er öffnete einen Spaltbreit die Augen und machte sie sofort wieder zu. Die Brille saß ihm schief auf der Nase. Ich nahm sie ab.

»Bridget.« Er hielt mir ein Fläschchen mit Pillen hin.

Ich nahm sie. Es war Temazepam.

»Wie viele davon hast du denn genommen?«, fragte ich und ergriff seine Hand.

»Sechs... oder vier oder...«

»Und wann?«

»Noch nicht... lange... lange her.«

»Dann werden wir uns jetzt ein Ründchen übergeben, okay?«, sagte ich, weil man den Leuten mit Überdosis ja auch immer den Magen auspumpte.

Ich bugsierte ihn irgendwie ins Bad. Ich müsste lügen, wenn ich sage, dass das, was dann kam, besonders viel Spaß gemacht hätte. Aber als es überstanden war, gab ich ihm viel Wasser zu trinken, und so ließ er sich am Ende völlig entkräftet aufs Bett fallen und heulte leise (und ohne meine Hand loszulassen) vor sich hin. Nach und nach, während ich seinen Kopf streichelte, kam heraus, dass er seine Frau Veronica angerufen hatte. Und mit einem Mal muss wohl sein ganzes Selbstbewusstsein, sein ganzer Stolz, in sich zusammengebrochen sein, denn er hatte sie angefleht, zurückzukommen. Angefleht! Und alles vernichtet, was er in den vergangenen zwei Monaten für sich getan hatte. Die jämmerliche Rumheulerei muss Gattin Veronica darin bestärkt haben, dass bei so einem Weichei wirklich nur die Scheidung in Frage kam. Jetzt war er am Boden zerstört. Und das wiederum konnte ich unheimlich gut nachvollziehen. Und, weiß Gott, auch das Temazepam.

278

Dann hörte ich Schritte auf dem Flur, ein Klopfen, Mark stand im Zimmer.

»Könntest du vielleicht noch mal den Arzt anrufen?«, sagte ich.

»Was hat er geschluckt?«

»Temazepam. Etwa ein halbes Dutzend. Aber er hat es schon ausgekotzt.«

Er trat hinaus auf den Flur. Noch mehr Stimmen. Auch die von Rebecca: »Um Gottes willen!« Und Mark, der sie zu beruhigen versuchte, und leises Gemurmel.

»Ich will nicht mehr. Das alles macht mich so fertig. Ich will, dass endlich Schluss ist«, jammerte Giles.

»Nein, nein, nein«, sagte ich. »Sie dürfen die Hoffnung nicht aufgeben, Sie müssen einfach daran glauben, dass alles wieder gut wird. Dann wird auch alles wieder gut.«

Überall im Haus waren jetzt Schritte und Stimmen zu hören. Mark trat wieder ins Zimmer.

Er lächelte mich ganz kurz an. »Tut mir Leid.« Dann war er wieder ernst. »Giles, hörst du mich? Es wird schon wieder. Du bist hier in guten Händen. Der Arzt kommt in einer Viertelstunde, aber er hat schon gesagt, wir sollen uns keine Sorgen machen. Und du? Alles okay?«, fragte er mich.

Ich nickte.

»Gut gemacht«, sagte er, »wirklich gut gemacht. Und außerdem siehst du auch viel besser aus als George Clooney. Kümmerst du dich um ihn, bis der Arzt da ist?«

Als der Arzt Giles durchgecheckt hatte, war die Hälfte der Gäste bereits abgefahren. Mit hochgelegtem Bein und voller Selbstmitleid saß Rebecca in der feudalen Eingangshalle und quasselte auf Mark ein. Shaz rauchte eine Zigarette vor dem Portal, unsere Taschen standen gepackt daneben.

»Ich begreife nicht, wie jemand so etwas tun kann«, sagte Rebecca. »Er hat uns das ganze Wochenende ruiniert. Kein Mensch darf so egoistisch sein und sich so gehen lassen, wo bleibt denn da der Charakter? Sitz doch nicht einfach stumm da, Mark, sag etwas. Ich meine, habe ich nicht Recht?«

»Vielleicht... vielleicht reden wir später weiter darüber«, sagte Mark.

Als wir uns verabschiedet hatten und gerade unsere Koffer verstauten, kam Mark noch einmal zum Wagen.

»Gute Arbeit!«, rief er markig und dann: »Entschuldige, mein Gott, ich höre mich schon an wie ein Feldwebel. Die Umgebung färbt ab. Aber das hast du schon klasse gemacht vorhin mit... mit... den beiden.«

»Mark!«, gellte es vom Eingang her. »Mir ist der Stock hingefallen!« War Rebecca, natürlich.

»Hol das Stöckchen!«, sagte Sharon.

Für den Bruchteil einer Sekunde lag der Ausdruck ungeschönter Verlegenheit auf seinem Gesicht, dann hatte er sich wieder in der Gewalt und sagte: »Na dann, hat mich gefreut. Fahrt vorsichtig, Mädels.«

Während wir wegfuhren, kicherte Shaz unentwegt über Mark, die arme Sau, der jetzt für den Rest seines Lebens hinter Rebecca herdackeln durfte. Mir hingegen ging die Unterhaltung nicht aus dem Sinn, die ich hinter der Hecke belauscht hatte.

KAPITEL 10

Mars und Venus auf dem Müll

Montag, 14. Juli

59 kg; Alkoholeinheiten: 4; Zigaretten: 12 (kein vorrangiges Ziel mehr); Kalorien: 3.753 (Diät in Vorbereitung); Ratgeber aussortiert für Mülleimer: 47.

8.00 Uhr. Bin sehr aufgewühlt. Kann doch nicht sein, dass ausgerechnet die Selbsthilfebücher, die meine Beziehung verbessern sollten, schuld daran sind, dass Beziehung kaputtgegangen ist. Eindruck, dass alles, was ich bisher getan habe, einzige Pleite ist. Aber wenn ich eines von den Ratgebern gelernt habe, dann dies: Man muss die Vergangenheit hinter sich lassen und von vorn anfangen.

Titel für den Mülleimer
Die total geheimen Wünsche der Männer
Wie Männer denken und was sie fühlen
Warum Männer glauben zu wollen, was sie zu wollen glauben
Wir pfeifen auf die Spielregeln
Spielregeln für eine funktionierende Partnerschaft selbst gemacht
Nicht jetzt, Schatz, ich gucke Fußball
Suche und entdecke die Liebe deines Lebens
Die Liebe entdecken, ohne zu suchen
Verliebt ohne gesucht zu haben – Chance für eine neue Zweisamkeit
Der glückliche Single
Nie wieder Single
Baggern mit Buddha
Flirten mit dem Koran

Christus kam nur bis Aphrodite
Die hungrige Straße von Ben Okri, im engeren Sinn kein Ratge-
berbuch, werde das Scheißding aber trotzdem nie lesen.

Okay. Genau. Wandert alles in den Mülleimer, zusammen mit
32 weiteren Büchern. O Gott, nein. Den *Geheimen Weg* behalte
ich aber, ebenso wie *Die Macht der geistigen Heilung.* Wo aber
geistige Führung hernehmen in unserer modernen Zeit, wenn
nicht aus Ratgebern? Vielleicht Bücher bei Oxfam abgeben,
für einen guten Zweck? Lieber nicht. Nachher mache ich
damit noch Beziehungen in der Dritten Welt kaputt. Und das
wäre schlimmer als die Politik der Tabak-Multis.

Probleme aktuell
– Loch in der Wand
– Konto überzogen wg. zweiter Hypothek
– Freund hat etwas mit einer anderen Frau
– spreche nicht mehr mit gemeinsamer bester Freundin, weil
gemeinsamer Urlaub mit Freund und der anderen Frau
– nichts wie Frust im Büro, Arbeit aber notwendig, da zweite
Hypothek wg. Loch in der Wand
– bin urlaubsreif wg. Freund-Freundinnen-Loch-in-Wand-
beruflich-finanzieller-Schieflage, aber keiner da, mit dem ich
in Urlaub fahren kann. Tom fliegt wieder nach San Francisco.
Magda und Jeremy bilden neue Toskana-Fraktion mit Mark
und Scheißrebecca und vermutlich auch noch Jude und Richard dem Gemeinen, soweit ich weiß. Shazzer weiß angeblich noch nicht, hofft aber wahrscheinlich auf gemeinsamen
Urlaub mit Simon, vorausgesetzt Doppelbett (aber keine
französischen und keine unter eins fünfzig, haha!) und damit
die Chance, dass er zu ihr rüberrutscht
– habe wg. finanzieller Schieflage wg. Loch in Wand auch gar
kein Geld für Urlaub

Dennoch. Ich gebe nicht auf. Habe mich viel zu lang von anderen beeinflussen lassen. Deshalb: weg damit auf den Müll. Stehe. Auf. Meinen. Eigenen. Höchstpersönlichen. Füßen.

8.30 Uhr. Wohnung von jeglicher Ratgeberliteratur befreit. Fühle mich leer. Geistig wie ausgesetzt auf offenem Meer. Aber das eine oder andere habe ich sicher im Kopf behalten. Trost.

Geistige Prinzipien, die ich aus Selbsthilfebüchern habe (ausgenommen Beziehungsfragen)

1. Bedeutsamkeit des positiven Denkens, wie beispielsweise dargelegt in *Emotionale Intelligenz, Der geheime Weg, Das 30-Tage-Programm gegen Cellulite*, Lukasevangelium, Kap. 13
2. Bedeutsamkeit von gegenseitigem Verzeihen
3. Bedeutsamkeit von Flow-Zustand und Instinkt im Gegensatz zu Schubladendenken etc.
4. Bedeutsamkeit von Selbstbewusstsein
5. Bedeutung von Aufrichtigkeit
6. Wichtig des Weiteren: Gegenwart genießen und nicht rumspinnen oder über Vergangenheit heulen
7. Und schließlich: nicht von Ratgeberbüchern verrückt machen lassen

Lösung folglich:

1. Lieber Augenblick genießen und Listen mit Problemen und Lösungen schreiben als ernsthaft über Zukunft nachdenken und …

Gaaah! Gaaah! Schon 8.45 Uhr! Komme zu spät zur Morgenkonferenz und habe keine Zeit mehr für Cappuccino.

10.00 Uhr. In der Redaktion. Gott sei Dank noch Cappuccino ergattert, der mich über das Theater hinwegtröstet, noch schnell einen Cappuccino zu ergattern, wenn man ohnehin schon spät dran ist. Komisch überhaupt, wie die Cappuccino-Bars London verändert haben. Überall lange Schlangen wie in Sarajewo, erinnern an Krieg und Kommunismus. Die einen warten stundenlang, wenn's sein muss. Die anderen schuften im Akkord an scheppernden, zischenden Dampfmaschinen. Komisch, wie die Leute, die eigentlich immer seltener auf etwas warten wollen, ausgerechnet hier Geduld beweisen. Sonst muss doch auch alles immer ganz schnell gehen, sonst hat es praktisch gar keine Existenzberechtigung, aber in diesem Fall scheint es um etwas so Bedeutendes zu gehen, etwas, das einem möglicherweise den letzten Halt in der Welt bietet und ... Gaaah!

10.30 Uhr. Redaktionsklo. Richard Finch gerade wieder. »Hey, Bridget, was ist jetzt? Nur keine falsche Bescheidenheit.« Der Fettsack voll am Wirbeln und so Zuckungen im Gesicht und Kaugummi am Kauen. Ganz offensichtlich wg. Kokain-Entzug, da werden die Leute ja bekanntermaßen gaga. »Also, wann gehst du?«

»Ähm ... gleich?«, sagte ich und hoffte, Patchouli könnte mir später erklären, worum es ging.

»Du hast mal wieder keine Ahnung, was? Unglaublich, mit was für Leuten man hier arbeiten muss. Die Frage war: Wann gehst du in Urlaub? Hier geht nämlich keiner in Urlaub, der sich nicht vorher in die Liste eingetragen hat.«

»Oh, tja, ich ... ähm«, sagte ich erfreut.

»No lista, no los wochos, klar?«

»Selbstverständlich, ähm, ich muss mich nur erst in meinem Kalender ... schlau machen«, erklärte ich und biss mir auf die Lippe. Sobald die Konferenz zu Ende war, flitzte ich aufs Klo, um eine Trostzigarette zu rauchen. Es ist mir egal, ob ich die Einzige in diesem Laden bin, die keinen Urlaub macht. Wirklich. Es bedeutete auch nicht, dass ich eine Ausgestoßene bin.

Wirklich. In meiner Welt ist alles gut. Sogar wenn ich wieder mal einen Beitrag über Leihmütter machen muss.

18.00 Uhr. Ein Alptraum, alle diese Frauen dazu zu bewegen, sich vor der Kamera über brechreizerregende Ei-Verpflanzung zu äußern. Die Aussichten für den Abend sind auch nicht besser. Wohnung ist eine Baustelle. Aber draußen wunderschöner, sonniger Abend. Vielleicht in Hampstead Heath ein bisschen spazieren gehen.

21.00 Uhr. Unglaublich, was gerade passiert ist. Einfach unglaublich. Zeigt aber mal wieder: Gewaltsames Erzwingenwollen zahlt sich nicht aus. Mit Flow-Einstellung und positivem Zen-Gefühl geht aber alles wie von selbst.

Wanderte gerade oben in Hampstead Heath herum und dachte noch, wie toll London im Sommer ist, mit all den Leuten, die nach der Arbeit hierher kommen, die Krawatte lockern und sich ins Gras fläzen. Da sah ich dieses Pärchen auf der Wiese. Sie auf dem Rücken, den Kopf auf seinen Bauch gelegt. Er streichelt lächelnd ihr Haar und sagt etwas zu ihr. Irgendetwas an diesem glücklichen Paar kam mir bekannt vor. Beim Näherkommen sah ich: Es waren Jude und Richard der Gemeine.

Mir wurde klar, dass ich sie noch nie zuvor allein gesehen hatte. Obwohl irgendwie logisch, denn in diesem Fall wären sie ja auch nicht allein gewesen. Plötzlich fing Jude lauthals an zu lachen, wohl über irgendetwas, das Richard der Gemeine gesagt hatte. Sie sah richtig glücklich aus. Ich zögerte, wusste nicht, ob ich einfach weitergehen oder mich zurückziehen sollte. Dann sagte Richard der Gemeine: »Bridget?«

Ich blieb wie erstarrt stehen, und Jude sah hoch und kriegte den Mund nicht zu, was ziemlich blöd aussah.

Richard der Gemeine sprang hoch und klopfte sich das Gras von der Hose.

»So eine Überraschung! Bridget!«, sagte er schmunzelnd. Ich stellte fest, dass alles, was ich über ihn wusste, fast ausschließlich aus Berichten des Jude-Shazzer-Tom-Krisenstabs stammte, wo er immer entsprechend schlecht weggekommen war.

»Ich hole uns nur mal eine Flasche Wein, setz dich doch. Ach, komm, sie wird schon nicht über dich herfallen. Sie steht nicht auf Frauen.«

Dann war er weg, und Jude grinste etwas schamhaft. »Glaub jetzt bloß nicht, dass ich vor Freude darüber ausraste, dich zu treffen.«

»Ich auch nicht.«

»Willst du dich nicht setzen.«

»Okay«, sagte ich und hockte mich auf die Decke, worauf sie mich freundschaftlich, aber so ungelenk boxte, dass ich fast umgefallen wäre.

»Du hast mir gefehlt«, sagte sie.

»Ach, halt die Klappe«, brummte ich und hätte beinahe vor Erleichterung losgeheult.

Jude hat sich dann wg. Rebecca entschuldigt. Sie wäre bloß über jeden froh gewesen, der nicht über die bevorstehende Hochzeit gelästert hätte. Stellte sich auch heraus, dass sie und Richard der Gemeine, entgegen anderslautenden Berichten, *nicht* mit in die Toskana fuhren, hauptsächlich weil Richard der Gemeine es ablehnte, sich von einer durchgeknallten Profil-neurotikerin herumkommandieren zu lassen, und stattdessen lieber mit Jude allein war. Fand, das sprach irgendwie für Richard den Gemeinen. Sagte Jude, der ganze Ärger um die dumme Sache mit Rebecca täte mir furchtbar Leid.

»Das war nicht dumm. Du warst wirklich verletzt«, sagte Jude. Dann sagte sie, sie hätten die Hochzeit verschoben, alles wäre so kompliziert geworden, aber ob ich und Shaz dann eben zu einem späteren Zeitpunkt Brautjungfern spielen könnten. »Ich meine, natürlich nur, wenn ihr wollt«, fügte sie schüchtern hinzu. »Ich weiß ja, dass ihr ihn nicht mögt.«

»Du liebst ihn wirklich, nicht?«

»Ja«, sagte sie glücklich. Dann wurde ihr Gesicht wieder ernst. »Trotzdem weiß ich nicht genau, ob ich das Richtige tue. Im *Geheimen Weg* steht, Liebe wäre nicht nur, was man fühlt, sondern etwas, wozu man sich entschließt. Und in *Suche und entdecke die Liebe deines Lebens* heißt es, dass jemand, der noch nicht genügend eigenes Geld verdient und sich von den Eltern unterstützen lässt, sich noch nicht abgenabelt hat und eigentlich gar nicht beziehungsfähig ist.«

Mir dagegen ging nur der Song von Nat King Cole durch den Kopf, das Lied, das mein Vater in seinem Schuppen immer hörte. »*The greatest thing… you'll ever learn…*«

»Ich glaube außerdem, dass er ein Drogenproblem hat, weil er Gras raucht. Und Abhängige können keine Beziehung eingehen. Und mein Therapeut sagt auch…«

»*… is how to love and be loved in return.*«

»… also er sagt, ich sollte in den nächsten zwölf Monaten ebenfalls keine Beziehung eingehen, weil ich süchtig nach Beziehungen wäre. Und du und Shaz, ihr meint ja sowieso, er wäre bloß ein Flachwichser. Bridge? Hörst du mir zu?«

»Hmmmja, entschuldige. Aber ich würde trotzdem sagen: Wenn du meinst, der ist es – tu es.«

»Ganz meine Meinung«, sagte Richard der Gemeine, der plötzlich über uns stand, wie Bacchus mit einer Pulle Chardonnay und zwei Schachteln Silk Cut.

Ist dann noch ein wunderbarer Abend geworden mit Jude und Richard dem Gemeinen. Später zusammen Taxi zurück genommen. Zu Hause dann sofort Shazzer angerufen, um ihr die Neuigkeiten zu berichten.

»Oh«, sagte sie bloß, als ich das mit Flow und Zen erzählte und wie das richtig funktionierte, wenn man sich nur darauf einließ. »Ähm… Bridget?«

»Ja?«

»Sollen wir zusammen in Urlaub fahren?«

289

»Ich dachte, mit mir wolltest du nicht fahren?«

»Na ja, ich hatte eben gedacht, ich warte noch etwas, bis …«

»Bis was?«

»Nichts. Jedenfalls …«

»Shaz, was ist los?«

»Simon fährt nach Madrid, um sich dort mit einem Mädchen zu treffen, das er übers Internet kennen gelernt hat.«

Hin und her gerissen zwischen Mitleid mit Sharon, großer Aufregung, weil nun doch jemand da, mit dem ich in Urlaub fahren kann, und tiefem Minderwertigkeitsgefühl, weil persönlich eben kein 1,85 Meter großer Architekt mit Penis, eher das Gegenteil.

»Komm, hör auf, das ist blöder Pashminaismus. Ich wette, das angebliche Mädchen entpuppt sich als Mann«, tröstete ich sie.

»Wie auch immer«, sagte sie nach einer Schweigeminute, wo nur reine Schmerzwellen durch die Leitung jagten. »Ich habe jedenfalls diese phantastischen Flüge nach Thailand gefunden, nur £249 pro Nase. Dann schauen wir uns Koh Samui an mit den Hippies, und kosten wird es uns fast gar nichts.

»Jippiiih!«, rief ich. »Thailand! Wir betreiben Buddhismusstudien und haben die große Erleuchtung.«

»Genau!«, sagte Shaz. »Das machen wir. Und die SCHEISS-MÄNNER können uns gestohlen bleiben.«

Woran man wieder klar erkennt, dass mit der richtigen Einstellung … Oh, Telefon. Vielleicht Mark Darcy.

Mitternacht. Anruf von Daniel. Klang anders als sonst, angetrunken, aber merkwürdig still. Er sagte, ihm ginge es zur Zeit nicht so gut, einmal beruflich und dann auch wg. Sache mit Deutschland und den Grenzen. Er würde auch zugeben, dass ich in Erdkunde tatsächlich richtiges Ass bin und ob er mich am Freitagabend zum Essen einladen könnte. Nur so, zum Reden. Idee nicht schlecht. Warum soll ich nicht mit Daniel befreundet sein in dieser Stunde der Not? Bitterkeit schadet nur, verbaut dir die Zukunft, außerdem ist Verzeihen eine Tugend.

Und überhaupt, Menschen können sich ändern, siehe Richard der Gemeine. Und damals war ich wirklich verrückt nach ihm.

Bin außerdem sehr einsam und allein.

Und ist ja nur für ein Abendessen.

Und ins Bett gehe ich keinen Fall mit ihm, das ist mal sicher.

Freitag, 18. Juli

57,5 kg (gutes Omen); versuchter Kauf von Kondomen: 84 Stck.; schließlich gekaufte Kondome: 36 Stck.; davon brauchbar: 12 Stck. (müsste reichen, vor allem, weil nicht für realen Einsatz gedacht).

14.00 Uhr. Werde in der Mittagspause ein paar Kondome besorgen. Bedeutet aber nicht, das ich mit Daniel schlafe oder so. Ist nur zur Sicherheit.

15.00 Uhr. Kondom-Expedition totales Desaster. War anfangs noch hoch erfreut über völlig neues Kaufgefühl. Bin sonst ja nicht die typische Kondom-Kundin. Für Leute mit eingeschränktem Sexleben (wie mich) ist Anblick von Kondom-Regal sogar tendenziell deprimierend. Erinnert daran, was einem alles versagt bleibt. Umso größer dann Erstaunen über riesige Auswahl. Was es da alles gab! Ultra Safe – gefühlsecht. Präservativ-Mix – für jeden Geschmack. Ultra Fine – das feuchte Kondom, spermizidbeschichtet (klang eher zum Abgewöhnen). Für Umweltbewusste gab's welche aus Naturkautschuklatex – extra groß für extra großen Tragekomfort. (Aber was, wenn *zu* groß?) Abgetörnt-verstohlen starrte ich auf das Angebot. Was ich brauchte, war Extra sensitiv plus ex-

tra Tragekomfort plus Ultra Fine in einem. Hatten sie natürlich nicht.

»Kann ich Ihnen helfen?«, fragte hochnäsiger Drogist.
Brachte aber bez. Kondomen kein Wort hervor. Wäre dasselbe
gewesen, als hätte ich gesagt: »Hey, wissen Sie schon? Heute
Abend wird gevögelt.« Fast so schlimm wie bei Schwangeren.
Laufen den ganzen Tag wie mit Schild um den Hals herum:
»An alle! Ich. Hatte. Sex.« Überhaupt lebt die ganze Kondom-
Branche ja von dem offenen Eingeständnis, dass Sexleben
dauernd praktiziert wird. (Außer von mir.) Was speziell für
unser Land sehr ungewöhnlich ist.

Habe dann Erkältungsbad gekauft.

18.10 Uhr. Hat heute in der Redaktion länger gedauert, und
jetzt hat Drogeriemarkt schon zu. Keine Panik, dann gehe ich
eben zu Tesco Metro. Laden ist wie gemacht für impulsive
Singles, hat also auch Kondome.

18.40 Uhr. Bin unauffällig an Zahnpastaregal entlangspaziert.
Aber Fehlanzeige. Nix. Verzweifelt die Frau angesprochen, die
aussah, als hätte sie dort was zu sagen: »Sagen Sie mal, wo haben Sie denn hier die Kondome?« Das Ganze locker, wie von
Mann zu Mann, zwinker, zwinker etc.

»Richtig, die kriegen wir demnächst rein. Vielleicht in ein
paar Wochen.«

Hätte am liebsten gebrüllt: »Klasse! Das nützt mir jetzt echt
viel!« Obwohl, ich will ja gar nicht mit ihm schlafen.

So viel zu moderner, urbaner, singleorientierter Super-
marktkette. Humpf.

19.00 Uhr. War gerade am miefigen, überteuerten Kiosk an
der Ecke. Die hätten Kondome gehabt. Im selben Regal wie
die Zigaretten und diese scheußlichen Strumpfhosen. Mag
aber die Schmuddelatmosphäre nicht. Kondome sollten in

freundlichem, sauberem Drogeriemarkt gekauft werden. Bin da qualitätsbewusste Verbraucherin. Und nur welche mit Reservoir. Dann eben nicht.

19.15 Uhr. Geistesblitz. Werde zur Tanke gehen, na klar. Stelle mich an der Kasse an und kann seelenruhig Angebot checken und dann… Gott, benehme mich wie Dirty-old-Man-Pornokinobesucher. An Kondomen ist doch nichts Schmutziges. Saubere Mädchen haben halt Kondome. Schon wg. der Hygiene.

19.30 Uhr. Lalala – *flöt*! Tirili! Hab's getan. Ich bin da rausgegangen und hab's getan! War ganz leicht. Habe sogar gleich zwei Schachteln mitgenommen. 1 Variety Pack (Abwechslung macht das Leben süß), dann 1 Pckg. Ultra-Light-Latex-einzeln-elektronisch-geprüfte-mit-Reservoir-für-noch-mehr-Gefühl-Präservative. Der Mensch an der Kasse war sichtlich verblüfft über Vielfalt und Menge der Kondome, schien aber zugleich ernsthaft beeindruckt. Dachte womöglich, ich wäre Biologielehrerin o.ä., die gerade ihr Unterrichtsmaterial einkauft.

19.40 Uhr. Überrascht von den offenherzigen Illustrationen auf der Gebrauchsanweisung. War irritiert, dass ich sie in meiner Phantasie nicht auf Daniel bezog, sondern auf Mark Darcy. Hmmm. Hmmm.

19.50 Uhr. Ich wette, die aus der Werbeabteilung haben sich lange den Kopf darüber zerbrochen, welche Größe sie dem kleinen Freund auf den Bildern verpassen sollten. Man will ja die Kundschaft nicht entmutigen. Variety Pack war der reine Wahnsinn. Da stand: »Die prickelnden Erotik-Farben sorgen für rundum unbeschwerten Sex-Spaß pur.« Sex-Spaß pur? Vor meinem inneren Auge ergab das folgendes Bild: nackelige Pärchen mit Pappnase und Papierhüten, primäre/sekundäre

Geschlechtsteile lustig angemalt mit Erotik-Farben, haben jede Menge Rundum-Spaß pur und bommeln sich mit aufgeblasenen Variety-Pack-Kondomen auf den Kopf. Hilfe! Lieber gleich wegschmeißen. Muss mich außerdem noch umziehen. Oh … Telefon.

20.15 Uhr. Verdammt, verdammt, verdammt. War Tom, der sein Handy verloren hatte und dachte, wäre bei mir gewesen. Obwohl keine Zeit, habe ich dann noch überall nachgesehen, aber nirgendwo gefunden. Sagte, möglich, dass es mit all den Ratgebern im Mülleimer gelandet ist.

»Kannst du es nicht wieder rausholen?«, fragte er.

»Schlecht. Ich komme zu spät zu meiner Verabredung. Ich schaue morgen mal nach, okay?«

»Aber was, wenn sie vorher die Mülleimer leeren? Wann kommt denn bei euch die Müllabfuhr?«

»Morgen«, sagte ich, und Bitterkeit hielt Einzug in mein Herz. »Aber das Problem ist ohnehin, wir haben diese großen Container und ich weiß nicht mehr, in welchen ich die Sachen getan habe.«

Ließ mich am Ende breitschlagen. Ich hatte nur Unterwäsche an und zog deshalb den langen Ledermantel über. In dieser Aufmachung ging ich runter auf die Straße, um zu warten, bis Tom sein Handy anrief, das ich dann mit etwas Glück in einem der Müllcontainer wiederfinden sollte. Stand gerade auf der Mauer, um in die Container reingucken zu können, als eine bekannte Stimme hinter mir sagte: »Hallo.«

Drehte mich um, und da stand – Mark Darcy.

Er sah mich so komisch an, und erst da begriff ich, welchen Anblick ich bot. Wobei ich hoffte, dass BH und Unterhose wenigstens zusammenpassten.

»Was machst du da?«, sagte er.

»Ich warte darauf, dass der Mülleimer klingelt«, antwortete ich mit Würde und zog den Ledermantel fester um mich herum.

»Verstehe.« Pause. »Und wartest du… wartest du schon lange?«

»Nein«, sagte ich, »nicht länger als sonst.«

In diesem Moment fing einer der Container an zu piepsen. »Ah, das ist sicher für mich«, sagte ich und wollte schon beherzt hineingreifen.

»Nein, bitte lass mich das machen«, sagte Mark, setzte seinen Aktenkoffer ab, sprang behände auf die Mauer, langte tief in den Müll und fischte das Handy heraus.

»Hier Vorzimmer Bridget Jones«, sagte er. »Ja, natürlich, ich stelle durch.«

Er reichte mir das Handy. »Es ist für dich.«

»Wer war denn das?«, zischte Tom und war ganz hysterisch vor Begeisterung. »Sexy Stimme, wer ist das?«

Ich hielt meine Hand über das Sprechteil. »Vielen, vielen Dank«, sagte ich zu Mark, der bereits ein paar Ratgeber aus dem Container gezogen hatte und sie voller Verwirrung betrachtete.

»Keine Ursache«, sagte er und legte die Ratgeber zurück. Dann schaute er mich in meinem Ledermantel an.

»Ist was?«, fragte ich mit pochendem Herz.

»Oh, nein, überhaupt nicht, ähm, war schön, dich zu sehen.« Er zögerte. »Und vielleicht… vielleicht sieht man sich ja bei Gelegenheit wieder.« Ein schiefes Lächeln, dann drehte er sich um und ging.

»Tom, ich ruf dich zurück«, sprach ich in das protestierende Handy. Mein Herz raste. Nach den Regeln des Geschlechterkampfs hätte ich ihn eigentlich gehen lassen sollen, aber ich dachte an das Gespräch, das ich hinter der Hecke belauscht hatte. »Mark?«

Er drehte sich um, und man sah, wie es in ihm arbeitete. Einen Moment lang starrten wir uns nur an.

»Hey, Bridge, sag mal, willst du wirklich so losziehen, ohne Rock und alles?«

War Daniel, der von hinten auf mich zukam.

Ich sah, wie Mark die neue Lage taxierte. Ein langer, schmerzvoller Blick, ehe er auf dem Absatz kehrtmachte und wegging.

23.00 Uhr. Daniel hatte Mark offensichtlich gar nicht bemerkt, was einerseits gut war, andererseits schlecht, denn so konnte ich ihm nicht erklären, was Mark hier machte und warum ich auf einmal so aufgewühlt war. Wir waren auch noch nicht richtig in der Wohnung, da versuchte Daniel schon mich zu küssen. Mir war ziemlich komisch zumute, als ich mir eingestand, dass ich eigentlich gar nichts mehr von ihm wollte – nach einem Jahr Liebeskummer seinetwegen.

»Okay, okay«, sagte er und hob beschwichtigend die Hände. »Kein Problem.« Er schenkte uns beiden ein Glas Wein ein und setzte sich aufs Sofa. Die langen Beine in den Jeans sahen ziemlich sexy aus. »Pass auf, ich weiß, wie weh ich dir getan habe, und es tut mir ja auch Leid. Ich weiß, was du jetzt denkst, aber ich habe mich geändert, wirklich. Komm, setz dich mal zu mir.«

»Ich will mir erst was anziehen.«

»Nein, bitte, komm her«, sagte er und klopfte neben sich aufs Sofa. »Ach Bridge, bitte sei nicht so. Ich fasse dich auch nicht an. Versprochen.«

Artig setzte ich mich hin, zog den Mantel vorne zu und faltete die Hände auf meinen Knien.

»So ist es schon besser«, sagte er. »Und jetzt trink erst mal was und entspann dich.«

Vorsichtig legte er mir den Arm auf die Schultern.

»Ich komme bis heute nicht damit klar, wie ich dich behandelt habe. Es war unverzeihlich.« So oder so, es fühlte sich einfach gut an, wieder mal in den Arm genommen zu werden. »Jones«, flüsterte er, »meine kleine Jones.«

Er zog mich näher zu sich heran, legte meinen Kopf an seine

Brust. »Du hast etwas Besseres verdient, das weiß ich heute.«
Ein Hauch von dem bekannten Aftershave zog über mich hinweg. »Siehst du? Ein bisschen kuscheln tut dir doch ganz gut.«

Er streichelte mein Haar, meinen Nacken, den Rücken,
schob den Mantel ein wenig zurück, sein Hand glitt nach unten – und mit einem kurzen, geübten Griff hatte er meinen BH
aufgemacht.

»Hör auf«, sagte ich und versuchte, den Mantel wieder nach
oben zu ziehen. »Ehrlich, Daniel, das geht nicht.« Ich hätte beinahe laut gelacht. Er hingegen fand das überhaupt nicht komisch.

»Aber warum nicht?«, sagte er und zerrte mir den Mantel
von der Schulter. »Warum nicht? Hab dich doch nicht so.«

»Nein!«, sagte ich barsch. »Daniel, wir hatten abgemacht, wir
gehen zusammen essen. Ich will dich nicht küssen.«

Er ließ den Kopf sinken, atmete heftig, ehe er sich wieder
aufrichtete und dann mit geschlossenen Augen den Kopf nach
hinten auf die Sofakante legte.

Ich stand auf und ging zum Tisch hinüber. Als ich mich um-
drehte und ihn ansah, hatte er den Kopf wieder in die Hände
gestützt – und schluchzte.

»Tut mir Leid, Bridge. Aber es geht mir zurzeit beruflich
nicht so gut. Man hat mich abgesägt. Perpetua hat jetzt meinen Job. Ich fühle mich so überflüssig. Und jetzt willst du mich
auch nicht mehr. Keine Frau will mehr mit mir etwas zu tun
haben. In meinem Alter ohne Karriere, das will niemand.«

Ich sah ihn nur erstaunt an. »Und wie, glaubst du, habe ich
mich letztes Jahr gefühlt, als ich für alle in eurem Büro nur der
letzte Dreck war, als du deine Spielchen mit mir getrieben hast
und mich behandelt hast wie so eine Zurückgetriebene?«

»Eine Zurückgetriebene?«

Wollte ihm schon die Zurückgetriebenen-Theorie erklären,
hielt es jedoch für Zeitverschwendung.

»Ich glaube, es ist besser, wenn du jetzt gehst.«

»Ach Bridget, jetzt sei doch nicht so!«

»Raus.«

Hmm. Wie auch immer, ich muss erst mal Abstand gewinnen. Bin froh, dass wir bald in Urlaub fahren. Ideale Möglichkeit, sämtliche Männerangelegenheiten aus dem Kopf zu kriegen und mich auf mich selber zu konzentrieren.

Samstag, 19. Juli

58,5 kg; (warum ausgerechnet heute, am Bikinikauf-Tag?); wirre Gedanken wg. Daniel: viel zu viele; passende Bikini-Unterteile: 1; passende Bikini-Oberteile: 0,5; unartige Gedanken betr. Prinz William: 22; »Prinz William und seine bezaubernde Begleiterin Miss Bridget Jones in Ascot« auf Zeitschrift Hello! *geschrieben: 7-mal.*

18.30 Uhr. Mist, Mist, mistiger Mist. Ganzen Tag in irgendwelchen Umkleidekabinen in der Oxford Street zugebracht und Busen in Oberteile gequetscht, die für Frauen gemacht waren, deren Brüste entweder angeordnet waren wie städtische Fußgängerampeln oder gleich unter Achselhöhle. Und die Beleuchtung in diesen Kabinen: gna-den-los. Ich sah aus wie ein Stück Käsekuchen im *River Café*. Nahe liegende Lösung: Einteiler. Aber ich habe schon ein Bäuchlein. Muss nicht sein, dass ich aus Thailand zurückkomme und alles ist lecker braun, bloß Bauch nicht, der dann noch mehr auffällt.

Crash-Programm Bikini-Diät: Woche 1

So. 20. Juli	58,5 kg
Mo. 21. Juli	58,0 kg
Di. 22. Juli	57,5 kg
Mi. 23. Juli	57,0 kg

Do. 24. Juli	56,5 kg
Fr. 25. Juli	56,0 kg
Sa. 26. Juli	55,5 kg

Hurra! Alles kein Problem. In einer Woche habe ich mein Zielgewicht erreicht. Was dann noch zur Idealfigur fehlt, erreiche ich durch einfache Trainingsübungen. Merke: erst abnehmen, dann Fettgewebe umverteilen, fertig!

Mist. Wird nie funktionieren. Bin aber ohnehin nur mit Shaz zusammen im Zimmer – und wohl auch im Bett. Na egal, dann konzentriere ich mich eben auf das Geistige. Außerdem kommen Jude und Shaz gleich. Hurra!

Mitternacht. Toller Abend. Schön, wieder mit den Mädels zusammen zu sein. Lieber Gott, hat Shaz sich aufgeregt wg. Daniel. Konnte sie gerade noch davon abhalten, Daniel wg. Vergewaltigung anzuzeigen.

»Fühlt sich überflüssig – na bitte!«, schimpfte sie. »Daniel ist der klassische Mann des ausgehenden Jahrtausends. Selbst mit seinem Spatzenhirn begreift er allmählich, dass ihm Frauen überlegen sind. Ihm ist klar, dass er auf dieser Welt keine Rolle mehr spielt, dass er ausgeschissen hat, und was macht er? Er wird gewalttätig.«

»Na ja, er hat doch bloß versucht, sie zu küssen«, warf Jude ein und blätterte gelassen durch ihre Verbraucherzeitschrift. Aktuelles Thema: »Welches Festzelt ist das beste?«

»Pah, das ist ja gerade der Punkt. Sie kann von Glück reden, dass er nicht in die nächste Bank gestürmt ist und mit einer Maschinenpistole siebzehn Leute niedergemäht hat.«

Da klingelte das Telefon. War Tom, aber nicht, um sich (warum auch?) bei mir dafür zu bedanken, dass ich ihm sein Handy wiederbeschafft hatte, sondern weil er die Telefonnummer meiner Mutter wollte. Tom ist irgendwie ziemlich dicke mit ihr, ich vermute mal, weil Schwule generell auf solche Divas stehen. Umgekehrt galt das nicht immer. Ich weiß noch, wie meine Mutter mir letztes Jahr erklärte, »Homos« wären einfach nur zu faul, um sich ernsthaft um das andere Geschlecht zu bemühen. (Aber wie gesagt, das war letztes Jahr.) Hatte auf einmal den Verdacht, Tom würde sie überreden, im Paillettenkleid »Non, Je Ne Regrette Rien« zu singen, und zwar in einem Club namens *Pump*. Was sie aus Naivität oder Egoismus sogar tun würde, immer in dem Glauben, es ginge um eine alte Pumpstation und nicht um schwule Subkultur.

»Wozu brauchst du denn ihre Telefonnummer?«, fragte ich misstrauisch.

»Ist sie nicht in diesem Buchclub?«

»Keine Ahnung. Bei Mutter ist alles möglich. Warum?«

»Jerome hat seine Gedichte vollendet, ich organisiere für ihn ein paar Lesungen. Letzte Woche waren wir in Stoke Newington, und es war phänomenal.«

»Phänomenal?«, fragte ich, sah Jude und Shazzer an und blies die Backen auf, als müsste ich gleich kotzen. Habe Tom trotz einiger Bedenken die Nummer gegeben. Mum sicher empfänglich für Abwechslung, jetzt, wo Wellington nicht mehr da ist.

»Wie kommt das nur mit diesen Buchclubs?«, fragte ich nach dem Auflegen. »Ich meine, spinne ich, oder ist das wirklich das neue Ding? Sollten wir vielleicht auch in einem Buchclub sein, oder ist das primär etwas für Rundum-versorgt-und-Verheiratete?«

»Das ist nur etwas für Verheiratete«, sagte Shaz entschieden. »Die haben nämlich zu Recht Angst, durch all die patriarchalischen Anforderungen geistig zu veröden. Nimm doch nur mal das Beispiel … wow, schau dir mal dieses Bild von Prinz William an.«

»He, ich will auch was sehen«, unterbrach Jude und schnappte sich die *Hello!* mit dem Foto des königlichen Superboys. Ich zog von der anderen Seite an der Zeitschrift. Bin in

Sachen Royals ziemlich gespalten. Möchte einerseits natürlich so viele Bilder wie möglich sehen, am liebsten bei allen möglichen Aktivitäten. Weiß aber andererseits, dass es falsch ist und von ihrem Privatleben nichts übrig lässt. Kann aber Ahnung nicht unterdrücken, dass in diesem Jungen große Ideen heranreifen. Und eines Tages wird er aufstehen wie ein Ritter der Tafelrunde, wird sein Schwert erheben und phantastische neue Weltordnung schaffen, wogegen Präsident Clinton und Tony Blair aussehen werden wie verstaubte Politbürokraten.

»Wie jung ist eigentlich zu jung?«, fragte Jude verträumt.

»Wenn er dein leiblicher Sohn sein könnte«, raunte Shaz, als handle es sich um ein althergebrachtes Rechtsprinzip. Was es bei Lichte besehen ja auch ist. Es hängt eben alles davon ab, wie alt du selber bist. Darauf klingelte das Telefon.

»Hallo, Liebes, jetzt rate mal!« Meine Mutter. »Dein Freund Tom – du weißt schon, der ›Homo‹ – hat einen echten Dichter in unseren Buchclub eingeladen. Der will bei uns romantische Gedichte vortragen, wie damals Lord Byron. Ist das nicht toll?«

»Ähm … ja und?«

»Schön, so etwas Besonderes ist das nun auch wieder nicht. Bei uns lesen häufig Autoren.«

»Wirklich? Und wer?«

»Oh, jede Menge. Penny ist zum Beispiel sehr gut mit Salman Rushdie befreundet. Was ich fragen wollte: Du kommst doch auch, oder?«

»Wann ist es denn?«

»Freitag in einer Woche. Und ich mache Königinnenpastetchen mit Hühnerfrikassee.«

Auf einmal beschlich mich Angst. »Und Admiral Darcy mit Gattin kommt auch?«

»Tsass! Männer sind doch gar nicht zugelassen, du Dummchen. Elaine kommt, aber die Männer stoßen erst später dazu.«

»Aber Tom und Jerome sind doch auch da.«

»Aber das sind doch keine Männer, Liebes.«

»Und du bist sicher, Jeromes Gedichte sind das Richtige für euch?«

»Bridget, ich habe keine Ahnung, was du damit wieder andeuten willst. Aber auch wir sind nicht ganz von gestern. Und überhaupt, der Sinn von Literatur ist, dass jeder sich frei äußern kann und … oh, ehe ich's vergesse: Mark will später auch vorbeikommen. Er hilft Malcolm bei seinem Testament. Und wer weiß, man kann ja nie wissen!«

Freitag, 1. August

58,5 kg (Bikini-Diät vorläufig gescheitert); Zigaretten: 19 (Diät unterstützende Maßnahme); Kalorien: 625 (noch nicht alles verloren).

18.30 Uhr. Grr. Grrr. Morgen geht's ab nach Thailand, ich habe noch nicht gepackt und völlig vergessen, dass heute Abend die Lesung in diesem verdammten Buchclub ist. Habe überhaupt keine Lust, den weiten Weg nach Grafton Underwood zu fahren. Ist viel zu schwül heute Abend, und Jude und Shaz gehen zu netter Party im *River Café*. Andererseits, kann Mum und Tom nicht hängen lassen, und die Kunst soll man ja auch unterstützen etc. Geht darum, sich selbst zu achten, indem man andere achtet. Ist letztlich egal, wenn morgen müde, da Urlaub. Packen dauert auch nicht lange, was brauche ich in Thailand schon außer ein paar Bodys und einem Sarong? Packen dauert immer genauso lange, wie man Zeit hat. Demnach: je weniger Zeit, desto schneller geht es, logisch. Also kann ich auch nach Grafton Underwood fahren. Bin Organisationsgenie.

Mitternacht. Gerade zurück. War zu spät wg. typisch chaotischer Autobahn-Beschilderung. (Falls noch mal Krieg, dann

Schilder unbedingt stehen lassen statt abzumontieren. Die Deutschen müssten nach wenigen Kilometern kapitulieren. Hah!) Mum kam mir schon entgegen. Trug seltsamen, rotbraunen Kaftan, vermutlich wg. literarischer Anmutung.

»Wie geht's Salman?«, fragte ich, als sie mich wg. Verspätung mit üblichem »Tsass« empfing.

»Oh, der konnte leider nicht kommen«, sagte sie unbeeindruckt und führte mich durch die Verandatür ins Wohnzimmer, wo mir gleich das neue »Familienwappen« ins Auge fiel. Es hing über der Kamin-Attrappe und trug als Motto die Worte »*Hakuna Matata*«.

»Pssst«, sagte Una und legte, noch ganz verzückt vom Kunstgenuss, den Finger auf die Lippen.

Der Eitle Jerome, dessen Brustwarzen-Piercing sich deutlich unter dem knallengen, schwarzen Glanz-Muskelshirt abzeichnete, stand vor der Vitrine mit dem Bleikristall und deklamierte salbungsvoll: »Ich sehe den harten, heißen, haarigen Hintern, ich blicke darauf und packe ihn nackt…« Vor ihm, auf klassizistischem Gestühl, die blauhaarigen, entsetzlich fein gemachten und komplett fassungslosen Ladys des *Lifeboat Luncheon Book Club*. Nur Mark Darcys Mutter, hinten im Raum, schien sich insgeheim zu amüsieren.

»Ich sehe«, schallte es von Jerome, »die stolzen strammen stahlharten Stangen, die stehend stoßen, spießen, stecken…«

»Nun, das war ja absolut hinreißend«, erklärte Mum und erhob sich klatschend. »Wer möchte jetzt ein paar Königinnenpastetchen?«

Immer wieder erstaunlich, wie es diese Mittelschicht-Frauen schaffen, die unsäglichen Provokationen und Widersprüche dieser Welt zu vereinnahmen und an ihre wogende Brust gepresst, komplett unschädlich zu machen. Dagegen war sogar Jeromes Hardcore-Lyrik machtlos.

»Ach, ich liebe einfach die Literatur und vor allem die Lyrik, sie verleiht einem so ein Gefühl von Freiheit!«, sagte Una zu Elaine, während Penny Husbands-Bosworth und Mavis Enderbury das Gehörte so beflissen diskutierten, als hätten sie T.S. Eliot gelauscht.

»Aber ich war doch noch gar nicht fertig«, protestierte Jerome weinerlich. »Es kommt noch *Der Knabe im Mohr* und *Faustisches Fisting – Eine Anal-ogie.*«

Unvermittelt ertönte Wortkunst der anderen Art.

»*Wenn du den Kopf bewahrst, ob rings die Massen / Ihn auch verlieren und nach Opfern schrein…*« War Dad mit Admiral Darcy. Beide voll wie ein Dreimaster auf dem Meeresgrund. O Gott, neuerdings ist Dad dauernd blau. Verliere mit ihm den letzten Menschen, an den ich mich anlehnen kann.

»*Dir treu sein kannst, wenn alle dich verlassen*«, dröhnte Admiral Darcy und sprang auf einen Stuhl, worauf die Literatur-Ladys auseinander stoben.

»*Und dennoch ihren Wankelmut verzeih'n*«, fiel mein Vater wieder ein, mit Tränen der Rührung in den Augen, aber sicherheitshalber fest gegen den Admiral gestützt.

Das betrunkene Duo brachte auf diese Weise das ganze Gedicht »Wenn« von Rudyard Kipling zu Gehör. Die beiden klangen fast wie Laurence Olivier und John Gielgud, aber Mum und der Eitle Jerome waren stinksauer.

»Das ist wieder mal typisch«, zischte Mum, als Admiral Darcy mit dramatischer Gebärde auf die Knie fiel und orgelte: »*Lässt dich mit Lügnern nie auf Lügen ein.*«

»Bourgeoise, ewiggestrige Kolonialismus-Scheiße«, keifte Jerome.

»*Wenn du, ob Herz und Sehne längst erkaltet.*«

»Und dieser schwachsinnige Mist reimt sich auch noch…«, fauchte Jerome.

»Jerome, bitte nicht diese Sprache in meinem Haus!« War Mum, natürlich.

»*Sie noch zu deinem Dienst zu zwingen weißt*«, rezitierte Dad und sank sterbend auf den Teppich.

»Wozu hat man mich dann eingeladen?«, konterte Jerome.

»Und durchhältst, auch wenn nichts mehr in dir waltet.« Das war der Admiral.

»Als nur dein Wille…«, dröhnte Dad vom Boden aus. *»Als nur dein Wille… «*, wobei er sich wieder hochrappelte und die Arme erhob. *»Als nur dein Wille, der ›Durchhalten‹ heißt.«*

Darauf großer Applaus und Standing Ovations von den Buchladys, während Jerome türenknallend das Haus verließ und Tom ihm nacheilte. Als ich mich wieder dem Geschehen im Wohnzimmer zuwandte, stand mir Mark Darcy gegenüber.

»Ach, das war wirklich ein interessanter Abend!«, sagte Elaine und stellte sich neben mich. Ich überlegte währenddessen, wie ich mit der Situation umgehen sollte. »Die Lyrik vereint eben Jung und Alt.«

»Die Stockbesoffenen und die Nüchternen«, setzte ich hinzu.

Darauf kam der Admiral angewankt, das Gedicht in der Hand.

»Meine Liebe, meine Liebe, ich muss schon sagen…« Er musste sich vor allem erst mal an Elaine festhalten. »Hallooo? Ist das nicht – wie war noch der Name?« Er sah zu mir herüber. »Und Mark ist ja auch schon da, wunderbar. Prächtiger Sohn. Fährt seine alten Eltern nach Hause und hat nicht mal was getrunken. Aber immer allein, ich weiß nicht, gut ist das nicht.«

Alle beide schauten sie nun zu Mark hinüber, der an Unas spillerigem Beistelltischchen saß und irgendetwas schrieb, wobei ihn ein blauer Glas-Delfin beobachtete.

»Also wenn du mich fragst, so ein Testament setzt man doch nicht auf einer Party auf. Aber was will man machen? Immer nur Arbeit, Arbeit, Arbeit«, knarzte der Admiral. »Aber da war doch neulich diese… wie hieß sie noch gleich… diese… Rachel? Nein, Betty! Namen hab ich vergessen.«

»Rebecca«, korrigierte Elaine.

»Genau, Rebecca. Wusste ich doch. Aber wo ist sie jetzt, diese Rebecca? Wenn ich meinen Herrn Sohn frage, meinst du, ich kriege da eine vernünftige Antwort? Murmelt irgendwas in seinen Bart, und das war's. Kann Murmler nicht leiden. Der Mensch muss eine Meinung haben, sage ich immer.«

»Na ja, vielleicht war sie auch nicht die…«, meinte Elaine vorsichtig.

»Ach, Unsinn, an der war doch alles dran. Absolut in Ordnung, wenn ihr meine Meinung hören wollt. Ich weiß nicht, das ganze Theater mit den jungen Leuten immer. Ich hoffe, ihr jungen Frauen seid nicht genauso wie die Männer, sonst geht es überhaupt nicht mehr vorwärts mit der Menschheit.«

»Nein«, sagte ich nachdenklich. »Tatsächlich ist es so, dass, wenn wir jemanden lieben, wir selbst dann noch an ihnen hängen, wenn sie schon längst abgehauen sind.«

Hinten ging etwas zu Bruch. Ich drehte mich um und bemerkte, dass Mark den blauen Glas-Delfin umgestoßen hatte, welcher wiederum eine Vase mit Chrysanthemen und einen Bilderrahmen mitgerissen hatte. Die Reste von Vase und Rahmen waren auf dem Boden zu besichtigen, der Delfin hatte wie durch ein Wunder überlebt.

Mum, Elaine und ein polternder Admiral eilten an die Unglücksstelle. Dad war schon da und versuchte, auch den blauen Delfin zu zerdeppern. »Scheißding, hässliches, hab ich nie leiden können«, während Mark seine Unterlagen zusammenklaubte und erklärte, für den Schaden aufkommen zu wollen.

»Können wir jetzt fahren, Dad?«, murmelte Mark betreten.

»Nein, nein, lass dir Zeit. Ich bin hier in guter Gesellschaft mit… Brenda, nicht? Übrigens, ich hätte nichts gegen einen weiteren Portwein, mein Sohn.«

Beklommenes Schweigen, als Mark und ich uns ansahen.

»Ach, hallo, Bridget«, sagte Mark unvermittelt, als hätte er mich vorher nicht gesehen. Und dann: »Also, Dad, ich glaube, wir sollten jetzt wirklich fahren.«

»Komm, Malcolm, ab nach Hause«, sagte Elaine und nahm ihren Gatten am Arm. »Sonst pinkelst du noch auf den Teppich.«

»Ach, Unsinn, nein. Also wirklich.«

Die drei verabschiedeten sich, und Mark und Elaine bugsierten den Admiral durch die Tür. Ich sah ihnen nach und fühlte mich leer. Unerwartet tauchte Mark noch einmal auf und kam auf mich zu.

»Ich glaube, ich habe hier irgendwo meinen Stift vergessen«, sagte er und holte den Füller vom Beistelltisch. »Und wann fliegst du nach Thailand?«

»Morgen früh.« Ich hätte schwören können: für den Bruchteil einer Sekunde zuckte Enttäuschung über sein Gesicht.

»Aber woher weißt du, dass ich nach Thailand fliege?«

»In Grafton Underwood spricht sich so etwas schnell herum, du weißt ja, wie die Leute sind. Hast du schon gepackt?«

»Was denkst du denn?«

»Noch keine einzige Unterhose«, meinte er trocken.

»Mark«, rief der Admiral aus dem Hintergrund, »wo bleibst du denn? Erst die Pferde scheu machen und jetzt nicht kommen, das haben wir gerne…«

»Ich komme schon«, sagte Mark und warf einen kurzen Blick nach hinten. »Das ist für dich.« Er gab mir ein zerknittertes Blatt Papier und sah mich ein letztes Mal – wie soll ich sagen – eindringlich an. Dann war er verschwunden.

Ich wartete, bis ich unbeobachtet war und faltete mit zitternden Händen das Blatt auseinander. Es war aber nur eine Kopie von dem Gedicht, das Dad und der Admiral zuvor zum Besten gegeben hatten. Was sollte das bedeuten?

Samstag, 2. August

58 kg (Oje! Vor-Urlaubs-Bikini-Diät völliger Fehlschlag); Alkoholeinheiten: 5; Zigaretten: 42; Kalorien: 4.457 (abgrundtiefe Verzweif-

lung); Sachen gepackt: 0; Möglichkeiten, wo Pass sein könnte: 6; davon als richtig erwiesen: 0.

5.00 Uhr. Warum muss ich nur in Urlaub fahren? Werde mir wahrscheinlich die ganze Zeit wünschen, Sharon wäre Mark. Und Sharon wird sich wünschen, ich wäre Simon. Es ist jetzt fünf Uhr. Mein Schlafzimmer sieht aus wie ein Schlachtfeld, überall nasse Klamotten, Kugelschreiber und Plastiktüten. Wie viele BHs soll ich bloß mitnehmen? Und wo ist das kleine Schwarze von Jigsaw, ohne das ich nicht fahren kann, und die zweite pinke Badelatsche? Ich habe auch keine Reiseschecks, und ob meine Kreditkarte noch funktioniert, ist mehr als fraglich. Nur noch anderthalb Stunden, bis ich definitiv aus dem Haus muss. Gott, wie kriege ich das alles nur in den Koffer? Na ja, erst mal eine rauchen und den Reiseprospekt durchblättern, beruhigt mich vielleicht.

Mmm. Wird sicher toll, den ganzen Tag am Strand liegen und rundum braun werden. Sommer, Sonne und... oh, Lämpchen von Anrufbeantworter blinkt. Warum merke ich das jetzt erst.

5.10 Uhr. Drücke Taste mit ANSWER PLAY.

»Ähm, Bridget, hier ist Mark noch mal. Wollte nur sagen, in Thailand ist gerade Regenzeit. Würde vorschlagen, du nimmst einen Schirm mit.«

KAPITEL 11

Abenteuer-Urlaub

Sonntag, 3. August

0 kg (schwerelos in der Luft); Alkoholeinheiten: 8 (aber allesamt in Flieger getrunken, verpuffen in der Höhe); Zigaretten: 0 (verdammter Nichtraucherflug); Kalorien: 1 Mio. (immer schön Tablett leergegessen); Gasangriffe von Sitznachbar: 38 (bisher); Aroma-Variationen von Gasangriff: 0.

16.00 Uhr englischer Zeit. Im Flugzeug. Tue so, als wäre ich sehr beschäftigt mit Walkmanhören und Tagebuchschreiben. Neben mir sitzt entsetzliche Torfnase in hellbraunem Acrylanzug und will mich zwischen seinen Pups-Attacken immer in Unterhaltung verwickeln. Pupser kommen leise, sind aber tödlich. Nase zugehalten und so getan, als wäre ich am Schlafen. Aber kein Entrinnen. Er tippte mir auf die Schulter und fragte, ob ich irgendwelche Hobbys hätte.

Sagte: »Ja, Schlafen. Schlafen ist meine Lieblingsbeschäftigung.« Schreckte ihn aber nicht ab, und kurz darauf ward ich gesprächsweise in die torfnasige Welt etruskischer Münzen geworfen.

Sharon und ich leider getrennte Sitze, weil zu spät am Flughafen und nur noch Einzelsitze vorhanden. Shazzer anfangs ziemlich sauer. Aber dann schnell wieder beruhigt, was eindeutig damit zu tun hatte, dass sie neben Harrison-Ford-Double saß mit Jeans, zerknittertem Khakihemd und einer Lache (besonders über eigene Witze) wie Abflussrohr. Wunderte mich dann doch. Normalerweise hasst sie diese potentiell gewaltbereiten Loser-Typen. Ich sitze derweil neben Mr. Atmungsaktive-Synthetik-Pups-Maschine und muss für die nächsten zwölf

Stunden ohne Fluppe leben. Gott sei Dank habe ich meine Nicoretten dabei.

So gesehen war Start in den Urlaub nicht sehr verheißungsvoll, bin aber trotzdem richtig aufgeregt wg. Thailand. Sharon und ich haben uns vorgenommen, richtig zu *reisen*, statt in hermetisch abgeschotteten Touristenghettos rumzuhängen. Wollen Land und Leute und fremde Kultur kennen lernen.

Unsere Urlaubs-Ziele:
1. Hippiemäßig durchs Land reisen
2. Abnehmen durch leichte Magen-Darm-Erkrankungen (nicht lebensbedrohlich)
3. Schön braun werden. Aber nicht krebsrot wie Kelly Family oder mit Hautkrebs oder vorzeitiger Faltenbildung, das nicht
4. Spaß haben
5. Selbstfindung, auch Brille finden (hoffe, sie ist in Koffer)
6. Schwimmen und Sonnenbaden (Regenzeit hin oder her, sind wahrscheinlich nur kurze tropische Schauer)
7. Tempel besichtigen (aber nicht zu viele)
8. Geistige Erleuchtung

Montag, 4. August

54 kg (keine Waage, Gewicht geschätzt nach Stimmungslage: Methode ist einer der großen Vorzüge des Reisens); Kalorien: 0; Minuten, die nicht auf Toilette verbracht: 12 (so etwa).

2.00 Uhr Ortszeit. Bangkok. Shazzer und ich versuchen in der miesesten Absteige zu schlafen, in der ich jemals gewesen bin. Habe den Eindruck, ich ersticke gleich. Schon beim Anflug dicke Wolken und seitdem nichts wie Regen. Das *Sin Sae Guesthouse* hat keine Toiletten, sondern nur kleine Kabinen mit Loch im Boden. Offenes Fenster und Ventilator sind sinnlos, da Luftfeuchtigkeit etwa wie in Dampfbad. Statt Klo ist unten eine Disco, und in den Musikpausen kriegt man gut mit, dass eigentlich niemand auf der Straße ein Auge zutun kann. Fühle mich aufgedunsen wie fahles Gummibärchen in warmem Wasser. Haare erst krisselig, dann klatschnass an Gesicht geklebt. Das Schlimmste: Sharon hält sich in einem fort dran mit Harrison-Ford-Reisebekanntschaft.

»Wo der überall schon war, und was der alles erlebt hat. Zum Beispiel auf der Maschine von Sudan Airways, wo Pilot und Copilot während des Flugs allen Passagieren persönlich die Hand schütteln wollen und plötzlich schlägt die Tür vom Cockpit zu und sie kriegen sie nicht mehr auf und mussten dann eine Axt nehmen. Irre. Und immer so witzig. Er wohnt im *Oriental* und hat mich schon eingeladen.«

»Ich dachte, wir wollten mal einen Urlaub ohne Männer machen«, warf ich ein.

»Quatsch. In einem fremden Land ist es immer gut, wenn man jemanden hat, der sich auskennt.«

6.00 Uhr. Bin dann gegen 4.30 Uhr tatsächlich eingeschlafen, aber gegen 5.45 Uhr wieder aufgewacht wg. hopsender Matratze. Sharon war nämlich schon auf und meinte, wir müssten zum Tempel und den Sonnenaufgang anschauen. (Durch 100 m dicke Wolkendecke?) Moment, kann nicht weiterschreiben. Etwas Abartiges passiert gerade in meinem Magen. Dauernd so kleine Bäuerchen.

11.00 Uhr. Sharon und ich sind jetzt seit fünf Stunden auf. Viereinhalb davon haben wir uns auf dem (einheimischen) Klo abgewechselt. Sharon meint aber, Leiden und schlichtes Leben gehören zur Erleuchtung. Annehmlichkeiten des abendländisch geprägten Lebens stünden Spiritualität im Weg. Nachher wollen wir auch noch meditieren.

12.00 Uhr. Hurra! Sind ins *Oriental* umgezogen! Kostet für eine Nacht mehr als eine Woche auf Korfu, ist aber eindeutig Notfall, und wozu gibt's Kreditkarten? (Shazzers Kreditkarte funktioniert sogar noch, und sie streckt mir das Geld vor. Frage mich allerdings, ob es richtig ist, geistige Erleuchtung über anderer Leute Kreditkarte abzuwickeln.)

Waren uns aber einig, was das neue Hotel angeht. *Oriental* ist wundervoll. Schlüpften gleich in die hellblauen Bademäntel und haben Schaumbad genommen. Shazzer meint, die volle Härte um jeden Preis wäre für Erleuchtung nicht unbedingt nötig, sondern vielmehr Kontrast zwischen westlichem Komfort und den Lebensbedingungen im Land etc. Wir, Wanderer zwischen den Welten! Konnte ihr da nur zustimmen. Besonders mit Blick auf Magen-Darm-Situation ist räumliche Nähe zu Toilette und Bidet doch sehr hilfreich.

20.00 Uhr. Shazzer war am Schlafen (oder endgültig an Dysenterie eingegangen), also dachte ich mir, ich gehe ein bisschen auf der Terrasse spazieren. Stand unten in tintenschwarzer Nacht und ließ mir leichte Brise um die angeklatschten Haare wehen. Schaute auf die Biegung von Chao Phraya River mit den vielen kleinen Lichtern und asiatischen Booten und dachte so für mich: Fliegen ist doch eine wunderbare Sache. Es ist nicht mal 24 Stunden her, dass ich zu Hause auf dem Bett saß, umgeben von nassen Sachen, und hier ist alles so schrecklich exotisch und romantisch. Wollte mir eben eine Zigarette anstecken, als mir unvermittelt protziges Goldfeuerzeug unter die Nase gehalten wurde. Ich schaute hoch und war platt. War der Harrison Ford aus dem Flugzeug. Der Kellner brachte uns zwei Gin Tonic, die mir ziemlich stark vorkamen. Aber Harrison Ford (oder »Jed«) erklärte, das müsse so sein, Chinin wäre in den Tropen sehr wichtig wg. Malaria. Verstand auch sehr gut, was Shaz an ihm fand. Er fragte dann, was wir hier machen wollten, und ich erzählte ihm, wir wollten raus auf diese

Hippie-Insel Koh Samui und uns eine Hütte mieten und auf die Erleuchtung warten. Er sagte, vielleicht käme er mit. Ich sagte, Sharon würde das sicher begrüßen. (Sharon hat ihn entdeckt, also gehört er ihr – was ich ihm aber nicht sagte.) Wollte schon gehen, Shaz holen, fühlte mich aber von dem vielen Chinin richtig blümerant. Bin dann hochgezuckt, als ich spürte, wie er mir mit der Fingerspitze über die Wange strich, sein Gesicht ganz nah.

»Bridget«, zischte plötzlich eine Stimme hinter uns, »du bist echt eine schöne Freundin.«

Großer Gott! War Shazzer!

Donnerstag, 7. August

52–54 kg (wer weiß das schon so genau); Zigaretten: 10; Sonnenstunden: 0.

Koh Samui Island, Thailand. (Hmm. Das reimt sich sogar. Wie Rap o.ä.)

Sind endlich an idyllischem Hippie-Strand angekommen, auch wenn's noch regnet. Bezaubernde Bucht mit Sandstrand und kleinen Hütten auf Stelzen und überall kleine Bars und Restaurants. Die Hütten sind ganz aus Bambus und mit einer Veranda, von der aus man aufs Meer rausschauen kann. Allerdings immer noch Eiszeit in den bilateralen Beziehungen zwischen mir und Shaz. Außerdem hat sie, was die Hütte betrifft, den hirnrissigen Grundsatz aufgestellt: keine Jungs in der Nachbarschaft. Mit dem Ergebnis, dass wir in den vergangenen achtzehn Stunden schon dreimal umgezogen sind, immer in strömendem Regen. Das erste Mal war ja noch nachvollziehbar, weil gleich ein paar Typen ankamen, die uns irgendwelchen Stoff verkaufen wollten, Heroin, Opium, Trips, was weiß ich. Zogen wir also um in eine andere Anlage, wo die

Jungs in der Nachbarschaft schon ordentlicher aussahen, eher wie Biochemiker o.ä. Leider kam einer von denen rüber und erzählte uns, in unserer Unterkunft hätte sich drei Tage zuvor jemand erhängt, worauf Shaz erst recht nicht bleiben wollte. Mittlerweile war es stockfinster draußen. Die Biochemiker boten sich an, unsere Taschen zu tragen, aber das konnte Shaz als emanzipierte Frau ebenfalls nicht akzeptieren. Sind wir also mit unseren Rucksäcken ewig den Strand entlanggelatscht und landeten schließlich in einer Hütte mit Blick auf die Rückseite eines Restaurants und einen Abwasserkanal – und das nach 20.000 Meilen Flug. Ich schätze mal, das ist nicht das Ende vom Lied. Shaz will weitersuchen: irgendwas Nettes am Strand, aber ohne Jungs in der Nachbarschaft und/oder Strangulations-Karma. Blöde Shazzer.

23.30 Uhr. Aber Abend in Ganja-Restaurant war echt spitze. Shaz is doch nich so übel. Beste Freundin von allen auf der Welt. Hicks. Umgeplumpst.

Freitag, 8. August

51 kg (tolle Nebenwirkung von Aufruhr in Bäuchlein); Alkoholeinheiten: 0; Zigaretten: 0 (s.g.); Psychedelische Pilze: 12 (Uiiiiih! Ich kann fliegen, jippiii!).

11.30 Uhr. Beim Aufwachen (zugegebenermaßen etwas später als sonst) war ich allein in der Hütte. Shaz nirgendwo zu finden. Ich also raus auf die Veranda und mich ein bisschen umgesehen. Irgendwie waren die Furcht einflößenden schwedischen Mädchen von nebenan verschwunden, und ein Junge war eingezogen. Aber bestimmt nicht meine Schuld, weil ständiges Kommen und Gehen hier. Setzte Sonnenbrille auf (die mit den Dioptrien), weil Kontaktlinsen noch nicht drin, und bei näherem Hinsehen stellt sich raus: Junge in der Nachbarschaft ist Harrison-Ford-Lookalike-und-Hotelknutscher. Während ich noch guckte, drehte er sich um und lächelte jemandem zu, der gerade aus seiner Hütte kam. War Shazzer. Sie demonstrierte soeben Ausnahme von der Keine-Jungs-in-der-Nachbarschaft-Regel. Ausnahme heißt: Sofern Jungs richtig gut aussehend.

13.00 Uhr. Jed hat uns in ein Café eingeladen – zu einem Psychopilz-Omelette! Waren anfangs skeptisch, weil Betäubungsmittel. Aber Jed versicherte uns, die Magischen Pilze wären keine Drogen, sondern garantiert naturbelassen und Tor zur Erleuchtung. Bin schon ganz aufgeregt.

14.00 Uhr. Ich bin schön. Schön auf eine faszinierend exotische Art. Ich bin schön als Teil der Natur, der Farben, des Lebens und seiner ewigen Gesetze. Wenn ich am Strand liege und durch meine Army-Kappe in den Himmel schaue, schießen kleine Lichtpfeile durch den Stoff, und das ist so dermaßen total unheimlich schön, dass man sich das gar nicht vorstellen kann, wie Diamanten. Shazzer ist auch schön. Werde meine Kappe ins Wasser tauchen, damit sich Schönheit der See mit den diamantösen Lichtpfeilen verbündet und noch mehr glitzern tut.

17.00 Uhr. Allein in Ganja-Restaurant. Shazzer spricht nicht mehr mit mir. Zunächst hatte Psychopilz-Omelette gar keine Wirkung, aber dann auf dem Rückweg verkehrte sich alles ins Komische, und ich fing unkontrolliert an zu kichern. Shazzer dagegen fand das alles nicht so spaßig. An unserer Hütte angekommen, hängte ich meine Hängematte draußen auf, aber das Seil war irgendwie zu dünn. Es riss, und ich landete im Sand. Das fand ich so lustig, dass ich die Prozedur über eine Dreiviertelstunde lang wiederholte, behauptet Shazzer, immer mit derselben unsanften Landung auf dem Boden. Jed war ebenfalls kurz da, aber dann schwimmen gegangen. Shaz lag in der Hütte und heulte. »Ich bin ja so hässlich, hässlich, hässlich, hässlich.« Hölle, Hölle, Hölle. Beunruhigt von ihrer Anwandlung, die sich von meinem eigenen Zustand krass unterschied, wollte ich zu ihr, kam dabei aber an einem Spiegel vorbei und – hatte in meinem ganzen Leben noch nie jemanden gesehen, der so hinreißend aussah. Ich war das anmutigste Wesen im ganzen Universum.

Shaz zufolge hätte ich dann fast eine Stunde lang versucht, sie aufzuheitern, wäre aber von meinem eigenen Spiegelbild so fasziniert gewesen, dass ich mich am Ende überhaupt nicht mehr davon hätte losreißen können und immer nur gesagt hätte: »Hey, Shaz, schau doch mal, bin ich nicht schön, bin ich nicht schön?« Das Ganze in den verschiedensten Posen etc. Währenddessen litt Shaz Höllenqualen wegen ihres verunstalteten Gesichts, wo das von Quasimodo nichts gegen gewesen sei. Ich wäre dann losgezogen, um ihr etwas zu essen zu holen, wäre kichernd zurückgekommen mit einer Bloody Mary und einer Banane und hätte gesagt, die Kellnerin vom Restaurant hätte einen Lampenschirm auf dem Kopf. Dann wäre die Spiegel-Show wieder losgegangen. Behauptet Shazzer. Schließlich zweieinhalb Stunden am Strand gelegen, mit den Armen in der Luft gefuchtelt und imaginäres Orchester dirigiert und meine Army-Kappe angeguckt. Während sie, Shazzer, kurz vor dem Selbstmord stand, angeblich.

Alles, woran ich mich erinnern kann, war, dass dies mit zu den glücklichsten Momenten meines Lebens gehörte, weil Welträtsel entschlüsselt in totalem Flow-Zustand (wie beschrieben in *Emotionale Intelligenz*), und also ziemlich nah dran am ewigen Zen. Leider war es dann genauso schnell vorbei. Als hätte man einen Schalter ungelegt. Ich kehrte in die Hütte zurück, und statt Astralwesen sah ich im Spiegel nur: mich. Rot im Gesicht, schwitzig, Haare auf der einen Seite angeklatscht, auf der andern abstehend wie Klobürste. Und Shaz auf dem Bett, die mich ansah wie der Hammermörder. Jetzt schäme ich mich sehr, aber was will man machen? Bedaure das alles zutiefst. War aber nicht ich, waren die Pilze.

Vielleicht beruhigt sie sich ja wieder, wenn ich das Thema auf unsere bevorstehende Erleuchtung bringe.

Freitag, 15. August

51,5 kg (eher erdverhaftet heute); Alkoholeinheiten: 5; Zigaretten: 25; Erleuchtungen: 0; Katastrophen: 1.

9.00 Uhr. Soweit klasse Urlaub, bloß keine Erleuchtung. Fühlte mich ein bisschen wie drittes Rad am Wagen, weil Shaz dauernd mit Jed zusammen war. Immerhin ließ sich ab und zu die Sonne blicken. Bin dann schwimmen gegangen und habe in der Sonne gelegen, während sie vögelten. Abends alle zusammen essen gegangen. Jetzt ist Shaz etwas geknickt, denn Jed ist gestern Abend abgereist, weil er noch ein paar andere Inseln besuchen wollte. Ich denke, wir genehmigen uns erst mal ein feudales Frühstück. Danach wird es ihr schon besser gehen, und wir setzen unseren Frauen-Fun-Urlaub fort. Nur wir beide. Hurra!

11.30 Uhr. Ach du verdammte Oberkacke, das darf doch nicht wahr sein! Sharon und ich kamen gerade zurück, und das Vorhängeschloss von unserer Hütte war offen und unsere Rucksäcke weg. Bin absolut sicher, dass ich abgeschlossen hatte. Das bedeutet, dass eingebrochen wurde. Immerhin hatten wir nicht alles in der Hütte gelassen, unsere Pässe z.B. haben wir noch. Aber die Flugtickets sind weg, genauso wie die Reiseschecks. Und Shazzers Kreditkarte können wir – nach all den Ausgaben in Bangkok – wohl auch vergessen. Bis kommenden Dienstag bleiben uns noch ganze $38, und wir sind nicht einmal in Bangkok, sondern Hunderte von Meilen vor der Küste auf einer kleinen Insel. Sharon weint. Ich gebe mir alle Mühe, sie zu trösten, aber ohne Erfolg.

Das ganze Szenario erinnerte irgendwie an *Thelma und Louise*. Nachdem nämlich Thelma mit Brad Pitt geschlafen hat, ist plötzlich auch ihr ganzes Geld weg. Und wie Geena Davies sagt, sie soll sich nicht aufregen, es wäre schon in Ordnung, ist Susan Sarandon nur am Heulen und sagt: »Das ist *nicht* in Ordnung, Thelma, das ist ganz und gar nicht in Ordnung.«

Allein der Flug nach Bangkok kostet schon $100 pro Person, und wer weiß, ob sie uns dort glauben, dass wir die Tickets verloren haben. O Gott, jetzt bloß einen klaren Kopf behalten. Habe deshalb vorgeschlagen, im Ganja-Restaurant ein paar Bloody Marys zu uns zu nehmen und erst mal darüber zu schlafen. Da ist sie komplett ausgerastet.

Die Sache ist nämlich die. Einerseits habe ich natürlich auch Panik wg. der Sache, andererseits sage ich mir: Hey, das ist mal ein echter Abenteuer-Urlaub, und ich muss mir nicht dauernd wg. Oberschenkelumfang Gedanken machen. Und man kann sagen, was man will, das hat etwas für sich. Denke, ich werde mich heimlich rausschleichen und Bloody Marys besorgen. Wird uns gut tun. Bis Montag können wir sowieso nichts machen, weil Bank, Reisebüro etc. geschlossen. Außer wir heuern in einer Bar an, machen Tabledance und Hardcore-Live-Show mit Pingpongbällen, bloß ist die Konkurrenz halt sehr groß und auch jünger.

13.00 Uhr. Hurra! Shazzer und ich bleim einfach auf Koh Samui, führn nachhaltiges, selbsbestimmtes Hippieleben und verkaufen Muscheln annie Touristen. Erleuchtung, Erleuchtung, Erleuchtung. Warum bin ich da nich schon früher drauf gekomm? Sagte ja, Bloody Marys helfen immer. Was braucht der Mensch zum Lem un Glücklichsein? Eben. Nur sich selbs. Alles andere is überflüssig.

17.00 Uhr. Hmm. Shaz schläft immer noch. Wahrscheinlich besser so, denn das Ganze nimmt sie ziemlich mit. Ich persönlich sehe das eher als gutes Survival-Training. Überleben ist alles. Werde mal in eines der großen Hotels gehen und fragen, was es in unserem Fall für Möglichkeiten gibt. Könnte zum Beispiel bei der Reisescheck-Firma anrufen und Verlust melden. Nur, bis sie uns die Schecks ersetzen, das kann dauern. Aber kein Grund, den Kopf hängen zu lassen. Positiv denken, wird schon irgendwie klappen. Muss ja.

19.00 Uhr. Na bitte, was habe ich gesagt? Wenn man denkt, es geht nicht mehr, kommt von irgendwo ein Lichtlein her. Lichtlein war Jed. Bin ihm in der Hotelhalle über den Weg gelaufen. Er meinte, Insel-Trip sei ausgefallen wg. Regen und er würde noch heute Abend nach Bangkok zurückfliegen. Wäre aber in jedem Fall noch kurz bei uns vorbeigekommen, um sich zu verabschieden. (Dass er nicht gleich gekommen ist, dürfte Shazzer nicht freuen, aber egal. Vielleicht hat er ja auch gedacht, wir wären schon weg und… ach du Kacke, soweit kommt's noch, jetzt rege ich mich schon für Shazzer auf.)

Auf jeden Fall hat sich Jed unser Malheur geduldig angehört. Und mir dann (als gütige Vater-/Beichtvaterfigur) längeren Vortrag gehalten, wie man Wertsachen bloß in der Hütte lassen kann, so ein Leichtsinn etc., Vorhängeschloss wäre nur Witz. Und überhaupt, Flüge nach Bangkok wären so gut wie ausgebucht, aber er würde mal sehen, ob er uns Plätze im Nachtzug besorgen kann, das ginge nämlich auch. Dann hat er uns noch Geld gegeben für Taxi und Hotel etc. Und wenn wir gleich Montagmorgen das Reisebüro in London anrufen würden, lägen Ersatztickets kurz darauf zum Abholen am Flughafen, wäre also alles kein Beinbruch.

»Wir zahlen dir das Geld auch sofort zurück«, sagte ich dankbar.

»Ach, mach dir darüber keine Gedanken«, meinte er. »So viel ist es ja nicht.«

»Doch, ich bestehe darauf.«

»Zahlt es zurück, wenn ihr könnt«, lachte er.

Er ist reicher, großzügiger Traummann, obwohl Geld allein ja nicht glücklich macht. Außer man hat keines.

Montag, 18. August

Im Zug von Surat Thani Koh Samui nach Bangkok. Sehr hübsch hier. Draußen zieht die Landschaft vorbei. Reisfelder, Leute mit dreieckigen Hüten. An jeder Station kommen fliegende Händler ans Fenster und bieten Chicken Saté feil, was sehr lecker ist. Mir geht dieser Jed nicht aus dem Sinn. Er war so nett zu uns und zwar auf eine Art, die mich an Mark Darcy erinnerte (als er noch nicht mit Rebecca zusammen war). Er hat uns sogar eine seiner Reisetaschen geliehen für unsere Sachen, jedenfalls für die, die wir noch hatten: kleine Shampoo-Fläschchen und Seifchen aus den verschiedenen Hotels. Shaz ist selig, denn am Schluss haben sie noch Adressen und Telefonnummern ausgetauscht und versprochen, sich so bald wie möglich zu besuchen. Ich will ja nichts sagen, aber Shaz kommt sich vor wie der Weltmeister. Na ja, verständlich, die Zeit mit Simon war ja auch nicht so der Hit. Hatte immer schon den Verdacht, dass ihr Männerhass gar nicht so universell ist, wie sie immer tut, sondern sich bloß auf die Flachwichser bezieht. Gott, ich hoffe bloß, dass wir den Flieger nicht verpassen.

Dienstag, 19. August

11.00 Uhr. Bangkok Airport. Ein Alptraum scheint Wirklichkeit zu werden. Blut pocht unter der Schädeldecke, und ich kann kaum aus den Augen gucken. Shaz ist schon mal vorgegangen, um den Flieger aufzuhalten, während ich noch mit Gepäck durch den Zoll muss. Wollte gerade an dem Beamten mit dem Hund vorbei, da schlägt das Biest an, bellt wie verrückt und zerrt an der Leine. Plötzlich ist das ganze Bodenpersonal total aufgeregt, alles quasselt durcheinander, und eine uniformierte Frau führt mich und meine Tasche in einen abgetrennten Raum ab. Dort kippten sie erst den Inhalt der Tasche auf einen Tisch und schlitzten dann auch noch das Futter auf. War so ein Gefrierbeutel mit weißem Pulver drin, fiel heraus. Und dann… o Gott, o Gott, was mache ich bloß? Warum hilft mir denn keiner?

Mittwoch, 20. August

38 kg; Alkoholeinheiten: 0; Zigaretten: 0; Kalorien: 0; Chance, den guten alten Thai-Imbiss in London wiederzusehen: 0.

11.00 Uhr. Im Polizeigewahrsam, Bangkok. Nur die Ruhe. Ruhe. Ruhe. Ruhe.

11.01 Uhr. Ruhe.

11.02 Uhr. Ich trage Fußeisen. Ich. Trage. FUSSEISEN!! Ich!! Bin in stinkender Drittwelt-Knastzelle zusammen mit acht Thai-Prostituierten und Eimer in der Ecke. Es ist so heiß hier, dass ich sicher gleich ohnmächtig werde. Das ist doch alles nicht wahr!

11.05 Uhr. O Gott, jetzt wird mir alles klar. Wie kann jemand nur so skrupellos sein? Erst mit Shaz rumvögeln, dann unsere Sachen klauen und uns als ahnungslose Drogenkuriere benutzen. Ich fasse es immer noch nicht. Nehme an, der englische

Botschafter wird gleich hier sein. Dem erkläre ich die Situation und bin bald wieder frei.

12.00 Uhr. Frage mich, wo der englische Botschafter bleibt.

13.00 Uhr. Wahrscheinlich kommt er gleich nach der Mittagspause.

14.00 Uhr. Englischer Botschafter ist vermutlich aufgehalten worden, vielleicht in Fall von echtem Drogenkurier – im Gegensatz zu unschuldiger Bridget.

15.00 Uhr. Mist, verdammter, ich hoffe, sie haben den englischen Botschafter überhaupt verständigt. Aber Shazzer wird schon Alarm geschlagen haben, da bin ich sicher. Was aber, wenn sie Shazzer ebenfalls festgenommen haben? Und wo ist sie jetzt?

15.30 Uhr. Darf mich aber nicht unterkriegen lassen. Kann mich nur noch auf mich selbst verlassen. Dieser verdammte Jed! Aber keine Bitterkeit. Ist schlecht für die Psyche. Gott, habe ich einen Hunger!

16.00 Uhr. Wache kam gerade rein, brachte Blechnapf mit Brechreiz erregendem Schlabber und ein paar persönlichen Sachen wie Unterhose, Foto von Mark Darcy und auch eines von Jude, wo sie Shazzer zeigt, wie ein guter Orgasmus aussieht. Dazu ein zusammengefaltetes Blatt Papier aus Jeanstasche. Fragte die Wache wg. dem englischem Botschafter, der nickte aber nur und sagte etwas, das ich nicht verstand.

16.30 Uhr. Na bitte. Selbst wenn alles ziemlich düster aussieht, passieren noch großartige Sachen. Blatt Papier war Dads Gedicht von der Dichterlesung, das mir Mark mitgegeben hatte. Ist richtige Literatur. Könnte ich jetzt lesen und an was Schönes denken.

»Wenn« von Rudyard Kipling
Wenn du den Kopf bewahrst, ob rings die Massen
Ihn auch verlieren und …

O mein Gott. O mein GOTT! Ob sie in Thailand noch Leute köpfen??

Donnerstag, 21. August

5.00 Uhr. Habe grauenvolle Nacht hinter mir, auf verwanztem Sack mit lauter alten Socken drin. Aber komisch, wie schnell man sich an Schmutz, schmerzende Glieder etc. gewöhnt. Nur der Gestank ist echt schlimm. Habe trotzdem ein paar Stunden geschlafen, nur Aufwachen war nicht so schön, weil prekäre Lage sofort wieder präsent. Immer noch keine Spur von englischem Botschafter. Sicher alles nur ein großes Missverständnis, und alles wird gut. Darf mich nicht selber fertig machen.

10.00 Uhr. Die Wache brachte Besuch. Besuch trug rosa Hemd und sah aus, als hätte er Arbeit noch nie nötig gehabt.
»Sie sind der britische Botschafter!«, rief ich und hätte mich ihm am liebsten an den Hals geworfen.
»Äh, nein, ich komme vom Konsulat. Charlie Palmer-Thompson mein Name, ungemein erfreut.« Er schüttelte mir die Hand auf diese typisch englische Art, dass ich mich fast wie zu Hause fühlte. Nur dass er seine Hand nachher an Hose abwischte, passte nicht ganz ins Bild.
Er fragte mich, was eigentlich passiert sei, und notierte sich alles in sein dunkelviolettes, ledergebundenes Notizbuch, wobei er immer wieder sagte: »Klar, war sicher nicht schön für

325

Sie, verstehe.« So, als wäre das alles nur eine nette Anekdote auf einem Abendempfang. Bekam ein dummes Gefühl, weil er (a) offenbar den Ernst der Lage nicht begriff, (b) auch sonst nicht der Hellste war (was ich jetzt nicht böse meine oder so), (c) im Gegensatz zu mir nicht davon ausging, die Sache ließe sich rasch aufklären.

»Aber warum nicht?«, fragte ich, nachdem ich ihm noch einmal lang und breit erklärt hatte, dass Jed in unserer Hütte eingebrochen sein musste und offenbar die ganze Sache von Anfang an geplant hatte.

»Nee, verstehen Sie, der Knackpunkt ist ja der«, sagte er und beugte sich vertraulich nach vorn, »der Knackpunkt ist der, dass praktisch alle mit mehr oder weniger derselben Geschichte ankommen. Und solange sich dieser Jed nicht meldet und ein umfassendes Geständnis ablegt, haben Sie hier schlechte Karten.«

»Droht mir denn die Todesstrafe oder was?«

»Um Gottes willen, wo denken Sie hin? Nein. Im schlimmsten Fall kriegen Sie zehn Jahre.«

»ZEHN JAHRE? Aber ich habe überhaupt nichts getan!«

»Klar, das ist schon blöd, das glaube ich Ihnen gern.« Er schüttelte bedauernd den Kopf.

»Aber ich habe ja nicht einmal gewusst, dass dieses Zeug in der Tasche war.«

»Sicher, sicher «, sagte er und machte ein Gesicht, als wäre er bei einer Cocktailparty in einen Fettnapf getreten.

»Aber Sie tun doch alles in Ihrer Macht Stehende, um mir zu helfen?«

»Aber natürlich, natürlich. Deswegen bin ich ja hier.«

Er versprach mir, beim nächsten Mal eine Liste mit Anwälten mitzubringen. Davon sollte ich mir einen aussuchen. Außerdem würde er für mich zwei Anrufe tätigen, damit die Heimat erfuhr, wo ich abgeblieben war. War in der Zwickmühle. Der Mann der Wahl wäre in diesem Fall wohl Mark Darcy.

Konnte ihm gegenüber aber nicht schon wieder zugeben, dass ich in der Klemme steckte. Entschied mich schließlich für Shazzer und Jude.

Wie es aussieht, liegt mein Schicksal jetzt ganz in der Hand von schnöseligem Oxford-Absolventen mit reichem Daddy. Gott, ist das heiß hier! Und stinken tut es auch ganz entsetzlich. Kommt mir alles vor wie ein böser Traum.

16.00 Uhr. Meine Zukunft sieht düster aus. Mein ganzes Leben hatte ich schon das Gefühl, dass irgendwann mal etwas Schreckliches passiert, und jetzt ist es eingetreten.

»Wenn« von Rudyard Kipling
Wenn du den Kopf bewahrst, ob rings die Massen
Ihn auch verlieren und nach Opfern schrein;
Dir treu sein kannst, wenn alle dich verlassen,
Und dennoch ihren Wankelmut verzeih'n;

Kannst warten du und langes Warten tragen,
Lässt dich mit Lügnern nie auf Lügen ein;
Kannst du dem Hasser deinen Hass versagen
Und doch dem Unrecht unversöhnlich sein;

Wenn du kannst träumen, doch kein Träumer werden;
Nachdenken – und trotzdem kein Grübler sein;
Wenn dich Triumph und Sturz nicht mehr gefährden,
Weil beide du als Schwindler kennst, als Schein;

Kannst du die Wahrheit sehn, die du gesprochen,
Verdreht als Köder für den Pöbelhauf;
Siehst du als Greis dein Lebenswerk zerbrochen
Und baust mit letzter Kraft es wieder auf;

Wenn du auf eines Loses Wurf kannst wagen
Die Summe dessen, was du je gewannst,

Es ganz verlieren, und nicht darum klagen,
Nur wortlos ganz von vorn beginnen kannst;

Wenn du, ob Herz und Sehne längst erkaltet,
Sie noch zu deinem Dienst zu zwingen weißt
Und durchhältst, auch wenn nichts mehr in dir waltet
Als nur dein Wille, der »Durchhalten« heißt;

Kannst du zum Volke ohne Plumpheit sprechen,
Und im Verkehr mit Großen bleibst du schlicht;
Lässt du dich nicht von Freund und Feind bestechen,
Schätzt du den Menschen, überschätzt ihn nicht;

Füllst jede unerbittliche Minute
Mit sechzig sinnvollen Sekunden an;
Dein ist die Erde dann mit allem Gute,
Und was noch mehr, mein Sohn: Du bist ein Mann!

Gedicht ist nicht schlecht. Gedicht ist sogar ziemlich gut, fast
wie Selbsthilfe-Buch. Vielleicht hat es mir Mark Darcy ja genau deswegen mitgegeben! Vielleicht hat er irgendwie geahnt,
in welche Gefahr ich geraten würde! Vielleicht hat er aber auch
gedacht, ich könnte es gebrauchen, weil ich *nicht* so bin wie in
dem Gedicht. Unverschämtheit! Okay, ich fülle nicht gerade
jede unerbittliche Minute mit sechzig sinnvollen Sekunden an,
und ob ich unbedingt ein Mann sein will, weiß ich auch nicht
so genau. Und wie soll ich, bitteschön, Triumph und Sturz als
Schwindler erkennen, da überhaupt nie große Triumphe gehabt? Na ja, ist jetzt ziemlich egal. Werde mal sehen, ob ich
Herz und Sehne, längst erkaltet, nicht doch zu meinem Diens-
te zwingen kann etc., so wie Dschungelkämpfer im Ersten
Weltkrieg oder was immer Rudyard Kipling da gewesen ist.
Auf jeden Fall: Durchhalten! Zumindest muss ich nicht zum
Sturmangriff antreten und werde womöglich erschossen.

Weiterer Vorteil: Im Gefängnis kann ich kein Geld ausgeben, was finanzielle Schieflage daheim wieder ins Lot bringt. Sollte mich auf das Positive konzentrieren.

Positive Aspekte von Knastaufenthalt

1. Kann kein Geld ausgeben
2. An Oberschenkeln schon mindestens sechs Pfund abgenommen – ganz ohne Mühe
3. Tut auch dem Haar mal ganz gut, tägliches Waschen laugt nur aus. Konnte Schonkur in London ja nie ausprobieren, weil sonst möglicherweise knüsselig und nicht präsentabel

Fazit: Wenn ich irgendwann mal hier rauskomme, habe ich nicht nur dramatisch abgenommen, sondern auch ganz seidiges Haar und jede Menge Kohle auf dem Konto. Tja, wenn! Wenn ich irgendwann mal hier rauskomme, bin ich wahrscheinlich steinalt. Oder sogar tot. Wenn ich zehn Jahre hier verbringen muss, kann ich keine Kinder mehr haben. Oder höchstens mit Hormonbehandlung. Aber dann kriege ich acht auf einmal. Werde einsame, verbitterte alte Jungfer sein, die hinter Straßenbengeln herzetert, weil die immer Hundehaufen in ihren Briefkasten werfen. Aber vielleicht könnte ich hier im Gefängnis ein Kind zur Welt bringen? Könnte den Typ vom Konsulat dazu bringen, mich zu schwängern. Aber wo kriege ich hier im Knast genügend Folsäure her? Baby hätte schnell Wachstumsschäden und wäre Zwerg. Ach Blödsinn, Schluss damit, Schluss! Ich male mir wieder Katastrophenszenario aus.

Andererseits, das hier *ist* ein Katastrophenszenario.

Muss das Gedicht noch mal lesen.

Freitag, 22. August

Kalorien: 22; unerbittliche Minuten mit sechzig sinnvollen Sekunden angefüllt: 0.

20.00 Uhr. Frauenstrafanstalt Bangkok. Heute morgen kamen sie und überstellten mich vom bisherigen Polizeigewahrsam in echten Knast. Tiefe Verzweiflung. Das bedeutet wohl, sie haben mich abgeschrieben, und ich bin erledigt. Zelle ist großer, dreckiger Raum, wo sich mindestens schon sechzig Frauen drängen. Mir scheint, je enger und dreckiger es wird, desto weniger bleibt von mir übrig. Keine Sekunde allein in diesem Loch, kein Privatleben. Zehrt meine letzten Reserven auf. Heute zum ersten Mal seit vier Tagen geheult. Ich habe den Eindruck, man lässt mich hier einfach verrotten. Will versuchen, etwas zu schlafen. Schlafen wäre klasse.

23.00 Uhr. Aaargh. War gerade so schön weggedämmert, als ich spürte, wie irgendwas an meinem Hals leckte. War örtlicher Lesbenring, der mich endlich in seinen Klauen hatte. Alle haben sie an mir rumgemacht, geküsst und gegrapscht. Konnte mich auch nicht freikaufen, denn Wonderbra schon weggegeben, und ohne Höschen wollte ich auch nicht sein. Und nach der Wache schreien, ist so ziemlich das Schlimmste, was man bekanntlich im Knast tun kann. Habe dann meine Jeans gegen schmuddligen Sarong eingetauscht, um Ruhe zu haben. Obwohl eindeutig sexueller Übergriff, hat mir der Körperkontakt auch irgendwie gut getan. Berührungen waren schön, einfach nur schön. Gaaah! Bin vielleicht verkappte Lesbe!? Nein. Glaub ich nicht.

Sonntag, 24. August

Geweint: 0 Minuten (hurra!).

Gut geschlafen und heute schon viel besser drauf. Muss Phrao finden. Phrao ist meine Freundin, weil sie am selben Tag in den Knast gekommen ist wie ich. Habe ihr meinen Wonderbra geliehen. Obwohl sie so gut wie überhaupt keinen Busen hat (selbst Wonderbra kann nichts für sie tun), findet sie das Teil ganz toll. Läuft überall rum damit und sagt: »Hey, Madonna!« Zugegeben, keine Freundschaft im Knast ist uneigennützig, aber was soll's, muss mich nach der Decke strecken, und Freundin zu haben, ist trotzdem nicht verkehrt. Möchte nicht dasselbe erleben wie damals die Geiseln in Beirut. Da sind sie sechs Jahre lang in der Hand von islamischen Terroristen, wo man ja denken würde, das schweißt irgendwie zusammen. Aber diesen Terry Waite konnte am Ende trotzdem niemand von den anderen leiden.

Und überhaupt. Wenn man sich etwas Mühe gibt, gewöhnt man sich an alles. Ich werde jedenfalls nicht den ganzen Tag rumhängen und heulen. Zu Hause in England sind sie vermutlich längst an meinem Fall dran. Shazzer und Jude werden die Zeitungen unterrichten wie bei John McCarthy, womöglich sogar mit Mahnwache vor dem Unterhaus, Fackeln und Transparenten mit meinem Bild drauf.

Aber es muss doch etwas geben, was ich tun kann. Ich meine, wenn alles davon abhängt, diesen Jed zu kriegen und zu einem Geständnis zu bewegen, dann sollte endlich jemand anfangen mit dem Kriegen und Bewegen, verdammt!

14.00 Uhr. Hurra! Bin plötzlich das beliebteste Mädchen in der ganzen Zelle. Dabei wollte ich Phrao lediglich den Text von einigen Madonna-Liedern beibringen, weil Phrao begeisterter Madonna-Fan ist. War dann aber plötzlich umringt von all den anderen. Hingen an meinen Lippen, weil ich Text von *Immaculate Collection* rauf und runter beten konnte. Bridget neue weiße Göttin. Musste mich am Ende auf Matratzenstapel stellen und »Like a Virgin« singen, mit Wonderbra an und Tampax als Mikro, woraufhin aber die Wache reinkam und anfing rumzubrüllen. Im Schlepptau der Wache war auch Vertreter von englischem Konsulat.

»Ah, Charlie«, sagte ich huldvoll, indem ich von der improvisierten Bühne herabstieg und Sarong wieder über Wonderbra ziehen wollte wg. Seriosität. »Ich bin ja so froh, dass Sie gekommen sind. Wir haben viel miteinander zu besprechen!«

Charlie sah irgendwie überfordert aus, wusste nicht, wohin er gucken sollte – und entschied sich schließlich für den Wonderbra.

Er hatte eine Art Überlebensration mitgebracht, mit Wasser, Keksen, Sandwiches, Insektenschutzmittel, Kugelschreiber und Papier und als Krönung ein Stück Seife.

War hin und weg davon. War schönstes Geschenk, das ich jemals bekommen hatte.

»Danke, danke, vielen Dank, ich weiß gar nicht, was ich sagen soll«, stammelte ich vor Glück. Ich hätte ihn umarmen können – und am liebsten auf der Stelle vergewaltigt, hart, gegen die Gitterstäbe.

»Ich bitte Sie. Ehrlich gesagt, das ist unser Standardpaket. Ich hätte das gerne schon früher gemacht, aber die Weiber im Büro haben immer gleich alle Stullen weggefuttert.«

»Verstehe«, sagte ich. »Aber jetzt, Charlie, was macht Jed?«

Verständnislose Miene.

»Sie erinnern sich doch an Jed?«, fragte ich streng. »Der Typ, der mir die Tasche gegeben hat. Es ist ungeheuer wichtig, dass wir den kriegen. Ich möchte, dass Sie sich jede Kleinigkeit notieren und dann jemanden vom Drogendezernat vorbeischicken, der die Suche leitet und weltweit nach dem Kerl fahndet.«

»Natürlich«, erwiderte Charlie ernst, aber nicht sonderlich überzeugt. »Natürlich.«

»Na, dann wollen wir mal langsam«, drängte ich wie eine englische Gouvernante, kurz bevor der begriffsstutzige Zögling eins mit dem Regenschirm über den Kopf bekommt. »Wenn die Thai-Behörden so scharf darauf sind, ein Exempel zu statuieren, dass sie sogar unschuldige Europäer ohne Gerichtsverhandlung hinter Gitter bringen, dann sollten sie wenigstens ansatzweise versuchen, die echten Drogenschmuggler zu schnappen.«

Charlie starrte mich begriffsstutzig an. »Ja, fabelhaft, genau«, meinte er, auch wenn sein Stirnrunzeln und bedenkliches Kopfwiegen nur zu deutlich machte, dass die Erleuchtung noch nicht über ihn gekommen war.

Nachdem ich diesen Punkt etliche Male wiederholt hatte, schien es ihm langsam zu dämmern.

»Ja, klar, ich verstehe, was Sie meinen. Klar. Sie meinen, die Thais müssen ernsthaft nach dem Mann fahnden, weil es sonst heißt, sie geben sich keine Mühe.«

»Genauso ist es!«, erwiderte ich und strahlte über meinen pädagogischen Erfolg.

»Fabelhaft, ganz fabelhaft«, sagte Charlie und stand auf und war immer noch mit Denken beschäftigt. »Ich werde zusehen, dass da diesbezüglich was ins Laufen kommt.«

Ich schaute ihm nach, während er die Zelle verließ, und fragte mich, wie so ein Schwachmaat es jemals ins diplomatische Korps Ihrer Majestät geschafft hatte. Da hatte ich einen Einfall.

»Charlie?«, rief ich ihm hinterher.

»Ja?«, sagte er und sah nach unten, um zu überprüfen, ob womöglich der Reißverschluss seiner Hose offen stand.

»Was macht eigentlich Ihr Vater, beruflich, meine ich?«

»Dad?« Und sein Gesicht erhellte sich. »Oh, der alte Knabe arbeitet im Außenministerium.«

»Ist er Politiker?«

»Nein, Beamter. War mal die rechte Hand von Douglas Hurd.«

Ich checkte kurz, ob die Wachen uns beobachteten und beugte mich nach vorn.

»Und wie läuft Ihre Karriere hier so? Zufrieden?«

»Meine Karriere? Tja. Geht irgendwie nicht richtig weiter, wenn ich ehrlich sein soll. Teuflische Sache, das. Wenn man mal von den Inseln absieht, ist das hier das reinste Loch. Entschuldigung.«

»Wäre es dann nicht eine gute Idee, wenn Sie mal einen diplomatischen Coup landen würden? Sie könnten zum Beispiel Ihren Dad anrufen…«

Montag, 25. August

45,5 kg (schlank wie Supermodel); Anzahl der – Mist, hab ich vergessen, Hirn hat sich aufgelöst. Folglich noch mehr Gewicht verloren (s.g.).

12.00 Uhr. Mieser Tag, bin sehr niedergeschlagen. Muss bescheuert gewesen sein, anzunehmen, ich könnte hier irgendetwas beeinflussen. Halb aufgefressen von Moskitos und Flöhen. Fühle mich schwach und kotzelend von dem permanenten Durchfall, vor allem bei der hiesigen Lage an der Plumpsklofront. Leichtes Trancegefühl ist aber nicht schlecht, macht alles so schön schwurbelig verschwommen, viel besser als Realität. Nur schlafen kann ich trotzdem nicht. Zu heiß. Vielleicht habe ich bereits Malaria.

14.00 Uhr. Dieses Schwein von Jed. Ich meine, wie kann jemand nur so…? Ach was, Bitterkeit ist nicht gut für die Psyche. Muss mich davon freimachen. Ich wünsche ihm nichts

Schlechtes, ich wünsche ihm nichts Schlechtes. Ich löse mich von allem.

14.01 Uhr. Miese, dreckige Schweinebackenratte! Dem sollte man das Herz mit einem stumpfen Holzlöffel herauskratzen – und zwar gaanz langsam.

18.00 Uhr. Erfolg! Erfolg! Vor einer Stunde kam Wache rein und hat mich abgeholt. Toll, mal rauszukommen und den Gestank nicht mehr riechen zu müssen. Führten mich in ein kleines Vernehmungszimmer mit einem auf Holzfurnier gequälten Resopaltisch, einem grauen Aktenschrank und einem japanischen Schwulenmagazin, das die Wachfrau schnell verschwinden ließ, als ein Mann den Raum betrat und sich als Dudwani vorstellte.

Er war vom Drogendezernat und ein ziemlich harter Knochen. Guter alter Charlie.

Ich erzählte also meine Geschichte noch mal Schritt für Schritt. Erklärte, auf welchem Flieger wir ihn kennen gelernt und auf welchem er vermutlich das Land verlassen hatte. Erklärte, wie das mit der Tasche abgelaufen war. Gab eine genaue Personenbeschreibung.

»Ich verstehe nicht, warum man ihn damit nicht finden kann«, sagte ich ihm am Schluss. »Da müssen doch auch Fingerabdrücke auf der Tasche gewesen sein.«

»Oh, wir wissen genau, wo er ist«, wischte er meine Frage beiseite. »Aber er hat keine Fingerabdrücke.« Keine Fingerabdrücke, wie das? Keine Fingerabdrücke im Sinne von keine Warzen oder andere besondere äußerliche Kennzeichen?

»Und warum haben Sie ihn nicht verhaftet?«

»Er ist in Dubai«, erklärte Dudwani trocken.

Allmählich wurde es mir zu viel.

»Oh, er ist in Dubai, na so was!«, sagte ich. »Und Sie wissen alles über ihn, wissen, dass *er* der Drogenschmuggler ist und nicht ich, wissen, wie er die Sache eingefädelt hat, und gehen trotzdem seelenruhig nach Hause und knabbern an leckeren Saté-Spießchen in Kreis der lieben Familie und denken sich weiter nichts Böses, während ich hier für den Rest meiner fruchtbaren Jahre eingebuchtet werde für etwas, was ich überhaupt nicht getan habe, nur weil es Ihnen nicht zuzumuten ist, einen polizeibekannten Gangster festzunageln?«

Er sah mich verblüfft an.

»Warum können Sie ihn eigentlich nicht festnehmen?«

»Er ist in Dubai.«

»Dann suchen Sie nach weiteren Zeugen, verdammt!«

»Miss Jones, wir hier in Thailand haben da eine andere… wie soll ich sagen…

»Jemand muss doch gesehen haben, wie er oder jemand anders in unsere Hütte eingebrochen ist. Jemand hat die Drogen in die Tasche eingenäht, das war doch mit einer Nähmaschine gemacht, das habe ich selber gesehen. Gehen Sie der Sache endlich nach, wie es Ihre Pflicht ist!«

»Wir tun, was wir können«, sagte er kühl. »Unsere Regierung nimmt Verstöße gegen das Betäubungsmittelgesetz sehr ernst.«

»Und unsere Regierung nimmt Verstöße gegen die Menschenrechte sehr ernst«, sagte ich und stellte mir vor, wie Tony Blair jeden Moment in dieses Zimmer gestürmt kam und diesem Thai-Heini eins aufs Dach gab.

Dudwani räusperte sich. »Also, wir…«

»Ich bin Journalistin, wissen Sie das?«, unterbrach ich ihn. »Ich arbeite in der Nachrichtenredaktion eines der größten Sender unseres Landes…« Wobei ich das Bild von Richard Finch verdrängte, der vor meinem inneren Auge aufgetaucht war und sagte: »Ich denke Harriet Harman, ich denke schwarze Unterwäsche, ich denke…«

»Der Sender wird dieser Entwicklung nicht tatenlos zusehen. Ich kann Ihnen versprechen, dass Ihr Land eine Presse bekommen wird, wie Sie es sich selbst in Ihren schlimmsten Alpträumen nicht vorstellen können.«

Noch einmal Schnitt auf Richard Finch. »Oh, Miss Bridget Schnarchzapfen Jones! Guten Morgen, liebe Sonne! Wohl den Flieger verpasst? Lieber am Strand rumknutschen als hier mal ein paar brauchbare Ideen zu liefern? Sicher, dafür haben wir vollstes Verständnis, vollstes Verständnis.«

»Zu Ihrer Information, ich verfüge über erstklassige Verbindungen zu höchsten Regierungskreisen, und ich kann mir nicht vorstellen, dass Sie bei der gegenwärtigen Lage ...« Ich legte eine bedeutungsvolle Pause ein, und hoffte, der Ausdruck »gegenwärtige Lage« würde auf irgendetwas passen, denn immerhin war irgendeine Lage ja immer irgendwie gegenwärtig. »... dass Sie bei der gegenwärtigen Lage wohl kaum daran interessiert sind, dass die Umstände meiner Verhaftung sowie die Zustände in Ihren Haftanstalten bekannt werden, und das umso weniger, als Sie nicht einmal an meine Schuld glauben, wie Sie eben selbst zugegeben haben. Und das Ganze vor dem Hintergrund der Tatsache, dass die hiesige Polizei allem Anschein nach nicht imstande ist, auch nur die einfachsten Ermittlungen anzustellen.«

Mit unerschütterlicher Würde raffte ich meinen Sarong, lehnte mich zurück und fixierte ihn mit meinem eiskalten Blick.

Der Drogenmensch rutschte unruhig auf seinem Stuhl hin und her, schaute in seine Unterlagen. Schließlich sah er mich mit erhobenem Kuli an.

»Miss Jones, können wir noch einmal zu dem Zeitpunkt zurückkehren, an dem Sie feststellten, dass in Ihre Hütte eingebrochen wurde?«

Hah! Na also. Geht doch.

Mittwoch, 27. August

51 kg; Zigaretten: 2 (aber zu welchem Preis!); Tagträume über Mark Darcy | Colin Firth | Prinz William, die ins Gefängnis gestürmt kommen und rufen:»*Im Namen von Gott und England, man lasse meine zukünftige Frau frei!*«: *permanent.*

Zwei beunruhigende Tage folgten, an denen absolut nichts passierte. Kein Wort, kein Besuch, nur die dauernde Aufforderung, noch mehr Madonna-Songs zu singen. Mehrmals das Gedicht »Wenn« gelesen, wenn auch nur, um nicht durchzudrehen. Bis heute Morgen Charlie wieder auftauchte – vollkommen verändert. Er hatte sein Diplomatengesicht aufgesetzt, war sehr selbstbewusst und hatte Standardpaket mitgebracht (mit Frischkäse-Sandwiches, die ich aber wg. vorangegangener Phantasien über Knast-Schwangerschaft nicht essen wollte).

»Fabelhaft, es kommt Bewegung in die Sache«, vertraute mir Charlie mit der Ernsthaftigkeit eines Geheimnisträgers an. »Jedenfalls hat sich das Ministerium eingeschaltet.«

»Also haben Sie mit Ihren Vater gesprochen?«

»Ja, klar. Man ist über Ihren Fall unterrichtet.«

»Wurden die Zeitungen informiert?«

»Nun mal langsam. Nicht übertreiben. Ball flach halten. Übrigens, ich habe Ihnen etwas Post mitgebracht. Ihre Freundinnen haben sie persönlich bei Dad vorbeigebracht. Attraktive Mädchen, sagt Dad.«

Öffnete großen braunen Umschlag vom Außenministerium mit zitternden Händen. Als erstes ein Brief von Jude und Shaz. Sehr sorgfältig geschrieben. Wie Geheimcode. Achtung, Feind liest mit.

Bridge,
keine Angst, wir lieben dich. Und wir holen dich da raus. Jed-Spur aufgenommen. Mark Darcy hilft (!).

Herz machte einen Satz. War die beste Nachricht überhaupt (abgesehen von Aufhebung der zehnjährigen Gefängnisstrafe).

Und immer dran denken: Zen und innere Ruhe. Bis bald im 192.
Wir wiederholen: Keine Panik. Girls müssen zusammenhalten.
Alles Liebe
Jude und Shaz

Ich sah auf den Brief, und mir kamen fast die Tränen. Dann
den anderen aufgemacht. Vielleicht auch was von Mark?

War auf die Rückseite eines langen Postkarten-Leporel-
los geschrieben. Vorn Ansichten von Lake Windermere. Ich
las:

Sind bei Oma und machen Tour durch den Lake District. Wetter eher
wechselhaft, aber schöne Geschäfte hier, und jede Menge Fabrikver-
kauf. Daddy hat sich eine Schaffell-Weste gekauft. Könntest du bitte
Una anrufen und fragen, ob sie die Zeitschaltuhr angestellt hat?
Alles Liebe
Mum

Samstag, 30. August

51 kg (Hoffnung!); Alkoholeinheiten: 6 (hurra!); Zigaretten: 0; Ka-
lorien: 8.755 (hurra!); Gepäck gecheckt, ob jemand darin Drogen
versteckt hat: 24-mal.

6.00 Uhr. Bin im Flugzeug. Fliege nach Hause. Frei! Schlank!
Mit glänzenden Haaren! In eigenen, sauberen Klamotten!
Hurra! Habe Zeitungen besorgt und *Marie Claire* und *Hello!*
Alles so wunderbar.

6.30 Uhr. Plötzlich leichter Anflug von Panik. Seltsam, wieder
im abgedunkelten Flugzeug zu sitzen, wo Leute schlafen, als
wäre es das Normalste der Welt. Kann das alles noch gar nicht
glauben. Könnte jubeln vor Glück, aber in Wahrheit bin ich

ziemlich fertig. Gestern Abend kam die Wache und rief mich raus. Brachten mich in einen Raum und gaben mir meine Sachen zurück. Jemand von der Botschaft war auch da, ein gewisser Brian. Kurzärmliges Nylonhemd, Nickelbrille. Er redete etwas von »Fortschritten« in Dubai und dass sie mich hier rausholen wollten, bevor das Klima sich wieder ändert.

Auch in der Botschaft war alles sehr seltsam. War überhaupt keiner da außer Brian, der mich in ein altmodisches Badezimmer führte, wo schon meine Sachen lagen. Sagte, ich sollte mich duschen, aber schnell, wenn's geht.

Konnte kaum glauben, wie dünn ich geworden war. Außerdem kein Fön, deshalb Haare ziemlich aufgewühlt. Scheint irgendwie alles nicht wichtig zu sein, obwohl, hätte bei meiner Rückkehr gerne hübsch ausgesehen. Wollte gerade Make-up auflegen, als Brian an die Tür klopfte und meinte, wir müssten jetzt aber wirklich los.

An den Rest kann ich mich gar nicht mehr richtig erinnern. War alles wie im Nebel. Fahrt durch die Nacht, aber Straßen schon voller Verkehr. Ziegen, Tuk-Tuks, nerviges Gehupe, ganze Familien auf einem einzigen Fahrrad.

Am Flughafen alles unglaublich sauber. Musste diesmal nicht durch die normale Abfertigung, sondern durch spezielle Diplomatenschleuse. Sie hauten einen Stempel in meinen Pass, und das war's. Am Flugsteig war alles leer bis auf einen Mann mit leuchtend gelber Jacke. Man wartete auf uns.

»Vielen Dank«, sagte ich zu Brian. »Und sagen Sie auch Charlie einen schönen Dank.«

»Mach ich«, antwortete er trocken. »Oder vielmehr seinem Vater.« Dann gab er mir meinen Pass zurück und schüttelte mir die Hand, und zwar so ernst und respektvoll, wie ich es selbst vor meiner Inhaftierung noch nie erlebt hatte.

»Meine Hochachtung, Miss Jones«, sagte er, »Sie haben sich wacker geschlagen.«

10.00 Uhr. Habe ein bisschen geschlafen. Gerade aufgewacht. Bin ja so aufgeregt. Und eine echte Erleuchtung habe ich auch gehabt. Jetzt wird alles anders.

Vorsätze für ein Leben nach Erleuchtung

1. Nicht wieder anfangen zu rauchen. Auch keinen Alkohol mehr. Habe elf Tage ohne Alkohol ausgehalten und nur zwei Zigaretten geraucht. (Und was ich tun musste, um die zu bekommen, will ich hier nicht sagen.) Obwohl, kleines Fläschchen Wein könnte jetzt nicht schaden. Nur zur Feier des Tages. Okay dann.

2. Nicht mehr auf Männer verlassen, sondern nur noch auf mich selbst. (Es sei denn, Mark Darcy kommt zu mir zurück. Hoffe sehr, er tut das. Hoffe sehr, er begreift, wie sehr ich ihn immer noch liebe. Hoffe auch, er war die treibende Kraft hinter meiner Freilassung. Hoffe, er holt mich vom Flughafen ab.)

3. Nicht dauernd über Unwichtiges aufregen wie Gewicht, Frisur etc. oder wen Jude alles zu ihrer Hochzeit einlädt.

4. Rat von Selbsthilfebüchern, Gedichten etc. nicht zurückweisen, aber aufs Wesentliche begrenzen, z.B. nicht durchdrehen, Leuten verzeihen etc. (Ausnahme Arschloch Jed, wie er von jetzt an heißen soll).

5. Überhaupt vorsichtiger sein mit Männern. Sind (sieht man an Jed, Daniel etc. etc. etc.) potenziell gefährlich.

6. Nichts mehr gefallen lassen von Leuten wie Richard Finch, sondern gesundes Selbstbewusstsein aufbauen.

7. Leben bewusster leben, das heißt spirituell. Und sich an spirituelle Gesetze halten.

So, und jetzt erst mal *Hello!* lesen.

11.00 Uhr. Mmm. Tolle Bildseiten von Diana und männlich behaartem Dodi. Humpf. Ausgerechnet jetzt, wo ich endlich so schlank bin wie sie, nimmt sie zu und löst womöglich weltweiten Trend aus zu mehr Fülle. Na super. Immerhin, bin froh, dass sie glücklich ist, aber nicht sicher, ob Dodi auf Dauer wirklich der Richtige für sie. Hoffe, sie hat nicht nur deshalb etwas mit ihm angefangen, weil er kein Flachwichser ist. Obwohl, verstehen könnte ich es.

11.15 Uhr. Komisch, bloß von mir steht nichts in der Zeitung. Aber Charlie sagte ja, sie hätten die Angelegenheit diskret bereinigt. Höchste Geheimhaltungsstufe, um britisch-thailändische Beziehungen und Importe für Asia Shops etc. nicht zu gefährden.

11.30 Uhr. Gerade in *Marie Claire* geblättert. Scheint so, als wäre Braun die kommende Farbe, also quasi das Schwarz der Saison. Kein Problem damit.

11.35 Uhr. Obwohl, kann eigentlich nicht stimmen. Braun ist das neue Grau, weil Grau das Schwarz der letzten Saison war. So muss es sein.

11.40 Uhr. Trotzdem nicht gut für mich, denn Kleiderschrank zu Hause enthält null braune Sachen. Aber vielleicht kommt ja wg. unerwarteter Freilassung auch etwas Geld in die Kasse.

11.45 Uhr. Mmm. Wein mundet vorzüglich. Geht aber sofort in den Schädel.

12.30 Uhr. *Würg!* Hatte ganz vergessen, dass Revolverblätter bei mir immer Kotz-, Scham- und allgemeines Katergefühl hinterlassen, wenn man zu viel davon liest. Ich meine, berichtet wird doch immer die gleiche Geschichte: Der Mensch, den man für lieb und knuddelig gehalten hat, erweist sich als widerliches Schwein. Die gutbürgerliche Wohlanständigkeit meistens Fassade. Dahinter Abgrund. Gut gefallen hat mir deshalb die Geschichte von dem Priester, der jahrelang nur in der Gegend rumgevögelt hat. Von Verfehlungen anderer liest man ja immer gern. Finde allerdings die Selbsthilfegruppen für die betroffenen Frauen (die »Opfer«) übertrieben. Schon die Begründung ist ziemlich einseitig (»denn die Frauen, die eine Beziehung mit einem Priester eingehen, haben in der Regel niemanden, an den sie sich wenden können«). Ja, und was ist mit all den anderen, die auch niemanden haben und nicht mal mit Priestern vögeln? Ich meine, letztlich könnte da jeder kommen. Frauen, die mit Tory-Ministern geschlafen haben, Mitglieder der Olympiateams, die mit Mitgliedern der Königlichen Familien geschlafen haben, katholische Priester, die mit Promis oder Royals geschlafen haben, und Promis, die mit Otto Normalverbraucher oder Lieschen Müller geschlafen haben, die dann die Sache dem katholischen Priester gebeichtet hat, der die Geschichte anschließend an die Zeitungen verkauft. Könnte meine Geschichte auch verkaufen und dabei schön absahnen. Nein, lieber nicht. Dämliche Zeitungen haben spirituelles Leben bereits genug vergiftet.

Aber ein Buch könnte ich schreiben. England bereitet seiner verlorenen Tochter glänzenden Empfang, und Tochter schreibt Buch. Stelle mir meine Ankunft in Heathrow vor. Mark, Jude, Shazzer und Tom sind da, dazu Eltern und riesige Pressemeute, und Richard Finch bettelt zerknirscht um ein Exklusiv-Interview. Deshalb lieber nicht zu viel trinken, macht einen schlechten Eindruck. Hoffe, ich halte das mentalmäßig durch. Stelle mir vor, Polizei und Leute vom Geheimdienst bringen mich an einen geheimen Ort zum De-briefing. Ist in den Filmen auch immer so. Sollte noch ein Mützchen Schlaf nehmen.

21.00 Uhr (englische Zeit). Mit hässlichem Kater in Heathrow gelandet und versucht, Brotkrümel und rosa Zahnpasta von Klamotten zu entfernen. (Letztere wird in betrügerischer Absicht als Nachtisch verkleidet gereicht.) Sprüche für wartende

Pressemeute eingeübt. »Es war ein Alptraum, ein wahrer Alptraum. Ein Blitz aus heiterem Himmel, der jeden treffen kann. Aber ich empfinde keinen Hass (keine Bitterkeit?), denn wenn mein Schicksal anderen zur Warnung dient – nämlich, welche Gefahren lauern können, wenn beste Freundin mit fremden Typen pennt –, dann war es (mein Leben, meine Zeit im Gefängnis?) nicht vergebens (umsonst?).« Muss dazu sagen, dass ich nicht ernsthaft mit einem solchen Szenario rechnete, warum auch? Ich kam ohne Zwischenfälle durch die Passkontrolle und suchte in der Ankunftshalle nach vertrauten Gesichtern – als das Gewitter losbrach. Überall Journalisten, Fotografen, Blitzlichter, es war der Wahnsinn! Aber wie das so geht mit schönen Reden: Auf einmal war mein Kopf vollkommen leer, und ich sagte wie aufgezogen immer nur »Kein Kommentar, kein Kommentar«. Wie Politiker, den man mit einer Nutte im Bett erwischt hat. Schob mit zittrigen Knien einfach nur mein Wägelchen weiter und dachte: Weiter. Durchhalten. Nicht zusammenklappen. Dann plötzlich wurde mir das Wägelchen aus der Hand genommen, jemand legte den Arm um mich und sagte: »Schon gut, Bridge, wir sind's. Lass uns mal machen.«

Waren Jude und Shazzer.

Sonntag, 31. August

52 kg (Ja! Jaaaa! Einsamer Höhepunkt – Tiefpunkt? – achtzehnjähriger Diät, in dieser Form aber vielleicht nicht jedem zu empfehlen); Alkoholeinheiten: 4; Kalorien: 8.955 (das habe ich mir verdient!); Fortschritt in Sachen Loch in der Wand durch Zimmermann Gary: 0.

2.00 Uhr. Wohnung. Schön, wieder zu Hause zu sein. Schön, Jude und Shazzer wieder zu sehen. Polizist am Flughafen hat uns durch die Menge und in einen kleinen Raum gelotst, wo

344

Leute vom Drogendezernat und jemand aus dem Außenministerium noch ein paar Fragen hatten, wie sie sagten.

Da ist Shaz ausgerastet. »Sag mal, spinnt ihr? Das kann doch wohl warten, oder? Seht ihr nicht, in welchem Zustand sie ist?«

Man war hingegen der Auffassung, ein paar Fragen müssten sein. Doch Shazzer ließ nicht locker. »Was seid ihr«, keifte sie, »Menschen oder Ungeheuer?« Drohte dann noch mit Amnesty International, worauf die Herren tatsächlich aufgaben. Ein Polizist fuhr uns freundlicherweise in die Stadt.

»Beim nächsten Mal passen Sie bitte besser auf, mit wem Sie sich einlassen«, sagte der Mann von Ministerium. Worauf Jude sich überschwänglich bedankte, aber Shaz nur meinte: »Klappe.«

In meiner Wohnung angekommen, stellte ich zu meiner Überraschung fest, dass der Kühlschrank wohlgefüllt war. TK-Pizzen, die nur darauf warteten, in den Ofen geschoben zu werden, lecker Räucherlachs, jede Menge Pralinen und Schokolade, auch ein paar Tüten Galaxy Minstrels, nicht zu vergessen etliche Pullen Chardonnay. Auf der Plastikplane vor dem Loch prangte ein Schild: »Willkommen zu Hause, Bridget.« Und da war auch ein Fax von Tom, der doch glatt zu seinem Zoll-Boy nach San Francisco gezogen war, mit dem Wortlaut:

DARLING, DROGEN SIND DAS PULVER DES SATANS: SAG NEIN ZU DROGEN! SAG DIR, SO SCHLANK WIE HEUTE WERDE ICH NIE WIEDER SEIN. GIB DIE MÄNNER AUF UND WERDE SCHWUL/LESBISCH/WAS AUCH IMMER. KOMM NACH KALIFORNIEN, DANN MACHEN WIR GAY-SEX-DREIER-WG AUF. HABE ENDLICH JEROMES HERZ GEBROCHEN! HAHAHAHA:

RUF MICH AN. ALLES GUTE. WILLKOMMEN DAHEIM.

Wow! Jude und Shaz haben sich aber echt ins Zeug gelegt für mich. Haben im Schlafzimmer den ganzen Kram weggeräumt, Bett neu bezogen und frische Blumen auf Nachttischchen gestellt. Dazu Päckchen Silk Cut. Service wie in Hotel. Gute Freundinnen muss man eben haben. Könnte gar nicht ohne sie. Sogar Egotrip-Tom ist ein Schätzchen.

Sie haben mir dann ein Bad eingelassen und Gläschen Schampus kredenzt. Und ich habe ihnen die Flohbisse gezeigt. Dann Pyjama angezogen und alle zusammen auf dem Bett getafelt, Pralinen, Schampus, Zigaretten, alles. Wahnsinn. Erzählte ihnen, wie das war im Gefängnis, muss aber dabei eingeschlafen sein. Beim Aufwachen alles dunkel und Jude und Shaz nicht mehr da, nur ein Zettel auf dem Kopfkissen, auf dem steht, ich soll anrufen, wenn ich wieder wach bin. Jude schläft zurzeit bei Shazzer, weil ihre Wohnung gerade renoviert wird, damit Richard der Gemeine sich nach der Hochzeit ins gemachte Bett legen kann. Hoffe nur, sie hat besseren Handwerker als Zimmermann Gary. Loch in der Wand völlig unverändert.

10.00 Uhr. Gaaah! Wo bin ich? Wo bin ich?

10.01 Uhr. Komisches Gefühl, in einem richtigen Bett aufzuwachen. Schön, aber irreal. Oh, da fällt mir ein: Bin heute in der Zeitung. Gleich losgehen und welche besorgen. Werde alles ausschneiden und in Poesiealbum einkleben, um später Enkelkindern zu zeigen (falls vorhanden). Hurra!

10.30 Uhr. Fassungslos. Fassungslos. Fassungslos. Wie böser Aprilscherz von Zeitungsmeute. Das kann doch nie und nimmer wahr sein. Diana ist tot. Das kann sie uns doch nicht antun. Das hat sie doch sonst nie getan.

11.10 Uhr. Erst mal Fernsehen anschalten, dann wird sich Irrtum sicher schnell aufklären. Diana lebt, und alles ist wie immer.

Sie kommt aus dem Harbour Club, und die Paparazzi hängen sich gleich an sie dran und fragen, wie es ihr gefallen hat.

11.30 Uhr. Ich kann es immer noch nicht glauben. Man kriegt richtig Angst, wenn selbst Politiker anfangen zu stammeln und nicht wissen, was sie tun sollen.

12.00 Uhr. Wenigstens Tony Blair hat die Lage halbwegs im Griff. Er spricht aus, was alle denken, bloß ohne das übliche Gesülze von »Trauer und Erschütterung« wie die anderen Schwachmaate immer.

13.15 Uhr. Als wäre die ganze Welt verrückt geworden. Bin offenbar doch nicht in Normalität zurückgekehrt.

13.21 Uhr. Warum haben sich Shazzer und Jude noch nicht gemeldet?

13.22 Uhr. Oder vielleicht denken sie ja, ich wäre noch am Schlafen. Muss sie anrufen.

13.45 Uhr. Jude, ich und Shazzer sind uns einig: Sie war ein nationales Symbol, und wir finden es beschämend, dass alle so hässlich zu ihr waren, dass sie am Ende nicht einmal in England bleiben wollte. Als wäre eine große Hand vom Himmel heruntergekommen und hätte gesagt. »So! Wenn ihr euch über sie nicht einigen könnt, dann soll sie keiner haben!«

14.00 Uhr. Ich hab's gewusst. Jetzt hätte ich einmal in der Zeitung stehen können, aber nichts. Nichts. Nichts.

18.00 Uhr. Kann immer noch nicht glauben, dass sie nicht mehr da ist. Immer wieder die gleichen Schlagzeilen gelesen, weil alles so ungeheuerlich. Kann ohne Übertreibung sagen,

Lady Di war die Schutzheilige sämtlicher Singlefrauen. Sie hat angefangen wie die Märchenprinzessin, hat getan, was wir selbst immer für unsere Pflicht hielten, nämlich einen Märchenprinzen zu heiraten etc. Aber dann war sie ehrlich genug zu sagen, dass das Leben eben nicht so ist wie im Märchen und hat entsprechend gehandelt. Und wenn schon jemand, der so perfekt aussah wie sie, von egoistischen, bescheuerten Männern behandelt wird wie der letzte Dreck, dann kann das nur heißen: Es liegt überhaupt nicht an ihr. Es liegt auch nicht an uns, wie wir uns immer eingeredet haben, wenn wir wieder mal ganz allein dastehen. Wie auch immer: Sie hat sich jedenfalls immer wieder ganz allein aus dem Sumpf gezogen und an sich und ihren Problemen gearbeitet. Hat nie aufgegeben, sondern es immer weiter versucht – wie alle modernen Frauen heutzutage.

18.10 Uhr. Hmm. Frage mich, was die Leute wohl über mich sagen, wenn ich mal tot bin.

18.11 Uhr. Nichts, vermute ich.

18.12 Uhr. Vor allem, wenn man danach geht, welche Spuren Thailand-Abenteuer im öffentlichen Bewusstsein hinterlassen hat: nämlich keine.

18.20 Uhr. Mir ist gerade etwas Schreckliches klar geworden. Saß eben mit runtergedrehtem Ton vor dem Fernseher, und sie zeigten die Titelseite einer Boulevardzeitung mit etwas, das auf den ersten Blick so aussah wie das Unfallphoto. Musste mir eingestehen, dass etwas Abgründig-Perverses in mir diese Bilder sehen wollte. Würde eine solche Zeitung natürlich nie kaufen, aber trotzdem, lässt tief blicken. O Gott, ich bin ein Monster!

18.30 Uhr. Jetzt sitze ich hier und starre ins Leere. Habe gar nicht gewusst, wie sehr Prinzessin Di schon ein Teil von mir war. Genauso wie Jude und Shazzer, wenn in der einen Minute noch alle am Rumalbern sind mit Lipgloss und allem, und in der nächsten wären sie einfach nicht mehr da, weg, einfach weg, kein Gekicher mehr, kein Lipgloss, nur ganz weit weg, fremd und tot, wie es nur Erwachsenen passiert.

18.45 Uhr. Da war diese Frau im Fernsehen, die ist zum Garten-Center gefahren und hat dann für Prinzessin Diana einen Baum gepflanzt. Könnte ich eigentlich auch tun. Im Blumenkasten vor dem Fenster. Zum Beispiel Basilikum. Kriegt man in jedem Supermarkt.

19.00 Uhr. Hmm. Basilikum wäre irgendwie nicht passend.

19.05 Uhr. Alles marschiert mit Blumen zum Buckingham Palace, als wäre es schon ewig Tradition. Haben die Leute das früher auch gemacht? Ein bisschen billig ist das ja schon. Kitschig. Bloß um ins Fernsehen zu kommen. Wie die Leute, die vor Schlussverkauf vor Warenhäusern kampieren, um ja was abzukriegen. Na ja, ist wenigstens was Reales. Aber Diana hat nichts mehr davon. Schätze, ich gehe dann mal los.

19.10 Uhr. Aber Blumen, nein, das ist irgendwie morbid, das mache ich nicht. Andererseits habe ich sie wirklich gern gehabt. Diana war so, als hätte man im Zentrum der Macht jemanden gehabt, der genauso ist wie man selber. Hat diesen ganzen Großrednern gezeigt, dass man kein dicker Politiker sein muss, um wirklich etwas für die Menschen zu tun. Siehe ihr Einsatz gegen Landminen. Ich meine, der ganze Rummel um Diana konnte einem manchmal echt auf den Keks gehen, aber bei den Landminen hat sie ihn clever genutzt. Frauen können so was ja. Und allemal besser, als einsam auf irgendeinem Schloss rumzusitzen und die beleidigte Leberwurst zu spielen.

19.15 Uhr. Ich meine, wozu lebe ich in der Hauptstadt, wenn man nicht mal seinen kollektiven Schmerz äußern darf? Okay, ist nicht gerade typisch englisch, aber vielleicht hat sich in diesem Land wirklich etwas verändert, seit Tony Blair dran ist und Europa und die ganze neue Offenheit und so. Aber wahrscheinlich war es überhaupt Diana, die mit der steifleinenen englischen Art aufgeräumt hat.

19.25 Uhr. Okay, gehe jetzt definitiv zum Kensington Palace. Habe zwar keine Blumen, aber die hole ich mir an der Tanke.

19.40 Uhr. An der Tanke waren die Blumen aus. Nur noch Orangenwaffeln. Auch nett, aber unpassend.

19.45 Uhr. Obwohl, Orangenwaffeln hätten ihr sicher gefallen.

19.50 Uhr. Habe eine *Vogue* besorgt, Pralinen, ein Rubbellos und ein Päckchen Silk Cut. Nicht perfekt, aber Blumen bringen schon die anderen mit. Und ich weiß ja, wie gern sie die *Vogue* gelesen hat.

21.30 Uhr. War froh, mich doch aufgerafft zu haben. War mir anfangs etwas peinlich in Kensington, falls Leute ahnten, wohin ich wollte, so ganz allein. Aber Prinzessin Diana war ja, wie gesagt, auch oft allein.

Im Park war es schon dunkel, und immer noch strömten die Leute, alle in dieselbe Richtung. Aber nicht mehr der Rummel wie heute Mittag im Fernsehen. Die ganze Mauer lag voller Blumen. Die Leute zündeten die Kerzen wieder an, die im Wind ausgegangen waren, und lasen Gedichte über Diana vor.

Gott, diese Frau hat immer gedacht, sie wäre nicht gut genug. Aber ich hoffe sehr, sie weiß jetzt, was die Leute für sie empfinden. Und ich hoffe ebenfalls, dass sich all die anderen Frauen das merken, die immer denken, sie sehen scheiße aus und wären nichts wert und müssten immer Gott weiß was auf die Beine stellen. Kam mir aber ein bisschen komisch vor mit meiner *Vogue*, den Pralinen und dem Rubbellos, deshalb gleich unter den Blumen versteckt und mir die Gedichte und Briefe angesehen, die einmal mehr beweisen, dass man nicht offiziell Sprecher von etwas sein muss, um sich auszudrücken. Eine Botschaft hat mir besonders gut gefallen. Sah aus wie aus der Bibel o. ä. und in so ganz zittriger Oma-Handschrift – ich hab sie mir abgeschrieben. » Als ich in Schwierigkeiten steckte, hast du dich um mich gekümmert; als ich in Gefahr war, hast du versucht, sie zu bannen; als ich krank war, hast du mich besucht; als alle mich verließen, hast du meine Hand genommen. Was immer du dem Ärmsten und Geringsten unter den Menschen getan hast, das hast du mir getan.«

KAPITEL 12

Seltsame Zeiten

Montag, 1. September

52 kg (muss aufpassen, dass ich die alten Pfunde nicht bald wieder drauf habe); Kalorien: 6.452.

»Spätestens am Flugsteig war mir klar, dass da irgendwas nicht stimmte«, sagte Shaz, als sie mit Jude gestern Abend vorbeikam. »Aber die Leute von der Fluggesellschaft wollten mir nicht sagen, was passiert war, sondern drängten, ich solle endlich einsteigen. Später wollte ich wieder aussteigen, aber das ging nicht mehr, und dann flogen wir auch schon los.«

»Und wann hast du gemerkt, was los war?«, fragte ich und trank meinen Chardonnay aus, worauf mir Jude gleich wieder nachschenkte. Ach, was war das alles schön hier!

»Erst nach der Landung«, sagte Shaz. »Und der Flug war der reine Horror. Ich hatte irgendwie die Hoffnung, dass du es bloß nicht mehr rechtzeitig zum Flugzeug geschafft hättest, aber das Kabinenpersonal war auf einmal so komisch zu mir. Und dann, kurz nach der Landung …«

»Wurde sie verhaftet!«, fiel ihr Jude fröhlich ins Wort. »Und sturzbetrunken war sie.«

»Ach du Scheiße«, sagte ich. »Und du hast natürlich gedacht, Jed würde dich abholen.«

»Die Sau!«, sagte Shaz und wurde rot.

Hielt es für besser, in Shazzers Gegenwart das Thema Jed nicht mehr anzusprechen.

»Er hatte jemanden hinter euch in der Schlange postiert«, erklärte Jude. »Jed selbst war längst in Heathrow. Da hat ihn sein Kumpel wohl informiert, und er haute ab nach Dubai.«

Offenbar hatte sich Shaz noch auf dem Polizeirevier mit Jude in Verbindung gesetzt, und die Sache musste dann schnell im Ministerium gelandet sein.

»Dann passierte erst mal gar nichts«, sagte Jude. »Später hieß es, du bekämst mindestens zehn Jahre.«

»Hat man mir auch gesagt«, erwiderte ich schaudernd.

»Noch am Mittwochabend haben wir dann Mark angerufen, und er ließ seine Kontakte zu Amnesty und Interpol spielen. Wir wollten auch deine Mutter verständigen, aber auf ihrem Anrufbeantworter hieß es, sie wäre im Lake District in Urlaub. Wir wollten dann Geoffrey und Una anrufen, haben es aber dann bleiben lassen, weil das außer viel Theater nichts gebracht hätte.«

»Sehr klug von euch«, sagte ich.

»Am Freitag darauf hörten wir, sie hätten dich in ein richtiges Gefängnis verlegt«, sagte Shaz.

»Und Mark ist nach Dubai geflogen.«

»Nach Dubai? Meinetwegen?«

»Ja, er war einfach klasse«, sagte Shaz.

»Und wo ist er jetzt? Ich habe ihm aufs Band gesprochen, aber er hat nicht zurückgerufen.«

»Er ist immer noch da unten«, sagte Jude. »Am Montag darauf bekamen wir einen Anruf vom Ministerium, und plötzlich sah alles ganz anders aus.«

»Das war sicher Charlie. Charlie muss mit seinem Vater gesprochen haben«, sagte ich aufgeregt.

»Sie haben sogar unsere Briefe weitergeleitet ...«

»Am Dienstag erfuhren wir, dass dieser Jed geschnappt worden ist ...«

»Und am Freitag rief Mark an und sagte, Jed hätte gestanden ...«

»Und am Samstag auf einmal die Nachricht, du wärst im Flieger nach England!«

»Hurra!«, riefen wir im Chor und stießen miteinander an.

Hätte eigentlich gern noch mehr in Sachen Mark erfahren, wollte aber nicht undankbar erscheinen nach allem, was die beiden für mich getan hatten.

»Und? Ist er immer noch mit Rebecca zusammen?«, wollte ich trotzdem wissen.

»Aber wo denkst du hin«, sagte Jude. »Es ist Schluss zwischen ihnen.«

»Was ist denn passiert?«

»Ehrlich, wir haben keine Ahnung«, sagte Jude. »Einen Tag war alles noch in schönster Ordnung, dann wollte er schon nicht mehr mit in die Toskana, und jetzt…«

»Du ahnst ja nicht, wen sich Rebecca jetzt geangelt hat«, unterbrach Shaz.

»Wen?«

»Jemand, den du kennst.«

»Doch nicht Daniel?«, sagte ich, und meine Gefühle spielten einen Augenblick lang verrückt.

»Nein.«

»Colin Firth?«

»Auch nicht.«

»Mein Gott – doch nicht… Tom?«

»Nein. Kleiner Tipp: Ihr habt neulich noch zusammen gesprochen. Und er ist verheiratet.«

»Mein Dad vielleicht? Magdas Jeremy?«

»Warm.«

»Was? Doch nicht Geoffrey Alconbury?«

»Nein«, kicherte Shaz. »Der ist zwar mit Una verheiratet, aber stockschwul.«

»Giles Benwick«, sagte Jude unvermittelt.

»Wer?«

»Giles Benwick«, bestätigte Shaz. »Du weißt doch, Giles. Der aus Marks Kanzlei, dem du bei Rebecca das Leben gerettet hast. Wollte sich umbringen.«

»Und der sich in dich verknallt hat.«

»Aber er und Rebecca sind dann noch ein Weilchen in Gloucestershire geblieben, haben ihre jeweiligen Wunden geleckt, fleißig Ratgeber gelesen, und jetzt sind sie zusammen.«

»Ein Herz und eine Seele«, fügte Jude hinzu.

»Verbunden durch den Akt der Liebe«, jubilierte Shaz.

Kurze Pause, in der wir uns gegenseitig ansahen, verblüfft über die unerforschlichen Wege des Schicksals.

»Verrückte Welt«, sagte ich, schüttelte den Kopf und fürchtete gleichzeitig um den armen Giles. »Ich meine, Giles ist nicht attraktiv, er ist nicht reich.«

»Doch, reich ist er schon«, sagte Jude.

»Aber als Lover für Rebecca doch komplett ungeeignet. Er macht überhaupt nichts her, und für Rebecca ist das so ziemlich das Wichtigste.«

»Außer dass er stinkreich ist«, sagte Jude.

»Und trotzdem hat ihn Rebecca erwählt.«

»Ja, das ist der richtige Ausdruck«, sagte Shaz aufgeregt. »Kinder, wir leben fürwahr in seltsamen Zeiten. In seltsamen Zeiten, sage ich nur.«

»Ja, und als Nächstes werde ich die Freundin von Prinz Philip, und Tom fängt was mit der Queen an!«, rief ich.

»Aber nicht mit der eitlen Schwuchtelqueen Jerome, sondern mit der richtigen, mit unserer Queen«, verdeutlichte Shaz.

»Fledermäuse werden die Sonne annagen«, trieb ich das Spiel weiter, »Pferde werden geboren mit dem Schwanz auf dem Kopf, und Blöcke aus gefrorener Pisse landen auf der Dachterrasse und bieten uns eine Zigarette an.«

»Und jetzt ist auch Prinzessin Diana tot«, sagte Shazzer ernst.

Sofort war die ausgelassene Stimmung dahin. Wir alle verfielen in tiefes Schweigen und versuchten, das bis dahin Undenkbare zu verarbeiten.

»Seltsame Zeiten«, bekräftigte Shaz mit schicksalsschwerer Stimme, »seltsame Zeiten, fürwahr!«

Dienstag, 2. September

52,5 kg (okay, morgen ist Schluss mit der Fresserei); Alkoholeinheiten: 6 (darf nicht wieder anfangen, zuviel zu trinken); Zigaretten: 27 (darf nicht wieder anfangen zu rauchen); Kalorien: 6.285 (s.o.).

8.00 Uhr. Wohnung. Wg. Tod von Diana hat Richard Finch alle Beiträge zum Thema »Thailand, das Mädchen und der Drogenschmuggler« (meine wahre Geschichte) rausgeschmissen und mir zwei Tage gegeben, um mich zu erholen. Über Dianas Tod komme ich immer noch nicht hinweg. Vielleicht versinkt ganzes Land in Trauer. Wie man es auch dreht und wendet, das ist das Ende einer Ära. Aber zugleich ein neuer Anfang, z.B. neues Schuljahr. Wir müssen nach vorne blicken.

Fest entschlossen, nicht wieder in die bösen alten Gewohnheiten zurückzufallen, z.B. dauernd Anrufbeantworter checken, ob Mark vielleicht angerufen hat etc., sondern ab jetzt ruhig und besonnen zu handeln.

8.05 Uhr. Frage mich aber, warum es zwischen Mark und Rebecca nicht geklappt hat? Warum hat sie ausgerechnet etwas mit diesem bebrillten Dödel Giles Benwick angefangen? WARUM? WARUM? Und: Ist Mark nach Dubai geflogen, weil er mich immer noch liebt? Warum hat er dann nicht zurückgerufen? Fragen über Fragen.

10.30 Uhr. Wieder in Wohnung. Kam zu spät zu Wachsbehandlung in Beautysalon, aber hätte es mir ganz sparen können. Wie das Mädchen am Empfang bissig bemerkte, könne Kosmetikerin heute nicht kommen – »wg. Prinzessin Diana«. Zynismus ist aber nicht angebracht, denn wer sind wir, um leichtfertig über Gefühle von anderen Leuten zu urteilen. Wenn der Fall Diana eines zeigt, dann dies: Urteilt nicht, damit ihr nicht verurteilt werdet.

Feierliche Stimmung ließ sich aber nur schwer halten, vor allem in Endlos-Stau in der Kensington High Street, wodurch Zehn-Minuten-Fahrt etwa viermal so lang. Ursache war verwaiste Baustelle mit folgendem Schild: »Aus Trauer um Prinzessin Diana haben die hier beschäftigten Arbeiter beschlossen, die Reparaturmaßnahmen an dieser Straße für vier Tage einzustellen.«

Oh, Lämpchen von Anrufbeantworter blinkt.

War Mark! Stimme kam knisternd und wie von weither. »Bridget… habe gerade erfahren, dass du… ich froh, dass du wieder frei… sehr erleichtert, wirklich… ich… später noch mal an.« Ein lautes Pfeifen, dann wurden wir getrennt.

Zehn Minuten später klingelte wieder das Telefon.

»Oh, hallo, Liebes, rate mal!«

Meine Mutter. Meine liebeliebe Mum! Fühlte einen Schwall der Liebe in mir aufsteigen.

»Was ist?«, sagte ich mit feuchten Augen.

»Bewege dich leise durch die Hast und den Lärm dieser Welt, erspüre den Frieden, der in der Stille liegt.«

Dann kam eine längere Pause.

»Mum?«, sagte ich schließlich.

»Psst, Liebes, leise.« (Wiederum Pause.) »Erspüre den Frieden, der in der Stille liegt.«

Ich holte tief Luft, klemmte den Hörer zwischen Kinn und Schulter und löffelte weiter Kaffeepulver in die Kaffeemaschine. Der Wahnsinn von anderen Leuten stört mich mittlerweile überhaupt nicht mehr, ich habe genug mit meinem eigenen zu tun. Aber dann klingelte auch noch das Handy.

Versuchte, Telefon 1 zu ignorieren, aus dem es schrillte: »Bridget, wenn du nicht endlich lernst, mit der Stille zu arbeiten, wirst du niemals zu deinem inneren Gleichgewicht finden«, und drückte gleichzeitig die Okay-Taste auf dem Handy. Es war Dad.

»Ah, Bridget«, sagte er in militärisch knappem Tonfall, »würdest du bitte mit deiner Mutter sprechen – über Draht. Sieht so aus, als hätte sie gleich wieder einen ihrer Anfälle.«

Sie hatte Anfälle? Und was war mit mir? Ich, ihr eigen Fleisch und Blut, war ihnen wohl völlig egal?

Über Draht kamen jetzt eine Reihe von Schreien, Schluchzern und jede Menge unidentifizierte Geräusche. »Okay, Dad, bis später«, sagte ich und nahm den anderen Hörer wieder auf.

»Liebes«, krächzte Mum voller Selbstmitleid. »Es gibt da etwas, das ich dir sagen muss. Ich finde, die Familie und die Menschen, die ich liebe, haben ein Recht darauf, es zu erfahren.«

Ohne weiter auf den Unterschied zwischen Familie und den »Menschen, die ich liebe« einzugehen, sagte ich: »Also, wenn du es nicht erzählen willst, dann lass es doch einfach.«

»Nein, du darfst mich nicht zwingen!«, schrie sie herzzerreißend. »Du darfst mich nicht zwingen, weiter mit einer Lüge zu leben! Du musst es einfach erfahren, Liebes. Ich bin abhängig.«

Fragte mich ernsthaft, wovon sie abhängig sein wollte. Seit 1952 und der denkwürdigen Party zu ihrem 21. Geburtstag, wo Mavis Enderbury am Schluss von einem pickeligen Jüngling namens Peewee auf einer Fahrradstange nach Hause transportiert werden musste, hat sie nie mehr getrunken als ein einzelnes Glas Cream Sherry. Ihr Drogenkonsum beschränkt sich auf die Einnahme von Fisherman's Friend, und auch das nur, um die Hustenattacken während der alle zwei Jahre stattfindenden Aufführungen der *Kettering Amateur Dramatic Society* unter Kontrolle zu halten.

»Jawohl, ich bin abhängig«, deklamierte sie theatralisch, wonach erneut Stille eintrat.

»Schön«, sagte ich, »du bist also abhängig. Und wovon bist du abhängig, wenn ich fragen darf?«

»Von Beziehungen«, sagte sie. »Ich bin beziehungssüchtig. Und das ist noch nicht alles.«

Ich hämmerte mit der Stirn auf den Tisch.

»Sechsunddreißig Jahre bin ich jetzt mit deinem Vater zusammen. Und erst jetzt komme ich langsam dahinter.«

»Aber, Mum, nur weil man mit jemandem verheiratet ist, bedeutet das nicht, dass man…«

»Nein, mit Daddy hat das auch gar nichts zu tun«, sagte sie. »Ich bin süchtig nach Spaß. Ich habe Daddy schon gesagt, ich… oh, ich muss los. Zeit für meine Positive Verstärkung.«

Ich setzte mich, starrte auf die Kaffeemaschine und begriff gar nichts mehr. Wussten sie denn überhaupt nicht, was mir in Thailand passiert war? Oder war meine Mutter nun endgültig verrückt geworden?

Das Telefon klingelte. War Dad.

»Tut mir Leid wegen eben«, sagte er.

»Was ist denn überhaupt los? Wo seid ihr?«

»Na ja, wie soll ich sagen… Sie besucht gerade eine Art Workshop.«

»Und wo ist das?«

»Also wir sind hier… also in so einer Einrichtung… es nennt sich ›Regenbogen‹ und…«

Von der Mun-Sekte? Oder Scientology?

»Das ist hier eine psychosoziale Klinik für…«

Du lieber Gott. Es stellte sich schließlich raus, dass Dads Alkoholproblem nicht nur mir aufgefallen war. Mum erzählte mir später, als sie bei Granny in St. Anne's waren, sei er eines Abends nach Blackpool gefahren und später vollkommen blau im Altersheim angekommen, eine Flasche Whisky in der Hand nebst einer Plastikfigur von Scary Spice (mit einem Gebiss zum Aufziehen an ihrer Brust). Ein Arzt sei gekommen, und von Granny wären sie dann gleich in diese Suchtklinik gegangen. Leider war Mum nicht gewillt, sich von Dad die Schau stehlen zu lassen. Daher das Theater.

»Der Alkohol ist eigentlich nicht so sehr das Problem, haben sie gesagt. Das wäre normale Verdrängung, Problemalkoholismus, meinten sie, wegen all der Julios und Wellingtons, mehr nicht. Wir sollen jetzt aber so tun, als sei ihre Spaßsucht eine ernste psychische Erkrankung.«

O Gott.

Ich schätze, es ist das Beste, Mum und Dad vorerst nichts von meinem Abenteuerurlaub zu erzählen.

22.00 Uhr. Immer noch in Wohnung. Geschafft. Hurra! Habe ganzen Tag Wohnung aufgeräumt. Jetzt alles unter Kontrolle. Auch Post ist erledigt (zumindest alle Briefe etc. auf *einem* Stapel in Ecke). Jude hat Recht. Loch in der Wand ist lächerlich – nach vier Monaten! Ein Wunder, dass noch niemand hochgeklettert und eingebrochen ist. Faule Ausreden von Zimmermann Gary akzeptiere ich nicht mehr. Freund von Jude ist Rechtsanwalt, hat geharnischten Brief geschrieben. Bin selber erstaunt, zu was ich als neuer Mensch alles fähig bin. Einfach wunderbares Gefühl.

Sehr geehrter Herr,

im Auftrag unserer Mandantin Ms. Bridget Jones teilen wir Ihnen Folgendes mit.

Nach unserer Kenntnis haben Sie mit unserer Mandantin am 5. März 1997 einen mündlichen Werkvertrag abgeschlossen. Gegenstand dieses Vertrages war der Ausbau der Wohnung unserer Mandantin mit dem Ziel, ein weiteres Arbeits-/Schlafzimmer sowie eine Dachterrasse zu errichten, laut Ihrem Kostenvoranschlag zum Preis von £7.000. Eine Anzahlung von £3.500 wurde von unserer Mandantin am 21. April 1997 geleistet, allerdings mit der ausdrücklichen Maßgabe, die Arbeiten binnen sechs Wochen zum Abschluss zu bringen.

Sie haben am 25. April 1997 mit den Arbeiten begonnen. Diese bestanden im Wesentlichen in einem Durchbruch mit den Maßen 1,50m x 2,40m in der Außenwand der Wohnung unserer Mandantin. Danach ruhte die Arbeit über mehrere Wochen.

Versuche seitens unserer Mandantin, sich mit Ihnen fernmündlich ins Benehmen zu setzen, blieben erfolglos. Ihre einzige erbrachte Leistung bestand am 30. April 1997 in der Anbringung einer Kunststoffplane an besagtem Wanddurchbruch während der Abwesenheit unserer Mandantin. Seitdem haben Sie es trotz wiederholter telefonischer Mahnungen verabsäumt, die zugesagten Leistungen zu erbringen.

Der offene Durchbruch in der Wand der Wohnung unserer Mandantin hat nicht nur zu Mehraufwendungen für das Beheizen der Wohnung geführt, sondern stellt auch ein erhebliches Sicherheitsrisiko dar, insofern die Wohnung nicht mehr gegen Einbruch gesichert ist und demgemäß auch der Versicherungsschutz erlischt. Wir müssen zur Kenntnis nehmen, dass Sie nicht gewillt sind, Ihre vertraglich zugesicherten Leistungen zu erbringen, und gehen davon aus, dass Sie den mit unserer Mandantin geschlossenen Vertrag als nichtig betrachten. Dieser Nichtigkeit des Vertrages wird hiermit von unserer Mandantin ausdrücklich zugestimmt, woraus sich unsererseits folgende Forderungen ergeben ...

Und so weiter und so weiter, blablaba ... die vollständige Rückerstattung der bereits gezahlten ... unbegrenzte Haftung für etwaige ... sofern wir von Ihnen binnen sieben Tagen keine Antwort ... erwägen weitere rechtliche Schritte ... sowie ohne weitere Ankündigung ... Erwirkung einer Konventionalstrafe in Höhe von ...

Hah! Hahahahha! Arschloch! Das wird er so schnell nicht vergessen. Der dachte wohl, er kann mit mir machen, was er will. Aber nicht mit mir. Jetzt ist endgültig Feierabend.
So. Und jetzt überlege ich mir ein paar pfiffige Ideen für morgige Konferenz.

22.15 Uhr. Hmmm. Vielleicht erst mal in die Zeitungen schauen. Dabei kommen mir immer die besten Ideen. Obwohl, ist schon recht spät.

22.30 Uhr. Und schon gar nicht weiter über Mark Darcy aufregen. Frau ohne Mann ist wie Fisch ohne… War früher mal, als Frauen ohne Mann einfach nicht überleben konnten. Aber jetzt? Habe eigene Wohnung (zwar Loch in der Wand, aber was soll's?), habe Freunde, eigenes Einkommen, Job (zumindest bis morgen). Eben. Hah! Hahahahaha!

22.40 Uhr. Okay. Ideen.

22.41 Uhr. O Gott. Wenn ich bloß nicht dauernd an Sex denken müsste. Hab schon eine Ewigkeit keinen anständigen Sex mehr gehabt.

22.45 Uhr. Vielleicht etwas über New Labour? Die ersten hundert Tage, Schonzeit vorbei. Wie böses Erwachen nach Flitterwochen, wo einen langsam nervt, wenn der andere einfach den Abwasch nicht macht, egal, was man sagt. Vielleicht kürzt die Regierung schon die Stipendien? Hmmm. Als Studentin war es noch so leicht, Beziehung anzufangen. Stipendien irgendwie rausgeschmissenes Geld, wenn doch nur die ganze Zeit am Rumvögeln.

Monate ohne Sex: 6
Sekunden ohne Sex:
(Moment, wie viele Sekunden hat eigentlich ein Tag?)
$60 \times 60 = 3.600 \times 24 =$
(Besser mal Taschenrechner holen.)
$86.400 \times 28 = 2.419.200$
$\times 6$ Monate $= 14.515.200$
Sind vierzehn Millionen fünfhundertfünfzehntausend und zweihundert Sekunden ohne Sex.

23.00 Uhr. Vielleicht werde ich auch MEIN GANZES RESTLICHES LEBEN LANG KEINEN SEX MEHR HABEN.

23.05 Uhr. Frage mich, was passiert, wenn man keinen Sex mehr hat. Ist das eher gut oder eher schlecht?

23.06 Uhr. Vielleicht macht man den Laden *ganz dicht*.

23.07 Uhr. Darf nicht zu viel darüber nachdenken. Bin spirituelles Wesen.

23.08 Uhr. Aber was ist mit der Fortpflanzung?

23.10 Uhr. Germaine Greer hatte jedenfalls keine Kinder. Was immer das jetzt heißt.

23.15 Uhr. Okay. New Labour. Neue Mitte …

O Gott, ich lebe so enthaltsam wie eine Nonne.

Enthaltsamkeit, das ist es! Die neue Enthaltsamkeit! Ich meine, so anders bin ich ja nicht als all die anderen Singles. Wenn ich also enthaltsam lebe, dann hohe Wahrscheinlichkeit, dass die dasselbe tun. Ich meine, darum geht es doch beim Zeitgeist. Der wiederum Auswirkungen auf unsere ganze Medienbranche und Berichterstattung hat, weil alles immer gleich ist. Obwohl, man weiß es nicht. Erinnere mich an diesen Artikel in der *Times*, der anfing mit: »Plötzlich sind Esszimmer wieder auf dem Vormarsch.« Und am selben Tag im *Telegraph* die Frage: »Was ist eigentlich aus dem guten alten Esszimmer geworden?«

Okay, jetzt erst mal ins Bett. Habe mir vorgenommen, mein neues Leben mit neuer Persönlichkeit pünktlich zu beginnen.

Mittwoch, 3. September

53,5 kg (gaah, gaah); Kalorien: 4.955; sexlose Zeit in Sekunden: 14.601.600 (seit gestern sind wieder 86.400 dazu gekommen, da hilft alles nichts.)

7.00 Uhr. Erster Arbeitstag nach Thailand-Abenteuer, war früh im Büro. Hatte ein bisschen Respekt, Mitgefühl etc. erwartet, aber nichts da. Richard Finch derselbe Kotzbrocken wie immer: mecker, mecker, mecker und dauernd Kette am Rauchen und Kaugummi am Kauen. Wenn man ihn so ansieht, Gefühl, als blicke man in die Abgründe des Wahnsinns.

»Ho!«, rief er gleich, als ich hereinkam. »Hoppla, junge Frau, hahahahahaha! Darf ich fragen, was Sie da in ihrem Täschchen mitführen? Opium oder Shit? Vielleicht ein paar Rocks unterm Röckchen versteckt? Oder Purple Hearts? Bisschen Ecstasy für die lahmarschige Veranstaltung hier? Poppers? Speed? Haschisch? Oder das bewährte Oki-doki-Koki? OHHHHH-KI-DOOOO-KI-KOOOOO-KI!«, sang er wie ein Verrückter. Gott, ein Blick in seine Augen und man wusste, er war komplett am Abdrehen, erst recht, als er sich die beiden Redakteure zu seiner Rechten und Linken schnappte und anfing zu tanzen. »Jetzt alle! Ententanz und Polonäse Koksenese, die Bridget hat den Stoff dabei, Stoff dabei, Stoff dabei! Harharhar!«

Mir war klar, dass Psyche von Executive Producer voll in der Gewalt der Droge, und habe nur abgeklärt gelächelt und ihn nicht weiter beachtet.

»Oh, meine werte Miss Jones, sind wir heute wieder zu vornehm, den Mund aufzumachen? He, alle mal herhören: Jones mit dem vornehmen Arsch wieder auf freiem Fuß. Also frisch ans Werk, schubidu!«

Tja, ich hatte mir eigentlich einen anderen Empfang erwartet. Alle setzten sie sich an den Tisch und sehen erst vorwurfsvoll auf die Uhr, dann auf mich. Okay, ich meine, es ist gerade mal zwanzig nach neun, und die Konferenz sollte doch nicht vor halb zehn anfangen. Was hatten die nur alle? Nur weil ich jetzt früher komme, muss nicht auch die Konferenz früher anfangen.

»Nun denn. Bridget? Irgendwelche Ideen, auf die die gespannte Nation schon immer gewartet hat? Die zehn freudigsten Schmuggeltipps von Miss Thai-Lolita-Koksnäschen! Mit dem Wonderbra im Goldenen Dreieck! Da guckt das Schlitzauge in die Röhre! So was in der Art. Bitte, ich höre.«

Wenn du… dir treu sein kannst, wenn alle dich verlassen, dachte ich. O verdammt, ich haue ihm einfach eins in die Schnauze.

Er sah mich an, kaute auf Kaugummi rum, grinste erwartungsfroh. Komischerweise blieb das übliche Gekicher am Tisch diesmal aus. Thailand-Abenteuer muss irgendwie mein Image verbessert haben, worüber ich natürlich sehr erfreut.

»Was ist mit ›New Labour‹ nach den Flitterwochen? Ist jetzt der Lack ab?‹«

Richard Finch knallte mit seinem Kopf auf die Tischplatte und fing laut zu schnarchen an.

»Okay. Ich habe noch eine Idee«, sagte ich nach einer beiläufig-geplanten Pause. »Ein Sexthema«, fügte ich hinzu, worauf Richard Finch gleich wieder hoch kam. (Ich meine seinen Kopf. Ich hoffe, es war nur sein Kopf.)

»Und? Wärst du bereit, diese bahnbrechende Idee mit uns zu teilen? Oder erzählst du das nur deinen Kumpeln von der Drogenfahndung?«

»Enthaltsamkeit«, sagte ich.

Beeindrucktes Schweigen am Tisch.

Richard Finch starrte mich glubschäugig an.

»Enthaltsamkeit?«

»Enthaltsamkeit.« Ich nickte zufrieden. »Die neue Enthaltsamkeit.«

»Du meinst, Mönche und Nonnen?«, fragte Richard Finch.

»Nein, ich meine Enthaltsamkeit.«

»Sie meint ganz normale Leute, die keinen Sex haben«, erläuterte Patchouli und sah ihm frech ins Gesicht.

Die Stimmung war umgeschlagen. Richard Finch hatte es wohl übertrieben. Die übliche Arschkriecherei war nicht mehr.

»Du meinst, weil sie stattdessen irgendwelchen Ringelpiez

mit buddhistischen Räucherstäbchen und so abziehen?«, kicherte Richard, während sein eines Bein unter dem Tisch wie verrückt zuckte.

»Nein«, sagte sexy Matt und schaute angestrengt in sein Notizbuch. »Ganz gewöhnliche Leute wie du und ich, die einfach über längere Zeit keinen Sex haben.«

Ich sah schnell zu Matt rüber – und er zu mir.

»Was? Was versteht *ihr* denn davon?«, sagte Richard und schaute ungläubig in die Runde. »Ihr seid jung, ihr steht in der Blüte eures Lebens und … na ja, mit Ausnahme von Bridget.«

»Vielen Dank«, murmelte ich.

»Und jetzt mal ehrlich, ihr treibt es doch jede Nacht wie die Karnickel, oder nicht? Oder etwa nicht? *Rein, raus, rein, raus, und fertig ist der kleine Klaus. Im Wald und auf der Heiiiiidi!* Stimmt doch? Jetzt mal die Hosen runter. Stimmt doch?«

Nervöses Gescharre am Tisch.

»Stimmt doch?«

Die Stille wollte nicht weichen.

»Also, jetzt frage ich mal so: Wer hat in der vergangenen Woche keinen Sex gehabt?«

Alle starrten angestrengt auf ihren jeweiligen Schreibblock.

»Na gut. Und wer *hat* Sex gehabt in der vergangenen Woche?«

Kein Handzeichen von niemand.

»Also das gibt's doch gar nicht. Und wer von euch hat im vergangenen *Monat* Sex gehabt?«

Patchouli hob die Hand. Genauso wie Hirni Harold, der durch seine Brille stolz in die Runde strahlte. Blödmann. Wahrscheinlich sowieso gelogen. Oder nur Blümchensex.

»Das heißt, die überwiegende Mehrheit von euch hat … du lieber Himmel! Ihr seid wirklich die letzten Freaks, wisst ihr das? Na, an zu viel Arbeit kann es ja nicht liegen. Enthaltsamkeit! Man fasst es nicht. Okay, jetzt aber! Sie haben unsere letzte Sendung wegen Diana aus dem Programm gekippt, und ich möchte, dass ihr euch jetzt alle etwas Zündendes überlegt für den Tag, an dem wir wieder da sind. Aber nicht diese Schnarchthemen wie bisher. Und schon gar nicht dieses No-Sex-please-Kacke, kapiert? In der ersten Sendung nächste Woche muss es krachen, verstanden? Krachen!«

Donnerstag, 4. September

54 kg (das muss aufhören, sonst war der ganze Knast umsonst); Todesarten für Richard Finch überlegt: 32 (auch das muss aufhören, sonst Abschreckung mit Knast offenbar noch nicht groß genug); schwarze Blazer, die ich gern gekauft hätte: 32; Sekunden ohne Sex: 14.688.000.

18.00 Uhr. Schöne Herbstgefühle, wie damals in der Schule. War auf Heimweg noch shoppen, weil heute langer Donnerstag. Aber nichts gekauft wg. Liquiditätsengpass, nur anprobiert. Neue Herbstmode überall: »Schwarz ist das neue Braun.« Sehr aufgeregt und fest zu klügeren Kaufentscheidungen als früher entschlossen. Im Einzelnen: (a) keine Panikkäufe, nur Sachen, die ich wirklich brauche wie schwarze Jacke, und mehr als eine schwarze Jacke braucht keine Frau; (b) irgendwie Geld auftreiben. Vielleicht durch Meditation?

20.00 Uhr. Angus Steak House, Oxford Street. Unkontrollierbare Panik. In den Geschäften zwar überall mehr oder weniger dieselben Sachen, aber ehe ich nicht alles gesehen habe, habe ich keine Ruhe. Zum Beispiel die schwarzen Nylonblazer. Der von French Connection kostet £129, der edle von Michael Kors (mit kleinen Stepp-Karos) dagegen schon £400, ähnliches Modell ist bei H&M für £39.99 zu haben. Für einen Michael-Kors-Blazer kriegt man demnach zehn bei H&M, aber was soll man mit so vielen schwarzen Blazern? Habe eh schon so viel Schwarz im Schrank und außerdem kein Geld.

Vielleicht sollte ich meinen ganzen Stil ändern, bunter, frecher, eher à la Zandra Rhodes oder Sue Pollard. Oder mich auf reine Basics beschränken. Drei klassische Teile reichen doch im Grunde, und man ist in allen Lebenslagen gut angezogen. (Aber was, wenn mal vollgekleckert oder – schlimmer – vollgekotzt?)

Also. Nur die Ruhe. Was brauche ich wirklich?

Schwarzen Nylonblazer (aber nur einen)
Kropfband, Pseudo-Tattoo (oder ähnliche Würgevorrichtung)
Braune Hose (»Boot-Leg«-Modell, je nachdem, was das ist)
Braunes Kostüm o.ä. für Job (o.ä.)
Schuhe

War reiner Alptraum in Schuhgeschäft. Wollte nur kurz die hochhackigen Siebziger-Jahre-Schuhe anprobieren, die mit der viereckigen Spitze, und dabei unversehens in nostalgischen Déjà-vu-Zustand abgerutscht. Erinnerungen an Jugendzeit, als zu Schulanfang auch immer neue Klamotten gekauft wurden. (Damals heftige Kämpfe mit Mum über das, was noch erlaubt war und was nicht.) Aber dann machte ich eine fürchterliche Entdeckung: Das Déjà-vu-Gefühl war gewissermaßen reell, denn die Schuhe waren tatsächlich dieselben, die wir in der sechsten Klasse bei Freeman Hardy Wills gekauft hatten. Grauslich.

Fühlte mich plötzlich wie die klassische Ausgebeutete von Schuhdesignern, die sich bei Idioten wie mir solche Verarsche leisten können. Schlimmer, bin mittlerweile so alt, dass Girlie-Generation gar nicht mehr weiß, was wir als Teenies getragen haben. Ich beginne zu ahnen, warum ältere Frauen gern diese zeitlos hässlichen Kostüme von Jaeger kaufen: Sie wollen durch Umgehung von Modetrends nicht an verlorene Jugend erinnert werden. Schätze, auch ich habe den Wendepunkt erreicht. Also raus mit euch, ihr schönen Sachen von Kookaï, Agnès B, Whistles etc. und willkommen, ihr tantigen Country Casuals. Mir bleibt nichts als meine Spiritualität. Ist auch viel billiger. Gehe jetzt nach Hause.

21.00 Uhr. Wohnung. Fühle mich seltsam leer. Ich meine, was hilft es, wenn man sich sagt, es wird alles anders, wenn man dann feststellt, dass alles immer noch so ist wie vorher. Liegt wahrscheinlich an mir. Ich muss Verhältnisse bezwingen. Aber was mache ich in der Zwischenzeit mit meinem Leben?

Ich hab's. Werde erst mal ein bisschen Käse essen.

Im Grunde steht das alles schon in *Buddhismus kurz und bündig*. Die Atmosphäre um dich herum und die Dinge, die passieren, werden bestimmt von der Atmosphäre in deinem Innern. So gesehen gar kein Wunder, dass lauter schlechte Sachen passieren wie Thailand, Daniel, Rebecca etc. Muss meine Einstellung ändern und Erleuchtung erlangen, dann fühlen sich nur noch die schönen Sachen und netten Leute zu mir hingezogen. Wie Mark Darcy.

Auch Mark Darcy (wenn er jemals zu mir zurückkommt) wird nicht umhin können, die neue Bridget zur Kenntnis zu nehmen, gelassen, besonnen, willensstark, der ruhende Pol für alle, die mich kennen.

Freitag, 5. September

54 kg; Zigaretten: 0 (Triumph); Sekunden ohne Sex: 14.774.400 (Desaster, aber trotzdem nett bleiben zu den beiden Angebern).

8.15 Uhr. *Gähn!* Egal. Morgenstund hat Gold im Mund. Und ganz besonders wichtig: Der frühe Vogel fängt den Wurm.

8.20 Uhr. Oh, ein Päckchen ist gekommen. Vielleicht Geschenk!

8.30 Uhr. Mmm. Sogar in Geschenkbox mit Rosen drauf. Vielleicht von Mark Darcy! Vielleicht ist er schon wieder zurück.

8.40 Uhr. Ist hübscher kleiner goldener Designer-Kuli mit meinem Namen drauf. Vielleicht von Tiffany's. Rote Spitze. Vielleicht doch Lippenstift.

8.45 Uhr. Komisch. Überhaupt kein Kärtchen dabei. Vielleicht Werbegeschenk.

8.50 Uhr. Aber Lippenstift ist es auch nicht, lässt sich nicht aufdrehen. Also doch Kuli. Mit meinem Namen eingraviert! Vielleicht Einladung zu Party von vorausschauender Werbeagentur – vielleicht Start von neuer Frauenzeitschrift, Titel: *Lipstick!* Oder Produkt von Tina Brown, und Einladung zu rauschender Party folgt später.
So wird es sein. Gehe jetzt zu *Coins* und trinke lecker Cappuccino. Aber ohne Schoko-Croissant, Schoko-Croissants sind vorerst gestrichen.

9.00 Uhr. Im Café. Hmm. Das kleine Ding gefällt mir wirklich sehr gut. Hat Stil. Ist aber kein Kugelschreiber, so viel ist sicher. Oder funktioniert auf eine Art, die ich nicht durchschaue.

Später. O Gott. Hatte mich gerade mit Cappuccino und Schoko-Croissant gemütlich hingesetzt, als Mark Darcy reinkam, einfach so und als wäre er nie weg gewesen: grauer Anzug, frisch rasiert, nur am Kinn geschnitten hat er sich und Fitzelchen Klopapier draufgetan nach guter alter Sitte. Er ging rüber an den Tresen, setzte seinen Aktenkoffer ab und schaute sich um, als suchte er jemanden. Dann sah er mich. Langer Moment, in dem seine Augen dahinschmolzen (blöder Ausdruck, aber so war's). Er nahm seinen Cappuccino im Empfang. Ich mich gleich ausgeglichen und gelassen hingesetzt und wie ruhender Pol gewartet. Er kam an meinen Tisch und wirkte noch geschäftsmäßiger als vorher. Ich dagegen hätte mich ihm am liebsten sofort an den Hals geworfen.

»Hallo«, sagte er fast brüsk. »Was hast du denn da Schönes?«, und deutete mit dem Kopf auf das Geschenk.

Ich hatte vor lauter Glück riesengroßen Kloß im Hals und reichte ihm die Schachtel.

»Weiß auch nicht, was das ist. Vielleicht ein Kuli.«

Er nahm den kleinen Kuli aus der Schachtel, betrachtete ihn von allen Seiten, legte ihn vorsichtig zurück und sagte: »Bridget, das ist kein Kuli und auch kein Werbegeschenk oder so was, das ist eine verdammte Patrone.«

Noch später. Gute Güte! Gar keine Zeit gehabt, über Thailand, Rebecca, Liebe, Lebensglück etc. zu reden.

Mark nahm eine Papierserviette, fasste damit den Deckel an und tat ihn auf die Schachtel.

»*Wenn du den Kopf bewahrst, ob rings die Massen ihn auch verlieren…*«, sprach ich leise vor mich hin.

»Was?«

»Nichts.«

»Du bleibst hier. Nicht anfassen. Das ist scharfe Munition«, sagte Mark.

Dann flitzte er auf die Straße raus, sah sich nach allen Seiten um wie Polizist im Krimiserie. Überhaupt interessant, wie vieles im realen Lebensdrama einen an Fernsehen erinnert. So ähnlich, wie es im Urlaub häufig so aussieht wie auf den Postkarten.

Dann war er zurück. »Bridget? Hast du schon bezahlt? Ich hoffe, du hast nichts Wichtiges vor, wir müssen nämlich los.«

»Wohin?«

»Zur Polizei.«

Im Auto habe ich mich erst mal bedankt für alles, was er für mich getan hat und ihm gesagt, wie sehr mir im Gefängnis das Gedicht geholfen hat etc.

»Gedicht? Welches Gedicht?«, fragte er, als wir in die Kensington Park Road einbogen.

»Dieses ›Wenn‹-Gedicht, weißt du nicht mehr? *Wenn du, ob Herz und Sehn längst erkaltet*… Also, das habe ich wirklich nicht gewollt, dass du meinetwegen extra nach Dubai… Ich bin dir ja so dankbar, ich weiß gar nicht, was ich ohne dich…«

Er hielt an einer Ampel und drehte sich zu mir.

»Sehr schön, sehr schön«, sagte er freundlich. »Aber jetzt beruhige dich mal etwas. So einen Schock verarbeitet man nicht so leicht.«

Humpf. Wollte ihm doch nur zeigen, was für ein toller ruhender Pol ich geworden war. Stattdessen sagt er mir, ich soll mich beruhigen. War tatsächlich nicht so einfach, denn es führt eben kein Weg an der Erkenntnis vorbei, dass es irgendwo jemanden gibt, der mich umbringen will.

Auf dem Polizeirevier war alles ein bisschen anders als im Fernsehen, vor allem dreckiger und vergammelter, als ich es mir immer vorgestellt hatte. Und es schien sich auch niemand besonders für uns zu interessieren. Der wachhabende Polizist wollte uns sogar in den Warteraum schicken, aber Mark bestand darauf, nach oben gebracht zu werden. Schließlich saßen wir in einem großen verstaubten Büro, wo niemand drin war.

Mark wollte alles über unseren Thailand-Trip wissen. Ob Jed Kontaktleute in England erwähnt hatte, ob das Päckchen mit der normalen Post gekommen sei, ob ich seit meiner Rückkehr vielleicht etwas Ungewöhnliches bemerkt hätte wie z.B. Leute, die vor dem Haus rumhängen etc.

Kam mir ziemlich blöd vor, als ich ihm erzählen musste, wie gutgläubig wir bei Jed gewesen waren, und dachte schon, gleich gibt's Riesenmecker von Mark, aber nichts dergleichen, er war richtig lieb.

»Das einzige, was man euch wirklich vorwerfen kann, ist eure phänomenale Dummheit«, sagte er. »Und wie man hört, hast du die Zeit im Gefängnis ja mit Bravour hinter dich gebracht.«

Und obwohl Mark so lieb war, hatte ich nicht den Eindruck, dass das viel mit mir zu tun hatte, sondern kam mir eher vor wie Berufsethos. Er wollte auch nicht über Gefühle sprechen o.ä.

»Meinst du nicht, du solltest lieber bei dir im Büro anrufen?«, fragte er nach einem Blick auf seine Uhr.

Ich bekam einen Schreck. Sagte mir zwar, dass Job ohnehin keine Rolle mehr spielte, wenn ich erst tot wäre, trotzdem war es schon zwanzig nach zehn!

»Na, jetzt schau nicht so, als hättest du versehentlich ein Kind gegessen«, lachte Mark. »Diesmal hast du wenigstens eine gute Entschuldigung.«

»Ooooh, unsere liebe Bridget! Unsere kleine Miss Rühr-mich-nicht-an! Noch keine zwei Tage da, und schon schwänzen wir wieder die böseböse Konferenz. Darf ich fragen, was wir gerade machen? Sind wir vielleicht beim Einkaufen?«

Wenn du den Kopf bewahrst, ob rings die Massen ihn auch verlieren …, dachte ich. *Wenn du …*

»Oder spielen wir vielleicht mit einer Kerze? Unartiges Mädchen.« Er machte ein lautes Geräusch: *Plopp!*

Starrte nur vor Schreck das Telefon an. Wusste auf einmal nicht, ob Richard Finch schon immer so gewesen war und ich mich verändert hatte, oder ob sein Hirn endgültig im Drogensumpf versunken war.

»Gib mir mal den Apparat«, sagte Mark.

»Nein«, sagte ich und zog den Hörer zurück. »Ich kann durchaus für mich selber sprechen.«

»Ja schon, Schatz, aber manchmal kommt eben ein gewaltiger Unsinn dabei heraus«, murmelte Mark.

Schatz! Er hatte mich Schatz genannt!

»Bridget, hallo, nicht einschlafen. Wo steckst du?«, grunzte Richard Finch.

»Bei der Polizei.«

»Ooh, also wieder voll auf Oki-Doki-Koki, was? Prima, nur weiter so! Aber heb was für mich auf, hörst du?«

»Ich habe eine Morddrohung erhalten.«

»Ooooh, das wird ja immer besser. Guter Witz, wirklich. Hör mal, du kriegst gleich eine Morddrohung von mir, dass das klar ist. Hahahaha. Polizei? Ich will hier keine Junkies in meinem Team.«

Das war's. Das war zu viel. Ich holte tief Luft.

»Richard«, sagte ich von oben runter, »wollen Sie sich mit mir wirklich über Drogenprobleme bei *Hallo, England* unterhalten? Nur zu. Aber im Gegensatz zu Ihnen nehme *ich* keine Drogen. Und was ich Ihnen bei der Gelegenheit auch mitteilen will: Sie können mich. Ich kündige.« Und knallte den Hörer auf. Hah! Hahahaha! Bevor mir mein überzogenes Konto wieder einfiel. Und die psychedelischen Pilze. Obwohl, das waren ja keine Drogen, sondern hundertpro naturbelassene Naturprodukte.

In diesem Moment erschien Polizist auf der Bildfläche, lief aber an uns vorbei, als wären wir gar nicht da. »He Sie!«, sagte Mark und schlug mit der Faust auf den Tisch. »Ich habe hier eine junge Frau, die hatte heute Morgen eine scharfe Patrone in der Post – mit ihrem Namen. Es wäre für uns sehr angenehm, wenn sich endlich mal jemand darum kümmern würde!«

Der Beamte hielt inne und sah uns an. »Ist Ihnen nicht klar, dass morgen das Begräbnis stattfindet?«, sagte er beleidigt. »Außerdem haben wir bereits eine Messerstecherei in Kensal Rise. Ich meine, da sind Leute, die haben nicht nur eine Drohung erhalten, sondern die sind schon richtig tot.« Sprach's und verließ das Zimmer.

Zehn Minuten später betrat endlich der zuständige Inspektor den Raum, in der Hand einen Computerausdruck.

»Hallo, ich bin DI Kirby«, sagte er, ohne uns eines Blickes zu würdigen. Eine ganze Weile studierte er das Blatt Papier, schaute dann auf mich und hob die Brauen.

»Ich nehme an, das ist der Bericht aus Thailand«, sagte Mark und sah ihm über die Schulter. »Nein, richtig … der Vorfall in …«

»Ganz genau«, sagte der Inspektor.

»Nein, das war nur dieses Filetsteak«, sagte Mark.

Der Inspektor sah Mark eigenartig an.

»Meine Mutter hat es einfach mit in die Tasche getan«, erklärte ich. »Und das hat dann nach einer Weile angefangen zu verwesen.«

»Sehen Sie, hier? Hier ist auch der Bericht aus Thailand«, sagte Mark und beugte sich über den Ausdruck.

Schützend legte der Inspektor seinen Arm um das Papier, so, als hätte Mark die Hausaufgaben des Inspektors abschreiben wollen. Da klingelte das Telefon. DI Kirby nahm ab.

»Richtig. Ich will meinen Einsatzwagen auf der Kensington High Street. Dann eben irgendwo in der Nähe der Royal Albert Hall! Genau. Wenn sich der Trauerzug in Bewegung setzt. Ich will ihr die letzte Ehre erweisen«, sagte er genervt. »Ja und? Was macht denn dieser Arsch von DI Rogers da? Na gut, dann eben Buckingham Palace. Was?«

»Was stand denn in dem Bericht über Jed?«, flüsterte ich.

»Wie hat er sich genannt? Jed?«, frotzelte Mark. »In Wirklichkeit heißt er Roger Dwight.«

»Dann in Gottes Namen auch Hyde Park Corner. Aber *vor* den Leuten, nicht dahinter, wenn ich bitten darf. Entschuldigung«, sagte DI Kirby, legte auf und tat furchtbar beschäftigt – ähnlich wie ich, wenn ich mal wieder zu spät zur Konferenz kam. »Roger Dwight, richtig. Der Vorfall scheint tatsächlich in diese Richtung zu weisen.«

»Ich wäre dennoch sehr überrascht, wenn er aus einem arabischen Gefängnis heraus eine solche Aktion starten könnte«, gab Mark zu bedenken.

»Na ja, es gibt immer Mittel und Wege.«

Ging mir ziemlich auf den Senkel, wie Mark über meinen Kopf hinweg mit dem Polizisten sprach. Fast so, als wäre ich der Schwachkopf der Familie.

»Die Herren mögen entschuldigen«, sagte ich, »aber ich würde gern an Ihrer Unterhaltung teilhaben.«

»Natürlich«, sagte Mark, »solange du keine Ratgeberbücher zitierst und Religionstheorien entwirfst.«

Bemerkte, wie der Inspektor interessiert zwischen uns hin und her schaute.

»Denkbar wäre auch, dass er jemanden beauftragt hat, ihr das Päckchen zu schicken«, sagte Mark, der sich wieder dem Inspektor zugewandt hatte. »Aber das scheint mir eher unwahrscheinlich, so dumm ist er nicht.«

»Nun ja, in derartigen Fällen ist alles … Moment.« DI Kirby nahm den Hörer ab. »Richtig. Dann sagen Sie denen von Harrow Road, sie haben bereits *zwei* Fahrzeuge an der Strecke. Nein, ich denke gar nicht daran. Ich will den Sarg *vor* der Totenmesse sehen. Ja, genau. Und DI Rimmington soll sich nicht ins Hemd machen. Entschuldigung, Sir.« Er legte den Hörer wieder auf und grinste, als hätte er die Lage voll im Griff.

»In welchen Fällen?«, wollte ich wissen.

»Na ja, jemand, der es ernst meint, würde seine Tat wohl kaum ankündigen …«

»Das heißt, sie würde ohne Vorwarnung erschossen?«, fragte Mark.

O *Gott*.

Einige Stunden später war mein Geschenk auf dem Weg ins Labor wg. Fingerabdrücken und der gentechnischen Analyse, und ich wurde immer noch vernommen.

»Gibt es außer der Thai-Connection vielleicht noch weitere Personen, die Ihnen möglicherweise schaden wollen, junge Frau?«, fragte DI Kirby. »Ein Exfreund vielleicht oder jemand, den Sie abgewiesen haben?«

Über die »junge Frau« habe ich mich richtig gefreut. Schön, ich stehe vielleicht nicht in der Blüte meiner Jugend, aber...

»Bridget!«, sagte Mark. »Bitte konzentrier dich. Gibt es jemanden, der dir etwas antun will?«

»Oh, es gibt viele Leute, die mir schon etwas angetan haben«, sagte ich und dachte nach. »Richard Finch und Daniel und... aber ich glaube nicht, das sie so weit gehen würden. Oder?« Klang aber nicht ganz überzeugt.

Dachte Daniel vielleicht, ich hätte seinen Annäherungsversuch überall rumerzählt? War er sauer, weil ich ihm einen Korb gegeben hatte? Aber deswegen bringt man doch nicht gleich jemanden um, oder? Vielleicht hat Sharon ja doch Recht mit ihrer Theorie von den Männern, die niemand mehr will und die deshalb Amok laufen.

»Bridget«, sagte Mark, »egal, was es ist, du solltest es DI Kirby sagen.«

Gott, war mir das peinlich. Aber am Ende alles erzählt von dem Abend mit Daniel und der Unterwäsche unter Ledermantel etc., während Pokerface DI Kirby alles notierte. Mark sagte zwar nichts darauf, aber ich sah, wie sauer er war. Mir fiel auf, dass der Inspektor ihm mehrmals ansah deswegen.

»Sind Sie jemals mit Leuten aus dem kriminellen Milieu in Berührung gekommen?«, fragte DI Kirby.

Der Einzige, der mir einfiel, war Onkel Geoffreys Strichjunge, aber der kannte mich ja nun überhaupt nicht.

»Sie sollten zunächst einmal nicht in Ihrer Wohnung bleiben. Besteht die Möglichkeit, woanders unterzukommen?«

»Du kannst bei mir wohnen«, sagte Mark unvermittelt, und mein Herz fing an zu rasen. »In einem der Gästezimmer«, fügte er schnell hinzu.

»Sir, könnte ich mich bitte einen Moment lang allein mit Miss Jones unterhalten?«, fragte der Inspektor. Und Mark darauf: »Aber natürlich.« Obwohl er echt getroffen war.

»Ich habe da ernste Zweifel, ob es wirklich klug wäre, bei Mr.

Darcy einzuziehen, Miss Jones«, sagte der Inspektor und warf einen argwöhnischen Blick hinüber zur Tür.

»Da könnten Sie Recht haben«, antwortete ich und hielt das Ganze für einen gut gemeinten, väterlichen Rat im Sinne von Geschlechterkampf und dass frau besser etwas auf Abstand geht, damit in Mann Jagdinstinkt erwachen kann etc. Aber dann fiel mir ein, dass ich so nicht mehr denken wollte.

»Welcher Art genau war denn Ihr Verhältnis zu Mr. Darcy?«

»Tja, was soll ich da sagen?« Und fing dann ganz vorn an.

DI Kirby war der Fall nicht ganz geheuer. Die Tür ging auf, als er mich fragte: »Und an dem Morgen, an dem Sie die Patronen bekommen haben, war Mr. Darcy also *rein zufällig* in dem Lokal?«

Mark kam herein und baute sich vor uns auf.

»Okay«, sagte er unendlich müde und sah mich an, als wollte er sagen: »Hier haben wir also den Quell allen Unheils.« »Meinetwegen nehmt meine Fingerabdrücke, macht einen Gentest, aber macht endlich Schluss mit diesem Unsinn.«

»Oh, ich wollte damit nicht behaupten, Sie hätten Miss Jones die Patrone geschickt«, beeilte sich der Inspektor zu sagen. »Ich wollte nur ausschließen, dass ...«

»Schon in Ordnung«, sagte Mark. »Tun Sie Ihre Arbeit.«

KAPITEL 13

Gaaah!

Freitag, 5. September

55 kg; Sekunden ohne Sex: ist mir inzwischen egal; Anzahl der trotz Morddrohung überlebten Sekunden: 34.800 (s. g.).

18.00 Uhr. Shazzers Wohnung. Ich schaue aus dem Fenster. Kann mir nicht vorstellen, dass Mark hinter der Sache steckt. Lächerlich. Kann einfach nicht sein. Hat sicher mit Jed zu tun. Ich meine, er kontrolliert vermutlich einen ganzen Drogenring in London. Alles Leute, die jetzt auf dem Trockenen sitzen. Oder vielleicht Daniel? Aber der macht so etwas nicht. Wahrscheinlich irgendein Verrückter. Ein Verrückter, der meinen Namen und meine Anschrift hat und der mich umlegen will. Jemandem, der mir scharfe Patrone schickt, in die mein Name eingraviert ist, ist alles zuzutrauen.

Trotzdem ruhig bleiben. Ruhig, ruhig. Ja. Muss Kopf bewahren, ob rings die Massen... Frage mich, ob es von Kookaï auch schusssichere Westen gibt.

Hoffentlich kommt Shaz bald zurück. Bin ganz durcheinander. Shazzer hat winziges Apartment, wo selbst in den besten Zeiten grandiose Unordnung, vor allem da nur ein Raum. Mit zwei Personen aber Chaos total. Überall liegen BHs rum, Leoparden-Stiefeletten, Tragetaschen von Gucci und gefälschte Prada-Handtaschen, winzige Voyage-Pullis und alte Schuhe. Blicke echt nicht mehr durch. Sollte mir in dem Chaos ein freies Plätzchen suchen und einfach ein Ründchen schlafen.

Am Ende haben sie Mark zur Überprüfung dabehalten, und DI Kirby hat mir gesagt, es wäre nicht ratsam, in eigener Wohnung zu bleiben. Sie haben mich sogar nach Hause gefahren, damit ich ein paar Sachen zusammenpacken konnte. Aber wo sollte ich hin? Mum und Dad waren immer noch in ihrer Suchtklinik. Toms Wohnung wäre ideal gewesen, habe aber seine Nummer in San Francisco verlegt. Dann versucht, bei Jude und Shaz im Büro anzurufen, aber waren beide in der Mittagspause.

Also alles ziemlich schrecklich. Habe überall Nachrichten bezügl. neuestem Stand der Dinge hinterlassen, während die Polizei in der Wohnung rumgelaufen ist und überall nach Spuren gesucht hat.

»Wie kommt eigentlich das Loch in ihre Wand?«, fragte einer von ihnen.

»O, das ist irgendwie gemacht worden und dann so geblieben«, sagte ich vage. In diesem Augenblick klingelte das Telefon. War Shaz, die sagte, ich könnte bei ihr bleiben, und mir verriet, wo Ersatzschlüssel versteckt ist.

Werde ein bisschen schlafen.

23.45 Uhr. Wünschte, ich würde nicht dauernd aufwachen. Aber trotzdem beruhigend, so mit Jude und Shaz in einem Zimmer. Die zwei ratzen friedlich wie die Babys. Haben uns Pizza kommen lassen und sind früh ins Bett gegangen. Kein Wort von oder über Mark Darcy. Wenigstens habe ich einen Minisender mit Alarmknopf. Hübsch, das Ding. Basisstation sieht aus wie kleines Kosmetikköfferchen und steht im Eck. Auf Knopfdruck kämen mir laute junge, gut aussehende Polizisten zu … Hmm!!! An den Gedanken könnte ich mich gewöhnen … bin trotzdem unglaublich müde …

Samstag, 6. September

55,5 kg; Zigaretten: 10; Alkoholeinheiten: 3; Kalorien: 4.255 (sollte Dasein genießen, solange ich noch lebe); Sekunden seit letztem Sex: 14.860.800 (muss dringend etwas unternehmen).

18.00 Uhr. Ich, Jude und Shaz haben den ganzen Tag Diana-Begräbnis im Fernsehen verfolgt. Wir alle hatten das Gefühl, als wäre jemand aus Familie gestorben, bloß ein bisschen pompöser. Haben alle ein bisschen geheult, aber am Ende wie befreit. Und tief befriedigt über die schöne Feier. Sieht so aus, als hätte Establishment endlich begriffen, was England an ihr gehabt hat. Und man kann sagen, was man will, Trauerfeiern funktionieren in diesem Land immer noch am besten. Logistische Meisterleistung. Lässt hoffen für Standort England.

Dianas Geschichte erinnert an Heldenlegende oder große Shakespeare-Tragödie: Kampf zwischen den verfeindeten Häusern derer von Spencer und derer von Windsor. Schäme mich mittlerweile für Tätigkeit in primitiver TV-Produktion, wo die Frisur von Diana häufig das Thema des Tages war. Aber ab heute ist Schluss damit. Werde mein Leben ändern. Wenn Establishment fähig ist zur Veränderung, dann ich doch wohl auch.

Fühle mich aber ein bisschen einsam. Jude und Shaz sind ausgegangen, weil ihnen sonst die Decke auf den Kopf gefallen wäre. Bei der Polizei angerufen, weil ich ohne Schutz nicht das Haus verlassen darf, aber nicht durchgekommen. Nach einer Dreiviertelstunde endlich bei Telefonzentrale gelandet, wo Frau sagte, alle wären im Einsatz. Sagte Jude und Shaz, sie sollten ruhig gehen, ich wäre nicht sauer deswegen. Bedingung: sollen mir aber Pizza mitbringen. Oh, Telefon.

»Oh, hallo, Liebes, hier ist Mummy.«

Mummy? Man könnte meinen, ich wäre ein kleines Baby, das noch in die Windeln macht.

»Mutter, wo bist du jetzt?«

»Oh, ich habe den Schritt nach draußen gewagt, Liebes.«

Einen Moment dachte ich, sie erzählt mir, sie hätte lesbische Neigung entdeckt und wäre mit Onkel Geoffrey zusammengezogen wg. Scheinehe für bürgerliche Fassade.

»Wir sind wieder zu Hause. Alles hat sich geklärt, und auch Dad ist wieder auf dem Damm. Aber was sagt man dazu? Hatte sich immer in seinen Schuppen verzogen, um zu trinken! Und ich dachte, er würde sich um die Tomaten kümmern. Aber wie man so hört, war es mit Gordon Gomersall genau dasselbe. Sie sagen, es wäre eine Krankheit. Wie fandest du eigentlich das Begräbnis?«

»Sehr schön«, sagte ich. »Aber was wird jetzt weiter aus euch?«

»Tja, Liebes, das ist die große Frage…« Dann undeutliche Hintergrundgeräusche, und auf einmal war Dad dran.

»Mach dir keine Sorgen, Schatz. Ich muss nur die Finger vom Alkohol lassen. Und Pam wollten sie eigentlich schon am ersten Tag wieder loswerden.«

»Warum denn das?« Aber vor meinem inneren Auge erschien das Bild meiner Mutter, wie sie ganze Station voller achtzehnjähriger Drogenabhängiger verführt.

Er gluckste. »Sie sagten, sie wäre nicht verrückt genug. Moment, ich geb' sie dir mal wieder.«

»Ehrlich, wenn du mich fragst, ist das ohnehin alles Betrug. Du müsstest mal sehen, welche Rechnungen sie dir für ihren Unsinn schreiben. Mir kam das vor wie ein Kindergarten für reiche Leute, wo man denen mit viel Brimborium Sachen erzählt, die sich im Grunde jeder vernünftige Mensch selbst zusammenreimen kann.«

»Was denn zum Beispiel?«

»Oh, bleib mal kurz dran, ich muss das Hühnchen wenden.«

Ich hielt den Hörer vom Ohr weg und wollte mir gar nicht vorstellen, welcher kulinarische Genuss da wieder seinem Höhepunkt entgegenbrutzelte.

»Uff. Geschafft. Wo waren wir stehen geblieben?«

»Bei den Sachen, die sie mit euch gemacht haben.«

»Ja, richtig. Also es ging schon morgens los. Da mussten wir alle im Kreis sitzen und dauernd irgendwelche dummen Sachen sagen.«

»Zum Beispiel?«

»Ach, du weißt schon. Hallo, ich heiße Pam und bin ein …«

Ein was? Was genau, bitte? Ein Alptraum? Eine Bratensoße-ohne-Klümpchen-Neurotikerin? Eine Kinderquälerin?

»Und was die Leute da alles gesagt haben, du glaubst es nicht. ›Heute bin ich selbstbewusst. Heute ist mir egal, was andere über mich denken.‹ So ging das die ganze Zeit. Also wirklich, ich meine, wer schon kein Selbstbewusstsein hat, was will der überhaupt auf dieser Welt? Ich meine, ist doch wahr«, sagte sie und brach in Lachen aus. »Tsass, so ein Unsinn! Kein Selbstbewusstsein, ich bitte dich. Die Meinung anderer Leute ist doch nun wirklich egal.«

Ich war mir da nicht so sicher. »Und wie war das in der Positiven Verstärkung?«

»Oh, da durfte man überhaupt nichts sagen. Erst am Schluss.«

»Und was war das, was du sagen musstest?«

Hörte, wie mein Dad im Hintergrund anfing zu kichern. Er klang wieder ganz wie der Alte. »Na sag schon, Pam.«

»Puh, ja, was musste ich da sagen. So was wie: ›Meine Selbstherrlichkeit macht mich nicht blind für die Realität!‹ Und: ›Heute werde ich sowohl meine Stärken als auch meine Schwächen anerkennen.‹ Ich meine, das ist doch komplett lächerlich. Egal, ich muss jetzt Schluss machen, an der Tür hat's geklingelt. Bis Montag dann.«

»Was?«

»Ich hab dir doch gesagt, es heißt ›wie bitte‹. Ich habe für dich einen Termin für die Farbberatung gemacht, bei Debenham's, das weißt du doch. Um vier Uhr.«

»Aber …« Davon wusste ich ja gar nichts. Wann wollte sie mir das gesagt haben? Im Januar?

»Jetzt nicht, Liebes. Die Enderburys sind an der Tür.«

Sonntag, 7. September

56 kg; Quadratmeter Fußboden, die nicht von BHs, Schuhen, Pizzakartons, Flaschen oder Lippenstift bedeckt sind: 0 (aber Raum ist in der kleinsten Hütte).

10.00 Uhr. Hurra! Ein neuer Tag bricht an, und ich bin immer noch am Leben. Aber schlimme Nacht hinter mir. War ziemlich müde nach Anruf von Mum. Also gecheckt, ob alle Türen abgeschlossen, und mich mit Shazzers Klamotten zugedeckt und geschlafen. Nicht gehört, wie die Mädels reingekommen sind. Später mitten in der Nacht aufgewacht, als sie schon am Schlafen waren. Problem ist, wenn man hier nachts aufwacht, kann man nur ganz ruhig liegen bleiben und an die Decke starren, sonst wirft man gleich etwas um.

Oh, Telefon. Schnell abnehmen, sonst werden sie wach.

»Sie sind schließlich dahintergekommen, dass ich nicht der gesuchte Killer bin.«

Hurra! War Mark Darcy!

»Sag, wie geht's dir?« Mark war wirklich ein Schatz. Kein Wort davon, dass er meinetwegen sieben Stunden von der Polizei festgehalten worden war. »Ich hätte mich gern schon eher gemeldet, aber sie wollten mir nicht sagen, wo du bist, ehe sie mich nicht überprüft hatten.«

Tat erst so, als wäre alles in Ordnung. Aber dann doch gesagt, dass das bei Shazzer kein Dauerzustand sein konnte.

»Also mein Angebot steht noch«, sagte er nüchtern. »Hier sind jede Menge Gästezimmer frei.«

Wünschte, er würde mir nicht dauernd unter die Nase reiben, dass er nicht mit mir schlafen will. Ganze Sache verwandelt sich zunehmend in Pashmina-Szenario, und ich weiß von Shazzer und Simon, wie schwierig es ist, sich da wieder rauszuziehen, wenn auch nur die leiseste Andeutung in Richtung Sex gleich die ganze Freundschaft gefährdet.

In diesem Moment gähnte Jude und drehte sich im Bett auf die andere Seite und brachte mit dem Fuß einen Stapel Schuhkartons zum Einsturz. Plötzlich ergossen sich ihre ganzen Sachen in meine Handtasche: Halsketten, Ohrringe, Make-up, eine halb ausgetrunkene Tasse Kaffee. Ich musste erst mal tief Luft holen.

»Danke«, flüsterte ich in den Hörer. »Ich komme gern.«

23.45 Uhr. In Mark Darcys Haus. O Gott. Ich ahne schon, das war keine gute Entscheidung. Liege allein in weißem, kahlem Zimmer mit nichts drin außer einem weißen Bett, weißen Jalousien und komischem weißen Designerstuhl, der etwa doppelt so hoch ist wie ein normales Möbel. Richtig beängstigend hier: alles leer, nicht mal was zu essen im Kühlschrank. Selbst den Lichtschalter zu finden wird hier zum Problem, weil er immer hinter irgendwas versteckt ist. Dasselbe mit Auslöser von Wasserspülung. Alles zu durchgestylt, um noch praktisch zu sein. Außerdem schweinekalt hier.

Seltsam verdämmerter Tag. Immer wieder eingeschlafen. Man denkt zwar morgens, alles ist wieder okay, aber dann sackt man in einen Abgrund von Müdigkeit wie Flugzeug in Luftloch. Weiß nicht, ob das immer noch der Jetlag ist oder Wunsch, der Wirklichkeit zu entfliehen. Mark musste heute in die Kanzlei, arbeiten, obwohl Sonntag ist. Liegt daran, dass er den ganzen Freitag verloren hat. Gegen vier kamen Shaz und Jude vorbei mit Video von *Stolz und Vorurteil*. Hab's aber nicht über mich gebracht, Szene mit See anzugucken. Erinnerung an Debakel mit Colin Firth war einfach noch zu schmerzhaft. Also haben wir nur ein bisschen geredet und Zeitschriften gelesen. Dann haben sich Jude und Shaz das ganze Haus angesehen und dauernd über irgendwas gekichert. Ich bin eingeschlafen, und als ich wieder aufwachte, waren sie weg.

Mark kam gegen neun zurück und brachte sogar was zu essen mit. Hatte irgendwie die Hoffnung auf romantische Versöhnung gehabt, aber war dann so verkrampft, weil ich nicht den Eindruck erwecken wollte, meine Anwesenheit wäre etwas anderes als eine vorübergehende Notlösung wg. Lebensgefahr. Haben uns also steif und gezwungen unterhalten wie Arzt und Patient o.ä.

Wünschte, er würde jetzt einfach in mein Zimmer kommen. Die Nähe zu ihm ist so frustrierend, wenn man ihn nicht einmal anfassen darf. Vielleicht sollte ich mal was sagen. Andererseits, wer weiß, was ich damit auslöse. Denn wenn ich ihm von meinen Gefühlen erzähle und sie werden nicht erwidert – mein Gott, wie erniedrigend. Vor allem, wenn man es dann noch zusammen unter einem Dach aushalten muss. Außerdem ist jetzt Nacht.

Und vielleicht steckt Mark ja doch hinter der Sache. Vielleicht kommt er gleich rüber und erschießt mich, und es gibt ein fürchterliches Blutbad in dem jungfräulich weißen Zimmer. Sehr symbolträchtig: mein jungfräuliches Blut auf den weißen Sachen überall. Einziger Schönheitsfehler: Bin keine Jungfrau mehr, nur Opfer von neuer Enthaltsamkeit.

Darf über solchen Blödsinn nicht nachdenken. Mark war es nicht und damit basta. Außerdem habe ich ja meinen Minisender. Schrecklich, wenn man nicht schlafen kann und Mark liegt unten im Bett, vermutlich sogar nackt. Mmmm. Mmm. Hätte nicht übel Lust, nach unten zu gehen und über ihn herzufallen. Immerhin habe ich seit – wie lange? – keinen Sex mehr gehabt. Hmmm, ist jetzt schwer auszurechnen, aber auf jeden Fall eine mächtig große Zahl.

Aber vielleicht kommt er ja zu mir hoch! Würde dann Schritte auf der Treppe hören, Tür geht leise auf, und er kommt rein und schlüpft unter die Bettdecke. Nackt! Und dann … o Gott, ist das ein Frust! Ich gehe hier kaputt.

Wenn ich wenigstens so wäre wie Mum mit ihrem Selbstbewusstsein. Mir wäre dann scheißegal, was andere Leute über mich denken. Aber das ist gar nicht so leicht, wenn man weiß, dass zumindest einer Tag und Nacht über *dich* nachdenkt. Nämlich, wie er dich am besten umbringen kann.

Montag, 8. September

56,5 kg (schwere Krise); Killer von Polizei gefasst: 0 (nicht s.g.); Sekunden ohne Sex: 15.033.600 (wie lange noch?)

13.30 Uhr. In Mark Darcys Küche. Habe gerade ohne Grund riesiges Stück Käse weggeputzt. Mal Kalorien nachschauen.

Ach du Schreck! Über 300 Kalorien auf 100 Gramm. Käsestück insgesamt etwa 250 Gramm. Sagen wir, ein Viertel war schon weg und ein kleines Stückchen ist übrig geblieben, dann habe ich in gerade mal dreißig Sekunden zirka 500 Kalorien verdrückt. Unglaublich! Vielleicht sollte ich aufs Klo und ein Ründchen kotzen, nicht zuletzt zum Gedenken an Prinzessin Diana. Gaah! Wie konnte mein Hirn so einen taktlosen Gedanken denken! Ach, was soll's. Jetzt kann ich den Rest auch noch essen und Schlussstrich unter die traurige Angelegenheit ziehen.

Ich glaube, ich sollte akzeptieren, was Ärzte immer über all diese Diäten sagen, nämlich dass der Körper beim Fasten glaubt, er verhungert und deshalb bei der ersten sich bietenden Gelegenheit anfängt zu fressen wie Fergie. Jeden Morgen beim Aufwachen entdecke ich neue Fettpölsterchen, auch an Stellen, wo vorher noch nichts war und normal auch nichts sein dürfte. Als nächstes kriege ich riesige Schwabbelohren wie Dumbo, der Elefant. Würde mich nicht wundern.

Mark-Situation unverändert schwierig. Als ich heute Morgen in die Küche kam, war Mark schon weg (nicht verwunderlich, denn war eigentlich schon Mittag). Hatte aber Zettel dagelassen, ich solle mich »wie zu Hause fühlen« und könnte auch gern Leute einladen. Fragt sich bloß, wen? Sind ja alle am Arbeiten. Es ist so still hier, dass man Angst kriegt.

13.45 Uhr. Aber ich sage mir: Es wird schon wieder. Habe zwar keinen Job, kein Geld, keinen Freund, nur löchrige Wohnung und Aufenthaltsrecht in tiefgekühltem Haus mit tiefgekühlter, platonischer Beziehung und einen unbekannten Dritten, der es auf mich abgesehen hat. Aber sicher nur vorübergehender Zustand.

14.00 Uhr. Ich will zu meiner Mum!

14.15 Uhr. Habe bei der Polizei angerufen und gefragt, ob mich jemand zu Debenham's begleiten kann.

Später. Mum war phantastisch. Na ja, im Rahmen ihrer Möglichkeiten.

Sie kam zehn Minuten zu spät, ganz in Kirsch, mit frischer Dauerwelle und etwa fünfzehn Plastiktüten beladen.

»Jetzt rat mal, was passiert ist«, sagte sie, während sie sich hinsetzte und die Tüten um sich verteilte, dass kaum noch jemand durchkam.

»Was denn?«, fragte ich leise und wärmte meine Hände an der Kaffeetasse.

»Geoffrey hat Una gebeichtet, er wäre einer von ›denen‹, du erinnerst dich doch, von den Homos, obwohl er eigentlich kein Homo ist, sondern bi, sonst wären Guy und Alison ja nicht da. Jedenfalls, Una sagt, das wäre ihr egal. Und warum auch nicht? Gilliam Robertson aus Saffron Waldhurst war jahrelang mit einem Homo verheiratet, und es war eine sehr gute Ehe. Bis er dann nur noch an den Imbisswagen herumlungerte und ... ja, und dann ist auch noch die Frau von Norman Middleton gestorben, du weißt schon, sie war die Schulpflegschaftsvorsitzende von dieser Jungenschule und ... schließlich blieb Gillian

gar nichts anderes übrig als… Bridget, was hast du denn?«
Als sie einmal gemerkt hatte, dass mich etwas bedrückte, war
sie auf einmal supernett, drückte die Tüten dem Kellner in die
Hand und ging mit mir nach hinten zur Feuertreppe, wo sie
mich in die Arme schloss wie eine echte Mum. Selbst die Wolke
von Givenchy III, in die sie mich einhüllte, war in diesem Moment seltsam trostreich. »Tapferes Mädchen«, flüsterte sie mir
zu. »Ich bin stolz auf dich.«

Mir ging es plötzlich wieder richtig gut. Schließlich stand sie
auf und wischte sich die staubigen Hände ab.

»Los, komm mit. Wir müssen uns überlegen, was wir als
Nächstes tun wollen. Ich denke, ich muss mit dem Menschen
von der Polizei mal ein ernstes Wort reden. Das ist ja kaum zu
glauben, dass der Mörder seit Freitag frei herumläuft. Sie hatten jede Menge Zeit, ihn zu fangen. Ich frage mich, was die bei
der Polizei den ganzen Tag machen. Däumchendrehen wahrscheinlich. Aber denen werde ich was erzählen. Und du kannst
natürlich auch bei uns wohnen, wenn du willst. Obwohl ich ja
glaube, dass du bei Mark bleiben solltest.«

»Ach, ich habe ja sowieso keine Chance mehr bei ihm.«

»Unsinn, Liebes, wer sagt denn so was? Aber da seid ihr
Mädchen von heute auch selber schuld. Ich meine, wer dauernd so tut, als wäre er der große Star und unter James Bond
käme sowieso keiner in Frage, der darf sich nicht wundern,
wenn er am Ende allein zu Hause sitzt und sich die größten
Vorwürfe macht. Oh, ist es schon so spät? Schnell, sonst kommen wir nicht mehr rechtzeitig zu deiner Farbberatung.«

Zehn Minuten später saß ich mit einem weißen Umhang in
einem weißen Raum (wie bei Mark Darcy) und hatte ein wei-
ßes Handtuch auf dem Kopf. Und Mum und jemand namens
Mary fummelten mit Farbmustern an mir rum.

»Also ich weiß nicht«, sagte Mum. »Diese ganzen Theorien
über Beziehungen tun dir auch nicht gut. Versuch es doch mal
mit diesem Kirschrot, Mary.«

»Aber das bin doch nicht ich allein, das tun doch alle, das ist der Zeitgeist«, wehrte ich mich. »Frauen leben allein, weil sie ihr eigenes Geld verdienen und Karriere machen wollen. Und wenn sie einmal über dreißig sind, denken die Männer: ›Die hat's aber nötig!‹ Und behandeln einen, als wäre das Verfallsdatum abgelaufen und suchen sich lieber was Jüngeres.«

»Ach, Kind. Verfallsdatum, tsass! Du bist doch kein Hüttenkäse! Dieser ganze Quatsch passiert doch nur im Kino.«

»Nicht nur, da irrst du dich.«

»Ach, Kind, ich habe noch nie so einen Unsinn gehört. Verfallsdatum, tsass! Männer *tun* vielleicht so, als wollten sie was Jüngeres, aber die Wirklichkeit sieht anders aus. Sie wollen eine nette Freundin, das wollen sie. Ich meine, sieh dir nur Roger an, Roger … ich habe jetzt den Nachnamen vergessen. Das war der, der Audrey wegen einer Sekretärin verlassen hat! Eine unglaublich dumme Person. Und was war am Ende? Auf Knien kam er angekrochen, auf Knien! Ob er nicht zu ihr zurückkönnte! Aber da wollte *sie* nicht mehr! So ist das.«

»Aber …«

»Genau, Samantha hieß sie. Und dümmer, als die Polizei erlaubt, wirklich. Oder nimm nur Jean Dawson, die damals noch mit Bill verheiratet war, du weißt schon, der, der die Metzgerei hatte. Kurz nach Bills Tod hat sie wieder geheiratet. Jemanden, der nur halb so alt war wie sie selber. Aber das muss überhaupt nichts heißen. Verehrt hat er sie, richtig verehrt! Und glaub bloß nicht, es wäre nur wegen dem Geld gewesen, überhaupt nicht. Bill hat ihr nicht viel hinterlassen, mit einer Metzgerei kann man heutzutage kein Geld mehr verdienen. Also, was ich damit sagen will, ist …«

»Aber wenn man Feministin ist, sollte man überhaupt keinen …«

»Aber genau das ist ja das Dumme am Feminismus, Schatz. Jeder mit ein bisschen Verstand weiß ja, dass wir die intelligenteren Wesen sind. Der einzige Nachteil ist, dass Männer, selbst wenn sie im Ruhestand sind, glauben, sie müssten keine Hausarbeit machen. Na, Mary, was habe ich gesagt? Voilà!«

»Ich fand Koralle aber besser«, sagte Mary eingeschnappt.

»Sag ich ja«, entgegnete ich, umrahmt von Aquamarin. »Wer will schon den ganzen Tag im Büro arbeiten und dann auch noch einkaufen gehen, nur weil sie dazu nicht bereit sind?«

»Also ich weiß nicht. Was *ihr* wollt, ist erst recht naiv. Ihr erwartet mindestens einen Indiana Jones, der euch aber gleichzeitig die schmutzigen Teller in die Geschirrspülmaschine räumt. Aber so einfach geht das nicht. Ihr müsst sie euch erziehen. Damals, kurz nach unserer Hochzeit, ging Daddy noch jeden Abend in den Bridge Club. Und zwar wirklich jeden Abend. Und geraucht hat er auch.«

O je. Armer Dad, dachte ich, während Mary mir ein blassrosa Tuch an die Backe drapierte und Mum mit etwas Violettem dagegenhielt.

»Aber Männer wollen nicht herumkommandiert werden«, sagte ich. »Sie wollen die ferne, die unerreichbare Frau. Das spricht ihren Jagdinstinkt an und …«

Mum seufzte laut auf. »Mein Gott, wofür haben wir dich eigentlich jede Woche zur Sonntagsschule gebracht, wenn du jetzt nicht einmal die einfachsten Dinge weißt. Du solltest tun, was du persönlich für richtig hältst und nicht in irgendwelchen Büchern nach Lösungen suchen. Vor allem solltest du zu Mark zurückgehen und …«

»Nein, Pam, das passt nun überhaupt nicht. Sie ist der Wintertyp.«

»Nein, sie ist Frühling, ich habe doch Augen im Kopf. Also: du kehrst zurück zu Mark, und dann wirst du schon sehen, wie …«

»Aber ich kann das nicht! Er ist so entsetzlich förmlich und … und ich sehe aus wie ein Putzlappen.«

»Unsinn. Außerdem sind wir doch gerade dabei, dir etwas unter die Arme zu greifen. Mit den richtigen Farben wirst du regelrecht aufblühen, wart's nur ab. Abgesehen davon ist es auch völlig egal, wie du aussiehst, stimmt's nicht, Mary? So lange du nur du selber bist.«

»Da hast du wohl Recht«, strahlte Mary. Mary war etwa so hoch wie breit.

»Ich selber?«, fragte ich zurück.

»Weißt du noch, damals, das Buch über den Plüschhasen, es war dein Lieblingsbuch, aus dem Una dir immer vorgelesen hat, als Daddy und ich den Ärger mit der Sickergrube hatten. Na, wie sieht das aus?«

»Du, Pam, ich glaube, du hattest Recht«, sagte Mary und trat ehrfürchtig einen Schritt zurück. »Sie ist doch der Frühlings-typ.«

»Habe ich doch gleich gesagt.«

»Stimmt, Pam. Und da versuche ich es dauernd mit Winter-farben. Das konnte ja nichts werden. Aber da sieht man mal wieder, nicht wahr?«

Dienstag, 9. September

2.00 Uhr. Allein im Bett in Mark Darcys Haus. Sieht so aus, als verbrächte ich mein ganzes Leben nur noch in weißen Zimmern. Auf dem Rückweg von Debenham's hat sich der Po-lizist dann noch verfahren. Ich zu dem Polizisten gesagt, das wäre schon komisch, weil früher als Kind hätte man uns im-mer eingebläut, wenn man sich verlaufen hat, dann soll man einen Polizisten nach dem Weg fragen. Irgendwie hat er den Witz aber nicht kapiert. War dann hundemüde und hab mich hingelegt. Aber so um Mitternacht wieder aufgewacht, und da war alles dunkel im Haus und die Tür von Marks Schlafzim-mer zu.

Könnte runtergehen, mir eine Tasse Tee machen und in der Küche fernsehen. Aber was, wenn Mark noch gar nicht da ist?

Oder eine Frau mit nach Hause bringt und ich stehe da wie die verrückte Tante oder Mrs. Rochester?

Habe noch mal über alles nachgedacht, was Mum mir über den Plüschhasen gesagt hat und dass man nur man selbst sein soll. Obwohl, mit Hasen und Karnickeln habe ich in diesem Haus nicht gerade die besten Erfahrungen gemacht. Mein Lieblingsbuch, behauptet sie immer, obwohl ich mich daran gar nicht erinnern kann. In dem Buch geht es um Kinder und ihre Spielsachen und unter anderem auch um diesen Plüschhasen. Den man eben auch dann noch lieb hat, wenn das Fell schon ganz abgewetzt ist oder wenn er total zerknautscht ist oder sogar ein Ohr fehlt. Der Hase ist und bleibt der schönste Hase in der ganzen Welt, egal was passiert, und man gibt ihn nie wieder her.

»Und so ist das auch, wenn zwei Menschen sich wirklich lieben«, flüsterte mir Mum im Aufzug von Debenham's zu, als wäre es ein schrecklich peinliches Geheimnis. »Aber die Sache ist die, der Hase muss auch schon was aushalten können. Es kommt darauf an, woraus der Hase gemacht ist. Der Hase muss tapfer sein und darf auch ruhig mal was sagen, sonst weiß der andere ja nicht, was los ist und was der Hase empfindet.« Der Lift hielt im Bäderland. »Uff, aber Spaß gemacht hat es, meinst du nicht?«, trällerte sie, abrupt die Tonlage wechselnd, als sich drei Ladys mit knallbunten Blazern und etwa hundert Tüten in den Aufzug quetschten. »Und ich hab doch gleich gewusst, du bist der Frühlingstyp.«

Sie hat gut reden. Würde ich einem Mann erzählen, was wirklich los ist, ich glaube, dann sähe ich ihn nie wieder. Also um nur mal ein willkürliches Beispiel zu nennen: Meine gegenwärtige Gefühlslage sieht folgendermaßen aus:

1. Einsam, müde, verängstigt, traurig, verwirrt und sexuell extrem frustriert
2. Hässlich, weil Haar wie Klobürste nach Elektroschock, Gesicht ganz verquollen vor Müdigkeit

3. Völlig durcheinander, weil ich nicht weiß, ob Mark mich immer noch liebt, und ich Angst habe zu fragen
4. Trotzdem in Gedanken immer bei Mark
5. Habe es satt, immer allein ins Bett zu gehen und mich um alles selber zu kümmern
6. Geschockt von dem Gedanken, seit fünfzehn Millionen einhundertundzwanzigtausend Sekunden keinen Sex mehr gehabt zu haben

Fazit: Bin einsame, hässliche, traurige Frau, die verrückt ist nach Sex. Mmmmmm. Ja, und attraktiv und verführerisch ist sie auch noch. Weiß einfach nicht, was ich jetzt tun soll. Gläschen Wein würde vielleicht helfen. Will mal nach unten gehen. Aber nicht zum Weinsüffeln, sondern nur Tee. Oder wenn Wein, dann nur, wenn Flasche schon angebrochen. Und auch nur, damit ich besser einschlafen kann.

3.00 Uhr. Schlich mich runter in die Küche. Konnte kein Licht machen, weil Designer-Schalter unauffindbar. Im Hinterkopf aber die Hoffnung, dass Mark vielleicht aufwacht, wenn ich an seiner Tür vorbeigehe. Ist er aber nicht. Ich also weiter die dunkle Treppe runter. Unten der Schock: Vor mir großer Schatten. Schatten kam auf mich zu. Erkannte, dass Schatten zu einem Mann gehörte, einem großen Mann. Schrie auf. Im selben Moment gemerkt, Mann war Mark! Nackt! Schrie ebenfalls, und lauter als ich. War markerschütternder Horrorschrei, vermutlich weil noch halb am Schlafen.

Toll, dachte ich. Da sieht er mich mal als mich selbst, ganz natürlich, ohne Make-up und mit strubbeligen Haaren, und was passiert? Erschrecke ihn fast zu Tode.

»Ich bin's nur«, sagte ich, »Bridget.«

Dachte erst, gleich fängt er wieder an zu schreien, aber dann setzte er sich nur, am ganzen Körper zitternd, auf die Treppe. »Oh«, sagte er und atmete tief durch, »ja dann …«

Er sah so verletzlich und knuddelig aus da auf der Treppe, dass ich der Versuchung nicht widerstehen konnte, mich neben ihn zu setzen, den Arm um ihn zu legen und ihn an mich zu drücken.

»O Gott«, sagte er und rutschte näher an mich heran. »Was bin ich blöd!«

Kam mir auf einmal auch so vor. Ich meine, das ist schon komisch, wenn jemand vor ureigenster Exfreundin solche Panik kriegt.

»Mann«, lachte er, »was musst du jetzt von mir denken. Jemand, der im Dunkeln Angst hat! Nicht sehr männlich. Aber einen Moment lang dachte ich, du wärst der Killer.«

Ich streichelte seine Haare, küsste die kahle Stelle, wo der Pelz vor lauter Liebhaben schon abgewetzt war und sagte ihm alles. Wirklich alles. Was ich für ihn empfand und wie sehr ich mich nach ihm gesehnt hatte. Und das Wunder, das größte Wunder, war für mich, dass er für mich dasselbe empfand.

Hand in Hand gingen wir in die Küche hinunter, entdeckten nach einiger Sucherei in einem der abweisenden Edelstahlschränke Milch und Kakao und machten es uns gemütlich.

»Weißt du«, sagte Mark, als wir mit unserem heißen Kakao vor dem Ofen saßen und uns wärmten. »Als du nicht auf meinen Brief geantwortet hast, dachte ich schon, das wäre es gewesen. Ich wollte dich ja auch nicht unter Druck setzen ...«

»Moment mal«, sagte ich, »welcher Brief denn?«

»Den Brief, den ich dir nach der Dichterlesung gegeben habe, kurz bevor ich gegangen bin.«

»Aber es war nur das ›Wenn‹-Gedicht von deinem Dad.«

War unglaublich. Das war gar kein Testament gewesen, was er da an dem kleinen Beistelltisch entworfen hatte (und wo dann der Delfin zu Bruch gegangen war), sondern er hatte einen Brief geschrieben, für mich!

»Meine Mutter meinte nämlich, ich sollte einfach nur ganz ehrlich sein, auch was meine Gefühle angeht.«

Ein dreifaches Hipphipphurra auf unsere Stammesältesten! In dem besagten Brief stand, dass er mich immer noch liebte, dass mit Rebecca nichts sei und dass ich ihn am selben Abend noch anrufen sollte, falls es mir genauso ginge, andernfalls wäre er zwar immer noch mein Freund, würde mich aber ein für alle Mal in Ruhe lassen.

»Und warum hast du mich dann verlassen und etwas mit ihr angefangen?«, sagte ich.

»Aber das habe ich doch gar nicht. Du hast *mich* verlassen. Ich wusste ja noch nicht einmal, was überall geredet wurde. Na ja, bis ich mich an dem einen Wochenende in ihrem Schlafzimmer wiederfand.«

»Also hast du überhaupt nicht mit ihr geschlafen?«

War sehr beruhigt, dass er in der von Rebecca von langer Hand geplanten Nacht mir und meinem Newcastle-United-Boxershorts-Geschenk treu geblieben war.

»Na ja, ich meine, was heißt geschlafen«, sagte er und grinste verlegen. »Also in dieser Nacht…«

»Was?!«

»… ist es eben passiert. Ich meine, ich bin auch nur ein Mensch. Ich war Gast in ihrem Haus, sie hatte mich eingeladen. Es war eher ein Gebot der Höflichkeit.«

Ich fing an, ihm auf den Kopf zu boxen.

»Ich meine, wie Shazzer so richtig sagt: Männer denken eigentlich die ganze Zeit an nichts anderes«, fuhr er fort und wich meinen Schlägen geschickt aus. »Sie ließ ja auch nicht locker. Dinnerpartys, Kindergeburtstage inklusive Streichelzoo, Urlaub in der Toskana, was sollte ich machen?«

»Ja klar, du armes Häschen. Und gefallen hat sie dir natürlich kein bisschen. Hast dich richtig aufgeopfert.«

»Schön, sie sieht ganz gut aus, und da wäre es schon seltsam gewesen, wenn ich nicht…« Er hatte aufgehört zu lachen, ergriff stattdessen meine Hand und zog mich an sich.

»Aber jedes Mal, wirklich jedes Mal«, flüsterte er, »habe ich gehofft, dass du auch da sein würdest. Und die eine Nacht in Gloucestershire, wo ich ja wusste, dass du nur fünfzig Meter entfernt im Bett lagst...«

»Zweihundert würde ich eher sagen, in der Gesindekate...«

»Genau, du nimmst mir das Wort aus dem Mund. Die Gesindekate, wohin ich dich am liebsten auch für den Rest deiner Tage verbannen würde...«

Glücklicherweise hielt er mich so fest, dass ich ihn nicht weiter boxen konnte. Und dann sagte er, dass das Haus ohne mich so einsam und kalt sei. Und dass er viel lieber in meiner kleinen, gemütlichen Wohnung war. Und dass er mich liebte, obwohl er eigentlich gar nicht genau wüsste warum, aber dass das Leben ohne mich keinen Spaß machte. Und dann... Guter Gott, waren die Bodenfliesen kalt.

Später im Schlafzimmer bemerkte ich einen kleinen Stapel Bücher neben dem Bett. »Was ist denn das?«, sagte ich und traute meinen Augen kaum. *Frauen verstehen und dabei Mann bleiben. Wie mann Frauen zurückerobert. Die total geheimen Wünsche der Frauen. Mars und Venus – diesmal aber richtig.*

»Das?«, fragte er hilflos.

»Sag mal, ich glaube, ich spinne!«, rief ich. »Ich schmeiße alle meine Ratgeber weg, und du bunkerst sie hier?« Dann erneute Rangelei, und eines führte zum anderen, bis wir uns schließlich fast um den Verstand vögelten, die ganze Nacht!!!

8.30 Uhr. Mmm. Sehe ihm gern zu, wenn er schläft.

8.45 Uhr. Trotzdem könnte er langsam mal aufwachen.

9.00 Uhr. Will ihn natürlich nicht wecken, höchstens mit der Kraft meiner Gedanken, telepathisch sozusagen.

10.00 Uhr. Auf einmal saß Mark aufrecht im Bett und sah mich an. Dachte schon, er würde gleich wieder anfangen zu meckern, aber er lächelte nur schlaftrunken und zog mich heftig zu sich heran.

»Entschuldige«, sagte ich hinterher.

»Entschuldigung kommt zu spät, du kleine Schlampe«, murmelte er liebeshungrig. »Aber wofür eigentlich?«

»Dass ich dich beim Schlafen angeguckt habe.«

»Soll ich dir was sagen? Mir hat es richtig gefehlt.«

Wir blieben dann noch etwas länger im Bett. Mark hatte keine Termine, die sich nicht verschieben ließen, und ich hatte keine Termine für den Rest meines Lebens. Wir waren gerade wieder mittendrin, als das Telefon klingelte.

»Ach lass doch«, keuchte Mark und wollte weitermachen. Doch der Anrufbeantworter blökte dazwischen.

»Bridget, Richard Finch hier. Wir machen den Beitrag über die ›Neue Enthaltsamkeit‹ jetzt doch. Und wir suchen in diesem Zusammenhang ein sympathische junge Frau, die seit mindestens sechs Monaten keinen Sex mehr hatte, sind aber nicht fündig geworden. Jetzt suchen wir eine alte Schachtel, die sowieso keine Schnitte mehr hat, und dachten dabei an dich. Bridget, nimm schon ab, ich weiß, dass du da bist, deine beknackte Freundin Shazzer hat es mit verraten. Also. Bridget? Huhu? Bröööööödget? Hallihallo? Bröööööödget? Wie lange soll ich denn noch warten?«

Mark hielt inne, hob Augenbraue wie Roger Moore, nahm den Hörer ab und murmelte: »Überhaupt nicht, Sir. Sie kommt jeden Moment.« Und ließ den Hörer in ein Wasserglas fallen.

Freitag, 12. September

Minuten seit letztem Sex: 0 (hurra!)

Verträumter Tag. Höhepunkt: Einkaufen mit Mark bei Tesco Metro. Mark im Kaufrausch. Griff in die Regale, als ginge es ums Leben: Himbeeren, Pralinen, Häagan-Dazs-Eisbecher, ein Hühnchen mit dem Vermerk »extra dicke Schenkel«.

An der Kasse dann das dicke Ende: £98,70.

»Unglaublich«, sagte er kopfschüttelnd und holte seine Kreditkarte heraus, »absolut unglaublich.«

»Ich weiß«, sagte ich schuldbewusst. »Soll ich nicht lieber meine Karte nehmen?«

»Um Gottes willen, nein. Ich bin nur einfach von den Socken. Wie lange, meinst du, reicht so ein Vorrat?«

Skeptisch betrachtete ich unsere Einkäufe. »Etwa eine Woche, würde ich sagen.«

»Aber das ist ja unfassbar. Ehrlich, das hätte ich nicht gedacht.«

»Was denn?«

»Ich meine, wir bezahlen hier nicht mal hundert Pfund, und es reicht für eine ganze Woche. Im *Pont de la Tour* kriegt man dafür nicht einmal ein Abendessen.«

Habe mit Mark dann Brathühnchen gemacht, und er war total hin und weg und konnte einfach nicht stillstehen.

»Ich meine, es war schon eine tolle Woche. Es soll Leute geben, die machen das immer so. Gehen zur Arbeit und kommen nach Hause, und der andere ist schon da. Und sie können sich unterhalten oder auch fernsehen oder kochen. Kochen! Unglaublich!«

»Ja«, sagte ich und hätte beinahe an seinem Verstand gezweifelt.

»Ich meine, ich bin kein einziges Mal zum Anrufbeantworter gerannt, um zu sehen, ob jemand von meiner Existenz Kenntnis genommen hat«, sagte er. »Ich muss mich nicht allein mit einem Buch in ein Restaurant setzen. Und ich brauche auch keine Angst zu haben, dass man mich eines Tages tot in meinem Haus findet...«

»... schon leicht angeknabbert vom Schäferhund«, ergänzte ich für ihn.

»Du sagst es!«, entgegnete er und schaute mich an, als hätten wir soeben gemeinsam die Elektrizität entdeckt.

»Entschuldigst du mich einen Moment?«, sagte ich.

»Natürlich, ähm, warum?«

»Nur ganz kurz.«

Rannte nach oben, um Shazzer anzurufen und ihr bahnbrechende Mitteilung zu machen, dass Männer vielleicht doch nicht nur die ewig fremden Gegner, sondern mehr oder weniger wie ganz normale Leute sind, also wie wir. Doch gerade in dem Moment klingelte unten das Telefon.

Hörte, wie Mark sprach. Schien eine Ewigkeit zu dauern, und ich ertappte mich bei dem Gedanken, er könnte jetzt wirklich mal auflegen. Weil das nicht passierte, ging ich wieder nach unten.

»Es ist für dich«, sagte er und hielt mir den Hörer hin. »Sie haben ihn.«

Neuigkeit hätte mich beinahe umgehauen. Mark fasste meine Hand, als ich nach dem Hörer griff.

»Hallo, Bridget, hier ist DI Kirby, wir haben in Ihrer Sache heute einen Verdächtigen festnehmen können. Die DNA-Analyse der Briefmarke war identisch mit den Speichelresten auf den Tassen.«

»Wer ist es?«, fragte ich leise.

»Sagt Ihnen der Name Gary Wilshaw etwas?«

Gary! Ach du lieber Gott. »Ja, das ist der Handwerker, der mir die Wohnung ausbauen wollte.«

Wie sich herausstellte, wurde Gary bereits wegen einer Reihe kleinerer Diebstähle gesucht, die er bei seinen jeweiligen Bauherren begangen haben sollte. Er war am frühen Nachmittag verhaftet und erkennungsdienstlich behandelt worden.

»Er bleibt auch vorerst bei uns«, sagte DI Kirby. »Wir haben zwar noch kein Geständnis, aber das kommt noch. Wir arbeiten jedenfalls in dieser Richtung weiter. Wir sagen Ihnen dann Bescheid.«

Mitternacht. In meiner Wohnung. Halbe Stunde später rief DI Kirby noch einmal an und sagte, Gary hätte alles gestanden und ich könnte in meine Wohnung zurück und sollte mir keine Sorgen machen, ich hätte im Notfall ja auch noch den Minisender.

Wir aßen unser Hühnchen auf, fuhren in meine Wohnung, machten den Gaskamin an und guckten *Friends* im Spätprogramm. Mark wollte noch ein Bad nehmen. Das Wasser lief gerade ein, als es an der Tür klingelte.

»Ja bitte?«

»Bridget, ich bin's, Daniel.«

»Hm.«

»Bridget, mach doch bitte auf, es ist wichtig.«

»Moment, ich komme runter«, sagte ich und warf einen Blick auf die Badezimmertür. Dachte mir, besser sofort alles klarstellen, aber ohne Mark zu provozieren. Hatte die Tür noch nicht ganz aufgemacht, da erkannte ich meinen Fehler. Daniel war sternhagelvoll.

»Du also hast mir die Bullen auf den Hals gehetzt?«, lallte er.

Ich wich zurück, starrte ihn an wie das Kaninchen die Schlange.

»Und unter dem Ledermantel warst du vollkommen nackt, du kleines…«

Plötzlich Gepolter auf der Treppe. Daniel sah hoch und – whamm! – bekam im selben Moment Marks Faust ins Gesicht. Er fiel nach hinten gegen die Wohnungstür, seine Nase blutete.

Mark selbst schien davon sehr verwundert zu sein. »Oh, Entschuldigung«, sagte er, »ich weiß gar nicht, wie das…« Daniel versuchte sich hochzurappeln, und Mark fasste ihm unter den Arm. »Wirklich, das wollte ich nicht«, sagte er. »Alles in Ordnung oder soll ich Ihnen, ähm…«

Benommen rieb sich Daniel die Nase.

»Ich gehe dann wohl lieber«, murmelte er.

»Ja«, sagte Mark, »das wäre sicher das Beste. Und lassen Sie

sie gefälligst in Ruhe oder… oder ich sehe mich gezwungen, dasselbe noch einmal zu tun.«

»Nee, schon klar«, antwortete Daniel kleinlaut.

Zurück in der Wohnung, ging es ziemlich wild zu in den Betten. Deshalb überrascht, als es kurze Zeit darauf abermals an der Tür schellte.

»Ich gehe schon«, sagte Mark seufzend und schlang sich ein Handtuch um die Hüften. »Ist wahrscheinlich der verdammte Cleaver. Du bleibst hier.«

Drei Minuten später das Geräusch von schweren Stiefeln, dann flog die Tür auf. Hätte beinahe laut geschrien, als DI Kirby seinen Kopf durch die Tür steckte. Ich, knallrot im Gesicht, zog die Decke bis an Kinn. Kirbys Auge folgte der Spur der Kleidungsstücke, die allesamt zum Bett führten. Er schloss die Tür hinter sich.

»Machen Sie sich keine Sorgen, wir haben die Lage unter Kontrolle«, sagte DI Kirby mit der Stimme des guten Polizistenonkels. Als wäre ich kurz davor, aus dem Fenster zu springen! »Sie können es mir ruhig sagen, Sie sind in Sicherheit. Meine Leute haben ihn unten geschnappt.«

»Wen, Daniel?«

»Nein. Mark Darcy.«

»Aber wieso?«, fragte ich und verstand gar nichts mehr.

Er blickte zurück zur Tür. »Miss Jones, Sie haben doch den Alarmknopf betätigt.«

»Wann?«

»Gerade vor fünf Minuten. Wir haben mehrfach ein ziemlich hektisches Signal empfangen.«

Ich schaute auf den Bettpfosten, an dem ich den Minisender aufgehängt hatte. War nicht mehr da. Ich wühlte unter der Decke. Und tatsächlich, da war das orangefarbene Ding.

DI Kirby kombinierte. Schaute auf den Knopf des Minisenders, dann auf die Klamotten auf dem Fußboden, dann auf mich und grinste.

»Oh, jetzt wird mir alles klar.« Er öffnete die Tür. »Sie dürfen wieder reinkommen, Mr. Darcy, falls Sie, ähm, falls Sie dazu noch die, ähm, Energie haben.«

Die Polizisten grinsten dämlich, als DI Kirby mit vorsichtig gewählten Worten die Ursache des Fehlalarms erklärte.

»Okay, wir sind weg. Ich wünsche Ihnen noch viel Spaß«, sagte DI Kirby, während seine Kollegen abzogen. »Oh, ehe ich es vergesse. Es geht um den ursprünglichen Verdächtigen, Mr. Cleaver.«

»Aber ich wusste ja gar nicht, dass Sie Daniel im Verdacht hatten«, unterbrach ich ihn.

»Nun ja. Er war auch nicht sonderlich kooperativ, sage ich mal. Sie können sich wahrscheinlich vorstellen, warum. Es wäre vielleicht gut, wenn Sie ihn später mal anrufen würden. Nur um die Sache aus der Welt zu schaffen, meine ich. Er konnte wirklich nichts dafür.«

»Oh, vielen herzlichen Dank«, sagte Mark sarkastisch. Es fiel ihm sichtlich schwer, die Würde zu bewahren, da zugleich das Handtuch runterzurutschen drohte. »Wir werden uns bei ihm melden, bevor er womöglich stinksauer hier auftaucht.«

Mark brachte DI Kirby noch zur Tür, wobei er ihm zugleich die Prügelei mit Daniel erklärte. DI Kirby sagte noch, wir sollten Bescheid sagen, wenn es noch mal Ärger gäbe oder wenn wir Anzeige gegen Gary erstatten wollten.

Als Mark wieder im Zimmer war, rannen mir seltsamerweise die Tränen übers Gesicht. Wusste selbst nicht, warum. Mir war einfach danach.

»Aber nicht doch, wer wird denn?«, sagte Mark, nahm mich in den Arm und streichelte mein Haar. »Jetzt wird alles gut, du wirst sehen, alles wird gut.«

KAPITEL 14

In guten wie in bösen Tagen

Samstag, 6. Dezember

11.15 Uhr. Claridge's Hotel. Gaaah! Gaaah! GAAAAAA-AAAH! Trauung ist in einer Dreiviertelstunde und habe gerade riesigen Klecks Rouge Noir auf Brautjungfernkleid gesaut.

Was mache ich nur? Hochzeiten sind ohnehin die reine Folter. Leute sind gezwungen, Sachen anzuziehen, die sie sonst nie tragen würden, z.B. weiße Nylonstrümpfe. Hochzeiten sind auch sonst Stress. Man muss mitten in der Nacht aufstehen, rennt durch die Wohnung und schreit »Mist! Mist! Mist!«, weil man das silberne Geschenkpapier nicht finden kann. Hochzeitsgeschenk ist meistens unnützer Kram wie Eis- oder Brotbackmaschine. Ich meine, Brotbackmaschine! Wer stellt sich denn stundenlang in die Küche und kippt irgendwelche staubigen Zutaten in dieses Plastikteil, wenn er morgens auf dem Weg zur Arbeit einfach leckeres Schoko-Croissant mit Cappuccino haben kann? Diese Geschenke enden dann als eine Art Wanderpräsent – von einem Rundum-versorgt-und-frisch-verheirateten Brautpaar zum nächsten. Man soll ja nichts verkommen lassen. Und dann muss man in aller Herrgottsfrühe vierhundert Meilen auf der Autobahn fahren, an Tanke Weingummi kaufen, mehr Frühstück ist nicht. Davon wird einem schlecht, und man muss kotzen und findet am Ende nicht mal die verdammte Kirche. Und jetzt sehe sich bloß einer dieses Kleid an? Warum passiert ausgerechnet immer nur mir so was? Man könnte meinen, ich hätte unerwartet Periode bekommen.

11.20 Uhr. Gott sei Dank ist Shazzer dann gekommen. Haben beschlossen, den Nagellack sauber aus dem Kleid *herauszuschneiden*. Ist steifes, kratziges, glänzendes, zuckerwattiges Tüllzeugs. Fleck ist auch nicht durchgegangen bis Futter, und Futterstoff hat selbe Farbe, und ich kann Blumenstrauß davorhalten.

Geritzt. Merkt kein Schwein. Oder denkt, vielleicht so gewollt. Wie wenn Kleid einziges großes Teil aus Spitze.

Okay dann. Bin die Ausgeglichenheit selbst. Ruhender Pol. Außerdem Loch in Kleid vollkommen unwichtig, bin nicht die Hauptperson heute. Zum Glück! Schätze, es wird eine würdige Feier. Obwohl, Shaz hat sich gestern Abend ziemlich die Kante gegeben. Hoffe, sie hält durch.

Später. Mannomann. War knapp. Zwanzig Minuten zu spät an der Kirche und dann sofort nach Mark Ausschau gehalten. Konnte sehen, wie nervös er war, sogar von hinten. Dann fing die Orgel an zu brausen, und er drehte sich um und entdeckte mich und konnte sich Lachen kaum verkneifen. Okay, kann man ihm keinen Vorwurf draus machen. War schlimmer zurechtgemacht als ein Plüschsofa, nämlich wie großer weißer Pilz.

Dann feierliche Prozession den Mittelgang hoch. Gott, sah Shazzer aus! Musste sich voll konzentrieren, damit niemand merkte, wie verkatert sie war. Einzug zur bekannten Melodie von Hochzeitsmarsch schien Ewigkeit zu dauern.

Hier kommt die Braut,
Wie ein Nilpferd gebaut,
Seht, wie sie schwabbelt, die Oo-rangenhaut!

Ich meine, warum tut sich der Mensch das an?

»Bridget, Achtung, dein Fuß«, zischte Shazzer.

Jetzt sah ich es auch. Shazzers lila Agent-Provocateur-BH

mit dem Pelzbesatz hatte sich am Absatz meiner Satin-Schühchen verheddert. Nanu, was machst du denn da? Wollte das Ding erst abschütteln, aber dann hätte es mitten im Gang gelegen, und wie sieht das denn aus? Also versucht, es unter meinem Puffkleid mitzuschleifen und dabei leicht aus dem Tritt geraten. War echt froh, als wir endlich vor Traualtar standen. Während die liebe Festgemeinde also Lied schmetterte, BH unauffällig aufgehoben und hinter Blumenstrauß versteckt. Aber Richard der Gemeine strahlte, als wäre das heute der schönste Tag im Leben eines Mannes. Er trug nur einen einfachen dunklen Anzug, aber wenn ihr mich fragt, sieht das immer noch am besten aus. Understatement kommt immer gut an. Cut und Bratenrock sind ohnehin lächerlich.

Es zeigte sich aber, dass Jude einen entscheidenden Fehler gemacht hatte. Und zwar, Kinder mit einzuladen. Die eigentliche Trauung hatte gerade begonnen, da fing von hinten Baby an zu schreien. Turbomäßiges Organ, Urschrei, wo man nach jeder Atempause den Eindruck hat, der kleine Wurm schaltet noch einen Gang höher. Und noch einen. Kann diese modernen Muttis nicht verstehen. Diese hier zum Beispiel ließ sich überhaupt nicht stören. Schaukelte das Kind, guckte augenrollend die Leute an, als wollte sie sagen: »Is was?« Auf den Gedanken, dass Jude und Richard der Gemeine gerne ohne Heulboje den Bund fürs Leben geschlossen hätten, kam die gar nicht. Aber es tat sich noch mehr. Irgendetwas im Eingangsbereich schüttelte langes, seidiges Haar nach hinten: Rebecca. Trug perfekt sitzendes, taubengraues Kostüm und wandte Kopf gleich Richtung Mark. Neben ihr, mit einem schleifchenverzierten Geschenk in der Hand, ein reichlicher unfroher Giles.

»Richard Wilfred Albert Paul, ich frage dich ...«, dröhnte der Pfarrer schicksalhaft. Wusste gar nicht, dass Richard der Gemeines so viele gemeine Vornamen hatte. Was haben sich Eltern bloß dabei gedacht?

»… willst du deine Frau lieben und achten…«

Mmmmm. So eine Trauung ist gar nicht so schlecht. Wird einem ganz warm ums Herz.

»… und ihr die Treue halten…«

Dunntz! Ein Fußball titschte den Gang hinauf und traf Jude von hinten.

»… in guten wie in bösen Zeiten…«

Zwei kleine Jungs klabasterten aus ihrer Sitzreihe und rannten dem Ball hinterher. Sie trugen Stepptanzschuhe – ohne Scherz!

»… alle Tage deines Lebens?«

Erst ging es noch halbwegs zivil zu, aber dann fingen die beiden immer lauter an zu quasseln. Und das Baby plärrte dazu.

Wegen des ganzen Theaters konnte man kaum verstehen, wie Richard der Gemeine sagte: »Ich will.« Obwohl, was hätte er auch sonst sagen sollen? Zumal die beiden sich ganz süß in die Augen schauten dabei.

»Judith Caroline Jonquil…«

Wie kommt es eigentlich, dass ich nur zwei Namen habe und alle anderen ein halbes Telefonbuch?

»… bist du hierhergekommen, um nach reiflicher Überlegung und aus freiem Entschluss mit deinem Bräutigam Richard Wilfred Albert Paul…«

Bekam aus dem Augenwinkel gerade noch mit, wie Sharons Gebetbuch anfing zu schwanken.

»… Hapag…«

Shazzers Gebetbuch war definitiv nicht mehr zu halten. Ich drehte mich zu ihr hin und bemerkte mit Schrecken, wie sie langsam zusammenklappte, wie Hofknicks in Zeitlupe. Aber da war auch schon Simon, und wie ein lebloses Bündel sank sie in seine Arme.

»… willst du ihn lieben und achten…«

Umständlich schleppte Simon die umnachtete Shazzer

416

Richtung Sakristei. Ihre Füße schauten unten aus dem Pilz-kleid hervor und schleiften wie tot über den Boden.

»... willst du ihm gehorchen ...«

Gehorchen? Richard dem Gemeinen? Ich überlegte kurz, ob ich den beiden folgen sollte, aber was sollte dann Jude den-ken, wenn sich in der Stunde der höchsten Not gleich beide Freundinnen verabschiedeten?

»... bis ans Ende eurer Tage?«

Hinten rummste es vernehmlich, als Simon Shazzer in die Sakristei bugsierte.

»Ich will.«

Und donnernd fiel Tür der Sakristei in Schloss.

»Hiermit erkläre ich euch ...«

Den beiden kleinen Jungs war es vorne offenbar zu langwei-lig geworden, sie verzogen sich wieder in den hinteren Teil der Kirche. Und das Baby schrie wie am Spieß.

Der Pfarrer hielt inne und räusperte sich. Ich drehte mich um und sah, wie die beiden Jungs hinten den Fußball immer wieder gegen die Sitzbänke kickten. Das war auch Mark nicht entgangen. Er legte kurz entschlossen sein Gebetbuch aus der Hand, trat aus der Bank hinaus, packte sich die beiden Jungs unter den Arm und entfernte sie aus der Kirche.

»Und hiermit erkläre ich euch zu Mann und Frau.«

Die ganze Hochzeitsgesellschaft applaudierte, und Jude und Richard strahlten.

Als wir endlich auch die Heiratsurkunden unterschrieben hatten, herrschte bei den Kids ausgelassene Stimmung. Vor dem Altar fand fast eine Art Kinderparty statt. Dicht hinter Magda mit einer schreienden Constance (»... sonst gibt's Haue auf den Popo!«) schritten wir feierlich hinaus.

Draußen Sturm und eiskalter Regen. Einziger Kommentar der Fußballer-Mutti gegenüber Mark: »Also ich finde es ein-fach wunderbar, wenn die Kinder auf ihre eigene Art Hochzeit feiern. Ich meine, darum geht es doch bei einer Trauung.«

»Tatsächlich?«, fragte Mark zurück. »Ich kann das nicht beurteilen, nachdem ich kein Wort mitbekommen habe bei dem Geplärr.«

Später großer Bahnhof im Claridge's Hotel. Judes Eltern hatten an nichts gespart. Festsaal geschmückt mit Luftschlangen, Girlanden, riesigen Goldengelchen aus Pappmaché gemacht, offiziellem Grünzeug.

Und alles, was den Leuten beim Betreten einfiel, war:

»Zweihundertfünfzig Riesen.«

»Nee, da kommst du nicht mit hin. 300.000 mindestens.«

»Das Claridge's? Unter einer halben Million läuft da gar nichts.«

Dann Rebecca entdeckt. Starr lächelnd wie Puppe mit Wackelkopf checkte sie die Lage. Giles folgte nervös und wagte kaum, sie anzufassen.

Der Brautvater, Sir Ralph »Keine-Sorge-Leute-bin-stink-und-erfolgreicher-Geschäftsmann« Russell war in der Reihe bei Sharon angekommen und schüttelte ihr die Hand.

»Ah, Sahra«, tönte er, »ich sehe, Sie sind wieder auf den Beinen!«

»Sharon, sie heißt Sharon«, verbesserte Jude unbeschwert.

»Ja, vielen Dank«, sagte Sharon und fächelte sich mit der Hand vor dem Gesicht herum. »Aber da war auch so eine Hitze…«

Hätte am liebsten laut losgelacht, denn in der Kirche war Eiszeit gewesen und alle hatten sich gewünscht, sie wären in Thermo-Unterwäsche gekommen.

»War das nicht eher der ungleiche Kampf zwischen Mieder und Chardonnay?«, fragte Mark, worauf ihm Shaz halbernst den Finger zeigte.

Die Brautmutter lächelte eisig dazu. Sie war dünn wie eine Bohnenstange und trug ein panzerartiges Escada-Modell mit aufgerüschten Hüften, wohl um zu verbergen, dass sie selber keine hatte. (Denn wie spricht doch der Dichter? »Noch mehr ist hier die Kunst zu loben. Denn Schönheit wird durch Kunst gehoben.«)

»Giles, tu doch deine Brieftasche nicht immer in die Gesäßtasche, bei deinem breiten Hintern«, giftete Rebecca.

»Jetzt überträgst du aber deine eigenen Probleme auf andere«, sagte Giles und riskierte den Griff an ihre Hüfte.

»Tu ich nicht!«, zischte Rebecca und stieß sein Hand weg. Bereits im nächsten Moment hatte sie ihr schönstes Lächeln aufgesetzt. »Mark!«, rief sie und sah zu ihm hinüber, als hätte sich die Menge vor ihr geteilt, die Zeit wäre stehen geblieben und die Glen-Miller-Band würde jeden Moment loslegen mit »It Had To Be You«.

»Hallo«, sagte Mark beiläufig. »Giles, altes Haus! Hätte nie gedacht, dich mal im Dreiteiler zu sehen!«

»Hallo, Bridget«, sagte Giles und gab mir einen schmatzenden Kuss. »Das Kleid steht dir wunderbar.«

»Ja, bis auf das Loch«, sagte Rebecca.

Getroffen sah ich weg und entdeckte Magda am anderen Ende des Saals, der es im Moment wohl ebenfalls nicht so gut ging. Fahrig wischte sie sich immer wieder eine nicht vorhandene Haarsträhne aus dem Gesicht.

»Oh, das muss so sein, das gehört dazu«, erläuterte Mark. »Es ist ein paschminaisches Fruchtbarkeitssymbol.«

»Entschuldigt mich«, sagte ich, »ich muss mal kurz nach Magda sehen.«

Magda war so sauer, dass sie kaum sprechen konnte. »Kind, lass das«, sagte sie abwesend, als Constance versuchte, einen angeleckten Schoko-Lolli in die Tasche ihres pistaziengrünen Kostüms zu stecken.

»Hey, was ist denn los mit dir?«

»Diese … diese … Hexe … sie ist hier. Sie hatte letztes Jahr eine Affäre mit Jeremy. Aber wehe! Wehe, wenn die auch nur ein Wort mit ihm spricht, dann …«

»Na, Constance? Hat dir die Hochzeit gefallen?« Es war Mark mit einem Glas Champagner für Magda.

»Was?«, fragte Constance und sah Mark mit großen Augen an.

»Die Hochzeit in der Kirche. War die schön?«

»Die Parpy?«

»Ja«, lachte er, »von mir aus auch die Party in der Kirche.«

»Mami ist mit mir rausgegangen«, sagte sie und sah ihn an, als wäre er schwachsinnig.

»Dieses Biest.«

»Das war überhaupt keine richtige Parpy«, befand Constance.

»Kannst du mal eben das Kind nehmen?«, bat ich Mark.

»Komm, Constance, wir schauen mal, wo der Fußball ist.«

Zu meiner Überraschung nahm Constance seine Hand und zog fröhlich mit ihm los.

»Dieses Biest, ich bringe sie um, ich schwöre dir, ich bringe sie um …«

Ich folgte Magdas Blick zu dem jungen Mädchen ganz in Pink, das sich gerade angeregt mit Jude unterhielt. Es war tatsächlich dasselbe Mädchen, das ich vor einem Jahr zusammen mit Jeremy in einem Restaurant gesehen hatte und dann später noch einmal, als sie gerade in ein Taxi stiegen.

»Was fällt Jude ein, sie einzuladen?«, erboste sich Magda.

»Na ja, woher sollte Jude auch wissen, dass sie es war?«, sagte ich. »Vielleicht ist sie eine Arbeitskollegin oder was weiß ich.«

»Scheißhochzeit! Halt nur ruhig zu ihr! O Gott, Bridge«, fing Magda an zu heulen und suchte nach einem Taschentuch. »Tut mir Leid, ich …«

Irgendwie musste Shaz etwas mitgekriegt haben und kam auf uns zu.

»Okay, alle Mädels mal herkommen!«, rief Jude selig, umringt von lauter Bekannten ihrer Eltern und bahnte sich ihren Weg zu uns. »Also: Wer ist die Nächste? Bridget, alles klar?«

Wie in Zeitlupe sah ich den Blumenstrauß auf mich zukommen, hatte ihn auch fast, sah aber im selben Moment Magdas unglückliches Gesicht und pritschte ihn weiter zu Shazzer, die ihn auf den Boden fallen ließ.

»Ladies und Gentlemen!« Ein lächerlich aufgemachter Butler in Kniebundhose klopfte mit einem Hammer in Form eines Engels auf das blumengeschmückte Rednerpult. »Darf ich Sie bitten, sich nun von Ihren Plätzen zu erheben, und dem Brautpaar ins Restaurant zu folgen.«

Mist! Auch das noch. Wo war eigentlich *mein* Blumenstrauß? Ich bückte mich, nahm dem Brautstrauß vor Shazzers Füßen und hielt ihn mit festgedübeltem Lächeln vor das Loch im Kleid.

»Es war etwa zu der Zeit, als wir nach Great Missenden zogen, als Judiths herausragendes sportliches Talent in Freistil und Delfin…«

Fünfundzwanzig Minuten später – es war fünf Uhr – hielt sich Sir Ralph immer noch dran.

»… nicht nur uns, ihren zugegebenermaßen skeptischen…«

An dieser Stelle kurze Pause, um ein paar tröpfelnde Lacher entgegenzunehmen.

»… ihren zugegebenermaßen skeptischen Eltern, sondern auch ganz South Buckinghamshire zunehmend deutlicher wurde. Errang sie doch in diesem Jahr nicht nur in drei Wettkämpfen der South-Buckinghamshire-Jugendschwimm-Meisterschaften hintereinander den ersten Platz, sondern hatte drei Wochen zuvor, zum Abschluss ihres ersten Jahrs, auch die Überlebensmedaille in Gold gewonnen…«

»Was läuft denn zwischen dir und Simon?«, fragte ich Shaz leise.

»Nichts läuft zwischen mir und Simon«, zischte sie und sah starr geradeaus ins Publikum.

»… und in diesem ereignisreichen Jahr geschah es auch, dass

Judith eine Auszeichnung der Leistungsstufe zwei von der Landesprüfungskommission im Fach Klarinette erhielt, ein früher Hinweis auf die ›Femme Universale‹, die sie einmal werden sollte …«

»Aber er muss dich die ganze Zeit angestarrt haben, sonst wäre er kaum so schnell zur Stelle gewesen.«

»Ich weiß, aber ich habe ihm in der Sakristei in die Hand gekotzt.«

»… nicht nur als aktive und aussichtsreiche Schwimmerin hervorgetan, sondern auch als stellvertretende Schulsprecherin – was, wie die Direktorin mir gegenüber persönlich eingestanden hat, jedoch auf einer Fehleinschätzung der Leistungen von Karen Jenkins als Schulsprecherin zurückzuführen war, andernfalls wäre sie nie … aber wie gesagt, dies ist ein Tag des Feierns und nicht des Nachkartens, zumal, wie ich weiß, ähm, auch Karens Vater hier und heute unter uns weilt, und deshalb möchte ich die Gelegenheit ergreifen, nicht nur …«

Sah hinüber zu Mark und wäre beinahe geplatzt. Aber Jude war so eine schöne Braut, unzertrennlich von Richard dem Gemeinen, dem sie das Knie streichelte und in einem fort Küsschen gab, als wäre der Rummel um sie herum nicht vorhanden und als hätte sie sich auch nie betrunken auf dem Boden gewälzt und auf das »bindungsunfähige Arschloch« geschimpft: »Gemein der Name, gemein von Natur, he, gibbs hier kein Wein mehr oder was?«

»… nicht nur als zweite Klarinette am ersten Pult im Schulorchester, sondern auch als aktive Turnerin war und ist Judith mehr wert als Gold und Edelstein …«

Ahnte bereits, wohin das alles führen würde. Leider dauerte es dann noch geschlagene fünfunddreißig Minuten, bis ihre Studienzeit in Cambridge und ihr monetenhafter Aufstieg in der Finanzwelt abgehandelt war.

»… und so bleibt mir nichts weiter zu sagen, als, ähm …«

Alles hielt dem Atem an, als Sir Ralph auf seinen Text

starrte, länger als Vernunft und Höflichkeit gestatteten, einfach viel zu lang. Er hatte endlich den Faden verloren.

»... ähm, zu hoffen, dass Richard ... ähm, dass Richard sich dieses, ähm, gemeinhin, ähm, unermesslichen Geschenks nicht unwürdig erweist, das ihm heute so ... ähm ... so überreich überantwortet wurde.«

Richard, souverän, verdrehte ironisch die Augen, und im Saal brach erleichterter Applaus los. Sir Ralph hätte jetzt gerne noch weitergesprochen, doch als der Applaus einfach kein Ende nahm, gab er auf.

Anschließend hielt Richard der Gemeine eine kurze, charmante Rede, in der er einige der sterbenslangweiligen Glückwunschtelegramme vorlas – außer dem von Tom. Der hatte Richard geschrieben: »MEINEN GLÜCKWUNSCH! MÖGEN DIESER GLÜCKLICHEN HOCHZEIT NOCH VIELE WEITERE FOLGEN!«

Dann stand Jude auf. Sie bedankte sich artig bei allen, die gekommen waren und verlas sodann (hurra!), was wir uns gemeinsam am Abend zuvor überlegt hatten. Und zwar Folgendes. Ich zitiere. Hurra!

»Am heutigen Tage sage ich dem Singleleben Lebewohl. Und obwohl ich damit offiziell zum Kreis der Rundum-versorgt-und-Verheirateten zähle, möchte ich mich nie so aufführen wie diese. Ich gelobe hiermit, niemals Singles zu quälen mit dämlichen Fragen, warum sie noch nicht verheiratet sind, oder was ihr Liebesleben macht. Ich respektiere die Tatsache, dass dies zur Intimsphäre eines jeden gehört, genauso intim wie etwa die Frage, die man an Ehepaare richten könnte, nämlich ob sie noch miteinander schlafen oder nicht.«

»Ich gelobe hiermit, dass sie immer mit ihrem rechtlich angetrauten Ehegatten schlafen darf!«, rief Richard der Gemeine dazwischen, und alles lachte.

»Ich gelobe weiterhin, niemals auch nur anzudeuten, das Singledasein wäre ein persönlicher Fehler oder Makel, der möglichst bald zu beheben ist. Denn wie wir alle wissen, ist das Singleleben ein ganz normaler Zustand in der modernen Welt, und jeder von uns ist zu bestimmten Zeiten seines Lebens schon einmal Single gewesen, woraus folgt, dass das Singleleben genauso viel Respekt verdient wie der heilige Stand der Ehe.«

Hier und dort regte sich Zustimmung (glaube ich jedenfalls).

»Ich gelobe ferner, den Kontakt zu meinen besten Freundinnen Bridget und Sharon nicht abreißen zu lassen, welche der lebende Beweis dafür sind, dass Singles eine ebenso feste Familie bilden können wie normale Familien.«

Ich grinste verlegen, als Shazzer mich unter dem Tisch mit ihrem Fuß anstieß. Jude wandte sich uns zu und erhob ihr Glas.

»Und nun trinke ich auf das Wohl von Bridget und Shazzer: die besten Freundinnen, die ein Mädchen auf dieser Welt überhaupt haben kann.«

(Diesen Teil hatte ich geschrieben.)

»Ladies und Gentlemen – auf die Brautjungfern!«

Riesiger Beifall. Jude, Shaz, ihr seid doch die Größten! Dachte ich, als dann alle aufstanden.

»Auf die Brautjungfern!« tönte es von überall. Muss sagen, habe diese Aufmerksamkeit sehr genossen. Sah Simon, wie er zu Shaz herüberguckte – und Mark zu mir!

★

Danach nur noch undeutliche Erinnerungen, weiß aber, dass Magda und Jeremy sich wieder versöhnten. Ich ging sogar zu ihr hin und fragte.

»Na, und was ist jetzt?«

Stellte sich heraus, das Flittchen arbeitete in Judes Firma. Jude hatte Magda erzählt, alles was sie von ihr gewusst hätte, wäre, dass sie eine hoffnungslose Affäre angefangen hätte mit einem Mann, der von seiner Frau nicht loskam. Waren uns dann einig, es das Mädchen nicht spüren zu lassen, denn wahrer Flachwichser in diesem Fall war eindeutig Jeremy.

»Scheißkerl. Hoffe, er lernt etwas daraus. Niemand ist vollkommen, und ich liebe den Blödmann eben immer noch.«

»Siehe Jackie Onassis«, sagte ich.

»Genau«, sagte Magda.

»Oder Hilary Clinton.«

Wir sahen uns an und fingen an zu lachen.

Aber das Schönste kam, als ich aufs Klo ging. Da waren Simon und Shazzer und knutschten, er mit der Hand unter ihrem Brautjungfernkleid.

Manchmal gibt es eben Beziehungen, von denen man sofort sagt: Klick! Das ist es, die passen zusammen und bleiben zusammen, weil sie gar nicht anders können. Es passiert vorzugsweise bei deinem Ex (den du eigentlich zurückhaben möchtest) und einer anderen.

Ehe Sharon und Simon mich sehen konnten, schlich ich zurück in die Hotelhalle und musste lächeln. Gute alte Shaz, sie hatte es wirklich verdient. Doch dann fiel mein Blick auf Rebecca. Sie hatte Mark am Revers seines Anzugs gepackt und redete hektisch auf ihn ein. Huschusch ging ich hinter einer Säule in Deckung und horchte.

»Meinst du nicht«, sagte sie, »meinst du nicht, dass zwei Menschen, die in allem perfekt zusammenpassen, also sowohl intellektuell als auch von Aussehen, Ausbildung und Position her, dass es trotzdem sein könnte, dass diese beiden Menschen durch Missverständnisse, Stolz oder Schüchternheit nicht zusammenfinden?« Und setzte raunend hinzu: »Oder auch durch Einmischung und Intrigen anderer – nicht zusammenfinden?«

»Nun ja, das kommt sicher vor«, murmelte Mark. »Obwohl ich nicht glaube, dass du in deiner Aufzählung die tatsächliche Ursache genannt …«

»Nein, beantworte einfach meine Frage, einfach meine Frage!« Ihre Stimme klang angetrunken.

»Also zwischen mir und Bridget wäre es um ein Haar so gekommen.«

»Ich weiß, ich weiß. Sie ist einfach nicht die Richtige für dich. Genauso wenig wie Giles für mich. Oh, Mark, ich habe doch nur etwas mit Giles angefangen, weil ich wollte, dass du endlich merkst, was du für mich empfindest. Das war sicher ein Fehler, aber ... wir und sie ... wir sind einfach nicht dieselbe Klasse, du weißt das!«

»Kommt darauf an, was du unter ...«

»Ich weiß, ich weiß! Das muss schrecklich sein, wenn man aus einer Beziehung nicht rauskommt, die nichts für einen ist. Aber du entscheidest über dein ganzes weiteres Leben. Überleg doch: Wie kannst du mit jemandem zusammen sein, der glaubt, Rimbaud würde von Sylvester Stallone gespielt. Du brauchst Anregungen, du brauchst ...«

»Rebecca«, entgegnete er ruhig, »ich brauche Bridget.«

Darauf ließ Rebecca einen entsetzlichen Schrei los, irgendwo zwischen Wut und besoffenem Geheul.

Nein, wir wollen das jetzt nicht auskosten, das passt nicht zu neuem spirituellem Leben. Wir empfinden auch keine Schadenfreude darüber, dass diese doppelzüngige falsche, arrogante Feuerquallenschlange endlich ihren Meister gefunden hat bzw. angeschmiert ist bzw. abgekackt ist. Nein, wir ziehen uns nur still und diskret zurück, wie es unsere Art ist – und lächeln still. Aber übers ganze Gesicht.

Stand dann im Festsaal an einer Säule und sah zu, wie die anderen tanzten. Magda und Jeremy, klammerblueserfahren seit zehn Jahren. Magdas Kopf an Jeremys Schulter, Augen geschlossen, friedlich, während Jeremys Hand gelassen ihren Hintern betatschte. So musste es sein. Er flüsterte ihr etwas ins Ohr, und sie lachte, ohne die Augen zu öffnen.

Da spürte ich eine Hand an meiner Hüfte. Es war Mark, der Magda und Jeremy ebenfalls zugeschaut hatte. »Hast du Lust?«, fragte er.

KAPITEL 15

Weihnachtskoller

Montag, 15. Dezember

58,5 kg (habe leider mein altes Gewicht wieder); Weihnachtskarten verschickt: 0; Geschenke gekauft: 0; Fortschritte in Sachen Loch in der Wand: Mistelzweig dekorativ angebracht.

18.30 Uhr. Alles so schön jetzt. Normalerweise bin ich in den letzten Wochen vor Weihnachten permanent verkatert und ständig am Durchdrehen und gleichzeitig sauer über mich selbst, weil ich nicht in romantische Waldhütte umgezogen bin und gemütlich am Feuer sitze, statt mich hier ins Gewühl zu stürzen. In der Stadt tanzt der Bär, alles rennt nach Karten, Geschenken etc. und was sonst noch alles zu erledigen ist. Gleichzeitig ein einziger, gigantischer Stau, wo gar nichts mehr geht, es sei denn, man geht zu Fuß, und der hirnlose Minicar-Fahrer (Quereinsteiger!) sucht den Soho Square auf einer Straßenkarte von Downtown Addis Abeba. Daneben Party-Verpflichtungen, auf denen man immer wieder dieselben blöden Leute trifft und deshalb – jedes Mal ein bisschen tiefer – seinen Kummer in Alkohol ertränkt. Denn am liebsten hätte man losgebrüllt: »ACH, LECKT MICH DOCH ALLE AM A....!«, und wäre nach Hause gegangen.

Nun ist das ziemlich negativ und eigentlich keine Einstellung. Und dieses Jahr ist auch alles ganz anders. Habe endlich Frieden gefunden, führe ein ganzheitliches, naturbelassenes, vollwertiges Leben, wo nicht mehr geraucht wird, und Alkohol gibt's auch keinen mehr oder nur ganz wenig wie z.B. auf Judes Hochzeit. Sogar dieser betrunkene Mistkerl auf der Party am Freitag konnte mich nicht aufregen, als er anfing rumzupöbeln, Sharon und ich wären nichts weiter als »aalglatte Medien-Schlampen«. Juckt mich alles nicht.

Habe heute auch schöne Post bekommen, einschließlich Karte von Mum und Dad aus Kenia, wo drinstand, Dad würde den ganzen Tag auf Wellingtons Jet-Ski rumsausen und hätte letztlich sogar mit einem Massai-Mädchen Limbo getanzt, sich also wider Erwarten blendend amüsiert, und hoffentlich fühlten wir uns zu Weihnachten nicht ganz so einsam – zum ersten Mal ohne Mum und Dad. Dad hat noch ein Postskriptum angehängt: »Auch diesmal gab es keine französischen Betten und die, die wir haben, sind gut 2 m lang, sodass erholsamer Schlaf garantiert ist! In diesem Sinne: *Hakuna Matata!*«

Hurra! Alle sind glücklich. Heute Abend z.B. schreibe ich endlich alle meine Weihnachtskarten, aber nicht genervt, sondern happy. Denn wie es schon in *Buddhismus kurz und bündig* heißt: Das Geheimnis spirituellen Glücks liegt nicht so sehr darin, den Abwasch zu machen, um den Abwasch hinter sich zu bringen, sondern den Abwasch zu machen um des Abwaschs willen. Ist mit Weihnachtspost genau dasselbe.

18.40 Uhr. Obwohl, ein bisschen langweilig ist es ja schon, den ganzen Abend hier zu sitzen und nur wg. Weihnachten Weihnachtskarten zu schreiben.

18.45 Uhr. Sollte vielleicht erst mal eins von den Schokolädchen (original zum Aufhängen an Weihnachtsbaum) essen.

18.46 Uhr. Könnte mir auch kleines Gläschen Wein gönnen, zur Feier des Tages.

18.50 Uhr. Wein ganz vorzüglich. Fehlt eigentlich nur Zigarette. Nur eine.

18.51 Uhr. Zigarette tut gut. Ich meine, Selbstdisziplin allein ist nicht alles. Siehe Pol Pot.

18.55 Uhr. Wenn ich ausgetrunken habe, fange ich gleich mit den Karten an. Vielleicht noch mal Brief lesen.

Cinnamon Productions

Hallo England!   *Drei um vier*   *Wow!-TV*

Grant D. Pike, Chief Executive

Sehr geehrte Ms. Jones, liebe Bridget,

wie Sie vielleicht wissen, hat sich unsere Firma im vergangenen Jahr einem eingehenden Controlling durch eine Unternehmensberatung unterzogen, mit dem Ziel, den persönlichen Leistungsanteil jedes einzelnen Mitarbeiters an unserem Produkt besser einschätzen zu können.

Wir dürfen Ihnen heute die freudige Mitteilung machen, dass 68 Prozent der Spaß-Beiträge zum jeweiligen Abschluss von *Hallo, England* (Rubrik »Das dicke Ende«) von Ihnen angestoßen wurden. Herzlichen Glückwunsch!

Mit Bedauern haben wir daher Ihre Kündigung im vergangenen September zur Kenntnis genommen, die offenbar ursächlich auf Unstimmigkeiten mit dem vormaligen Executive Producer von *Hallo, England* Richard Finch zurückzuführen war. Ihnen ist vielleicht zu Ohren gekommen, dass Mr. Richard Finch uns im Oktober dieses Jahres aus gesundheitlichen Gründen verlassen hat.

Im Rahmen der Neustrukturierung des Produktionsbetriebs möchten wir Ihnen anbieten, erneut in unser Team einzutreten, entweder als fest angestellte Assistant Producerin oder in freiberuflich-beratender Eigenschaft im redaktionell-kreativen Bereich. Die Zeit Ihrer Abwesenheit wird Ihnen selbstversändlich als bezahlter Urlaub vergütet.

Wir sind der festen Überzeugung, *Hallo, England* auch im kommenden 21. Jahrhundert als Flaggschiff von Cinnamon Productions in der modernen Fernsehlandschaft positionieren zu können. Wir versprechen uns von Ihnen zahlreiche kreative Impulse in einem jungen, dynamischen Team. Wenn wir Sie neugierig gemacht haben, dann vereinbaren Sie bitte telefonisch einen Termin. Ich bin sicher, über Ihre verbesserten Vertragsbedingungen werden wir uns schnell einig.

Mit freundlichen Grüßen

Grant D. Pike

Chief Executive, Cinnamon Productions

Na also! Na bitte! Michael vom *Independent* hat sich ebenfalls gemeldet und mir neues Interview angeboten. Offenbar hat es nach dem Mr.-Darcy-Interview jede Menge Leserbriefe gegeben. Und alles, was Leserbriefe bringt, ist gut, egal wie beschissen es ist. Sagt Michael. So steht also Karriere als freier Journalistin nichts mehr im Weg. Hurra! Großer Vorteil: Ich kann nicht mehr zu spät kommen. Schätze, noch kleines Chardonnaychen könnte nicht schaden. Huch, da hat's geklingelt.

Gute Güte. Weihnachtsbaum wird geliefert. Sagte ja, alles wird gut. Liege wirklich gut im Rennen bez. Weihnachten. Mark kommt morgen, und hier sind die Vorbereitungen für das Fest so gut wie abgeschlossen.

20.00 Uhr. Aber schon, als die Männer mit der Tanne die Treppe hochgekeucht kamen, hatte ich den leisen Verdacht, vielleicht Größe unterschätzt zu haben. Das Ding hat ja kaum durch die Tür gepasst, ein Glück, dass Zweige so elastisch. Eindruck wie aus letztem Akt von Macbeth: Wald von Dunsinane setzt sich in Bewegung und umzingelt Mörder. Hinterdrein jede Menge Dreck und zwei junge Burschen. Brachten es auf den Punkt. »Echt gigantisch, der Baum, wo wollnsen denn hinhamm?«

»Neben den Kamin«, sagte ich. Da passte er aber kein bisschen hin, weil eingekeilt zwischen Sofa und Decke und einige Äste sogar halb über dem Feuer.

»Dann lieber da drüben hin«, sagte ich. »Übrigens, was riecht denn da so komisch?«

432

Behaupteten, wäre neue finnische Erfindung, damit Baum nicht so nadelt. So kann man es auch sagen. Der Baum war längst tot. Versuchten es dann noch zwischen Bade- und Schlafzimmer, aber da war dann überhaupt kein Durchkommen mehr.

»Dann eben einfach in die Mitte«, befahl ich mit Würde.

Sie warfen sich zwar komische Blicke zu, wuchteten aber die Monstertanne genau dorthin. Ich sah vor lauter Tanne die Männer nicht mehr. Wohl von der Grünen Hölle verschluckt. »Ja, so geht's«, sagte ich mit gepresster Stimme, und sie verabschiedeten sich und kriegten sich die ganze Treppe hinunter nicht mehr ein.

20.05 Uhr. Hmm.

20.10 Uhr. Egal, kein Problem. Tannenthema wird erst mal nicht weiter bearbeitet. Lieber Karten schreiben.

20.20 Uhr. Mmm. Aber der Wein ist gut. Die Frage jetzt: Sind Weihnachtskarten wirklich so wichtig? Gibt viele Leute, von denen ich noch nie Weihnachtskarte bekommen habe. Ist das unhöflich? Kam mir immer schon komisch vor, Jude und Shazzer Weihnachtskarte zu schicken, wo ich sie jeden zweiten Tag sehe. Aber wie kann ich dann erwarten, selber Karten zu bekommen? Weihnachtskarten, sofern nicht gleich in erster Dezemberwoche verschickt, zahlen sich meistens erst im nächsten Jahr aus. Weihnachtskarten-in-der-ersten-Dezemberwoche-Verschicker sind aber in aller Regel Rundum-versorgt-und-tödlich-gelangweilt-Verheiratete. Hmm. Vielleicht Liste machen mit Pro und Contra.

20.25 Uhr. Mal kurzen Blick in Weihnachtsausgabe von *Vogue* werfen.

20.40 Uhr. *Vogue*-Christmas-Welt ist zwar perfekt, untergräbt aber Selbstbewusstsein. Stelle fest, alles was ich anziehen oder schenken könnte, ist megaout. In ist dagegen: Fahrradfahren in rosa Petticoat mit Federn oben drauf und kleinem Hundchen, das aus Rucksack guckt. In ist: mit minderjähriger Model-Tochter auf Partys gehen und Pashmina-Wärmflaschen-Bezüge verschenken sowie traumhafte Wäschedüfte, damit man das ekelhafte Zeug aus Waschsalon nicht so riecht. In sind: silberne Strähnchen von Asprey und Zähne, auf denen Reflexe von Christbaumkerzen blinken.

Ist mir alles schnuppe. Magazin-Welt. Sowieso nicht besonders spirituell. Man muss sich mal vorstellen, wenn morgen ganz Slough unter Aschewolke begraben wird wie damals Pompeji. Alle die Leute mit geistlosen Fahrrädern, Hundchen, Feder-Petticoats und Töchtern. Was würden künftige Generationen wohl von uns denken? Würden sich wahrscheinlich sehr über unsere spirituelle Leere wundern. Nein, Luxus-Geschenke sind ab heute tabu. Verrät viel über Angeberei von Schenker und Gedankenlosigkeit gegenüber Beschenktem.

21.00 Uhr. Aber so einen Paschmina-Wärmflaschen-Bezug würde ich mir gern selber schenken.

21.15 Uhr. Okay, hier kommt Weihnachts-Geschenke-Liste:

Mum:	Paschmina-Wärmflaschen-Bezug
Dad:	Paschmina-Wärmflaschen-Bezug

Mannoman, was müffelt denn hier so? Mief von Tannenbaum verschlägt einem glatt den Atem. Erinnert an alte Schuheinlage mit Fichtennadelessenz an Schweißmauke, deren Geruch nach Monaten des Tragens auch überall drinhängt, sogar in Stein und Parkett. Scheißbaum. Einzige Möglichkeit, ans andere Ende des Zimmer zu kommen, ist wie Wildsau durchs

Unterholz brechen – oink! Lieber Weihnachtskarte von Gary noch mal lesen. Hat mich irgendwie tief gerührt! Karte war zusammengerollt wie Patrone mit »sorry!« draufgeschrieben. Innen stand:

> *Liebe Bridget,*
> *tut mir leid wegen der Kugel. Ich weiß gar nicht, was ich mir dabei gedacht habe, aber in der letzten Zeit lief es nicht so gut mit der Kohle und so und auch mit der dummen Sache mit dem Angelclub. Bridget, aber zwischen uns, das war was ganz Besonderes. Es hat mir wirklich was bedeutet. Und ich wollte auch den Ausbau auf jeden Fall noch zu Ende machen, wenn ich den Rest vom Geld gekriegt hätte. Als der Brief vom Anwalt kam, hab ich erst total am Rad gedreht und bin dann ausgerastet.*

Beigefügt war eine Ausgabe von der *Der fröhliche Fischer*, aufgeschlagen auf Seite 10. Gegenüber einer Seite mit der Überschrift »Karpfenwelt« und einem Artikel über »Pellet-Trockenfutter« waren die Fotos von sechs Angelfreunden, die allesamt einen dicken, schleimigen, grauen Fisch in die Kamera hielten. Gary war auch darunter, aber sein Foto trug einen dramatischen Querbalken mit der Aufschrift »DISQUALIFIZIERT«, und die Meldung darunter sagte auch, warum.

EIN DICKER HUND

Der dreimalige Champion Gary Wilshaw vom ASV East Hendon wurde wegen schweren Verstoßes gegen das Wettkampfreglement aus dem ASV East Hendon ausgeschlossen. Mit einem 32lb. 12oz. schweren Karpfen hatte der 37-Jährige erst vor kurzem den ersten Platz belegt – nach eigenen Angaben mit Karpfenhaken Size 4, 15lb. Snake-Bite Hook Link und 14mm Boilie.

Erst nach einem anonymen Hinweis kam heraus, dass der dicke Brocken aus einem Zuchtbetrieb in East Sheen stammte und bereits in der Nacht zuvor an den Haken (Size 4) gehängt worden war.

Ein Sprecher des ASV East Hendon sagte dazu:»Diese Praktiken bringen die gesamte Sportfischerei auf unseren Stauseen in Verruf und können vom ASV East Hendon keinesfalls toleriert werden.«

21.25 Uhr. Seht ihr. Auch hier wieder jemand, der sich genauso machtlos gefühlt hat wie Daniel. Die gleiche Reaktion. Armer Gary mit seinem Fisch. Gedemütigt. Und wieso? Weil er mal etwas schaffen wollte. Er liebt die Angelei. Armer Daniel. Männer können einem Leid tun.

21.30 Uhr. Mmm. Wein schmeckt immer leckerer. Kleine Feier zur Feier des Tages, nur für mich selbst. Denke an all die lieben Menschen, die mir in diesem Jahr begegnet sind, auch die bösen. Möchte jedem verzeihen und alle richtig liebham. Bitterkeit fällt immer auf einnnselbssurück, hicks, nichsehr sch-pituelll,

21.45 Uhr. Wiijezz Karnn sch-reim. Schnell Lisse machen.

23.20 Uhr. Feddich. Jezzum nunoch Briefkassn.

23.30 Uhr. Wiederda. Scheißkrissbaum. Ichabs. Nur Schereholn.

24.00 Uhr. So! Schonbessa. Hoppla. Abamüdejezz. Ups. Binichdoch glatt hinnefallen.

Dienstag, 16. Dezember

63 kg; Alkoholeinheiten: 6; Zigaretten: 45; Kalorien: 5.732; Schokolädchen von Christbaum gefuttert: 132; Karten verschickt: besser nicht dran denken.

8.30 Uhr. Bin etwas durcheinander. Habe gerade eine Stunde und sieben Minuten zum Anziehen gebraucht und bin immer noch nicht angezogen, da bemerkt, dass Rock Fleck.

8.45 Uhr. Habe Rock wieder ausgezogen. Ziehe stattdessen den grauen an, aber wo ist das verdammte Teil bloß? Aua! Kopf schmerzt. Okay, jetzt aber. Werde nie wieder was trinken… vielleicht ist Rock ja in Wohnzimmer.

9.00 Uhr. Jetzt im Wohnzimmer, aber alles so ein Durcheinander. Werde mir erst mal einen Toast machen. Zigaretten sind übles Gift.

9.15 Uhr. Gaah! Gaah! Habe gerade Karte gefunden, die irgendwie auf den Boden gefallen ist. Da steht:

> *Dir, lieber, lieber Ken, wünsche ich das Allerbeste zum Weihnachtsfest. Ich möchte dir noch mal danken für alles, was du in diesem Jahr für mich getan hast. Es gibt kaum einen netteren, lieberen, stärkeren, klügeren Menschen als dich, und außerdem kannst du gut mit Zahlen. Natürlich hatten wir in diesem Jahr unsere Höhen und Tiefen, aber bitte keine Bitterkeit. Wer aus seinem Herzen eine Mördergrube macht, kann innerlich nicht wachsen. Deshalb, lieber Ken, denke ich ganz feste an dich, sowohl in Steuersachen als auch als Mann.*
>
> *Mit tief empfundener Liebe*
> *Bridget*

Verdammt, wer ist dieser Ken? Gaaah! Ken ist Steuerfachangestellter. Bin ihm nur ein einziges Mal begegnet, und wir sind sofort aneinander geraten, weil ich die Unterlagen so spät eingereicht habe. Du lieber Himmel. Muss die Liste finden.

Gaaah! Neben Jude, Shazzer, Magda, Tom etc. habe ich Karten geschrieben an:

Charlie vom englischen Konsulat, Bangkok
den englischen Botschafter in Thailand
den Rt. Hon. Sir Hugo Boynton
Admiral a.D. Darcy
DI Kirby
Colin Firth
Richard Finch
den englischen Außenminister
Jed
Michael vom *Independent*
Grant D. Pike
Tony Blair

Zu spät, Karten sind in alle Welt unterwegs, und ich weiß nicht, was ich geschrieben habe.

Mittwoch, 17. Dezember

Keine Reaktion auf Karten bisher. Vielleicht waren die anderen ja in Ordnung und Ken nur Ausrutscher.

Donnerstag, 18. Dezember

9.30 Uhr. Wollte gerade durch die Tür, als Telefon schellte.
»Bridget, ich bin's, Gary!«

»Oh hi!«, rief ich hysterisch. »Wo bist du?«

»Im Knast, wo sonst? Vielen Dank für die Karte. Das war nett, wirklich, echt nett. Es bedeutet mir sehr viel.«

Nervös fing ich an zu lachen.

»Du kommst mich heute also besuchen?«

»Was?«

»Du weißt doch, die Karte, die du mir…«

»Tja also«, sagte ich verlegen. »Ich weiß gar nicht mehr so genau, was ich da alles… Könnten Sie – ich meine, könntest du mir...?«

»Ich les sie dir vor, soll ich?«, sagte er schüchtern. Er las sie tatsächlich vor, holprig, aber er las.

Liebster Gary,

ich weiß natürlich, dass das, was du beruflich machst, ganz anders ist als das, was ich beruflich mache. Aber das soll nicht heißen, das ich keine Achtung davor habe, im Gegenteil, weil es ein richtiges Handwerk ist. Handwerk ist, wenn jemand was mit den Händen macht, und das ist viel wert, und man muss auch immer früh aufstehen und los, obwohl der Ausbau ja nun immer noch nicht fertig ist, haben wir gemeinsam etwas Großes und sehr Schönes erreicht. Zwei so verschiedene Menschen wie wir, aber obwohl das Loch noch immer da ist (nach sage und schreibe bald acht Monaten!), kann ich den Fortgang des Projekts da gut durch erkennen. Und das ist einfach wundervoll. Ich weiß, dass du im Gefängnis bist und deine Zeit absitzen musst, aber das ist bald vorüber. Danke für deine Karte wg. der Patrone und das Angeln, ich habe dir wirklich, wirklich längst vergeben.

Ich fühle mich dir sehr nahe, sowohl als Handwerker als auch als Mann. Und wenn überhaupt jemand im nächsten Jahr eine extra große Portion Glück und kreativen Energieschub verdient – dann du.

Alles Liebe und Gute,

Bridget

»Kreativen Energieschub«, wiederholte er heiser. Konnte ihn eben so loswerden, indem ich sagte, ich käme sonst zu spät zur Arbeit. O Gott! Wem habe ich alles solche Karten geschickt?

19.00 Uhr. Wieder zu Hause. Erstes Meeting heute im neuen Job. Lief echt gut, vor allem, weil sie Hirni Harold runtergestuft haben. Darf nur noch Fakten checken wg. unheilbarer Verschnarchtheit. Bis dann Patchouli durchrief, sie hätte Richard Finch in der Leitung – aus einer *Priory*-Klapse. Sie würde mal laut stellen, damit jeder mithören könne.

»Hallihallo, liebes Team!«, sagte er. »Wollte mich nur kurz melden, um ein bisschen festliche Stimmung zu verbreiten, alles andere haben mir die Herren Doctores verboten. Ich möchte euch etwas vorlesen.« Er räusperte sich. »›Ein liebes, frohes Weihnachtsfest, liebster Richard.‹ Klingt doch schon ganz nett. ›Ich weiß natürlich, dass unser Verhältnis seine kleinen Höhen und Tiefen hatte, aber jetzt ist Weihnachten, und da ist mir auf einmal klar geworden, wie stark unsere Bindung tatsächlich war. Ja, sie war eine Herausforderung, sie war hart, aber sie war auch immer offen und ehrlich. Und jetzt an Weihnachten fühle ich mich dir so nahe – sowohl als Producer als auch als Mann. Alles Liebe, Bridget.‹«

Ich wäre am liebsten im Boden... Gaah! Klingel.

23.00 Uhr. Es war Mark. Machte schon beim Hereinkommen so eine komische Miene und sah sich verwundert in der Wohnung um. »Woher kommt der Geruch? Was in drei Teufels Namen ist das?«

Ich folgte seinem Blick. Die Tanne sah in der Tat nicht mehr so vorteilhaft aus, wie ich sie in Erinnerung hatte. Hatte die Spitze gestutzt und dann versucht, ihn mit der Schere in die hergebrachte Form zu schneiden. Doch jetzt sah alles doch sehr zerrupft aus – wie bei Waldsterben oder bei einem dieser Plastikweihnachtsbäume aus dem Billigmarkt.

»Er war ein bisschen…«, erklärte ich.

»Ein bisschen was?«, fragte Mark, halb belustigt, halb ungläubig.

»Groß«, antwortete ich wenig geistreich.

»Groß? Ach so. Na dann. Macht ja nichts. Aber dürfte ich dir kurz etwas vorlesen?«, fragte er und holte eine Karte aus der Tasche.

»Okay«, sagte ich widerstandslos und sank aufs Sofa. Mark räusperte sich.

»Mein lieber, lieber Nigel«, las er. »Du erinnerst dich an meinen Kollegen Nigel, oder, Bridget? Er ist Partner in der Kanzlei. Der Dicke, aber nicht Giles, sondern der andere, der dicke Dicke?« Er räusperte sich abermals. »Mein lieber, lieber Nigel. Ich weiß, wir haben uns nur einmal getroffen, bei Rebecca, wo du sie aus dem Teich gezogen hast. Aber jetzt ist es Weihnachten, und ich stelle fest, dass du, weil Marks engster Arbeitskollege, auch mir das ganze Jahr über sehr nahe gewesen bist. Ich fühle mich dir…‹« Mark machte eine Pause und sah mich an. »›Ich fühle mich dir auch jetzt sehr nahe, du bist einfach ein wunderbarer Mann: sportlich, attraktiv…‹ Damit wir uns nicht falsch verstehen, Bridget, es handelt sich um Fat Nigel, aber egal. ›… mutig…‹« Mark hob seine Brauen. »›… und unglaublich kreativ, weil, als Anwalt muss man ja immer sehr kreativ sein. Ich werde nie vergessen, wie das Wasser auf deinem Oberkörper glitzerte…‹« Mark schüttete sich mittlerweile aus vor Lachen. »›… wie es… perlend… und… so männlich-markant… in der Sonne glitzerte. Frohe Weihnachten, mein lieber Nigel. Bridget.‹«

Vernichtet saß ich auf dem Sofa.

»Ach komm«, grinste Mark. »Das ist doch ganz lustig. Dass du nicht ganz nüchtern warst, merkt doch jeder.«

»Na gut, ich gehe fort«, sagte ich traurig. »Ich werde das Land verlassen.«

»Übrigens, weil du gerade davon sprichst«, sagte er, kniete

sich vor mich hin und nahm meine Hand. »Man hat mich gebeten, für fünf Monate nach LA zu gehen und mich um den
Calabreras-Fall zu kümmern.«

»Was?« Es wurde immer schlimmer.

»Jetzt mach nicht so ein Gesicht, als hätte ich dir was getan.
Ich wollte dich gerade fragen, ob du Lust hättest, mit mir nach
LA zu gehen?« Musste darüber erst nachdenken. Dachte an
Jude und Shazzer und Agnès B., Westbourne Grove, dachte an
Cappuccinos im *Coins* und an die Oxford Street.

»Bridget?«, sagte er lieb. »Es ist schön warm dort, und die
Sonne scheint, und überall sind Swimmingpools.«

»Oh, ja dann«, sagte ich und war mir plötzlich nicht mehr so
sicher mit der Oxford Stret.

»Und ich mache auch den Abwasch«, versprach er.

Ich dachte an Patronen mit meinem Namen drauf, an große,
graue, schleimige Fische, an Drogenschmuggler und Richard
Finch und meine Mum und das Loch in der Wand und an die
Weihnachtskarten.

»Du darfst auch rauchen.«

Ich sah ihn an, ernst und feierlich und doch voller Liebe und
dachte daran, das ich nie mehr ohne ihn sein wollte, egal, wohin er auch ging.

»Ja«, sagte ich glücklich. »Ich komme mit.«

Freitag, 19. Dezember

11.00 Uhr. Hurra! Fahre nach Amerika und mache neuen Anfang, wie die Pilgerväter. *The Land of the Free.* Ist dann noch
sehr lustig geworden. Mark und ich haben die Schere geholt
und die verunglückte Baumskulptur noch weiter zerlegt. Haben auch Liste gemacht für Shopping morgen. Weihnachten
ist schön, Fest des Lebens, nicht der Vollkommenheit. Kalifornien wird auch schön. Viel Sonne und Millionen von Ratgeber-

Büchern, obwohl, die über Beziehungen lasse ich lieber. Es gibt auch Sushi und diese Biosachen wie grüne … Oh, Telefon.

»Ähm, Bridget, hier ist Mark.« Seine Stimme klang problematisch. »Es hat sich da einiges geändert. Der Calabreras-Fall ist auf Juni verschoben worden. Aber es gibt einen anderen Job, den ich gerne annehmen würde, und frage mich, ob du …«

»Ja?«, sagte ich misstrauisch.

»Wie wäre es, wenn wir nach …«

»Wenn wir nach was?«

»… nach Thailand gingen?«

»Thailand?«

Da brauche ich erst mal ein Glas Wein und eine Zigarette. Alles andere wird sich finden.

ENDE

Mein Dank gilt

Gillon Aitken, Sunetra Atkinson, Peter Bennet-Jones, Frankie Bridgewood, Richard Coles, Richard Curtis, Scarlett Curtis, Pam Dorman, Ursula Doyle, Breene Farrington, Nellie Fielding sowie der ganzen Familie Fielding, First Circle Films, Andrew Forbes, Colin Firth, Paula Fletcher, Piers Fletcher, Henrietta Perkins, Tracey MacLeod, Sharon Maguire, Tina Jenkins, Sara Jones, Emma Parry, Harry Ritchie, Sarah Sands, Tom Shone, Peter Straus, Russ Warner und Working Title Films. Sie alle haben mir mit Ideen und konstruktiver Kritik beigestanden.

Mit besonderem Dank an Kevin Curran

Recherche: Sara Jones

HELEN FIELDING

»Hinreißend! Was für ein herrlicher,
unglaublich witziger Roman! Man wischt sich
die Lachtränen aus den Augen!«
The Sunday Times

44392

GOLDMANN

JENNIFER CRUSIE

»Geistreich, humorvoll und sexy!«
Kirkus Reviews

44896

GOLDMANN